L'EGLISE ET L'ÉTAT EN FRANCE

DEPUIS L'ÉDIT DE NANTES JUSQU'AU CONCORDAT

(1598-1801)

DU MÊME AUTEUR

A LA SOCIÉTÉ FRANÇAISE D'IMPRIMERIE ET DE LIBRAIRIE

L'Espagne de l'ancien régime. — *La Société.*
Un vol. in-8°, broché.. . . . . 5 »
L'Espagne de l'ancien régime. — *Les Institutions.*
Un vol. in-8°, broché.. . . . . 5 »
L'Espagne de l'ancien régime. — *La Richesse et la civilisation.*
Un vol. in-8°, broché.. . . . . 5 »

A LA LIBRAIRIE ARMAND COLIN

Don Carlos, prince de Viane. — *Étude sur l'Espagne du Nord au XVe siècle.*
Un vol. in-8°, broché.. . . . . 7 50

G. DESDEVISES DU DEZERT

PROFESSEUR A L'UNIVERSITÉ DE CLERMONT-FERRAND

L'ÉGLISE & L'ÉTAT

EN FRANCE

DEPUIS L'ÉDIT DE NANTES JUSQU'AU CONCORDAT

(1598-1801)

TOME PREMIER

PARIS
SOCIÉTÉ FRANÇAISE D'IMPRIMERIE ET DE LIBRAIRIE
15, RUE DE CLUNY, 15

1907

L'ÉGLISE ET L'ÉTAT EN FRANCE

DEPUIS

L'ÉDIT DE NANTES JUSQU'AU CONCORDAT

(1598-1801)

INTRODUCTION.

Le cours que je commence aujourd'hui aura pour sujet : Les rapports de l'Eglise et de l'Etat en France, depuis l'Edit de Nantes jusqu'au Concordat de 1801.

L'Edit de Henri IV a été choisi comme point de départ, parce que c'est lui qui introduisit, pour la première fois, dans la législation nationale le principe moderne de la tolérance, et qu'avec lui finit réellement la période théocratique de notre histoire. Le principe admis par Henri IV pourra bien être, encore une fois, rejeté par Louis XIV : l'ancien système ne sera jamais complètement restauré ; il restera en France une question religieuse dont la royauté devra, bon gré mal gré, s'occuper, et la tolérance n'attendra même pas la Révolution pour reprendre place dans nos lois.

Le choix de ce vaste sujet pourra paraître à quelques-uns une témérité ; mais ce n'est pas par le vain désir de papillonner autour d'une question brûlante que je me suis déterminé à l'adopter. J'ai des fonctions que je remplis une idée trop sérieuse pour en vouloir faire un divertissement intellectuel, et, dans l'étude que je me suis imposée, n'entre aucune part de dilettantisme.

Voilà plusieurs années que je songe à traiter, ici, cette grande et grave question. Elle est, à mon sens, la plus importante de toutes celles qui s'agitent autour de nous ; elle est de celles qui passionnent le plus les hommes, qui les divisent le plus profondément, et, comme la lutte passionnée a toujours pour effet de conduire chaque parti aux extrêmes, il est devenu très difficile de distinguer la vérité sous les exagérations et les hyperboles des apologistes et des détracteurs. Ces passions, que je ne partage point, il m'a paru que je n'aurais pas trop de peine à les écarter de mon chemin, et je me suis senti un véhément désir de me frayer un passage à travers tous les obstacles jusqu'à la vérité vraie, jusqu'à cette vérité, pure de mensonges et dépouillée d'illusions, qu'un esprit sain doit avoir le courage d'envisager, et à laquelle il est de son devoir de rendre témoignage, quand il croit l'avoir trouvée et contemplée.

C'est dans cette pensée que je me mets en chemin, sans m'effrayer du formidable labeur auquel je me condamne, sans souci aucun de mon repos personnel, sans crainte des controverses, sans désir de popularité; amplement dédommagé de ma peine par l'intérêt même de la tâche entreprise.

J'avouerai cependant que je n'aurais peut-être pas osé l'entreprendre, si la bienveillance, que vous n'avez jamais cessé de me marquer depuis treize ans, ne m'avait fait espérer que votre sympathie ne me manquera pas, au cours de ce long voyage auquel je vous convie aujourd'hui. Pour que vous sachiez, dès l'instant du départ, avec qui vous ferez route, il m'a semblé loyal de vous exposer à grands traits les idées générales qui me serviront de guides le long du chemin.

L'idée religieuse est, pour moi, la plus belle et la plus noble des préoccupations de l'homme. Elle est le véritable signe de sa supériorité sur tous les autres êtres ; mieux encore que le langage, mieux que la réflexion, mieux que le sens artistique, mieux que les merveilleuses découvertes et inventions réalisées par lui, elle le distingue de la brute, sans conscience et sans idéal. Elever son âme vers l'infini et l'inconnaissable, chercher à deviner à travers les nuées qui l'offusquent le soleil d'intelligence et de bonté qui éclaire et vivifie l'univers, en saisir parfois quelque faible rayon, se sentir à son contact pénétré de confiance et d'allégresse, rempli de bon vouloir et d'énergie : voilà le plus noble usage que l'homme puisse faire de son intelligence, voilà la suprême joie à laquelle il lui soit donné d'aspirer.

On a dit que l'idée religieuse n'est qu'une projection de la conscience, et que, loin de correspondre à une réalité extérieure à l'homme, c'est en lui et en lui seul qu'elle puise tous ses éléments. Elle ne serait pas la contemplation du divin, elle serait une simple création de notre sensibilité, un vain fantôme évoqué par nos vains désirs de justice et de sanction morale.

Même réduit à ces infimes proportions, l'instinct religieux n'en resterait pas moins une des facultés les plus merveilleuses de l'âme humaine, le chef-d'œuvre de l'imagination.

Mais peut-on admettre un instant qu'une idée aussi universelle, aussi nécessaire à tous les individus et à toutes les sociétés, ne soit qu'une décevante apparence, un mirage aussi trompeur que brillant? Si notre conscience projette de si purs et si éclatants rayons, n'est-ce pas qu'elle est elle-même un foyer de lumière et de ferveur? Si elle se crée une image de la divinité, n'est-ce pas qu'elle possède déjà en elle-même je ne sais quoi de divin qui la pousse à chercher bien au-dessus d'elle-même, bien loin par delà ce qu'elle voit, ce qu'elle entend, ce qu'elle constate, ce qu'elle pèse, ce qu'elle mesure, ce qu'elle sait et ce qu'elle comprend, une vérité plus haute et plus magnifique que les vérités accessibles au raisonnement et à l'expérience?

L'idée religieuse peut donc être considérée comme le fruit de la semence divine laissée en nous par l'auteur de la vie. Mais ce fruit ne sera pas le même à travers les âges, il variera suivant les pays et les climats, il variera suivant les peuples et les individus. Grossier et sans saveur chez les hordes sauvages, entouré souvent de dures écorces, noyé dans des pulpes nauséabondes, il deviendra, dans des sols meilleurs et mieux préparés, l'aliment substantiel, le mets exquis et parfumé dont on ne se rassasie jamais.

Comme toutes les idées de l'homme, l'idée religieuse évolue, progresse, se perfectionne et s'épure.

Elle est éternelle, mais ses formes sont transitoires et périssables. Elles paraissent, se développent, se détruisent et meurent pour faire place à d'autres formes, aussi éphémères, qui s'évanouissent à leur tour, après avoir eu leurs jours de gloire. Chacune de ces manifestations de l'idée marque un stade sur la route du progrès infini, et l'humanité monte sans cesse, de religion en religion, vers le divin, qu'elle n'atteindra jamais et dont elle ne doit jamais se lasser de chercher les voies.

Dans cette auguste ascension, les religions positives jouent le même rôle que jouent les hypothèses dans la genèse des sciences. Ce sont des hypothèses métaphysiques et morales. Une critique incessante peut finir par les renverser ; mais il en reste toujours quelque parcelle, quelque trait, par où elles tenaient à la vérité éternelle, et de ces matériaux précieux, retirés des décombres des systèmes disparus, vont se construisant les systèmes futurs, comme l'astronomie nous enseigne que de la mort des vieux mondes résultera quelque jour un nouvel univers.

L'idée de la succession et du perfectionnement des religions est prouvée par l'histoire et admise dans une certaine mesure par l'Église elle-même. Elle paraît, tout d'abord, incompatible avec toute croyance en une vérité révélée ; mais, à la bien examiner, on peut voir qu'elle laisse, au contraire, une large place à la révélation, ou du moins à une certaine espèce de révélation, que l'on pourrait appeler l'intuition des choses divines.

Si les religions progressent, ce progrès peut tenir, pour une certaine part, au développement de la culture générale de l'humanité ; ce progrès tient surtout, à notre avis, à l'influence illuminatrice d'un petit nombre de génies supérieurs, qui sont les plus grands de tous les hommes, qui ont même paru si grands qu'on en a fait des dieux.

Tandis que l'immense majorité des hommes vit dans les basses prairies, courbée, à la manière des bœufs, sous le joug des besoins matériels, quelques privilégiés assis sur la colline, à l'ombre de leur vigne et de leur figuier, lèvent les yeux vers le ciel et devisent avec subtilité sur les mystères de l'infini. Des hommes ardents, moins nombreux encore, quittent la zone cultivée et fleurie et montent plus avant dans la montagne pour dominer de plus haut la plaine, pour promener leurs regards sur un horizon plus étendu. Il en est enfin deux ou trois peut-être qui se sont hasardés jusque sur les sommets glacés et déserts où nul être avant eux ne s'était aventuré, et qui, de là, ont jeté sur l'espace et sur le monde un regard si perçant et si hardi, que l'espace et le monde leur ont livré quelques-uns de leurs secrets. Ces intrépides chercheurs sont les initiateurs, dont les voix résonnent à travers les siècles ; ce sont les grands pasteurs d'hommes, qui ont su rassembler les foules et les faire marcher innombrables et enthousiastes à la conquête d'un idéal nouveau. Leur œuvre a été une œuvre de lumière, ils ont reculé les ténèbres qui entourent l'entendement humain, et c'est en ce sens que nous croyons à la révélation.

On ne saura jamais quand ni comment est née la pensée religieuse, on ne sait pas davantage quand s'éveilla pour la première fois la première conscience, quand fut proférée la première parole, quand fut allumé le premier foyer. Ce que l'on sait, c'est que la pensée religieuse se manifesta tout d'abord sous une forme grossière et misérable.

Un livre anglais, écrit par Frazer et intitulé le *Rameau d'or* (1), nous renseigne sur les pratiques superstitieuses en usage chez tous les peuples. Il n'est chose absurde, il n'est pratique insensée ou honteuse dont l'homme ne se soit avisé, et la stupidité et la barbarie lui sont tellement naturelles que les croyances les plus saugrenues et les plus attardées se retrouvent encore aujourd'hui chez les peuples les plus policés de l'Europe, aussi bien que chez les sauvages de la Terre de Feu et de la Nouvelle-Guinée. Ce livre de quatre cents pages n'est qu'un immense répertoire de sottises invraisemblables, qu'on est stupéfait de voir si permanentes et si universelles. On commence par en rire, on finit par en être effrayé, et l'on admire la profondeur de ce mot de Renan, que « la bêtise humaine est peut-être ce qui donne le mieux l'idée de l'infini ».

Nous en serions encore à partager toutes ces erreurs, si les sages ne nous avaient pris par la main pour nous tirer de ce chaos et nous amener à la lumière ; mais combien ce fut une tâche dure et désespérée, c'est ce que l'on comprend quand on songe que l'œuvre de salut se poursuit depuis cinq ou six mille ans et paraît encore bien loin d'être achevée.

Les vieux polythéismes indou, assyrien, égyptien, hellénique, romain, gaulois, germanique et scandinave, marquent une nouvelle et importante étape sur la route du progrès. Frappé d'admiration par le spectacle de la nature, l'homme en divinise les forces et attribue une personnalité à ces redoutables puissances, dont il éprouve les effets funestes ou bienfaisants.

Ces religions ont déjà une haute valeur philosophique ; les dieux adorés par les premiers civilisés étaient, dans un certain sens, des dieux réels et vivants.

Sensible surtout au phénomène de la fécondation de la terre humide par l'ardeur du soleil, l'Égyptien adresse ses hommages à Osiris-soleil, et à Isis la terre fraîche et fertile, et de leur union naît Horus, la végétation printanière, fille du Soleil et de la Terre. Sous ce mythe se cache une idée juste et vraie. Osiris, Isis, Horus ne

---

(1) F.-G. Frazer, *Le Rameau d'or*, étude sur la magie et la religion, traduit de l'anglais par Stiébel et J. Toutain, t. I, Paris, 1903, in-8°.

sont pas des personnes, mais ce sont des forces réelles, ce sont des aspects divers de la puissance universelle.

Plus imaginatifs, les Hellènes ont multiplié les dieux et les ont soumis à une savante hiérarchie. *Zeus* est le dieu du ciel lumineux et le seigneur de la foudre. *Héra* est la divinité du ciel étoilé et du ciel humide ; les tempêtes et les orages qui troublent la pureté du ciel ont donné naissance à la légende des querelles d'*Héra* et de *Zeus*. *Athéna* au regard brillant personnifie l'éclair ; *Phoibos* le soleil, *Artémis* la lune ; *Hermès*, fils du ciel lumineux (*Zeus*) et de la nuit (*Maia*), est le crépuscule divinisé. *Hephaistos* symbolise le feu du ciel et les feux volcaniques. *Arès* est l'orage bruyant et meurtrier. *Aphrodite* est la force féconde, la sève de la nature, *Poseidôn*, à la large poitrine, c'est la mer, *Cybèle*, c'est la terre, *Hadès*, le riche *Hadès*, est le roi des Enfers, le gardien des morts et des trésors souterrains.

Autour de ces grands dieux s'agitent des centaines de divinités secondaires, gracieuses ou terribles, joyeuses ou sinistres, les Heures, les Grâces, les Muses, les Nymphes, les Naïades, les Néréides, les Sirènes, les Harpyes, les Euménides. Chaque dieu se dédouble et se métamorphose en autant de personnages que les forces naturelles ont d'aspects divers et changeants. *Poseidôn* symbolise la mer active, qui ébranle les continents, bâtit et affermit des terres nouvelles, prête son vaste dos aux navires. *Pontos*, c'est la mer stérile ; *Nereus*, c'est l'eau en mouvement, *Proteus* la vague insaisissable, *Atlas* l'horizon marin, *Glaucos* le flot vert et incertain, *Thaumas* et *Electre* le flot brillant et mobile.

La mythologie hellénique n'est pas un dogme ; elle laisse la pensée très libre, et avec le progrès de la philosophie et des arts, les dieux se transforment peu à peu en personnes morales, en symboles de puissance, de majesté, de bonté et de justice. Tout homme sensé rit des contes populaires et des légendes racontées par les poètes ; mais ce qui est admis par tous les hommes de bien, c'est que les dieux existent, qu'ils sont amis des bons et ennemis des méchants et que les hommes leur doivent tout ce qu'ils possèdent de précieux. Aratos ne craint pas de déclarer que « Zeus remplit les rues et les places des cités, remplit la mer « et ses ports, et que, partout, tous les hommes ont besoin de « Zeus ». Comme le dieu des chrétiens, Zeus est très grand et très bon, créateur et père des humains.

Les besoins moraux se faisant de plus en plus exigeants, des cultes nouveaux se créent pour donner satisfaction aux meilleures aspirations de l'âme. Les mystères d'Eleusis ouvrent aux initiés les perspectives les plus consolantes et promettent aux hommes vertueux d'immortelles récompenses.

Au milieu des saturnales de l'Empire en décadence, la religion de Mithra apporte aux braves un idéal nouveau de pureté et de rédemption. Le culte d'Isis convient, au contraire, aux âmes douces, éprises de tendresse et de beauté. Isis est la bonne déesse, la mère qui n'a pour les hommes qu'amour et compassion.

Dans cette société romaine du IIIe siècle, si troublée et si tyrannisée, la vie intellectuelle est plus intense qu'à aucune autre période de l'histoire, le vieux monde fait effort pour s'arracher aux vieilles superstitions et pour renaître à une vie nouvelle.

Mais ce n'est pas en lui qu'il doit trouver le salut, c'est du dehors, c'est du peuple peut-être le plus méprisé de l'Empire que partira le signal de la régénération.

Le peuple juif paraît bien petit dans l'histoire à côté de ses voisins d'Egypte, d'Assyrie et de Perse; et surtout à côté de la Grèce et de Rome ; mais il a donné à l'humanité la Bible, le plus varié, le plus profond et le plus beau de tous les poèmes qui soient sortis de la main des hommes, et il a affirmé le premier l'idée du Dieu absolu. L'histoire de Jahveh nous est, aujourd'hui, connue et ne paraît pas avoir été tout à fait aussi merveilleuse qu'on l'a dit. Le peuple juif a été à l'origine polythéiste comme les autres, et Jahveh, avant de devenir le Dieu unique de l'univers, a commencé par être purement et simplement le dieu protecteur d'Israël. Son type s'est perfectionné, comme se perfectionnait le type de Zeus chez les Hellènes. Les Juifs sont restés très tard attachés à la vie présente, et, satisfaits de ses biens, ils ont semblé pendant longtemps peu curieux d'un au-delà. La loi juive porte les traces trop évidentes d'un génie cruel, avare et jaloux. Malgré toutes ces restrictions, on est bien obligé de reconnaître que c'est d'Israël que sont sorties les trois grandes religions monothéistes du monde : le judaïsme, le christianisme et l'Islam.

Nous ne dirons rien de cette dernière, qui est, à notre estime, une contrefaçon grossière du judaïsme, une religion de barbares féroces et voluptueux.

Nous voudrions, au contraire, dire quelques mots d'une religion étrangère à l'Europe, du bouddhisme, dont la valeur philosophique est tout autre et qui, malgré de terribles mésaventures, est encore aujourd'hui pratiqué par le tiers de l'humanité.

Le bouddhisme fut une réaction contre le polythéisme brahmanique, qui assurait bien aux hommes l'immortalité, mais à la condition de se réincarner éternellement dans de nouveaux corps, si bien que cette vie éternelle condamnait l'homme à ne jamais renaître que pour mourir. L'ascète de la famille Çakya, le Bouddha, se donna pour tâche de délivrer l'homme de l'affreux cauchemar des réincarnations et des morts successives, et il pensa que l'âme n'échapperait définitivement à la loi de la vie et de la mort que quand elle aurait abdiqué toute ambition, toute passion, toute personnalité, quand elle serait morte à la joie comme à la souffrance, morte à tout désir, morte à la vie.

La doctrine bouddhique repose sur une conception très pessimiste de la vie terrestre ; mais ce pessimisme n'a rien de farouche ni de violent et se résout en une immense pitié pour toutes les créatures vivantes. Descartes n'admet qu'une évidence : la pensée ; Bouddha n'en admet aussi qu'une : la souffrance. — « Je pense, donc je suis », dit le premier. — « Tu souffres, donc tu es », dit le second, et, sans tristesse, sans pédantisme, sans menaces, il ouvre à l'homme souffrant une voie de salut. Sa voie n'est pas la seule ; il y en a quatre-vingt-dix mille autres. Elle est la plus courte, voilà tout. Que l'homme se désabuse de tout ce qui est vain et mauvais, il sera désabusé de tout ce qui constitue cette vie ; qu'il s'oublie pour compatir aux souffrances de tous les êtres, et il parviendra au « nirwana », qui n'est pas l'anéantissement, mais le retour de l'âme épurée et contrite au sein de l'âme universelle, une fusion en Dieu, une absorption de la personnalité infinitésimale de l'homme dans la conscience et l'intelligence suprêmes.

Il est bien probable que nul homme n'a jeté sur les choses de ce monde un regard plus profond que Bouddha. Son histoire est malheureusement très mal connue et sa doctrine s'est répandue chez des peuples incapables de la comprendre, qui l'ont défigurée comme à plaisir. Le peu qui en reste s'impose à la pensée et à l'admiration, et certaines hymnes bouddhiques dépassent en beauté tout ce que les autres littératures sacrées ont produit de plus pur.

Les déserts de la Perse et la farouche humeur des Parthes n'ont pas permis au bouddhisme d'atteindre l'Europe, et le christianisme a seul évangélisé la race blanche.

La figure de Jésus n'apparaît pas dans l'histoire avec une absolue netteté. Les documents qui nous ont transmis le récit de sa vie prêtent incontestablement le flanc à la critique, et c'est comme à travers un brouillard que nous contemplons le maître admirable qui a dit aux hommes : « Aimez-vous les uns les « autres. »

Cette pénombre ajoute, suivant nous, au charme qui émane de la personne de Jésus. Nous savons que nous le connaissons mal ; nous savons que ses actions nous sont pauvrement racontées, que ses discours nous ont été piètrement traduits, par d'humbles scribes sans lettres et sans génie, peu capables de le comprendre, et ce que nous savons de lui est déjà si beau, l'écho de sa voix est si touchant, quelques traits sont si sublimes, que nous demeurons émus et ravis, comme si cette voix venait du ciel.

On a dit que Jésus n'avait fait que répéter ce que bien d'autres avaient dit avant lui, que sa morale se retrouve chez Socrate, chez Platon et jusque dans le Talmud...

Qu'importe, si personne, ni avant ni après lui, n'a su comme lui trouver le chemin du cœur, ni dire de choses plus belles en un plus simple langage ?

Y a-t-il quelque comparaison possible entre les subtils raisonnements de Platon et les paraboles évangéliques ? Platon et Aristote sont encore aujourd'hui, après deux mille ans, considérés comme des maîtres de la philosophie ; ont-ils trouvé une règle de morale plus simple et plus pratique que la règle chrétienne : « Ne fais pas à autrui ce que tu ne voudrais pas qui te fût fait ? » — Ont-ils imaginé une consigne de conscience plus impérative que le « Rends compte du talent qui t'a été confié ? » Ont-ils écrit le sermon sur la montagne, ou la parabole du bon Samaritain ? Ont-ils pardonné à la femme adultère, à la Madeleine et au bon larron ? Sont-ils morts cloués sur la croix d'infamie par la malice et la haine des hommes ?...

Ne comparons pas ; laissons à chacun sa gloire et laissons chacun à sa place. La place de Jésus est la première parce qu'il fut le plus doux, le plus tendre et le plus miséricordieux, parce qu'il fut toute pitié et tout amour. Je l'avoue hautement pour le maître de mon âme. Ceux d'entre vous qui l'appellent le divin maître me pardonneront, je l'espère, si je l'appelle seulement le maître divin.

La doctrine de Jésus était encore, à sa mort, bien vague et bien flottante. Vivant dans un pays fertile, sous un ciel presque toujours pur, dans une société très simple, chez laquelle la vie était des plus faciles, Jésus avait parlé comme si le royaume des cieux fût déjà descendu sur la terre. A l'annonce de la bonne nouvelle, les hommes allaient abdiquer leur antique orgueil, leurs vieilles haines, se tendre fraternellement la main, mettre en commun leurs ressources et vivre de la parole de Dieu.

Mais c'était là une perfection irréalisable, et ce n'était pas à la dure société romaine, ou à la société hellénique, folle de luxe et de jouissance, que l'on pouvait demander un pareil renoncement.

Le christianisme s'organisa, en réalité, sur des bases bien différentes de celles qu'avait voulues son fondateur. L'esprit grec travailla son dogme et créa, presque de toutes pièces, sa théologie subtile et compliquée. L'esprit romain le hiérarchisa et lui infusa le sens politique et la science administrative.

C'est une des plus tristes lois de la vie que cette nécessité du gouvernement. L'esprit est souverainement libre, il vole sans maître et sans frein partout où il veut, il s'élance d'un bond par delà les mondes, il contemple face à face les plus redoutables problèmes. Par l'esprit, nous vivons de la vie céleste. Mais, quand l'esprit cherche à réaliser la moindre de ses conceptions, sitôt qu'il veut donner corps à la moindre de ses idées, il se retrouve en présence de la matière immonde et rebelle, de la vie compliquée et méchante. Il lui faut se plier à des contacts répugnants, à des compromis honteux, à d'abjectes besognes. Il avait fait un rêve de gloire et il ne réussit à créer qu'une pauvre machine disgracieuse et geignante, qui accomplit sans âme quelque grossier travail. Jésus avait rêvé le royaume des cieux et les hommes créèrent l'Eglise !

Entendez-moi bien, je vous prie ; si je me montre si sévère pour elle, ce n'est pas que je méconnaisse sa grandeur, ni les immenses services qu'elle a rendus à l'humanité. Je la place, au contraire, très haut dans mon estime, parce que je ne vois nulle part plus d'idéal, plus de dévouement, plus de courage, plus de zèle pour le bien des hommes. Mais ce que je veux dire, c'est que les lois de la vie terrestre ne permettent jamais à une idée de se réaliser pleinement, c'est que la réalité ne peut nous offrir qu'une faible image des desseins que l'âme avait formés, c'est qu'entre la divine parole et l'œuvre des hommes il y a un abîme, c'est que le royaume de Dieu n'est pas de ce monde.

Ce monde est voué à la maladie, à la souffrance et à la mort, il est voué au travail, à la guerre, il est voué aussi à la tyrannie ; car, si vous cherchez bien à travers tous les systèmes et toutes les histoires, vous découvrirez que le gouvernement appartient généralement aux plus égoïstes, aux plus violents, aux plus superbes, si bien que la seule ambition politique est le plus souvent une preuve décisive d'infériorité morale. Ce monde est voué à la kakistocratie.

Et, si ce principe est vrai, il faut admirer l'Eglise d'avoir su conserver, vaille que vaille, quelques parcelles du trésor qui lui avait été confié ; trésor que toute autre puissance qu'elle aurait dissipé en quelques jours.

L'Eglise a mis trois ou quatre siècles à se constituer, et son idéal était si contraire à celui de la société romaine, que Tertullien déclarait hautement qu'un chrétien ne pouvait être citoyen de l'Empire, Constantin et ses successeurs ont réconcilié l'Eglise et l'Empire, mais l'Eglise n'est entrée dans l'Empire qu'en abdiquant une bonne partie de sa liberté, et qu'en renonçant à la meilleure partie de son idéal. Elle est devenue un grand corps d'Etat, elle a commencé à vivre de la vie officielle, pompeuse et vide, où l'âme s'étiole, où la charité s'éteint. Les pontifes ont revêtu la *trabea* et le *pallium*, comme les magistrats impériaux ; mais ils sont remplis de l'esprit du siècle et ne le cèdent pas en dureté et en avarice aux maîtres de la milice et aux clarissimes de la hiérarchie impériale. Les églises ont des colonnes de marbre et des mosaïques précieuses ; mais elles sont pleines de mauvais fidèles, que l'ambition y a jetés, d'ergoteurs qui se disputent avec les prêtres ; parfois orthodoxes et hérétiques s'y battent, comme on se bat au cirque et au théâtre.

L'invasion de l'Occident noie l'Italie, les Gaules, l'Espagne et l'Afrique, sous des flots de barbares, et l'Eglise se pervertit à leur contact. L'invasion sarrasine du viiie siècle met le comble à ses malheurs. Pour payer ses guerriers, Charles Martel leur distribue les biens ecclésiastiques. Ce n'est qu'avec Pépin et surtout Charlemagne que l'Eglise voit la fin de ses épreuves.

Alors commence la grande période de son histoire, le règne de la théocratie. C'est de Dieu que vient toute autorité : *Christus vincit, Christus regnat, Christus imperat*. Comme le Christ est aux cieux, il a sur terre un représentant, *qui vices Dei gerit in terris*, un porte-parole : le pape, qui formule sa volonté et dit le droit. Au-dessous du pape s'étage la hiérarchie des prêtres séculiers : métropolitains, évêques, curés et vicaires. Des armées de moines, répandues par toute la chrétienté, évangélisent les peuples, conservent et enrichissent la science ecclésiastique, bâtissent des monastères, des églises, des ponts, des greniers, des hôtelleries, des hôpitaux, défrichent les terres incultes, protègent le pauvre et le faible contre l'arrogance des grands.

La république chrétienne vit dans la sainte égalité qui convient à des frères. Le sacerdoce est accessible au plus humble des fidèles, parce qu'il n'y a aux yeux de Dieu ni noble ni vilain; les plus hautes dignités de l'Eglise, le souverain pontificat lui-même, peuvent échoir en partage au fils d'un serf. En principe, toutes les charges sont électives et aucun pouvoir n'est absolu. Près du pape sont de nombreux conseils, qui l'assistent dans le gouvernement de l'Eglise; près des évêques et des abbés sont des chapitres. De temps à autre, la république chrétienne tient ses assises solennelles, les conciles, où les plus humbles ont droit de prendre la parole devant le pape et ses cardinaux.

L'Eglise de cette époque est une grande démocratie internationale, fondée sur des principes tout à fait analogues à ceux de nos Etats modernes. L'Eglise est alors en avance sur tout ce qui l'entoure. Elle est la paix, elle est la sagesse, elle est la justice, elle est le droit, elle est la science et l'intelligence.

Mais, par cela même qu'elle se croit en possession de la vérité absolue et définitive, elle n'admet aucune opinion qui aille à l'encontre de la sienne. Elle revendique pour elle une liberté sans limites et sans contrôle, et refuse la moindre licence à ses adversaires. Elle voit en eux des ennemis de Dieu, des hommes inspirés du diable, et son intransigeante orthodoxie la fait persécutrice. Elle anathématise, elle excommunie, elle emprisonne, elle torture, elle tue, ou, du moins, elle relaxe les condamnés au bras séculier, qui les conduit au bûcher; c'est la cruauté, avec l'hypocrisie en plus.

Ses œuvres immenses, répandues par toute la chrétienté, exigent des ressources sans cesse grandissantes, et pour ses fondations de monastères, d'écoles, d'hôpitaux, de léproseries et d'asiles, pour la construction de ses basiliques et de ses cathédrales, pour l'entretien du culte, pour la vie de ses clercs, pour le luxe et la splendeur de ses prélats, elle draine par toute la terre les dîmes, les redevances, les cens, les donations, les legs et les héritages. Elle finit par ressembler à un arbre gigantesque et magnifique, qui ne laisse aucune plante vivre dans son ombre.

Comme elle est l'orgueil, l'intolérance et l'avarice, elle est aussi la faiblesse. Le pape ne possède que le glaive spirituel, et l'épée tranchante est aux mains de l'empereur, des rois et de leurs barons. Les féodaux ne devraient guerroyer que sur l'ordre de l'Eglise et pour sa gloire, mais ils font la guerre sans sa permission, malgré ses ordres et contre elle-même. L'Eglise est obligée de faire de la diplomatie, de s'assurer des alliances, d'acheter des concours ou des neutralités; elle gémit sans cesse, se compromet, s'humilie et s'avilit. Les princes, qui deviennent de plus en plus forts, la pillent et la tyrannisent.

A peine victorieuse de l'Empire, la papauté est confisquée par le roi de France et reste soixante-douze ans prisonnière à Avignon. En face du palais de Jean XXII s'élève la bastille française de Villeneuve-lez-Avignon, et, à la moindre velléité d'indépendance, le roi de France menace de faire passer le Rhône à ses soldats. Duguesclin rançonne le pape comme un simple argentier.

Le xve siècle voit le grand schisme et le retour des papes à Rome; mais l'Eglise n'est plus une démocratie, comme au Moyen-Age : c'est une monarchie élective, dont le caractère politique s'accentue aux dépens du caractère religieux.

La Renaissance classique a failli changer complètement la physionomie de l'Eglise. Nous nous trouvons, ici, en face d'une question très grave et très importante, qui ne paraît pas avoir été aperçue de la plupart des historiens.

Le christianisme n'est pour l'Europe qu'une religion d'importation et ne s'adapte peut-être pas complètement au tempérament européen.

L'Européen trouve le monde beau et la vie bonne. Il est épris d'action et de mouvement, il aime la lutte où s'exalte sa personnalité, il aime le plaisir et la puissance, il est sceptique et frondeur, et, après quinze siècles de christianisme, il nous apparaît encore plus qu'à demi païen. Le christianisme ne l'a jamais conquis qu'à moitié. Il a fallu qu'autour de Dieu il installe toute une cour céleste, qu'il voue à la Vierge et aux saints un culte, qui a bien souvent frisé l'idolâtrie. Il lui a fallu des saints protecteurs des fontaines et des bois, des saints patrons de ses villes, de ses associations et de ses confréries, des saints guérisseurs, des saints pour la pluie et pour le beau temps, des saints pour le marier, des saintes pour marier ses filles. Il a inventé de pieuses légendes qui ont dépassé en bizarrerie les fables les plus bizarres de l'antiquité. Il est retourné avec délices aux superstitions dont on avait voulu le retirer.

Au merveilleux chrétien, il a ajouté la magie, la sorcellerie, la démonologie. Il est allé jusqu'à renier le Christ et à déifier Satan. En face du catholicisme tel qu'on le voit encore compris à Naples, en Sicile et en Andalousie, on peut se demander si le polythéisme n'a pas survécu à sa défaite apparente ; si la Grande Mère, Hécate et les Cabires n'ont pas fait autre chose que de changer de nom.

La découverte de l'antiquité classique eut, dans l'Eglise corrompue du xve siècle, un prodigieux retentissement. L'étude de la philosophie grecque et alexandrine enchanta les esprits, l'exhumation des statues et des bas-reliefs antiques ramena l'attention sur la vieille religion romaine. On trouva que ces anciens dieux avaient bien meilleur air que les saints émaciés des églises. On s'éprit de beau langage, d'érudition, de philologie. On connut de nouveau la joie de vivre, on eut encore une fois de riches et belles demeures, étincelantes de marbre et d'or, on porta de somptueux vêtements constellés de pierreries, on but dans des coupes d'onyx. On vécut dans le fantastique décor de la splendeur artistique, de l'intellectualisme triomphant, de la liberté effrénée des passions. La haute Eglise redevint toute païenne, et Léon X fut le type du pontife libertin et raffiné.

Si ce changement fut si rapide et si profond, n'est-ce pas que l'Européen, mis en face de l'antiquité païenne, reconnut tout à coup, et comme d'instinct, toutes les affinités qui l'attiraient vers la vieille société ?

Le monde faillit peut-être renaître à la philosophie antique et revivre la vie qu'il avait menée pendant si longtemps entre les dieux officiels et les idées. On aurait eu des évêques qui auraient célébré les offices dans leurs cathédrales, comme on avait eu des flamines sacrifiant à Jupiter, et, le soir, ces évêques auraient lu Platon et commenté Epicure, comme l'avaient fait les flamines au temps d'Hadrien et de Marc-Aurèle. Le christianisme hellénisé se serait peu à peu dégagé des prisons de la théologie, serait devenu une large et haute philanthropie, bienfaisante et tolérante, à l'abri de laquelle auraient grandi les civilisations modernes.

La foi grossière d'un barbare empêcha ce rêve de se réaliser. Luther, qui connaissait mal l'antiquité, et que la vue des palais de Rome avait scandalisé, commença la lutte contre l'Eglise romaine soupçonnée par lui — avec raison d'ailleurs — d'hérésie et d'idolâtrie. Le résultat de sa belle entreprise fut la rupture de l'unité chrétienne, cent trente ans de guerres religieuses, des persécutions, des massacres, des atrocités sans fin.

L'Eglise, attaquée par ce sauvage, se recueillit, se défendit, se réforma à son tour, mais par malheur revint aux pires intransigeances du Moyen-Age et dit adieu pour jamais à la philosophie. Le concile de Trente lui redonna une partie de la force et de la confiance en elle-même qu'elle avait perdues ; mais il l'enferma dans le dogme comme dans un château enchanté et ne la sauva qu'en la séparant du siècle et de la vie.

L'Eglise apparaît, dès lors, comme une bastille bien close, où ne pénètrent plus les idées du dehors, où l'on vit dans la contemplation du passé, où l'on crie anathème à quiconque veut ouvrir une fenêtre et renouveler l'air lourd des salles. Plus de grandes entreprises, plus de discussions, plus de conciles. Tout est déterminé, tout est fixé, tout est définitivement jugé. L'ordre règne partout ; mais, partout aussi, s'installe la routine et se perd le sens de la vie.

C'est aux jésuites qu'il faut attribuer ce grand changement. L'histoire dira, un jour, s'il s'accomplit pour le salut ou la perte de l'Eglise. La question est encore en suspens ; mais tout semble indiquer que les successeurs de saint Ignace ont fait fausse route.

Telle est, résumée en quelques mots, l'histoire de l'Eglise, jusqu'au moment où commence notre cours.

Vous voyez clairement dans quel esprit il sera conçu.

Profondément respectueux de l'idée religieuse, considérant le catholicisme comme une des formes les plus nobles de cette idée, mais ne voyant pas en lui la seule forme respectable qu'elle ait revêtue ; plus épris de tolérance et de charité que de dogmatisme ; adversaire résolu de toute tyrannie, qu'elle vienne de l'Etat ou vienne de l'Eglise ; croyant, avec Sieyès, que l'on ne mérite pas d'être libre si l'on se refuse à être juste, je me propose d'étudier cette grande histoire en toute sincérité et avec toute l'impartialité dont je suis capable.

J'exposerai les faits tels que les virent et les comprirent les contemporains, m'attachant à ne vous rien dire que de parfaitement prouvé ; je marquerai les coups que se portèrent les deux adversaires ; je noterai leurs fautes réciproques, et j'en parlerai avec l'indulgence qu'on doit à tous les hommes.

J'espère que de cette longue et patiente étude se dégageront quelques conclusions générales, propres à nous raffermir dans notre foi à l'idéal et dans notre culte ardent pour la liberté.

LA QUESTION PROTESTANTE
DE L'ÉDIT DE NANTES A LA PAIX D'ALAIS

Le 13 avril 1598 est une des dates les plus mémorables de notre histoire. Ce jour-là, Henri IV, étant à Nantes, signa un édit « perpétuel et irrévocable », qui accordait droit de cité dans le royaume à la religion réformée et mettait fin aux guerres religieuses, qui désolaient le royaume depuis 40 ans et avaient failli le perdre.

L'Edit de Nantes se compose de deux actes, signés le 13 avril et le 2 mai 1598. Le premier, en 95 articles, détermine les principes généraux introduits au sujet de la religion dans les lois françaises. Le second, en 56 articles, règle les cas particuliers qui se pouvaient présenter dans l'application. Ces deux édits, scellés du grand sceau de cire verte, devaient être enregistrés par les Parlements comme lois du royaume. Deux brevets, expédiés le 13 et le 30 avril, et garantis seulement par la parole royale, réglaient la question du traitement des ministres et des places de sûreté.

L'Edit de Nantes n'est un document moderne que par le principe de tolérance qu'il inscrit dans nos lois. Rédigé au lendemain d'une terrible guerre civile, il porte encore la trace de la rancune et des défiances des partis, et concède aux protestants des privilèges dangereux pour la sécurité de l'Etat.

Le préambule est conçu dans le style noble et familier à la fois qu'affectionnait Henri le Grand.

« La fureur des armes, dit le roi, ne compatit point à
« l'établissement des lois ; mais, maintenant qu'il plaît à Dieu
« commencer à nous faire jouyr de quelque meilleur repos, nous
« avons estimé ne le pouvoir mieux employer qu'à pourvoir que
« son saint nom puisse être adoré et prié par tous nos sujets ; et,
« s'il ne lui a plu permettre que ce soit pour encore en une même
« forme de religion, que ce soit au moins d'une même intention,
« et avec telle règle qu'il n'y ait point pour cela de trouble ou de
« tumulte entre eux. »

Les huguenots sont obligés, tout premièrement, de tolérer le rétablissement du culte catholique partout où il a été supprimé et de remettre le clergé romain en possession de tous ses biens et de tous ses droits. En retour, la liberté de conscience leur est concédée dans toutes les villes et lieux du royaume et pays de l' « obéissance du roi sans être enquis, vexés, molestez, ni astraints à faire chose contraire à leur religion ». Il est défendu aux prédicateurs de les injurier en chaire. Il est défendu de chercher à suborner leurs enfants. Leurs parents ne peuvent plus les exhéréder pour cause de religion. Ils ne peuvent être plus chargés d'impôts que les catholiques.

Ils sont, comme eux, admissibles à toutes les charges de l'Etat et à tous les emplois publics. Ils peuvent étudier aux Universités, concourir pour l'obtention des grades et enseigner toutes les sciences, excepté la théologie.

Des chambres spéciales sont créées à Paris, Castres, Nérac et Grenoble, pour le jugement de leurs procès. Celle de Paris se composera de 10 conseillers catholiques et de 6 protestants. Les autres seront formées, par moitié, de catholiques et de huguenots.

Non seulement personne ne les peut inquiéter pour le fait de religion, mais l'exercice public de leur culte leur est permis dans toutes les villes ou lieux où il a été établi « ou dû l'être » avant le mois d'août 1597, — dans deux villes par bailliage ou sénéchaussée — au principal domicile des seigneurs « ayant haute justice et plein fief de haubert » et à tous les nobles dans leurs maisons de campagne, à condition de ne pas réunir pour la cérémonie plus de trente personnes étrangères à leur famille.

Le culte réformé reste interdit à Paris, où le fanatisme est encore trop grand ; mais il est permis à cinq lieues de la capitale. Même à la Cour, les grands seigneurs ont le droit de faire célébrer les cérémonies du culte dans leurs logis, à portes closes, sans psalmodier à haute voix, en évitant tout bruit et tout scandale. Les ministres sont, comme les clercs catholiques, exempts « des gardes, des rondes et logis des gens de guerre et autres « assiettes et cueillettes de taillis ».

Voilà pour les droits légitimes reconnus aux protestants. Voici maintenant pour les privilèges que leur accorde l'Edit :

Ils gardent leurs synodes provinciaux et nationaux, et, si le roi exige que ces assemblées ne puissent se tenir sans son autorisation, il leur promet de ne la leur refuser jamais. Ils obtiennent droit de garnison dans une centaine de places, dont quelques-unes très fortes comme Saumur, La Rochelle, Montauban et Montpellier. Les gouverneurs de ces places sont nommés par le roi, mais seront toujours protestants. Les garnisons seront payées par le roi.

Les huguenots restent ainsi organisés en parti, et, si l'on songe qu'ils comprenaient environ la seizième partie de la nation, comptaient dans la noblesse 3.500 gentilshommes dévoués à leur cause et capables de lever 25.000 soldats, à une époque où l'armée royale sur pied de paix ne dépassait pas 10.000 hommes (Cf. Mariejol, *Henri IV et Louis XIII*), on est bien obligé de reconnaître que les concessions que leur fit Henri IV ne pouvaient être maintenues, en temps normal, sans un vrai péril pour la chose publique. Mais il faut les envisager comme des mesures transitoires, destinées à calmer les défiances des huguenots et à forcer à la tolérance les catholiques sectaires, qui, suivant le mot du roi, « avaient employé le vert et le sec pour perdre l'Etat ».

Les passions étaient encore si vives de part et d'autre, que le roi eut toutes les peines du monde à faire accepter son édit par les huguenots et par les catholiques.

D'Aubigné écrivait un pamphlet contre la conversion de Sancy, qui avait comme le roi passé au catholicisme. Mornay qualifiait hautement le pape d'Antéchrist. Là où ils étaient puissants, comme en Béarn, les huguenots s'efforçaient d'entraver l'exécution de l'Edit. Partout, ils tentèrent de l'étendre : « Vos amis, « disait le roi à Sully, ne cherchent qu'à gagner toujours pied et « au préjudice de mon autorité. Si cela continuait, il vaudrait « mieux qu'ils fussent les rois et nous les assemblées. »

Du côté catholique, l'irritation était extrême. Le pape Clément VIII traitait l'Edit de la plus maudite chose qui se pût imaginer.

L'agent général du clergé de France demanda à Henri IV « que « Sa Majesté ne permît point que, deçà la Loire, les ministres de « la religion prétendue réformée eussent autre liberté, sinon « de n'être point recherchés ».

Les évêques et le Nonce appuyèrent les réclamations de l'agent général.

L'Université cria au scandale et protesta contre les libertés accordées aux huguenots.

Le Parlement de Paris fit très mauvaise mine à l'Edit, et son premier président Villiers-Séguier se montra si intraitable, que le roi le nomma ambassadeur à Venise pour se débarrasser de lui.

Le Parlement n'en arrêta pas moins, le 5 janvier 1599, de faire des remontrances. Pour prévenir le tapage qui s'en fût suivi, Henri IV le manda au Louvre, le 7 janvier, et, dans une longue harangue, tour à tour paternelle, émue et railleuse, il adjura les magistrats de donner la paix à la France.

« Vous me voyez en mon cabinet, où je viens parler à vous, « non point en habit roial, comme mes prédécesseurs, ni avec « l'espée et la cappe, ni comme un prince qui vient parler aux « ambassadeurs étrangers, mais vestu comme un père de famille, « en pourpoint, pour parler franchement à ses enfants... Ce que « j'ay à vous dire est que je vous prie de vérifier l'Edit que j'ai « accordé à ceux de la Religion. Ce que j'en ay fait est pour le « bien de la paix. Je l'ay faite au dehors, je la veux au dedans. « Vous me devez obéir, quand il n'y aurait autre considération « que de ma qualité et de l'obligation que m'ont tous mes sujets, « et particulièrement vous tous de mon Parlement.... si l'obéis- « sance estoit deue à mes prédécesseurs, il m'est deu autant et « plus de dévotion, d'autant que j'ay establi l'Estat... Je coup- « perai la racine à toutes factions... et je ferai accourcir tous ceux « qui les susciteront. J'ay sauté sur des murailles de villes : je « sauterai bien sur des barricades qui ne sont pas si hautes... Ne « m'alléguez point la Religion Catholique. Je l'aime plus que « vous, je suis plus Catholique que vous, je suis le fils aisné de « l'Église... Ceux qui ne voudraient que mon Edit passe veulent la « guerre; je la déclarerai à ceux de la Religion, mais je ne la ferai « pas : vous irez la faire, vous, avec vos robbes, et ressemblerez « la procession des capussins qui portoient le mousquet sur leurs « habits. Il vous fera bon voir !... Je suis roy maintenant, et parle « en roy et veux être obéi. A la vérité la justice est mon bras « droit ; mais, si la gangrène s'y prend, le gauche le doit coupper. « ... Donnez à mes prières ce que ne voudriez donner aux mena- « ces ; vous n'en aurez point de moi. Faites seulement ce que je « vous commande, ou plutôt dont je vous prie. Vous ne ferez pas « seulement pour moi, mais aussi pour vous et pour le bien de la « paix. »

Le Parlement résista encore et obtint que la chambre de l'Edit n'aurait à Paris qu'un seul magistrat huguenot. Il enregistra enfin, le 25 février 1599. Grenoble ne céda qu'en septembre, Dijon le 12 janvier 1600, Toulouse le 19 janvier, Bordeaux le 7 février, Aix le 11 août, Rennes le 23. Rouen attendit jusqu'en 1609 pour accepter l'édit.

L'Edit de Nantes est le plus beau titre de gloire de Henri IV. Pour la première fois fut reconnue la liberté d'un culte dissident dans un Etat catholique; mais il faut avouer que la politique y eut plus de part que la philosophie et que, après comme avant l'Edit, les partisans des doctrines contraires restèrent ennemis.

Les huguenots s'indignaient de n'être que tolérés, et n'entendaient pas sans chagrin qualifier leur religion de « prétendue réformée ». L'année même de l'Edit, Du Plessis Mornay publia un *Traité de l'institution de l'Eucharistie*, pour démontrer que le sacrifice de la messe, l'invocation des saints, le purgatoire, étaient des inventions assez récentes de l'Eglise romaine. Le livre fit scandale et irrita tant de gens que le roi s'en fâcha à son tour.

Les catholiques voyaient dans la tolérance accordée aux huguenots une véritable impiété, et appelaient de tous leurs vœux le jour où l'unité de la foi serait rétablie dans le royaume. Ils demeuraient attachés à la chimère de l'unité, qui a suscité tant de querelles et de désordres, et dont nos politiques ne paraissent pas encore désabusés. Comme s'il était possible de réduire à l'unanimité les sentiments de millions d'êtres pensants ; comme si la conscience pouvait tolérer le moindre joug ; comme s'il était nécessaire, ou même simplement avantageux à l'Etat, que tous les citoyens s'accordent à suivre une même religion, ou à n'en suivre aucune.

Henri IV, tout le premier, n'appliqua pas l'Edit avec une parfaite loyauté. Il laissa tomber en ruines les murailles des places de sûreté ; il réduisit arbitrairement de 160.000 à 50.000 écus la solde de leurs garnisons ; il manifesta une grande joie de la conversion au catholicisme de quelques grands seigneurs et ne dissimula pas ses préférences politiques pour le catholicisme. Toutefois, tant qu'il vécut, sa forte main suffit à contenir les factions. Mais la France sentait si bien que la paix était, avant tout, l'œuvre personnelle du roi qu'à sa mort elle crut tout remis en question. Il y eut des gens qui moururent de saisissement, en apprenant l'assassinat de Henri IV. Sully crut que la guerre civile allait recommencer et courut s'enfermer à la Bastille ; des gentilshommes de province prirent les armes et mirent leurs châteaux en état.

La rapide organisation de la régence rassura les esprits. Le 25 mai 1610, huit jours après la mort de Henri IV, Marie de Médicis confirma solennellement l'Edit de Nantes, et rien ne parut tout d'abord changé dans l'allure du gouvernement.

Mais à la place du Béarnais, fin et rusé, régnait une femme bornée et têtue, et les protestants, qui avaient toujours cherché à étendre l'Edit, ne purent résister à la tentation d'accroître leur influence.

La reine leur ayant permis de tenir une assemblée générale à Saumur, le 25 mai 1611, pour élire six personnes, parmi lesquelles le gouvernement choisirait les deux agents généraux de la Religion à la Cour, les protestants en profitèrent pour perfectionner leur administration et lui donner un caractère plus pratique et plus fort. Ils imaginèrent de grouper les provinces par trois ou quatre, sous le nom de cercles, et placèrent à la tête du cercle une assemblée de délégués, élus par leurs conseils de province, parmi les députés de la noblesse et du Tiers. Par cette innovation, sitôt qu'une province se trouvait lésée dans ses intérêts religieux, elle avait à portée une autorité toute désignée à laquelle elle pouvait s'adresser, et le gouvernement se trouvait aussitôt, non plus, en face d'une province isolée et impuissante, mais d'une petite coalition de trois ou quatre provinces disposant de ressources considérables. Parmi les membres de la noblesse qui avaient poussé le plus fortement à la création des cercles, figurait le jeune duc de Rohan, gendre de Sully, que son éloquence et ses talents désignèrent bientôt à tous comme le véritable chef du parti huguenot.

Avec une très grande clairvoyance politique, le duc signala à l'assemblée le rôle que la France catholique, mais tolérante, pouvait jouer en Europe comme protectrice des réformés, et médiatrice entre les Etats catholiques : « Qu'un roy de France, disait-il,
« se rende aujourd'huy persécuteur de nostre religion, il en perd
« la protection parmi toute la chrestienté, enrichit de ce titre
 quelqu'un de ses voisins, n'augmente de créance parmi ceux de
« l'Eglise romaine et ruine entièrement son royaume... Je dys
« plus que la situation de France au milieu des aultres royaumes
« et l'exercice libre de nostre religion en iceluy acquièrent sans
« difficulté à nos rois l'autorité et créance, qu'ils ont parmi tous,
« de protecteurs de l'Europe, laquelle ils maintiendront autant
« de temps qu'ils nous traicteront bien. »

Cette vue était si juste et si profonde que Richelieu n'aura pas, en somme, d'autre politique ; mais la reine mère et les gens de petit génie qui l'entouraient, n'aimaient pas les protestants et avaient grand'peur de la maison d'Autriche, formidable puissance maîtresse de l'Espagne, dominante en Italie, largement assise en

Allemagne et aux Pays-Bas, et qui possédait de telles ressources qu'il fallut, un peu plus tard, quarante ans de guerre pour l'abattre.

Marie de Médicis trouva plus facile et plus naturel de se rapprocher de l'Espagne que des protestants, et elle décida de marier sa fille Elisabeth au prince des Asturies, D. Philippe, et le roi à l'infante Doña Ana. Des fêtes magnifiques, telles que Paris n'en avait pas vu de longtemps, marquèrent la conclusion des mariages espagnols. Le jeudi 5 avril 1612, sur la place Royale, tout récemment bâtie, les chevaliers de la Gloire et les soutenants du château de la Félicité paradèrent devant toute la cour. A la nuit, on mit le feu au château de la Félicité, tout rempli d'artifices, et dont la décoration changea plusieurs fois tandis qu'il brûlait. Le vendredi eut lieu dans Paris une grande cavalcade. Il y eut le soir salve de 200 coups de canon, feu de joie en place de Grève et illumination de la ville avec « lanternes faites en papier « de couleur, en si grande quantité et à chaque fenestre, que « toute la ville sembloit estre en feu. »

Mais, quand la reine voulut procéder à l'exécution des mariages, les protestants prirent peur. L'alliance espagnole semblait les menacer de persécution. On voyait circuler des livres qui attribuaient tous les malheurs de la France à la liberté de conscience ; on craignait avec l'influence espagnole la mutilation, ou la révocation de l'Edit, on entrevoyait le spectre de l'Inquisition, « plus insupportable aux esprits nés libres et « francs, comme sont les Français, que les plus cruelles morts. » Le prince de Condé, les ducs de Bouillon, Longueville et Mayenne, étaient en insurrection ouverte. Les huguenots se joignirent à eux pour empêcher le mariage du roi.

Le 21 août 1615, l'assemblée protestante, réunie à Grenoble, invita le roi, parti de Paris le 17, à ne pas continuer son voyage vers Bordeaux.

Le 15 octobre, l'assemblée, transférée à Nîmes, envoya aux provinces l'ordre de s'insurger, et signa un traité d'alliance avec les princes, le 2 novembre, à Sanzay.

Mais les huguenots ne partageaient pas tous les sentiments de l'assemblée ; la prise d'armes ne fut pas générale, Lesdiguières, gouverneur du Dauphiné, offrit 6.000 hommes au roi pour combattre ses coreligionnaires. Le parti protestant se compromit sans réussir à empêcher le mariage du roi, qui fut célébré à Bordeaux, le 28 novembre. Au traité de Loudun (3 mai 1616), les huguenots obtinrent quelque argent et l'octroi pour six ans encore de leurs places de sûreté ; mais ils ne purent même faire changer le nom de « prétendue réformée », que le gouvernement donnait toujours à leur religion, et ils s'aliénèrent à jamais l'esprit du roi, qui commença à voir en eux des sujets rebelles.

Trois mois après l'assassinat de Concini, qui l'avait rendu maître de ses mouvements, le 25 juin 1617, le roi ordonna la restitution à l'Eglise catholique des anciennes terres ecclésiastiques occupées en Béarn par les protestants. Les Etats de Béarn invoquèrent l'appui des assemblées protestantes. L'assemblée générale de Loudun (sept. 1619) fit des remontrances au roi et défendit aux jésuites de prêcher dans les villes de sûreté.

En 1620, après avoir pacifié la Normandie, pris Caen, un des boulevards du protestantisme dans l'Ouest, et fait la paix avec sa mère, Louis XIII marcha en personne sur le Midi. Il avait dix-neuf ans, et la vie des camps éveillait en lui des instincts guerriers que personne ne lui avait soupçonnés jusque-là. Ce taciturne, ce timide, se révélait le vrai fils de Henri IV et se plaisait mieux au bruit de la bataille qu'aux fêtes de la cour.

Il manda près de lui à Bordeaux le gouverneur de Béarn, La Force, et conclut avec lui un accommodement ; mais le Parlement de Pau resta intraitable et refusa d'enregistrer l'édit de restitution des biens ecclésiastiques. — « Allons à eux ! » dit joyeusement Louis XIII, et prenant avec lui tout ce qu'il avait de troupes sous la main, il marcha droit sur Pau, où il entra sans coup férir.

Pau était la ville natale de son père, la principale cité de Béarn et l'ancienne résidence des rois de Navarre, dépossédés depuis 1512 de leurs domaines espagnols. La Navarre avait été divisée en deux parts. Les quatre provinces de Pampelune, Sanguesa, Estella et Tudela, situées au sud des Pyrénées, avaient été réunies au royaume de Castille ; la province d'Ultra-Puertos, située au nord des Pyrénées, était restée aux mains de Henri d'Albret, aïeul maternel de Henri IV.

Pendant tout le seizième siècle, les Albret, rois de Navarre, princes de Béarn, comtes de Foix, de Bigorre, de Marsan, Tursan et Gavardan et lieutenants du roi en Guienne, avaient été les vrais maîtres du Midi et avaient donné au château de Pau une allure vraiment royale. Ils avaient préféré Pau aux autres villes de leurs Etats, parce que Pau était la capitale du Béarn, et que le Béarn avait toujours passé pour une principauté indépendante de la couronne. Le comte Gaston Phébus, allié du roi Jean, s'était laissé mettre à la tour du Louvre plutôt que de prêter l'hommage au roi de France. Ces souvenirs étaient encore très vivants en Béarn, la mémoire de Henri IV y était adorée, le calvinisme y était tout-puissant et le peuple très désireux de garder son autonomie.

Cependant rien ne tint devant le roi.

Le Béarn ne se sentit pas de taille à lutter contre la France. Louis XIII fit enregistrer son édit par la cour de Béarn, fondit les deux cours de Navarre et de Béarn en un Parlement royal de Pau, mit un gouverneur catholique à Navarreinx, déclara le Béarn réuni à la France, et, pour montrer à tous que sa résolution était irrévocable, fit démeubler le château de Pau.

Devant ce coup d'Etat, les protestants s'émurent. L'assemblée générale de La Rochelle divisa la France protestante en huit départements militaires, ayant chacun leur chef, et déclara la guerre au roi (1621).

L'armée royale occupa Saumur, Saint-Jean-d'Angely, et assiégea inutilement Montauban, défendu par La Force et le ministre Chamier. Le connétable de Luynes mourut de la fièvre pourpre sous les murs de Monheur (15 déc. 1621).

Après une nouvelle année de guerre très sérieuse, la paix de Montpellier vint, une fois de plus, confirmer l'Edit de Nantes, accorda aux protestants le droit de tenir sans autorisation leurs assemblées religieuses et leur laissa intactes leurs deux grandes places de Montauban et de La Rochelle.

Les huguenots avaient montré leurs forces et sortaient presque vainqueurs de ce redoutable conflit; cependant certains indices permettaient de croire que leur parti était déjà ébranlé. L'assemblée de La Rochelle n'avait point été partout obéie. Lesdiguières s'était bruyamment converti au catholicisme, pour l'épée de connétable, et beaucoup de grands avaient fait comme lui pour de moindres grâces. Nîmes, Uzès, Castres et Millau perdaient la moitié de leurs remparts. Les catholiques accusaient les huguenots de vouloir créer une République hérétique au sein du royaume catholique, et l'hostilité contre eux allait croissant au lieu de s'atténuer.

Au moment même où la paix de Montpellier rétablissait l'ordre en France (18 oct. 1622), commençait à s'établir le pouvoir d'un homme d'Eglise, qui a été le plus grand politique de notre pays.

Armand du Plessis de Richelieu, né à Paris le 9 septembre

1585, appartenait à une famille de simples gentilshommes du Poitou, qui passaient, auprès de leurs voisins, pour violents et querelleurs. Après avoir voulu être d'épée, il se résigna à être d'Eglise pour garder dans sa maison le méchant petit évéché de Luçon, que son frère Alphonse quittait pour se faire chartreux. Orateur du clergé aux Etats de 1614, il y annonçait déjà ses hautes ambitions en réclamant pour les gens d'Eglise une part dans les conseils de l'Etat, « puisque leur profession sert beaucoup à les
« rendre propres à y être employés, en tant qu'elle les oblige
« particulièrement à acquérir de la capacité, être pleins de pro-
« bité, se gouverner avec prudence... et que gardant le célibat
« comme ils font, rien ne les survit après cette vie que leurs
« âmes, qui, ne pouvant thésauriser en terre, les obligent à ne
« penser ici bas, en servant leur roi et leur patrie, qu'à s'ac-
« quérir pour jamais, là haut au ciel, une glorieuse et du tout
« parfaite récompense. »

Ce pouvoir qu'il ambitionnait, Richelieu mit dix ans à le conquérir, et la lutte qu'il soutint contre la fortune fut si âpre et si acharnée que sa santé y succomba. Au moment même qu'il paraît à la cour et qu'il est fait cardinal (5 sept. 1622), il est déjà vieilli et comme brûlé par le génie et l'ambition. L'empire absolu qu'il a voulu prendre sur lui-même l'a jeté dans une incessante contention d'esprit, un travail acharné a consumé ses forces ; il souffre de migraines terribles, l'estomac fonctionne mal, les reins sont pris, et cet admirable esprit, ce vaste courage, cette ambition géniale et passionnée n'habitent qu'un corps déjà plus qu'à demi ruiné.

Le cardinal de Richelieu a été le vrai créateur de la grandeur française, et tout patriote doit saluer avec un infini respect cette grande figure de notre histoire ; mais le philosophe peut s'arrêter aussi à le considérer avec complaisance et trouvera en lui un de ces hommes qui font honneur à l'homme.

Michelet a dit de lui « qu'il n'était pas bon ». C'est vrai, si l'on entend par bonté l'émotivité facile, ce qu'on appelait au XVIIIe siècle la sensibilité. Mais, si l'on se fait de la bonté une idée plus virile, si l'on voit en elle un penchant naturel à la générosité, contenu et guidé par le sentiment du devoir, nul ne pourra refuser à Richelieu d'avoir cherché le bien avec une intelligente et persévérante volonté. Il a une part dans le mouvement charitable qui est une des gloires de son époque. Il a aimé l'honneur, la probité et la justice. Il a été un ami fidèle et magnifique. On cite de lui des traits d'amitié ingénieuse et charmante, comme le mariage de Corneille.

Richelieu n'est pas démocrate. Il a écrit « que tous les politiques « sont d'accord que si les peuples étaient trop à leur aise, il serait « impossible de les contenir dans les règles de leur devoir ». Mais il a été un évêque consciencieux et charitable ; sa réputation a commencé à Luçon. C'est comme évêque modèle, soucieux de l'instruction et du bonheur de ses ouailles, qu'il a été nommé député du clergé aux Etats de 1614.

Aristocrate de race et de tempérament, il a les goûts, les passions, la magnificence et l'orgueil d'un prince ; mais, né violent, il s'est appliqué à se combattre et a réussi à se vaincre. Toujours correct et courtois, comme il sied à un prélat, on le voit patient avec tous, et, même quand il frappe, c'est sans colère apparente et sans emportement. Il a compris toute l'infériorité de la noblesse en fait de science et d'éducation ; il a aimé les lettres, où il a excellé lui-même comme prosateur, il a reconstruit splendidement cette vieille et glorieuse maison de Sorbonne, où il a voulu avoir son tombeau. Il a compris et protégé les arts, bâti le palais Cardinal et le château de Richelieu. Sa noblesse a été pour lui une raison de plus de se contraindre et de s'améliorer ; par delà la noblesse ses hommages vont au roi, et par delà le roi à la France, dont il n'a voulu être que le premier serviteur.

Richelieu est homme d'Eglise, et sa foi ne peut faire doute pour personne. Comme prêtre et comme politique, il est partisan de l'unité religieuse ; mais il ne veut employer pour y parvenir que la persuasion et pense « que la différence de religion fait « sans doute une différence entre les hommes, mais en l'autre « monde seulement ».

On a dit de lui qu'il voulut abaisser les grands et les protestants, c'est une erreur : il ne voulut jamais le moindre mal ni aux uns ni aux autres ; mais il entendit que les uns et les autres vécussent en sujets obéissants et fidèles.

Il comprit que la France unie et compacte pouvait être souveraine en Europe, et il résolut de faire de Louis XIII le monarque le plus puissant de la chrétienté. Les aristocrates et les huguenots se trouvaient sur son chemin, il les combattit, mais seulement pour les réduire au devoir, et, sitôt soumis, il les convia, sans haine et sans mépris, à collaborer avec lui à la grandeur nationale.

On a dit de lui qu'il fut vindicatif, et la sévérité de quelques-unes de ses mesures de gouvernement semble donner raison à cette opinion ; mais, si l'on tient compte de l'acharnement de ses adversaires et de la dureté des mœurs de son époque, on conviendra qu'il fut rigoureux, mais point cruel, et on comprendra qu'il ait pu dire, à ses derniers moments, « qu'il n'avait « jamais eu d'autres ennemis que ceux de l'Etat ».

Sa politique envers les protestants tient tout entière dans cette phrase : « Tant que les huguenots auront le pied en France, « le roy ne sera jamais le maistre au dedans, ny ne pourra « entreprendre aucune action glorieuse au dehors ».

Pour se préparer à la lutte suprême, qu'il prévoyait, il se fit donner la charge de surintendant de la navigation et du commerce de France, acheta les gouvernements du Havre et d'Honfleur, fortifia Brouage et fonda la compagnie commerciale du Morbihan, qui devait, en cas de guerre, lui fournir des navires et des marins.

Dès le début de 1625, les huguenots recommençaient la lutte. Soubise s'emparait de 7 vaisseaux du roi ancrés à Port-Blavet, parmi lesquels se trouvait *La Vierge*, superbe bâtiment de 80 canons de fonte verte, tel qu'on n'en avait encore jamais vu. Bloqué dans la rade du Blavet, Soubise réussit à forcer le passage et, revenant vers La Rochelle, s'empara d'Oléron. Il fallut que Richelieu demandât des vaisseaux à l'Angleterre et à la Hollande pour combattre Soubise. Le 15 septembre 1625, une escadre hollandaise commandée par l'amiral Haultain et quelques vaisseaux du roi conduits par le Grand Amiral Henri de Montmorency battirent la flotte de Soubise devant l'île de Ré. *La Vierge* se défendit contre quatre vaisseaux ennemis, et se fit sauter avec eux plutôt que de se rendre. Après quatre mois de négociations, le cardinal accorda la paix aux protestants. Le roi restait maître de Ré et d'Oléron, laissait debout le Fort-Louis aux portes de la Rochelle et promettait seulement d'empêcher la garnison de troubler le commerce des Rochelais.

Ce ne fut qu'une trêve de dix-huit mois.

Le 10 juillet 1627, une flotte anglaise portant 5.000 hommes et 100 chevaux parut en vue de La Rochelle et débarqua un corps de troupes dans l'île de Ré. Le gouverneur, M. de Toiras, s'enferma dans la citadelle de Saint-Martin, et l'amiral anglais, Sir William Becher, offrit aux Rochelais un puissant secours de terre et de mer contre la tyrannie du Conseil de France ; il leur demanda de ne faire aucun traité ou accord sans l'avis et le consentement du roi d'Angleterre. La municipalité répondit qu'elle remerciait le roi, mais qu'elle ne pouvait répondre au nom du corps des églises dont elle n'était qu'un membre.

Les huguenots ne se seraient probablement jamais décidés à la guerre, si Rohan ne les y eût jetés malgré eux. Il convoqua en grande hâte à Uzès une réunion des délégués des Cévennes et du Bas-Languedoc, il les échauffa et leur arracha le décret de prise d'armes; mais, au moment même où les huguenots s'alliaient au roi d'Angleterre, « ils protestaient solennellement et « devant Dieu qu'ils voulaient vivre et mourir en l'obéissance « du roi leur prince légitime et naturel ».

Rohan dut faire la guerre à ses propres coreligionnaires pour les déterminer à le suivre, et ce ne fut qu'à la fin de septembre, après deux mois de tergiversations, que les Rochelais se décidèrent à s'allier avec les protestants du Midi et les Anglais.

L'énergie de Richelieu contrasta de la manière la plus frappante avec l'indécision des huguenots.

Son premier soin fut de secourir Toiras, étroitement bloqué par les Anglais dans la citadelle de Saint-Martin de Ré.

Le 6 octobre, un convoi de trente-cinq voiles partit des Sables-d'Olonne, traversa la flotte anglaise et ravitailla Toiras.

Le 8 novembre, un corps français de 2.000 fantassins et 200 chevaux, triés homme à homme par le roi lui-même, débarqua à Ré, atteignit les Anglais en pleine retraite et leur tua un millier d'hommes. — Buckingham, qui commandait la flotte anglaise, fit voile vers l'Angleterre, « après avoir perdu dans cette « expédition la réputation de sa nation et la sienne, consommé « une partie des vivres des Rochelais et mis au désespoir le « parti pour lequel il était venu en France ».

Alors commença vraiment le siège de La Rochelle. Du côté de la terre, une immense ligne de circonvallation, longue de trois lieues, et flanquée de onze tours et de dix-huit redoutes, la sépara du pays vendéen. Du côté de la mer, l'architecte du roi, Métezeau, et le maçon parisien Thiriot construisirent une digue de 740 toises de long, ouverte en son milieu pour le passage du flot, et couverte de canons et de soldats. Une belle armée de 25.000 hommes, bien vêtue, bien payée, enthousiasmée par la présence du roi, prit ses quartiers devant la ville, et le grand Callot dessina tous les aspects de ce siège mémorable.

Quand Louis XIII s'ennuya au camp, le cardinal le renvoya à Saint-Germain et resta devant La Rochelle comme lieutenant général de l'armée et conducteur du siège. On le voyait à cheval, en harnois de guerre, le casque en tête, l'épée au côté et la simarre cardinalice par-dessus l'armure, parcourir le camp, surveiller les travaux, presser l'arrivée des vivres et des renforts. L'Eglise autour de lui se faisait militante ; les évêques de Maillezais, de Nîmes, de Mende, tout un bataillon de prêtres, de capucins et de récollets lui servaient d'aides de camp, d'officiers de guerre et de finances. Le siège prenait des airs de croisade.

Du côté des Rochelais, même héroïsme ; à Pâques de l'année 1628, la ville élut son maire ; elle choisit Guiton, et Guiton accepta, à condition qu'il aurait le droit de poignarder le premier qui oserait parler de se rendre.

Tout l'espoir de la ville était dans l'arrivée des Anglais; car Rohan, rappelé vers les Cévennes, ne pouvait rien pour La Rochelle.

Le 11 mai 1628, Lord Denbigh parut, en effet, en vue de La Rochelle avec 66 vaisseaux mal équipés; mais la digue était déjà si formidable qu'il n'osa l'attaquer. Après avoir inutilement louvoyé pendant huit jours en vue de la malheureuse ville, il reprit le chemin de Portsmouth.

Les Rochelais voulurent expulser les bouches inutiles. Les troupes du roi renvoyèrent à coups de fouet les expulsés vers la ville.

Le 18 septembre, le comte de Lindsay parut, encore une fois, devant Saint-Martin de Ré.

Le 30 septembre, les Anglais avancèrent contre la digue.

Le 3 octobre, eut lieu un grand combat entre la flotte anglaise, les vaisseaux de France commandés par le commandeur de Valençay, les batteries de la côte et de la digue.

Les brûlots anglais furent coulés ou échoués par les chaloupes françaises, qui les allèrent chercher sous le feu des gros navires. Un vaisseau chargé d'artifices fut coulé par le vaisseau-amiral de France. Une sortie désespérée des Rochelais fut repoussée.

Le 4 octobre, nouvelle bataille et nouvel insuccès des assaillants.

Le 5, une tempête obligea les Anglais à se retirer sous l'île d'Aix.

Lord Lindsay, ne pouvant délivrer La Rochelle, essaya de négocier et offrit à Louis XIII la médiation du roi d'Angleterre.

Le cardinal répondit que le roi ne pouvait admettre la médiation d'un prince étranger entre lui et ses sujets : une trêve de quinze jours fut conclue, et, avant qu'elle eût expiré, la ville avait capitulé.

La Rochelle n'était plus qu'un charnier. Quinze mille personnes avaient péri. De toute la garnison, il ne restait plus que 64 Français et 90 Anglais.

La capitulation fut signée, le 28 octobre, sous forme de Lettres de pardon.

Le lendemain, une députation du corps de ville vint saluer le roi ; les malheureux députés tombaient d'inanition, le roi les retint à dîner.

Le 30 octobre, les gardes française et suisse occupèrent les portes et derrière eux entra un grand convoi de vivres, puis apparut le cardinal, à cheval, en général victorieux. Guiton vint au-devant de lui avec une garde de six archers. Le cardinal lui fit honte de se montrer en si bel appareil dans une ville remplie de morts et le bannit.

Le 1er novembre, le roi fit son entrée à son tour, et les pauvres Rochelais, un peu réconfortés par les 12.000 pains qu'il leur avait fait distribuer, criaient d'une voix faible sur son passage : « Vive le Roi ! »

Admirable dans la conduite de cette campagne, Richelieu se montra plus grand encore dans la paix.

La Rochelle, comme de juste, perdit ses murailles et ses privilèges ; mais ses habitants eurent toute sûreté pour leur vie et gardèrent le libre exercice de leur religion.

Guiton lui-même ne tarda pas à être gracié, et finit par obtenir le commandement d'un vaisseau du Roi.

Les marins rochelais émigrés sur les vaisseaux anglais reçurent leur pardon, à condition de rentrer en France dans le délai de trois mois. Presque tous rentrèrent.

La Rochelle à bas, la pacification du Midi fut relativement facile, et, malgré les efforts de Rohan qui voulut s'allier au roi d'Angleterre, au duc de Savoie, même au Roi catholique, la paix d'Alais (28 juin 1629) termina enfin cette longue guerre.

Ce n'était plus un traité, mais un édit d'abolition et de grâce. Les huguenots n'avaient plus de places de sûreté ; les remparts de toutes les villes qui s'étaient rébellées étaient démolis ; les chefs de la sédition ne reçurent ni indemnités, ni gratifications. Rohan dut même quitter le royaume.

Mais la liberté religieuse fut conservée, et le cardinal sut la maintenir scrupuleusement.

Il accueillit avec beaucoup de bonne grâce les ministres qui se présentèrent à lui, et leur tint le langage le plus réconfortant :
« Maintenant qu'ils s'étaient soumis dans la règle commune
« de tous les sujets, dont la sûreté ne devait et ne pouvait dépen-
« dre que de la bienveillance et de la foi du prince, Sa Majesté

« aurait un soin particulier de faire connaître à leur avantage,
« qu'en qualité de sujets, il ne faisait point de distinction entre
« eux et les catholiques ; que, pour son particulier, il s'estimerait
« très heureux de les servir en toutes occasions et leur faire con-
« naître par effet que s'il désirait ardemment leur salut, comme la
« charité et leur intérêt l'y obligeaient, il souhaitait aussi leur
« conservation temporelle. »

La paix d'Alais supprima la faction huguenote, et laissa subsister la religion réformée. Ce fut un acte de saine et haute raison. Richelieu ne voulut jamais consentir à aller plus loin, et c'est grand dommage pour la France que Louis XIV ne se soit pas montré aussi sage que le grand cardinal.

L'histoire du parti huguenot nous semble montrer aussi qu'on fait fausse route, quand on attribue, comme le font volontiers beaucoup d'historiens, une constante supériorité à l'esprit protestant sur le catholique.

De la mort de Henri IV à la paix d'Alais les protestants français ont pris quatre fois les armes contre le roi, et n'ont jamais eu de motif vraiment sérieux de les prendre. Ils ont ainsi perdu toute considération aux yeux de l'autorité royale et de la nation, qui n'a vu en eux que des fauteurs de discordes.

Puisqu'ils faisaient tant que de se mettre en guerre, ils la devaient faire tous, la mener avec union et ensemble, et donner à entendre que leur République était une puissance avec laquelle le roi même devait compter.

Bien loin qu'il en ait été ainsi, nous les voyons aussi hésitants dans l'action qu'emportés dans le conseil. Les prises d'armes ne sont jamais que tumultuaires et partielles. Telle ville se défend, telle autre se soumet. Nulle entente, nul concert, nul souci de mener une vraie campagne, de tout faire pour atteindre un but marqué d'avance.

Les chefs sont maussades et égoïstes, comme Sully ou Lesdiguières, bouillants et inconsidérés comme Rohan. Plus d'un se laisse acheter et trahit son parti.

En face de tant d'incohérence, le gouvernement royal paraît bien plus ferme dans ses desseins et bien plus sage dans sa conduite. Les traités de Loudun et de Montpellier montrent quelle fut sa patience, la paix d'Alais témoigne de sa modération. Par elle, il obtint tout ce qu'il pouvait légitimement demander aux vaincus, et affirma en même temps la force et la générosité, qui sont les deux grands ressorts de la grande politique.

LA RENAISSANCE RELIGIEUSE SOUS LOUIS XIII

Tandis que le protestantisme, mal dirigé, perdait chaque jour du terrain, le catholicisme reprenait, au contraire, une vigueur nouvelle, grâce à l'élan général qui poussait les âmes vers la foi après les terreurs des guerres de religion.

De 1558 à 1598, la France avait été troublée jusque dans ses couches les plus profondes par la question religieuse et avait résolu par les armes la question de savoir si elle se tournerait du côté des nations du Nord, ou si elle resterait fidèle à l'Eglise romaine avec les nations du Midi. La lutte avait été atroce et prolongée bien au delà du terme raisonnable par la diplomatie cauteleuse de Catherine de Médicis, les légitimes rancœurs des protestants traités en parias, l'incurie de Henri III et l'ambition des Guises ; mais la guerre se termina en somme par une victoire complète du catholicisme. Henri IV n'entra dans Paris qu'après s'être réconcilié avec l'Eglise ; et l'on aurait beau vouloir torturer les faits, on ne pourrait contester sérieusement que la France de Henri IV a voulu rester catholique.

L'Eglise était alors dans un tel état d'anarchie et de ruine que les Français ne se sont certainement pas prononcés en sa faveur par l'effet du respect qu'elle pouvait leur inspirer à l'heure où ils se battaient pour elle. Elle a bénéficié auprès d'eux de sa gloire passée ; ils l'ont défendue en considération de ce qu'elle avait été bien plutôt que pour ses mérites présents, et, sitôt qu'ils ont vu la paix rétablie, ils se sont mis à l'œuvre, ils ont travaillé à la réforme, à la restauration, à la réédification de leur Eglise, et ont déployé dans cette nouvelle lutte plus d'intelligence, de courage et de vertu, qu'ils n'en avaient dépensé en 40 ans de guerres civiles. Ils ont écrit là une des plus belles pages de leur histoire, et, s'il y a dans cette page, comme en toute œuvre humaine, des passages défectueux, il n'en est pas qui, prise dans son ensemble, soit plus à l'honneur de notre pays et de notre nation.

L'Eglise de France souffrait, en temps normal, d'un certain nombre d'abus tels que le mauvais mode de nomination des évêques, la multiplicité des chapitres collégiaux et cathédraux, l'injuste répartition des revenus ecclésiastiques; l'exagération de la fiscalité romaine, les commendes dans les abbayes royales.

Mais ces abus tenaient aux conditions historiques du développement de l'institution ecclésiastique en France, ou à des causes politiques tellement puissantes que la Révolution seule a pu en venir à bout.

Les évêques continueront jusqu'en 1789 à être choisis par le roi parmi les nobles ou les grands seigneurs. Les princes scrupuleux veilleront seulement à ne point nommer de personnages trop notoirement ignorants ou scandaleux.

Les chapitres demeureront jusqu'à la Révolution en possession de leurs privilèges et de leurs revenus.

Les dîmes continueront à être perçues par les gros décimateurs, qui ne sont pas toujours des clercs, et les prêtres de paroisse, malheureux congruistes à la mendicité, verront le plus clair des biens de l'Église passer aux mains des laïques ou des prélats de Cour.

Les officialités, la nonciature et la Cour de Rome continueront à prélever sur le peuple de France des droits énormes, qui alarmeront plus d'une fois le pouvoir royal.

Le roi lui-même continuera à distribuer les abbayes royales à ses favoris, et le tiers des revenus de ces abbayes sera perçu par des personnages dont le moindre défaut sera d'être étrangers à l'Église et à l'abbaye dont ils pillent le trésor. Les commendes se justifient d'ailleurs en partie. Elles sont un impôt sur le haut clergé du royaume; et la forme en est plus défectueuse que le principe.

Aucun de ces abus ne sera corrigé, et aucun ne pouvait l'être par un pouvoir conservateur, comme l'était par essence la monarchie; mais on sait, du reste, que les institutions valent bien plutôt par l'esprit dans lequel on les pratique, que par leur valeur propre et par leur forme légale. Si l'on ne toucha pas à la structure extérieure du corps ecclésiastique, on lui insinua un esprit tout nouveau, et d'un corps malade et presque agonisant on fit en quelques années un corps plein de vie et de force, dont la résurrection parut un miracle à ceux qui en furent témoins.

Il y avait alors au sein de l'Église un ordre déjà célèbre, qui eût peut-être suffi à lui seul pour accomplir ce prodige, mais dont l'Église française se refusa très nettement à accepter la domination.

La Société de Jésus, approuvée par une bulle du pape Paul III, le 27 septembre 1540, avait eu pour fondateur et pour premier général un gentilhomme guipuzcoan, Ignace de Loyola, qui avait eu d'abord l'idée de fonder un ordre religieux et militaire pour combattre le protestantisme, avait songé ensuite à établir un ordre populaire analogue à celui des Frères prêcheurs et avait enfin, après de longues années d'étude et de méditation, trouvé un type de société religieuse destiné à la plus étonnante fortune.

La vie de saint Ignace, très bien connue aujourd'hui, est l'histoire d'une âme très forte, embrasée de l'amour divin, enthousiaste de la gloire de l'Église et passionnément désireuse du salut des hommes.

Saint Ignace n'a très probablement entendu créer qu'un instrument de science et d'édification. Il n'a voulu ramener les hommes à l'Église que par la persuasion et la charité. C'est un grand homme, car son énergie et son courage furent sans bornes; et c'est aussi un grand saint, car il n'eut jamais d'autre but que la gloire de Dieu.

Mais l'instrument qu'il avait créé se faussa dans la main de ses successeurs, dont le génie, bien plus politique et bien plus mondain, fit de la Société de Jésus une force internationale au service de la papauté.

La *Satire Ménippée* nous parle de deux charlatans, qui vendaient à la porte du Louvre une drogue appelée *catholicon*. L'un de ces vendeurs n'avait qu'un *catholicon* vieux et sans vertu, qui n'assurait le salut et le bonheur qu'en l'autre monde seulement. C'est à peine si le pauvre homme trouvait encore quelques chalands. L'autre marchand, un Espagnol, vendait un nouveau *catholicon*, qui, mêlé d'or et de poison, assurait le succès de toutes les affaires temporelles. La foule s'amassait autour des tréteaux de cet habile homme et achetait ce nouveau *catholicon* à beaux deniers comptants.

Cette fable hardie, qui réjouissait nos ancêtres, peut s'appliquer à la célèbre Société. Saint Ignace ne lui avait donné que le *vieux catholicon* ; ses successeurs Laynez et Acquaviva lui infusèrent le *nouveau catholicon* et lui donnèrent le caractère politique qu'elle devait garder dans l'histoire.

Nul historien n'a parlé des jésuites avec plus d'impartialité et de grandeur que Macaulay dans son *Histoire de la Révolution d'Angleterre*. Il commence par rendre à la science, à l'abnégation, à l'héroïsme des Pères toute la justice qui leur est due. Il vante leur activité s'étendant à toutes les branches des connaissances hu-

maines, leurs succès comme éducateurs de la jeunesse, leur vaillance et leur ingéniosité comme missionnaires, l'ardente charité qui leur faisait braver les persécutions et les épidémies. Il reconnaît loyalement tout ce que présente d'admirable le spectacle d'une Société aussi nombreuse, répandue sur toute la surface du monde connu, et poursuivant partout sa tâche dans l'ordre le plus parfait, dans la plus exacte discipline, avec un oubli de soi-même si absolu qu'on eût cru impossible de le demander aux hommes, à moins de leur arracher en même temps leur cœur, leur intelligence et leur volonté. Après avoir rendu ce magnifique hommage à la grande Société, Macaulay aborde la contre-partie de son exposition, il retourne la médaille, et sans changer de ton, avec sa correction absolue de pair du Royaume-Uni, il montre, en philosophe et en homme d'Etat, les dangers de ce renoncement à toute personnalité et de cet esprit public poussé à l'excès. En renonçant à son libre arbitre, en consentant à n'être qu'un cadavre vivant aux mains de ses chefs, en abdiquant jusqu'à sa responsabilité morale, le jésuite consommait sur lui-même un véritable suicide de conscience et acceptait de se prêter à l'occasion, et sur l'ordre de ses supérieurs, aux actes les plus contraires aux lois de l'honneur, telles que les ont déterminées des siècles de culture chrétienne. Son esprit public lui faisait confondre trop aisément les intérêts de sa Société avec ceux de la religion pure, et le rendait trop indifférent aux moyens destinés à assurer le triomphe de sa compagnie. « Invariables seulement dans leur
« esprit de corps, les jésuites étaient, dans certains pays, les
« ennemis les plus dangereux de la liberté et, dans d'autres, les
« ennemis les plus dangereux de l'ordre... Le bien et le mal s'en-
« tremêlaient singulièrement dans le caractère de cette Société
« célèbre; et ce mélange singulier contenait tout le secret de sa
« gigantesque puissance. Une telle puissance n'aurait jamais pu
« appartenir à de purs hypocrites, ni à de rigides moralistes ;
« elle ne pouvait être acquise que par des hommes sincèrement
« enthousiastes dans la poursuite d'un grand but, et, en même
« temps, exempts de tout scrupule sur le choix des moyens. »
(Macaulay.)

Cet ordre étranger et envahissant n'avait pas été reçu en France sans opposition et sans combat. L'Université et le Parlement s'étaient nettement prononcés contre lui lorsque Catherine de Médicis l'autorisa à s'établir dans le royaume en 1561. Après la tentative d'assassinat de Jean Châtel contre Henri IV (1594), les jésuites, compromis dans l'affaire, furent bannis du royaume « comme corrupteurs de la jeunesse, perturbateurs du repos « public, ennemis du roy et de l'Estat ». On avait trouvé dans les papiers du P. Guignart, professeur au Collège de Clermont, d'anciens écrits, datant de la Ligue, où il qualifiait Henri IV de renard de Béarn, regrettait qu'on ne l'eût pas occis le jour de la Saint-Barthélemy et glorifiait Jacques Clément, assassin d'Henri III.

Henri IV, qui négociait alors son absolution en Cour de Rome, ne se montra pas impitoyable et consentit, neuf ans plus tard, à rappeler la Compagnie, mais pour des raisons qui ne sont pas entièrement à l'honneur de celle-ci. Comme Sully, le Parlement et l'Université insistaient pour que les jésuites demeurassent bannis ; le roi expliqua à son ministre pourquoi il se décidait à les rappeler : « Par nécessité, il me faut à présent faire de deux « choses l'une à savoir de les admettre, — à l'épreuve de leurs « tant beaux serments... ou de les rejeter plus absolument que « jamais... auquel cas, il n'y a point de doute que ce soit les jeter « dans des desseins d'attenter à ma vie... et me mettre toujours « dans les défiances d'être empoisonné ou bien assassiné... Car « ces gens ont des intelligences et correspondances partout. » Une fois qu'il eut pris son parti, il leur montra une grande condescendance et voulut même qu'après sa mort son cœur fût déposé à la chapelle du collège des jésuites de la Flèche ; mais on disait malicieusement que ce don de son cœur serait le cadeau le plus agréable que le roi pourrait faire à la Compagnie, car il serait mort à ce moment-là.

Les jésuites, tout-puissants en Espagne et partisans déclarés de la suprématie absolue du Saint-Siège, restèrent suspects aux yeux des Gallicans.

L'Eglise de France ne se remit donc pas tout entière entre leurs mains ; ils virent même s'élever en face d'eux trois puissances qui leur firent échec pendant tout le xviie siècle, et celle qu'ils estimaient la plus docile finit par les renverser, cinquante ans après leur victoire complète sur celle qu'ils tenaient pour la plus rebelle.

Les trois puissances dont nous parlons sont la royauté, l'Oratoire et Port-Royal.

Les rois de France étaient réputés fils aînés de l'Eglise, et pour obtenir la couronne, Henri IV avait été obligé de demander humblement le pardon du pape. Le 17 septembre 1595, les procureurs du roi en Cour de Rome, du Perron et d'Ossat, furent admis en audience solennelle par le pape Clément VIII, en présence des ambassadeurs de Savoie, de Ferrare et de Venise. Ils passèrent entre une double haie de pénitenciers et se prosternèrent aux pieds du pape, implorant l'absolution du roi. Clément VIII prit une verge, en frappa les épaules des deux pénitents agenouillés et prononça la formule d'absolution. Henri IV était réconcilié avec l'Eglise.

A son sacre, le roi jurait de protéger le clergé et les églises et de les maintenir dans leurs biens, droits et privilèges ; il jurait de maintenir son peuple en paix avec l'Eglise et de « s'appliquer en « bonne foi, suivant son pouvoir, à chasser de sa juridiction et « terres de sa sujétion tous hérétiques dénoncés par l'Eglise ». Il était ensuite oint et sacré, et ce jour-là communiait sous les deux espèces comme un vrai clerc.

La monarchie française avait donc le caractère d'une institution religieuse aussi bien que d'une magistrature nationale.

Mais, si nos rois reconnaissaient au pape la plénitude du pouvoir spirituel, ils lui refusèrent toujours le droit d'intervenir dans les affaires temporelles du royaume, de déposer le souverain, de délier les sujets du serment de fidélité et de mettre le royaume en interdit. Henri IV, gêné par son passé (il avait été apostat et relaps avant d'être réconcilié et absous), n'osa pas se montrer aussi gallican que ses prédécesseurs, mais après lui reparut la vieille politique française d'opposition à Rome et à ses prétentions dominatrices.

Le jésuite espagnol Mariana avait publié en 1599 un traité *de Rege*, où le régicide était regardé comme excusable dans certains cas. Sous le coup de l'émotion soulevée par la mort de Henri IV, le Parlement fit brûler publiquement le livre de Mariana, et défendit de le « vendre sous peine du crime de lèse-ma-« jesté ». Il condamna également le *Traité de la puissance temporelle du souverain pontife*, publié à Rome en 1610 par le cardinal Bellarmin, comme tendant « à l'éversion des puissances souve-« raines ordonnées et establies de Dieu, soulèvemens des subjects « contre leurs princes, induction d'attenter à leurs personnes et « Estats ».

Aux Etats généraux de 1614, le Tiers reprit avec force la théorie gallicane et proposa aux deux autres ordres de faire déclarer comme loi fondamentale du royaume « que le roy est reconnu sou-« verain en son Estat, ne tenant sa couronne que de Dieu seul et « qu'il n'y a puissance en terre, quelle qu'elle soit, spirituelle « ou temporelle, qui ait aucun droit sur son royaume ».

Le clergé, qui sentait le besoin de s'appuyer sur Rome pour combattre les protestants, refusa d'adhérer à la proposition du Tiers, en disant que les laïques ne pouvaient être juges de ces questions. Miron, président du Tiers, répondit sur-le-champ : « Notre intention n'a point esté d'exempter le roi ni ses subjects « de la juridiction spirituelle du Saint-Siège, mais bien garentir « l'authorité royale de la déposition... Nos Roys, quelque pieux « qu'ils aient été, n'ont rien soumis à l'Eglise que leurs âmes, et « non leur Estat, ni le temporel de leurs subjects... et quand il « s'entreprend autre chose, cela produit nos appellations comme « d'abus contre qui que ce soit de l'Eglise. »

Comme la querelle menaçait de s'envenimer, le roi évoqua l'affaire à son conseil, et le prince de Condé se prononça nettement contre la doctrine romaine « qui de fillet à aiguille nous meine à « usurpation, rébellions et meurtres ». Pour éviter de plus longues discussions, il fut convenu qu'on retirerait l'article du cahier du Tiers, mais que le roi promettrait « de le respondre « favorablement et au plus tost ».

Le clergé ne fut pas plus heureux, quand il prétendit à la publication officielle des décrets du concile de Trente dans le royaume. Miron lui ferma la bouche en disant « que Messieurs du clergé se « pouvaient mettre d'eux-mêmes dans l'exécution et observation « de ce concile, le prendre pour règle et modèle de leurs mœurs et « actions et, enfin, en pratiquer les résolutions et documens en « retranchant la pluralité des bénéfices et autres abus auxquels le « concile avait remédié ».

Le cardinal de Richelieu ne fut pas un gallican, dans le sens où l'étaient les parlementaires et certains membres de l'Université. Il écrit dans son *Testament politique* « qu'en pareille matière « il ne faut croire ni les gens du Palais, qui mesurent d'ordinaire « la puissance du Roi par la forme de sa couronne qui, étant ronde, « n'a point de fin, ni ceux qui par l'excès d'un zèle indiscret se « rendent ouvertement partisans de Rome ».

Sa politique consista à tenir la balance égale entre le parti gallican et le parti pontifical, et sa conduite, sinon son opinion, varia parfois suivant les circonstances.

Quand la multiplication inouïe des ordres religieux et la témérité de quelques moines vinrent exciter les jalousies des prélats séculiers, Richelieu conseilla la modération aux évêques et la modestie aux réguliers.

Quand il eut à combattre le pape à propos de sa politique extérieure et des contributions qu'il imposait au clergé, il laissa Pierre Dupuy publier son *Traité* et ses *Preuves des libertés de l'Eglise gallicane* (1639).

Enfin, en 1641, il demanda à Pierre de Marca, conseiller du roi, d'écrire un livre où les libertés de l'Eglise gallicane seraient conciliées avec les droits du Saint-Siège.

Et Marca établit que le principal fondement des libertés de l'Eglise gallicane était la reconnaissance de la primauté et de l'autorité souveraine de l'Eglise de Rome, mais que son second fondement était l'autorité souveraine des rois. Le pape ne pouvait être jugé ni par les évêques ni par les conciles et avait le droit de faire des lois générales et de juger sans appel les affaires spirituelles. Le roi, de son côté, n'avait pas le droit de légiférer en matière ecclésiastique, mais n'avait point de supérieur au temporel. (Cf. Mariéjol, *Henri IV et Louis XIII*.)

En fait, Richelieu exerça sur le clergé une autorité presque despotique, qu'il n'eût jamais pu faire valoir si les maximes des jésuites avaient prévalu en France. Il eût voulu obtenir du Saint-Siège une délégation officielle qui lui eût donné dans le royaume la toute-puissance spirituelle, comme il y avait la toute-puissance politique. Il négocia pour se faire nommer vice-légat d'Avignon, ou légat temporaire du Saint-Siège, ou patriarche de France. Le pape ne consentit jamais à se donner en France un lieutenant aussi peu docile, et Richelieu en conçut une grande irritation. Les rapports entre le pape et le cardinal étaient si mauvais, qu'à la mort de Richelieu Urbain VIII refusa de faire célébrer le service d'usage, en disant qu'il était excommunié.

La Société de Jésus, contrariée dans son action par les libertés gallicanes, vit en 1611 une nouvelle rivale se dresser devant elle. Ce fut la *Congrégation de l'Oratoire de Jésus*, fondée par Pierre de Bérulle.

Ancien élève des jésuites, Bérulle avait fait sa théologie à Paris et, à l'âge de 25 ans, avait assisté à la fameuse conférence de Fontainebleau, où le cardinal du Perron discuta avec Duplessis-Mornay. D'une piété très ardente et très tendre, il se passionna d'abord pour la religion contemplative telle que l'avait conçue sainte Thérèse et voulut que la France eût comme l'Espagne ses religieuses du Carmel.

L'influence de la grande mystique castillane sur un esprit aussi distingué que Bérulle n'a rien qui doive surprendre. Sainte

Thérèse est, comme notre Jeanne d'Arc, une voyante de génie, et, si elle n'a point arraché son pays à l'invasion étrangère, elle lui a laissé des œuvres immortelles dont un poëte anglais, Crashaw, a dit qu'elles étaient écrites dans la langue du ciel. Elle était aussi le bon sens en personne. « C'est elle qui écrit dans le
« *Camino de la perfeccion* : je ne voudrais pas que mes filles pus-
« sent être des femmes en quoi que ce soit, mais de braves hom-
« mes. C'est elle qui affirme qu'il ne faut tenir aucun compte des
« révélations, qui appelle l'habituelle vie monastique de son temps
« un chemin de traverse pour arriver plus tôt à l'enfer. C'est
« elle qui déclare que, si les parents lui demandaient conseil,
« ils marieraient plutôt leurs filles aux plus misérables des
« hommes ou les garderaient chez eux sous leur surveillance.
« Son rang comme puissance spirituelle est unique, et unique sa
« place dans l'histoire littéraire. » (Fitz-Maurice Kelly, *Litter. esp.*)

C'est cette virilité, cette énergie singulière, qui plurent à Bérulle et l'engagèrent à conduire et à établir à Paris une colonie de six Carmélites espagnoles. Il eut fort à faire avec les Carmes d'Espagne, qui ne voulaient pas laisser partir les nonnes pour un pays infesté d'hérétiques, où la foi n'était pas protégée par le Saint-Office. Il eut aussi à combattre les Carmes français, qui voulaient s'arroger la direction du nouvel ordre. Rien ne put le décourager. Les Carmélites s'installèrent, le 24 août 1605, au couvent de Notre-Dame-des-Champs, mis à leur disposition par Mme de Longueville.

Animé par ce premier succès, Bérulle entreprit de fonder aussi un ordre d'hommes « pour honorer l'enfance, la vie et la mort
« de Jésus-Christ, instruire la jeunesse, élever des clercs pour l'É-
« glise dans des séminaires, et enseigner le peuple par la prédica-
« tion et les missions ».

Le 11 novembre 1611, il réunit cinq prêtres savants, de mœurs pures, et les installa à l'hôtel du Petit-Bourbon, rue du Faubourg-Saint-Jacques, à l'endroit où s'éleva depuis le Val-de-Grâce. En 1613, une bulle de Paul V confirma le nouvel ordre. Le 20 janvier 1616, Bérulle acheta à la duchesse de Guise l'hôtel du Bouchage, situé rue Saint-Honoré, et y transféra sa congrégation. L'église du couvent, commencée en 1621, ne fut terminée qu'en 1630, un an après sa mort.

La Congrégation de l'Oratoire fut établie sur un plan très simple et très libre. Elle formait un corps, gouverné par un supérieur général et trois assistants. L'autorité suprême résidait dans l'assemblée du corps, auquel le général demeurait lui-même soumis. Les Oratoriens ne prêtaient aucun vœu particulier et se consacraient exclusivement à la prédication et à l'enseignement.

Dès 1618, leur réputation était assez bien établie pour que le cardinal de Gondy, évêque de Paris, leur confiât la direction du séminaire diocésain de Saint-Magloire.

L'ordre eut par la suite de nombreux collèges, dont les plus célèbres furent ceux de Juilly et du Mans. Il a compté parmi ses élèves Malebranche, Massillon, Mascaron, Richard Simon, le P. Lelong.

Bossuet a rendu à Bérulle un magnifique témoignage dans l'oraison funèbre du P. Bourgoing : « L'amour immense de Bé-
« rulle pour l'Eglise lui inspira le dessein de former une compa-
« gnie, à laquelle il n'a point voulu donner d'autre esprit que l'es-
« prit même de l'Eglise, ni d'autres règles que ses canons, ni
« d'autres supérieurs que ses évêques, ni d'autres liens que sa
« charité, ni d'autres vœux solennels que ceux du baptême et du
« sacerdoce. Là une sainte liberté fait un saint engagement : on
« obéit sans dépendre, on gouverne sans commander. Toute l'au-
« torité est dans la douceur, et le repentir s'entretient sans le
« secours de la crainte. »

L'Oratoire a été la création française correspondante à la Compagnie de Jésus et l'emporte sur celle-ci de toute la supériorité du libre génie français sur le dur et étroit génie espagnol.

Les jésuites ne s'y trompèrent pas et combattirent Bérulle de toutes leurs forces ; mais celui-ci était trop dans la tradition de l'Eglise de France, — et ajoutons : trop bien en cour — pour ne pas être soutenu par les autorités ecclésiastique et royale. Aussi habile diplomate que savant prêtre, on le voit négocier avec l'Espagne la paix de Monzon (1626), obtenir à Rome les dispenses pour le mariage de Henriette de France, sœur du roi, avec le prince de Galles. Il accompagne la jeune princesse en Angleterre et en revient ministre d'Etat pour mourir subitement, à l'autel, le 20 octobre 1629.

Port-Royal fut une institution encore plus originale et mérite une étude attentive, car il fut un des principaux organes de la vie religieuse du XVIIe siècle.

Dans un petit vallon boisé, situé à deux lieues de Versailles, s'élevait une abbaye de religieuses de l'ordre de Cîteaux, fondé en 1204 par Mathilde de Garlande.

L'abbaye de Port-Royal était en 1599 gouvernée par la dame

Jeanne de Boulehart, vieille et infirme, et l'abbé de Citeaux lui persuada de prendre pour coadjutrice une petite-fille de sept ans et demi, Mlle Jacqueline Arnauld, fille de M. Arnauld, avocat au Parlement, et petite-fille de M. Marion, avocat général près la même cour.

Le 2 septembre 1599, la petite Jacqueline prit l'habit à l'abbaye de Saint-Antoine-des-Champs, à Paris; et le jour de Saint-Jean de l'année suivante, sa sœur Jeanne, âgée de six ans et demi, prit, de même, l'habit de novice à l'abbaye de Saint-Cyr, pour devenir abbesse de ce monastère, le jour où elle aurait vingt ans.

M. et Mme Arnauld se réjouissaient fort d'avoir si bien établi deux de leurs filles. Pour pouvoir plus aisément obtenir les bulles de confirmation en Cour de Rome, ils changèrent le nom de leur fille Jacqueline en celui d'Angélique, et, en 1602, à la mort de la dame Jeanne de Boulehart, ils donnèrent sans hésiter dix-sept ans à leur fille qui n'en passait pas dix.

Le 5 juillet 1602, la fillette fut installée à Port-Royal et mise en possession de son abbaye.

Le monastère n'avait guère que 6.000 livres de revenu, et les religieuses étaient au nombre de treize; mais, vu l'époque, on pouvait encore vivre assez bien pour ce prix. Les religieuses, dont la plus âgée avait trente-quatre ans, disaient leurs offices, puis allaient se promener avec leur petite abbesse, ou, les jours de pluie, lisaient l'histoire romaine ou des romans. Leur confesseur ne savait pas même son *Pater*, n'ouvrait d'autre livre que son bréviaire et chassait toutes les fois qu'il en trouvait l'occasion.

La petite abbesse, en grandissant, s'ennuyait très fort dans son abbaye, et, n'eût été la crainte qu'elle avait de ses parents, elle se fût enfuie comme une pensionnaire. Cependant, comme elle avait l'âme naturellement haute, sa conscience lui disait qu'elle ne pouvait quitter sa condition sans se perdre, et elle restait à l'abbaye, mais elle tomba malade de chagrin et faillit mourir.

Un soir, un Père capucin, le P. Basile, qui était, paraît-il, fort peu recommandable personnellement, se présenta à l'abbaye et demanda à prêcher. L'abbesse y consentit, par désœuvrement, et ce qu'il dit la toucha si profondément qu'à partir de ce moment, elle ne songea plus qu'à réformer sa communauté, quoique ses religieuses ne s'y prêtassent nullement et que M. et Mme Arnauld eussent déclaré qu'il n'y avait rien à changer aux habitudes de la maison.

L'abbesse obtint de ses nonnes qu'elles mettraient tout leur bien en commun, sans en garder la moindre parcelle ; puis elle les soumit à la clôture la plus rigoureuse, et, le 25 septembre 1609, son père, sa mère, son frère aîné, sa sœur aînée et sa sœur cadette étant venus à Port-Royal, elle refusa de leur ouvrir la porte de l'abbaye et ne leur parla que derrière le guichet. M. Arnauld commença par se mettre fort en colère, M. d'Andilly traita sa sœur de monstre et de parricide, Mme Arnauld jura qu'elle ne remettrait jamais les pieds à l'abbaye ; l'abbesse de dix-sept ans tint bon et « la journée du guichet », comme on l'appela, marqua le triomphe de la réforme à Port-Royal. La grâce, comme on disait alors, toucha toutes les personnes qui avaient été présentes à ce grand événement. Mme Arnauld, après la mort de son mari, prit le voile à Port-Royal ; sa fille aînée, Mme Le Maître, et ses trois autres filles se firent également religieuses, et M. d'Andilly fut un des premiers solitaires de Port-Royal.

Le bruit de la réforme réveilla les monastères d'alentour. Maubuisson, Le Lys, Poissy, Saint-Aubin, Gomer-Fontaine, Le Tard de Dijon, les Iles d'Auxerre se réformèrent à la voix des religieuses de Port-Royal. Et ce ne fut pas toujours facile. L'abbesse de Maubuisson, sœur du maréchal d'Estrées, avait résisté au délégué officiel de l'abbé de Cîteaux, à l'abbé en personne, et il avait fallu la faire enlever de force du monastère, par des archers, pour la mettre aux Filles repenties. Elle revint quelques mois plus tard, escortée du comte de Sansai et de quatre gentilshommes armés. La mère Angélique, qui avait réformé l'abbaye, fut expulsée par la force, mais trente religieuses la suivirent en procession jusqu'à Pontoise. M. Arnauld, aussitôt informé, dénonça l'attentat au Parlement et obtint de lui un arrêt de prise de corps contre Mme d'Estrées. La mère Angélique revint à Maubuisson, à dix heures du soir, avec ses trente religieuses, escortées de 150 archers, qui portaient chacun une torche et le mousquet sur l'épaule (1619).

La gloire de Port-Royal rayonnait au loin. Saint François de Sales, le grand évêque de Genève, y fit plusieurs séjours et appelait cette maison « ses chères délices ». Il fit connaître Mme de Chantal à la mère Angélique, et ces deux grandes âmes se reconnurent aussitôt.

Mais c'est à un autre génie qu'était réservé l'honneur d'imprimer à la maison de Port-Royal son véritable caractère historique.

Jean du Vergier de Hauranne, né à Bayonne en 1581, avait

étudié la théologie à Louvain et s'y était lié avec Cornelis Jansen, qu'il avait ramené avec lui à Paris, puis à Bayonne, où ils demeurèrent ensemble six ans (1611-1617), occupés à l'étude des origines chrétiennes et des écrits de saint Augustin.

La vie sépara les deux amis, mais ils restèrent en correspondance; Jansen devint évêque d'Ypres et a laissé un nom fameux dans l'histoire ecclésiastique; c'est Jansénius, l'auteur de l'*Augustinus* et le prophète du jansénisme.

Du Vergier de Hauranne, distingué par M. de la Rochepozay, évêque de Poitiers, fut pourvu de la petite abbaye de Saint-Cyran, en Touraine, refusa deux évêchés que lui offrait Richelieu, dédaigna ses flatteries, repoussa ses avances, combattit ses idées, et n'estima jamais dans le monde rien autre chose que l'indépendance absolue de l'esprit.

M. de Saint-Cyran n'était pas un homme tendre, comme saint François de Sales. Très versé dans la connaissance de l'Ecriture, la lecture des Livres saints et des Pères ne lui offrait rien que « d'effrayant » et ne lui inspirait que de sombres idées de pénitence et de terreur. Il tenait l'homme pour si pervers, qu'il le croyait incapable par ses propres forces du moindre mouvement vers le bien. Le monde était pour lui un objet de scandale; l'Eglise, dont il connaissait les désordres, un objet de pitié; la science, qu'il possédait cependant à un haut degré, un objet de mépris; la beauté était l'objet de ses dédains.

Il disait : « Les grands sont si peu capables de m'éblouir que, si
« j'avais trois royaumes, je les leur donnerais, à condition qu'ils
« s'obligeraient à en recevoir de moi un quatrième (le royaume
« du ciel) dans lequel je voudrais régner avec eux. »

Il pensait que « ceux qui aimaient véritablement l'Eglise devaient
« se cacher dans les solitudes, pour ne prendre point de part aux
« passions de ceux qui déshonorent sa sainteté, et prier pour elle
« dans le secret ».

Il condamnait, comme Jansénius, « la recherche des secrets
« de la nature, qui ne nous regardent point, qu'il est inutile
« de connaître et que les hommes ne veulent savoir que pour
« les savoir seulement ». — Ce qui était beaucoup plus vrai de la science de son temps que de la science moderne.

Les fleurs du printemps lui déplaisaient, « parce qu'elles pas-
« sent trop tôt, et pour ce que la plus grande partie se perdent sans
« porter de fruits. Il préférait l'extrémité de l'automne, encore
« que l'on ne voie sur les arbres que des feuilles sèches et fanées ».

Sa religion ne fut pas même d'automne, mais d'hiver, un hiver noir et désolé, au milieu duquel son âme ardente flambait comme un grand brasier.

Prêtre austère et penseur profond, il fut le directeur de conscience le plus rigide de son temps, et sa piété s'exagéra parfois jusqu'à l'inhumanité. Il existe peut-être dans tous les temps des hommes de cette trempe, mais ce n'est qu'à certains moments de l'histoire qu'ils peuvent exercer quelque action sur les autres hommes; et c'est un des traits particuliers du dix-septième siècle d'avoir goûté, comme il l'a fait, un si terrible censeur.

Son influence sur Port-Royal fut profonde et ineffaçable. La mère Angélique et ses quatre-vingts religieuses avaient quitté Port-Royal, en 1626, pour s'installer à Paris. L'air de la Cour n'avait pas été sain à la communauté; les fortes vertus de Port-Royal-des-Champs semblaient fondre dans l'atmosphère parisienne. M. Zamet, évêque de Langres, avait fondé à Paris un couvent presque mondain pour l'adoration perpétuelle du Saint-Sacrement, et la mère Angélique en avait été nommée supérieure. Tout risquait de sombrer dans la fausse dévotion. Un écrit mystique de la mère Agnès, *Le Chapelet secret*, était condamné en Cour de Rome (1633). Ce fut alors que parut Saint-Cyran, et son ferme esprit eut bientôt remis en bonne voie toutes ces pauvres femmes, qui ne voyaient plus clair dans leurs propres âmes.

La mère Angélique reprit le chemin de Port-Royal-des-Champs (1636), et l'abbaye reprit tout son lustre et toute sa réputation. Attirés par sa solitude même, un certain nombre d'hommes distingués organisèrent auprès d'elle une maison de retraite, où ils venaient faire de longs séjours et retremper leur esprit dans la lecture des livres pieux, la méditation solitaire, la conférence érudite et les pratiques de la dévotion la plus rigoureuse et la plus sincère.

Peu importa que Saint-Cyran, victime des rancunes de Richelieu, eût été arrêté en 1638 et fût resté, jusqu'à la mort du cardinal, prisonnier à Vincennes. Port-Royal était fondé, était devenu un foyer de religion, une école de théologiens, de moralistes et de philosophes, un centre intellectuel d'une vie intense et débordante qui devait donner à la France quelques-uns de ses plus grands penseurs et de ses plus beaux caractères.

Telles sont les forces qui agirent sur l'Eglise de France dans les quarante premières années du dix-septième siècle, la remirent sur pied, lui rendirent sa cohésion et sa discipline, lui inspirèrent de nouveau le goût de la science et l'amour des hautes vertus.

Les jésuites, qui valaient mieux que leurs doctrines, couvrirent la France de collèges, où ils déployèrent leurs incomparables talents d'éducateurs. Ils se firent aussi une large part dans les travaux d'érudition.

Le gallicanisme pratique de Richelieu maintint les traditions nationales de l'Eglise de France et l'empêcha de tomber sous la domination de la Compagnie de Jésus, en même temps qu'il permettait aux institutions ecclésiastiques françaises de se développer presque librement.

L'Oratoire ouvrit aux hommes scrupuleux, qu'effrayaient les tendances jésuitiques, des écoles plus austères et plus libres, plus conformes à la nature du génie national.

Saint-Sulpice assura aux prêtres une instruction sérieuse et leur prêcha une morale sévère, qui les fit plus aptes à remplir avec honneur leur difficile et écrasant ministère.

Port-Royal, enfin, porta à son point extrême le culte de la vie intérieure et jusqu'au fanatisme le culte de la morale. Sa voie était trop étroite pour être suivie par un grand nombre, son idéal trop inaccessible pour séduire la foule ; mais la petite élite qu'il sut grouper autour de lui éclaira tout son siècle et l'eût conduit, si ses principes avaient été moins opposés aux penchants les plus forts et les plus naturels de l'âme humaine.

De toutes ces institutions, de leurs efforts et de leurs travaux, sortit vraiment un grand siècle ; mais ceux-là même qui y travaillèrent le plus savaient que leur victoire n'aurait pas de lendemain : « Ma mère, disait Saint-Cyran à la mère Angélique, il se
« fera une réformation dans l'Eglise par les prélats et les ecclé-
« siastiques et par la lumière de la vérité. Elle aura de l'éclat et
« éblouira les yeux des fidèles, qui en seront ravis ; mais ce sera
« un éclat qui ne durera pas longtemps et qui passera. »

LA CHARITÉ AU XVIIe SIÈCLE

Le dix-septième siècle est, pour nous, une époque de gloire et de très brillante civilisation; c'est comme l'apogée de la grandeur française; on y a voulu voir « le grand siècle » de notre histoire et de notre culture. Nous ne croyons pas que cette idée soit juste de tout point, nous apercevons bien d'autres grands siècles dans l'histoire de notre pays. Mais, quand même on ferait de ce siècle en particulier l'âge d'or de la France, cet éloge ne pourrait jamais s'entendre que de la suprématie politique et de la gloire littéraire; car l'état social resta fort barbare pendant tout le siècle, la misère y coula toujours à grands flots et faillit plus d'une fois le submerger.

La paix de Vervins, qui mit fin, en 1598, aux guerres de Religion, parut d'abord ajouter aux malheurs du royaume par le licenciement d'un nombre infini de soldats, que le roi ne voulut plus prendre soin de nourrir. Beaucoup se firent brigands, et il fallut faire de terribles exemples pour ramener les autres à la charrue ou à l'atelier.

L'administration de Sully a été sage et féconde, mais le budget de la France ne laissait presque rien aux dépenses utiles; tandis que sur les « revenans bons » dus à l'économie du ministre le roi prend 3.244.000 livres, la noblesse 2 millions, l'armée 4 millions, il reste 150.000 livres seulement pour la réfection et l'entretien des routes. Et il n'y a pas moyen de charger le peuple davantage. Il est « travaillé à outrance et mangé jusqu'aux os ».

En 1614, le Tiers État réclame des lois contre le vagabondage et la mendicité. Il dénonce l'exagération des tailles et des corvées, la tyrannie des seigneurs. Il demande la suppression d'un grand nombre de tribunaux, la tenue triennale des Grands-Jours dans toutes les provinces. Il se prononce contre l'intolérable rigueur des saisies, qui ne laissaient au laboureur ni sa charrue ni son lit.

« Sire, disait Savaron au roi, soyez le roi très chrétien. Ce ne
« sont pas des insectes, des vermisseaux qui réclament votre
« justice et votre miséricorde. C'est votre pauvre peuple, ce sont

« des créatures raisonnables; ce sont les enfants dont vous êtes
« le père et le tuteur... Que diriez-vous, Sire, si vous aviez vu en
« Guyenne et en Auvergne les hommes paître l'herbe à la manière
« des bêtes ? Cela est tellement véritable que je confisque à Votre
« Majesté mon bien et mes offices, si je suis convaincu de men-
« songe. »

Richelieu trouva moyen de tirer du peuple deux fois plus que
n'en tirait Sully. La taille passa de 17 millions en 1610 à 44 millions en 1642. Le temps de son gouvernement fut marqué par
d'incessantes émeutes. Il y en eut à Dijon en 1630, en Provence
en 1631, à Lyon en 1632, à Bordeaux, Agen, La Réole, Condom et
Périgueux en 1635. En 1636 et 1637, le Poitou, le Limousin, l'Angoumois virent de terribles insurrections paysannes. Un chirurgien, pris pour un gabelou, fut mis en pièces, un commis des
aides écharpé.

En 1638, c'est la Normandie qui s'insurge à son tour contre la
gabelle, à la voix de Jean va-nu-pieds.

En 1643, la régente trouva les coffres vides, les revenus de
trois années consommés d'avance et 1.200.000 livres dus à Messieurs du Parlement pour leurs gages.

En 1648, Omer Talon trouve de magnifiques paroles pour
peindre la misère du peuple : « Il y a, Sire, dix ans que la Cam-
« pagne est ruinée, les paysans réduits à coucher sur la paille,
« leurs meubles vendus pour le paiement des impositions, aux-
« quelles ils ne peuvent satisfaire, et que, pour entretenir le luxe
« de Paris, des millions d'âmes innocentes sont obligées de vivre
« de pain, de son et d'avoine, et de n'espérer aucune protection
« que celle de leur impuissance. Faites, Madame, s'il vous plaît,
« quelque sorte de réflexion sur cette misère publique dans la
« retraite de votre cœur. Ce soir, dans la solitude de votre ora-
« toire, considérez quelle peut être la douleur, l'amertume et la
« consternation de tous les officiers du royaume... Faites, Sire,
« que les noms d'amitié, de bienveillance, de tendresse, d'huma-
« nité se puissent accommoder avec la pourpre et la grandeur de
« l'Empire. Donnez, Sire, à ces vertus lettres de naturalité dans
« le Louvre et triomphez plutôt du luxe de votre siècle que non-
« pas de la patience, de la misère et des larmes de vos sujets. »

La Fronde aggrava encore la misère et la porta à un degré si
incroyable qu'il faut remonter jusqu'au XVᵉ siècle pour trouver
une période aussi horrible.

Les hommes qui menaient ce malheureux pays étaient affreusement durs. Les nobles des Etats de 1614 voulaient faire bâtonner Savaron par leurs gens. Le duc de La Valette, chargé de réprimer l'émeute des croquants, tua 1.200 paysans sur les barricades de La Sauvetat d'Eymet (juin 1637). La ville de Toul, volée, pillée, mise à sac par sa garnison, demandait justice ; on la menaça de lui envoyer 8 compagnies de cavalerie et 10 d'infanterie de plus, si elle se plaignait (1655). Le surintendant des finances, Maisons, destitué pour concussion, haussait les épaules en disant : « Ils « ont tort, j'avais fait mes affaires, j'allais faire les leurs ». Mazarin, apprenant que ses nouveaux impôts faisaient le sujet de chansons nouvelles, souriait joyeusement et disait : « Ils can-« tent, ils pagaront ! »

La misère était si universelle et si terrible que des gens, ayant 20.000 francs de bien, n'avaient pas toujours un morceau de pain à manger, et le désespoir se résolvait parfois en une rage immense que l'on voit éclater dans les pamphlets de Dubosq-Montandré. « Ne le dissimulons pas, s'écrie-t-il, les grands se jouent de notre « patience ; parce que nous endurons tout, ils pensent être en « droit de nous faire tout souffrir. Levons le masque ; le temps « le demande. Les grands ne sont grands que parce que nous les « portons sur nos épaules : nous n'avons qu'à les secouer pour « en joncher la terre et pour faire un coup de parti duquel il soit « parlé à jamais. Après avoir choisi le parti que nous voulons « renforcer par un soulèvement général, faisons carnage de « l'autre, sans respecter ni les grands, ni les petits, ni les jeunes, « ni les vieux, ni les mâles, ni les femelles, afin qu'il n'en reste « pas un seul pour en conserver le nom. Soulevons tous les quar-« tiers, tendons les chaînes, renouvelons les barricades, mettons « l'épée au vent, tuons, saccageons, brisons, sacrifions à notre « vengeance tout ce qui ne se croisera pas sous la bannière du « parti de la liberté » (1652).

Au milieu de cette épouvantable misère et de ces haines féroces, l'Eglise — et ce sera son éternel honneur — a fait luire un rayon de charité et d'espérance, et c'est bien à elle et à la doctrine de son Maître qu'il convient d'en rapporter la gloire, car les hommes qu'elle employa avaient en grande partie la même dureté de cœur que les politiques, les mêmes préjugés contre les opinions étrangères à la leur, le même pessimisme pratique, les mêmes dédains pour les petits et les misérables. Mais il y eut quelques âmes d'élite qui retrouvèrent les sources évangéliques, s'y abreuvèrent longuement et firent ensuite passer dans une foule d'autres âmes la sainte ivresse qui les avait elles-mêmes saisies. C'est de ces quelques hommes et de ces quelques femmes que nous parlerons aujourd'hui.

Le premier qui donna le branle fut François de Sales, évêque titulaire de Genève, en résidence à Annecy.

Saint François est véritablement un homme délicieux. Promu, malgré lui, à l'évêché de Genève, il ne voulut jamais abandonner son diocèse, quoique Henri IV lui ait offert un évêché en France, et que le cardinal de Retz l'ait demandé comme coadjuteur à Paris. Sa simplicité était exquise. La princesse Christine de France, fille d'Henri IV, le voulut avoir pour aumônier, quand elle devint duchesse de Savoie ; il accepta, mais à condition de continuer à résider dans son diocèse et de ne recevoir les revenus de sa charge que lorsqu'il l'exercerait : « Je me trouve bien d'être « pauvre, disait-il, je crains les richesses ; elles en ont perdu « tant d'autres, elles pourraient bien me perdre aussi. » La princesse lui fit présent d'un diamant de grand prix, en le priant de le garder pour l'amour d'elle : « Je vous le promets, Madame, lui « répondit-il, *à moins que les pauvres n'en aient besoin.* — En ce « cas, dit la princesse, contentez-vous de l'engager et j'aurai soin « de le dégager. — Je craindrais, repartit l'évêque, que cela n'ar-« rivât trop souvent et que je n'abusasse enfin de votre bonté. » Sa charité allait si loin que son économe, aux abois, menaçait souvent de le quitter et répétait aux gens du prélat : « Notre « maître est un saint, mais il nous mènera tous à l'hôpital et il « ira lui-même le premier, s'il continue comme il a commencé. »

Saint François de Sales tient à l'histoire de l'Eglise de France par ses rapports avec Port-Royal et surtout par son amitié avec une femme admirable, qui le surpassa peut-être en charité, Jeanne-Françoise Frémiot, veuve du baron de Chantal, l'aîné de la maison de Rabutin.

M. de Chantal mourut d'un accident de chasse, et sa veuve, âgée alors de vingt-huit ans (1600), fit vœu de ne pas se remarier et de consacrer le reste de sa vie à l'éducation de ses enfants et au soulagement des pauvres. Elle distribua autour d'elle ses bijoux et ses robes, ne reçut plus de visites, n'en fit plus que de charité et de stricte bienséance et ne garda autour d'elle que les domestiques indispensables à la tenue de sa maison.

En 1604, saint François vint prêcher le carême à Dijon. Mme de Chantal l'écouta avec le plus vif intérêt, l'alla voir en Savoie au mois de mai et résolut de se mettre dès lors sous sa direction spi-

rituelle. Il lui donna pour première maxime « qu'on ne peut être
« heureux en ce monde sans contribuer de tout son pouvoir au
« bonheur d'autrui ». Il lui ouvrit la perspective d'une vie nouvelle, et elle s'y jeta héroïquement, se passionnant pour le dévouement à mesure qu'elle se dévouait davantage.

On raconte d'elle des traits sublimes. On lui amena, un jour, un
pauvre tout couvert d'ulcères. Ce fut pour elle comme un présent
du ciel. Elle lui fit quitter ses haillons, qu'elle lava et raccommoda
de ses propres mains ; elle lui ôta son linge presque pourri et lui
en donna de blanc. L'ayant fait coucher, elle lui coupa elle-même
les cheveux et pansa ses ulcères, sans que l'horrible infection qui
en sortait fût capable de la rebuter. Il fallait au malade peu de
nourriture, et souvent, elle lui rendait ce service avec joie ; quand
elle ne le pouvait, elle avait bien de la peine à le lui faire rendre
par ses domestiques. Ils n'entraient chez le malade qu'en se bou-
chant le nez, et la puanteur affreuse qui sortait de son corps
les faisait bientôt enfuir. « Hélas ! disait le malheureux, Madame
« n'en use pas ainsi ; elle ne se bouche pas le nez, elle m'aide à
« manger, elle s'assied près de moi, elle m'instruit, elle me con-
« sole ! » Elle le garda ainsi pendant plusieurs mois, le pansa, le
soigna, le nourrit, le veilla dans son agonie et, quand le pauvre
homme fut près d'expirer, il se tourna vers elle les mains jointes et
lui dit : « Madame, Dieu seul peut être votre récompense de tout ce
« que vous avez fait pour lui en ma personne. S'il a jamais exaucé
« les prières des pauvres, je le prie que ce soit en cette occasion et
« qu'il vous accorde ce que je lui ai demandé tant de fois pour
« vous et ce que je lui demande encore, et vous, Madame, je vous
« prie de ne me pas refuser votre bénédiction. » (*Hist. ecclésiastique*, t. XIII, Cologne, 1754.)

En 1610, voyant que sa famille pouvait se passer d'elle, et ayant
obtenu la permission de ses parents, elle se rendit à Annecy et y
fonda, sous l'inspiration de saint François de Sales, l'ordre de la
Visitation, qui se donna pour tâche principale le soulagement des
pauvres et des malades. « En qualité de première religieuse de
« notre congrégation, lui dit l'évêque, je vous regarde pour ainsi
« dire comme la pierre fondamentale ; vous devez donc être la
« plus cachée, la plus basse, c'est-à-dire la plus humble. Plus
« notre congrégation sera humble, inconnue et cachée aux yeux
« des hommes, plus elle s'élèvera et se multipliera, plus elle
« sera utile à l'Eglise. Ne vous élevez pas de la qualité de fon-
« datrice... Jésus-Christ, le fondateur de la religion, a déclaré en

« cette qualité qu'il était venu pour servir et non pour être
« servi. »

L'exemple donné par saint François et Mme de Chantal ne tarda
pas à porter fruit, mais il faut reconnaître que la majeure partie des
grands clercs du début du dix-septième siècle avaient plus d'inclination pour les études théologiques, la controverse et l'ascétisme
que pour les œuvres propres de la charité. Il y avait dans l'Église de
France comme une crise d'intellectualisme, qui s'opposa, pendant
quelque temps, au développement des institutions de bienfaisance.

Arnauld, parlant du P. Lallemand, réformateur des chanoines
réguliers de Sainte-Geneviève, le loue d'avoir été un excellent
religieux, un savant et solide théologien, un philosophe subtil et
pénétrant, un orateur aussi judicieux que spirituel et un directeur aussi sage que zélé. « Mais sa grâce singulière, ajoute-t-il,
« et qu'on peut dire avoir été la source de toutes les autres,
« est d'avoir ressenti d'une manière plus vive que la plupart des
« saints même, cette impression de mépris pour la vie présente
« et d'amour pour l'éternelle, qui faisait dire à saint Paul : *Cupio*
« *dissolvi et esse cum Christo.* » Voir ce monde sous des couleurs
si sombres et lui marquer tant de mépris est une mauvaise condition pour compatir beaucoup à ses misères. Des gens qui passaient leur temps à se mortifier et à se torturer, à se détacher de
tout lien terrestre, qui voyaient dans la solitude le souverain bien,
dans l'adversité une grâce de la Providence, dans la douleur une
épreuve salutaire, étaient peu disposés à s'émouvoir de l'abandon, de l'infortune et des souffrances d'autrui. Il y avait
dans leur fait comme un soupçon de pharisaïsme. N'est-il
pas arrivé à quelques-uns de ces athlètes du bon combat de s'enorgueillir inconsciemment de leur courage, de défier la douleur
à la manière des anciens stoïciens, d'accueillir avec joie l'épreuve
qui devait mettre à leur front l'auréole des grandes victoires ?

La charité ne demande pas tant de science, et veut des cœurs
un peu plus simples. La pitié suppose un certain amour de la vie,
un peu d'espoir dans une amélioration possible de la condition
humaine, un peu de foi dans le progrès. Si tout est mal et va mal
sur la terre, le mieux est de la quitter le plus tôt possible, et la
charité est presque un contre-sens. Elle devient au contraire le
but par excellence si l'on espère diminuer la somme totale de la
souffrance humaine, donner au misérable, accablé et abêti par
le malheur, quelque occasion de croire en la bonté des hommes
et d'entrevoir au-dessus d'elle la bonté de Dieu.

Ce fut un homme de petite naissance, d'esprit droit, et d'allègre humeur qui trouva, au dix-septième siècle, les vraies voies de la charité.

Saint Vincent de Paul est une des figures les plus originales de son époque, et son originalité consiste justement en ce que, dans ce siècle de docteurs moroses et de controversistes bilieux, il ne vécut que pour l'action et connut par elle la joie de vivre, la joie héroïque qui vient du cœur.

Saint Vincent de Paul naquit, en 1576, au village de Pouï, près de Dax, dans les Landes de Gascogne. Enfant, il garda les brebis de son père; puis, comme il avait l'esprit vif et pénétrant, on le mit en pension en 1588 chez les Cordeliers de Dax, moyennant 60 livres par an. Quatre ans plus tard, un avocat de la même ville le prit pour répétiteur de ses enfants et lui permit de continuer son éducation, sans être à charge à son père. Décidé à entrer dans les ordres, Vincent fit sa théologie à Toulouse et reçut la prêtrise en 1600. Sans être ce qu'on appelait alors un savant, il avait suivi avec profit les cours de l'Université, et, une fois bachelier en théologie, il expliqua comme maître le deuxième livre de Pierre Lombard. Un instant, il songea à pousser plus loin ses études dogmatiques, il partit pour Salamanque avec l'intention d'y rester plusieurs années; mais il trouva la célèbre Université tout occupée à discuter le problème de la prémotion physique, et, au bout d'une semaine, il reprit le chemin de la France, son clair génie lui disant qu'il avait mieux à faire que de discuter de si obscures questions. Il préféra toujours à la science spéculative celle qui peut servir dans l'action, et il apprit le latin, le grec et l'hébreu, l'italien, l'espagnol et l'allemand.

En 1605, une dame, qui l'avait pris en estime, lui légua une petite somme d'argent et une créance à recouvrer à Marseille. En revenant de cette ville, il eut la mauvaise idée de s'embarquer et fut pris en mer par des pirates barbaresques. Il fut vendu comme esclave à un pêcheur d'Alger, puis à un médecin, et tomba enfin entre les mains d'un renégat savoyard qu'il commença aussitôt à catéchiser. Il y mit tant d'ardeur que le renégat se repentit et finit par s'évader dans une barque avec son esclave. Ils abordèrent tous les deux à Aigues-Mortes en 1607, puis de là se rendirent à Avignon, où le Savoyard abjura l'islam et se réconcilia avec l'Eglise.

M. Vincent, comme on l'appela toute sa vie, était déjà un

homme de sens et d'expérience. Pendant sa captivité, il avait étudié l'organisation des États barbaresques et était à même de servir, mieux que personne, les intérêts français en Afrique. On le vit, plus tard, organiser des consulats français à Tunis et à Alger, protéger le trafic de nos marchands tout le long de la côte africaine et racheter un grand nombre de captifs.

Du médecin son maître, il avait appris quelques secrets de chirurgie et peut-être un peu d'alchimie. Il n'en fallut pas davantage pour le mettre en grande réputation de savoir ; le prélat Montorio, qui se rendait à Rome, l'emmena avec lui en qualité de secrétaire. M. Vincent vit la Cour pontificale, et en étudia les ressorts en observateur fin et avisé ; il la connut bien et sut plus tard habilement négocier avec elle. Il plut au pape par sa discrétion, son zèle et son esprit, et revint en France chargé par Paul V d'une mission confidentielle auprès d'Henri IV. Il dut bien s'en acquitter, puisque nous le voyons en 1610 aumônier de la reine Marguerite de Valois.

Ce n'est pas une des moindres singularités de cette histoire, que de voir saint Vincent de Paul chapelain de la reine Margot. Mais la reine s'était rangée, s'occupait d'œuvres pieuses, tenait une petite cour dans son palais du faubourg Saint-Germain et à son château d'Issy, et présidait avec esprit une sorte d'académie où Coëffeteau se rencontrait avec les poètes Régnier et Maynard, avec Palma-Cayet et Scipion Dupleix.

Vers 1613, M. Vincent entra comme précepteur chez Emmanuel de Gondi, général des galères, frère de l'évêque de Paris, et retrouva dans la maison du grand seigneur le goût des lettres et des belles discussions comme chez la reine Margot.

Tout autre se fût tenu pour heureux de vivre dans un tel milieu ; Vincent voulut s'en arracher et revenir vers les pauvres gens des campagnes, qu'on laissait mourir de faim et sans secours spirituels.

Dès 1612, on le voit accepter la cure de Clichy. En 1617, il prêche une mission à Folleville dans le diocèse d'Amiens, puis se fait envoyer à Châtillon-les-Dombes, dans la Bresse, où il fonde sa première *Confrérie de Charité*.

L'idée paraît si belle que M{mme} de Gondi s'enthousiasme, rappelle Vincent à Paris, fait les premiers fonds d'une œuvre des missions, et installe au Collège des Bons-Enfants de la rue Saint-Victor M. Vincent, M. Portail et un bon prêtre à qui ils donnaient cinquante écus par an pour les aider. « Nous nous en allions « tous trois, dit Vincent, prêcher de village en village. En partant,

« nous donnions la clef à quelqu'un de nos voisins, ou nous le
« priions d'aller coucher la nuit dans la maison. Cependant, je
« n'avais pour tout qu'une seule prédication, que je tournais
« de mille façons : c'était de la crainte de Dieu. Voilà ce que
« nous faisions, nous autres, et Dieu cependant faisait ce qu'il
« avait prévu de toute éternité. »

Aimant vraiment et sincèrement le peuple dont il était sorti, Vincent ne lui parlait que le clair et familier langage qu'il peut comprendre. « Allons à Dieu bonnement, disait-il, rondement, « simplement, et travaillons ! »

Son éloquence est faite de simplicité et comme imbibée de bonté active et virile. Il déteste tout ce qui sent le pédantisme et l'emphase. Voici un fragment d'une de ses lettres, qui nous donnera une idée de son langage et de son esprit : « L'on m'a averti,
« écrit-il, à un de ses disciples, que vous faites de trop grands efforts
« en parlant au peuple et que cela vous affaiblit beaucoup. Au
« nom de Dieu, Monsieur, ménagez votre santé et modérez votre
« parole et vos sentiments. Je vous ai dit, autrefois, que Notre-Sei-
« gneur bénit les discours qu'on fait en parlant d'un ton commun
« et familier, parce qu'il a lui-même enseigné et prêché de la
« sorte et que, cette manière de prêcher étant naturelle, elle est
« aussi plus aisée que l'autre, qui est forcée, et le peuple la
« goûte mieux et en profite davantage. Croiriez-vous, Monsieur,
« que les comédiens, ayant reconnu cela, ont changé leur manière
« de parler et ne récitent plus leurs vers avec un ton élevé comme
« ils faisaient autrefois, mais ils le font avec une voix médiocre et
« comme parlant familièrement à ceux qui les écoutent ? C'était
« un personnage qui a été dans cette condition qui me le disait ces
« jours passés. Or, si le désir de plaire davantage au monde a pu
« gagner cela sur l'esprit de ces acteurs de théâtre, quel sujet de
« confusion serait-ce aux prédicateurs de J.-C. si l'affection et
« le zèle de procurer le salut des âmes n'avaient pas le même
« pouvoir sur eux. » (1) !

N'est-ce point là une page charmante, où l'esprit le plus fin s'allie merveilleusement à la gravité du missionnaire et du maître et à la délicatesse de l'ami ?

Le style des sermons de Vincent suffirait, à lui seul, à expliquer

---

(1) Cf. l'excellente étude de M. J. Calvet, *Saint Vincent de Paul réformateur*, (Revue des Pyrénées, 4e trimestre 1905), à laquelle nous empruntons cette citation et plus d'un aperçu intéressant.

le prodigieux succès de ses missions ; mais ses actes valaient encore mieux que ses paroles, et son grand moyen de persuasion était encore et toujours son infatigable charité.

Chaque mission se doublait d'une confrérie charitable, chaque missionnaire savait se donner tout à tous et gagnait les cœurs à force d'abnégation et de généreux dévouement.

Le succès de l'œuvre des missions fut immense. Les prêtres missionnaires formèrent bientôt un vrai couvent. Vincent en prit la direction officielle en 1626. Le pape Urbain VIII l'érigea en congrégation distincte en 1632, et, peu après, elle s'installa au prieuré de Saint-Lazare, d'où ses membres prirent le nom de Lazaristes. Elle compta au dix-huitième siècle 84 maisons, divisées en 9 provinces, et Louis XIV avait choisi dans son sein les curés de Fontainebleau et de Versailles et le clergé de la chapelle du Palais. (*Histoire ecclésiastique.*)

M. Vincent n'aurait fondé que la Congrégation de Saint-Lazare, il partagerait déjà avec Bérulle et Ollier l'honneur d'avoir été un des grands reconstructeurs de l'Eglise de France ; mais c'est une création plus originale et plus admirable encore qui a rendu son nom immortel dans les annales de la charité.

Les confréries charitables qu'il avait fondées dans les villages avaient été imitées à Paris, où chaque paroisse avait son assemblée de charité. Il avait su intéresser les dames riches au soulagement des pauvres et des malades, et des servantes aidaient dans leur pieuse besogne les dames, que le soin de leur maison et les exigences de la vie éloignaient, la plupart du temps, du chevet des malades.

Ces servantes des pauvres devinrent si nombreuses, que Vincent songea à les réunir à leur tour en congrégation pour leur assurer les ressources indispensables et l'assistance spirituelle dont elles avaient besoin. Et comme saint François de Sales avait trouvé Mme de Chantal pour l'aider à fonder l'ordre de la Visitation, il trouva, lui aussi, une autre sainte pour l'aider à créer les sœurs de la Charité.

Louise de Marillac, nièce d'un chancelier et d'un maréchal de France, avait épousé M. Legras, secrétaire des commandements de la reine Marie de Médicis, et était restée veuve à trente-six ans, en 1625. Elle fut recommandée à Vincent par M. Camus, évêque de Bellay, et employée aussitôt par lui dans les confréries annexées à ses missions.

Elle y déploya tant de zèle et d'intelligence qu'il ne crut pouvoir trouver personne de mieux qualifié pour prendre soin des servantes vouées au soulagement des malades, et il l'établit en 1633 dans une maison située près de Saint-Nicolas du Chardonnet. En 1636, l'institut se retira à la Chapelle ; puis, en 1640, Mme Legras, désirant se rapprocher de Paris et de la maison de Saint-Lazare, vint s'établir rue du Faubourg-Saint-Denis ; d'où la congrégation se répandit bientôt dans les prisons et les hôpitaux de Paris, dans les paroisses des Maisons royales, dans les villes de province et jusqu'à l'étranger.

Mme Legras aurait désiré faire des sœurs de Charité un véritable ordre religieux, comme celui de la Visitation ; mais Vincent se montra toujours fort peu favorable à ce projet, préférant de beaucoup le type de l'association libre et ouverte au type déjà suranné de la congrégation religieuse. Mme Legras lui ayant un jour conté qu'elle s'était engagée à faire 33 actes de dévotion en l'honneur des 33 ans qu'avait vécu J.-C., il lui conseilla gaiement d'en épargner quelques-uns et de distribuer aux malades quelques tisanes de plus. Les sœurs grises, qui portent encore la cotte à gros plis, la guimpe et la cornette des femmes du peuple de Paris sous Louis XIII, ne furent point assujetties à des vœux perpétuels, ni enfermées dans un cloître, gardèrent le caractère de personnes libres, vouées volontairement à la plus sainte des tâches, et l'humeur douce et vaillante, le dévouement enjoué que l'on voit encore à tant de ces filles héroïques témoignent que l'esprit de leur fondateur s'est conservé dans leurs maisons.

La charité de Vincent et de Mme Legras s'appliqua encore à un autre dessein. La moralité du Paris de Louis XIII était des plus médiocres et les enfants illégitimes pullulaient. Sans compter ceux que l'on tuait dès leur naissance, on en abandonnait un grand nombre par les rues, à la dent des porcs et des chiens errants, ou l'on en faisait commerce pour des opérations de médecine ou de sorcellerie. On achetait un enfant pour 20 sous. Vincent réussit à intéresser quelques grandes dames au sort de ces malheureux petits. De 1638 à 1648, il en recueillit plus de 600 ; mais ses ressources ne suffirent bientôt plus à les nourrir, et les dames patronnesses, trouvant la charge de plus en plus lourde, menaçaient de tout quitter. Vincent les réunit chez la duchesse d'Aiguillon et plaida devant elles la cause de ces innocents : « Voyez, leur dit-il, si vous voulez les abandonner. Ces-
« sez d'être leurs mères pour devenir leurs juges ; leur vie et

« leur mort sont entre vos mains. » Elles n'osèrent les condamner, et la fondation de l'Hôpital des enfants trouvés fut décidée ce jour-là.

La charité de Vincent s'étendit encore à d'autres. Aumônier général des galères, il s'ingénia pour adoucir le sort des malheureux voués à ce service infernal ; il les allait visiter et consoler à Paris dans leur prison, et à Marseille, à bord des galères, il les encourageait, les embrassait, baisait leurs chaînes, priait les comites de les traiter moins inhumainement. Plus tard, il représenta à Richelieu et à la duchesse d'Aiguillon « que ceux qui « devenaient malades demeuraient toujours attachés à la chaîne « sur les galères, où ils étaient rongés de vermine et presque « consumés de pourriture et d'infection ». Richelieu, touché de compassion, fit bâtir à Marseille un hôpital pour les forçats malades, et, sur l'affreux grabat qu'on leur donnait, les misérables, endoloris par le couchage sur la planche et les coups de nerf de bœuf, se croyaient en Paradis.

Ce fut encore lui qui fonda l'hospice du nom de Jésus, où il recueillit 80 vieillards, et la Salpêtrière, « pour placer tous les « pauvres en des lieux où ils seraient entretenus, instruits et « occupés ».

La Fronde le trouva âgé de 74 ans, mais toujours alerte et vaillant. La misère rongeait la France jusqu'aux moelles, il se mit en campagne avec ses missionnaires et mena la bataille contre la peste et la famine, comme s'il eût eu les forces d'un géant. Ses immenses travaux ne l'empêchaient pas d'enseigner. Tous les mardis, se tenaient à Saint-Lazare des conférences où se réunissaient les ecclésiastiques les plus zélés et les plus en vue de Paris, où fréquenta Bossuet et où Vincent faisait triompher son goût pour l'éloquence simple et la charité toujours en éveil et en action.

Dans un petit traité, édité seulement en 1892 par M. Armand Gasté, professeur à l'Université de Caen (1), Bossuet s'est plu à rendre justice aux éminentes vertus du grand saint qu'il avait connu ; mais cet ouvrage, composé en 1702, se ressent du grand âge de l'auteur et ne donne pas à Vincent la vraie louange qu'il mérite. Bossuet loue trop les vertus négatives du religieux et ne semble pas attacher assez d'importance à l'intensité de sa charité.

---

(1) *M. Vincent de Paul, témoignage sur sa vie et ses vertus éminentes*, opuscule inédit, avec une introduction, par Armand Gasté, 1892.

Il le loue plutôt en prêtre qu'en philanthrope, et il nous semble qu'il diminue parfois son héros, alors qu'il croit le plus le grandir.

Il nous dira, par exemple, que Vincent « s'est servi de tout son « crédit auprès du roi pour le porter à réprimer la fierté des « hérétiques et les éloigner des charges publiques », et il nous induira à soupçonner Vincent d'avoir été fanatique.

Il nous racontera « qu'un évêque l'ayant appelé un jour « *parfait chrétien*, le serviteur de Dieu fut tout confus et repartit : « Moi, parfait chrétien ! Si Votre Grandeur me connaissait, elle « me traiterait de réprouvé ; en effet, je suis le plus grand pécheur « qui soit sur la terre. » Bossuet nous paraîtra ici dépasser le but, et cette exagération dans l'humilité nous froissera presque autant que si nous avions découvert chez Vincent quelque trace d'humaine vanité.

Bossuet ne nous donnera pas non plus une idée vraie de la vertu de Vincent, quand il nous dira « que, s'il était obligé de « parler à des femmes et à des filles, c'était en tenant les yeux « baissés ». Ce n'est point ainsi que nous nous représentons le franc et vaillant homme de bien, et nous le retrouvons bien mieux dans les traits que son dernier biographe, M. Calvet, a empruntés à son histoire ou à ses lettres.

Vincent nous apparaît comme d'esprit bien plus moderne que la plupart des hommes de son temps. La vie l'intéresse évidemment, il ne la regarde pas, comme tant d'autres, par le carreau noir, et, quoiqu'il mène une vie très ascétique, il a l'allègre humeur des Français de bonne race. Son activité débordante l'empêche de tomber dans le pessimisme. Il se sent utile, et ce sentiment lui réchauffe le cœur.

Sa foi répond à une conception très haute et à une science très sérieuse de la religion. Elle satisfait les besoins de son cœur, son sens de l'ordre et de la discipline. Quoique très avertie, elle est très simple. On voit qu'il la considère surtout comme une force. Le doute ne l'assiège pas ; il a rédigé sa profession de foi, il la porte toujours sur lui, et, dans les moments de tentation — qui durent être bien rares, — il la baise avec ferveur, et, comme un bon soldat, reste fidèle à son serment. Les problèmes religieux ne l'occupent pas ; c'est à Rome de trancher les questions épineuses ; il accepte d'avance toutes ses décisions ; il inculque à ses disciples le même esprit d'obéissance ; ils n'auront pas trop de tout leur temps et de toutes leurs forces pour agir, et « les Marthe quelquefois valent bien les Marie ».

Sa foi aux miracles est absolue, mais ne l'a point rendu superstitieux : il vit dans le monde des idées raisonnables. Si quelques religieuses lui parlent de bruits insolites que l'on entend dans la cave du couvent, il conclut que quelque mauvais plaisant s'y introduit pour leur faire peur. Si on lui amène une jeune possédée, il déclare qu'elle est atteinte « d'humeur mélancolique » et qu'il faut mander un médecin. Il se méfie des illusions et leur interdit sa porte.

Il n'est pas plus mystique qu'il n'est enclin à la superstition. Il ne suppose pas les vocations, il veut qu'elles s'éprouvent et se fortifient par l'attente et les épreuves ; il détourne Mme Legras, et plus tard Mme de Miramion d'entrer en religion. Il lui semble que se cloîtrer est pour une âme une sorte de désertion, comme si un soldat devait se réfugier dans une bastille un jour de bataille. Enfin, quoiqu'il soit de son siècle et qu'il ait quelques-uns des préjugés de son état, quoiqu'il ait bien de la peine à se figurer qu'un huguenot puisse être de bonne foi, et qu'il croie franchement qu'il ne saurait se sauver dans sa religion, il ne veut pas que l'on suive vis-à-vis des protestants d'autres voies que celles de la douceur et de la persuasion. Sa parfaite bonté, si singulière en son siècle, lui dicte ces belles paroles : « La conversion des hérétiques aussi bien « que des pécheurs est un effet de la pure miséricorde de « Dieu et de sa toute-puissance, qui arrive plus vite quand on « n'y pense pas que quand on la cherche ». Il n'est point partisan des controverses entre docteurs des deux religions ; il lui semble qu'il y a dans ces exercices plus de vanité de lettrés que de véritable esprit chrétien. « Jamais hérétique n'a été converti « par la force de la dispute, ni par la subtilité des arguments... « Nous croyons les hommes, non parce que nous les regardons « comme savants, mais parce que nous les estimons bons et que « nous les aimons. »

Il disait encore que le jour où l'Eglise serait parfaite, la Réforme n'aurait plus de raison d'être, et, en travaillant à la perfection de l'Eglise, il croyait travailler plus efficacement à la conversion des huguenots qu'en discutant avec eux ou en les persécutant.

Il poussait si loin le scrupule, à cet égard, qu'il refusait de solliciter les juges pour les catholiques qui avaient un procès avec des huguenots. — « Que savez-vous, disait-il, si le catholique « est bien fondé à demander en justice ce qu'il demande ? Il y a « bien de la différence entre être catholique et être juste. »

Les quatre personnages dont nous venons de parler : saint François de Sales, Mme de Chantal, saint Vincent de Paul et Mme Legras n'ont été que les chefs d'une nombreuse armée d'hommes de bien et de femmes de grand cœur ; ne pouvant les citer tous, nous avons préféré mettre en relief ces quatre nobles figures qui représentent tout ce que le mouvement religieux du dix-septième siècle eut de plus généreux et de plus pur. L'Eglise peut les montrer avec fierté à ses amis et à ses ennemis, et l'humanité les comptera toujours au nombre de ses fils les plus nobles et les meilleurs.

LA « COMPAGNIE DU TRÈS-SAINT-SACREMENT »

L'Eglise française a certainement donné au monde un très noble spectacle, pendant les cinquante premières années du xviie siècle. Elle s'est d'elle-même et par ses propres forces réformée, disciplinée, instruite et moralisée, et s'est remise à un si haut degré de gloire qu'elle ne paraît avoir été, à aucune époque, plus puissante sur les âmes ni plus respectée des autres nations. Elle a pris à cœur de se faire aussi grande par l'ardeur de sa charité que par les lumières de sa foi, et elle a combattu la misère privée et publique avec un dévouement si admirable et une persévérance si héroïque, que le monde n'en avait point encore vu de pareils. Ces justes hommages, aucun homme de bonne foi ne saurait les lui refuser.

Mais personne, non plus, ne voudrait soutenir que l'Eglise de France ne s'est jamais trompée et que son œuvre ait été toujours et en tous points parfaite, ce qui ne s'est jamais dit, en aucun temps, d'aucune œuvre humaine.

Il est certain que l'œuvre catholique du xviie siècle prête par plus d'un point à la critique, et comme l'idée religieuse est, de toutes, celle qui a le don de passionner le plus les hommes, on ne s'étonnera pas qu'elle ait engendré, en même temps que les plus hautes vertus, les erreurs les plus étranges et les abus les plus monstrueux. C'est le propre de la passion d'entraîner l'homme aux extrêmes, dans le mal comme dans le bien.

Les idées sont, comme les corps, sujettes à des maladies, qui les déforment, les empoisonnent et finissent par les changer en des vices du tout contraires aux vertus qu'elles paraissaient d'abord représenter.

Le catholicisme français du xviie siècle a eu ainsi ses maladies mentales et morales ; nous nous proposons de les étudier, ici, avec la même impartialité que nous croyons avoir apportée à l'étude de ses bienfaits.

L'histoire de la *Compagnie du Très-Saint-Sacrement* nous servira à montrer comment le sens de la charité peut se pervertir sous l'influence du fanatisme et dégénérer logiquement en une abominable hypocrisie. Nous emprunterons cette leçon à l'excellent livre de M. Raoul Allier (*La Compagnie du Très-Saint-Sacrement de l'autel. La Cabale des dévots*, 1627-1666, — Paris, Colin, 1902, in-8°), calqué presque tout entier lui-même sur le ms. 14.489 du fonds français de la Bibliothèque nationale, intitulé *Annales de la Compagnie du Saint-Sacrement, par le comte Marc-René de Voyer d'Argenson*.

La Compagnie du Saint-Sacrement, que nous appellerons désormais, pour plus de brièveté, la Compagnie, eut pour fondateur un grand seigneur très mystique, le duc de Ventadour.

Catholique très fervent et ennemi redouté des protestants, qu'il avait fièrement combattus en 1623 et 1625, le duc s'était fiancé, en 1619, à Marie-Liesse de Luxembourg-Pinei, alors âgée de huit ans, et l'avait épousée en 1623, lorsqu'elle en eut douze. Il vivait avec elle comme avec une petite sœur et, tandis qu'il avait toutes les idées d'un prêtre, la jeune duchesse prenait insensiblement toutes celles d'une religieuse.

Au mois de mai 1627, le duc sentit tout à coup la clarté se faire en son esprit et confia à un religieux, aussi mystique que lui, le grand dessein qu'il avait formé pour la plus grande gloire de Dieu. Enthousiasmé par son projet, il ne songea plus qu'à s'y consacrer corps et âme et encouragea fort les dispositions de sa femme à embrasser la vie religieuse. Le 24 septembre 1628, les deux époux se présentèrent ensemble à l'église des Carmélites d'Avignon et firent vœu de « transformer leur très pur amour « conjugal en le très pur amour angélique ». Le 19 septembre de l'année suivante, la duchesse entrait comme novice au Carmel d'Avignon, où elle prit le voile en 1634. Le duc resta provisoirement dans le siècle, puis finit par entrer dans les ordres en 1641; mais l'accomplissement de son grand dessein fut désormais l'unique passion de sa vie.

L'idée de M. de Ventadour était, il faut le reconnaître, et très grande et très belle. Il avait remarqué que les innombrables œuvres catholiques déjà établies, et qui allaient tous les jours en se multipliant, avaient une tendance naturelle à se spécialiser; les unes s'occupant d'enseignement, les autres s'adonnant à la contemplation, celles-ci à la prédication, celles-là au secours des malades; cependant leurs efforts manquaient de cohésion et n'obtenaient pas tous les effets qu'ils auraient pu produire avec une meilleure direction. M. de Ventadour songea à créer une sorte de Comité central des œuvres religieuses, une manière d'état-major général de l'armée spirituelle, qui dresserait les plans de campagne et ferait donner chaque troupe sur les points les plus menacés.

La Compagnie se donna pour premier objet « de faire honorer « partout le Saint-Sacrement et procurer qu'on lui rende tout le « culte et le respect qui sont dus à Sa divine Majesté ». Les confrères s'engageaient à donner les premiers l'exemple de la piété, à assister tous les jours à la messe, à avoir chez eux dans leur oratoire quelque tableau ou image, qui leur rappellerait sans cesse leur engagement d'honorer spécialement le Saint-Sacrement. S'ils rencontraient le viatique dans la rue, ils devaient descendre de cheval ou de carrosse et l'accompagner jusque chez le malade. Ils s'engageaient à reprendre avec fermeté et courage tous ceux qui parleraient mal devant eux des choses de la religion. Ils promettaient de tout faire pour élever leurs familles dans les mêmes sentiments.

A cette première obligation, toute de piété et de dévotion, s'ajoutait le devoir de discipline, si étroitement formulé qu'on pourrait y reconnaître l'influence de la Société de Jésus. La Compagnie insistait avec force sur « la subordination des membres « entre eux et de tous ensemble à l'égard du supérieur et direc- « teur, par le seul titre de la charité, qui ne rend pas moins sou- « mise leur obéissance volontaire que celle dont on s'acquitte « par vœu dans les congrégations régulières ».

Elle ne voulut pas délimiter le champ de son action, mais au contraire l'étendre à toutes les œuvres et à toutes les formes de la charité. Elle prétendit à secourir les pauvres, les vieillards, les infirmes et les malades ; à distribuer les consolations spirituelles à tous ceux qui en avaient besoin ; à retirer du vice ou de l'erreur tous ceux qui y croupissaient, à les réveiller à la vie spirituelle et morale et à les conduire au salut. Rien ne lui fut étranger de ce qui pouvait restreindre l'empire du mal et augmenter dans le monde la somme du bien — tel qu'elle l'entendait.

Ce fut une institution de combat, animée d'un intense esprit de prosélytisme et dirigée par des hommes que le monde avait formés, dès longtemps, aux tâches les plus épineuses de la politique et de la diplomatie.

Les premiers associés de M. de Ventadour furent le capucin Philippe, l'abbé de Grignan, qui fut plus tard évêque de Saint-Paul-Trois-Châteaux, puis d'Uzès ; Henri de Pichery, maître d'hôtel ordinaire du roi ; le jésuite Suffren, confesseur de Marie de Médicis ; le marquis d'Andelot, lieutenant général de Champagne ; François de Coligny, son fils ; Zamet de Saint-Pierre, neveu de l'évêque de Langres ; Gédéon de Vic, maréchal de camp ; le P. de Condren, général de l'Oratoire ; Jean de Galard-Béarn, ambassadeur de France à Rome ; les évêques de Bazas et de Saint-Flour.

On voit par ces noms que nous n'avions pas tort de comparer la Compagnie à un état-major. Elle resta très aristocratique et très choisie, au moins dans sa direction. Mais elle s'affilia tous ceux qui pouvaient la servir et en qui elle pouvait avoir pleine confiance ; elle eut parmi ses affiliés des bourgeois, des marchands, des gens de justice et d'affaires, qui l'aidèrent puissamment de leurs conseils et de leur bourse.

Elle rayonna sur toute la France. On lui connaît cinquante-trois succursales dans les provinces. On a publié les registres des compagnies particulières de Bordeaux, Limoges, Grenoble et Marseille. Clermont avait la sienne dès 1649.

Mais ce qui lui donne sa physionomie propre et la distingue de toutes les œuvres que nous connaissons, c'est le mystère dont elle s'est entourée pendant toute sa carrière, c'est le secret inviolable gardé par tous ses membres sur toutes ses opérations.

La Compagnie du Saint-Sacrement fut une société secrète, une véritable puissance occulte, dont les contemporains purent soupçonner l'existence, mais ne connurent jamais l'organisation.

Il paraît presque incroyable qu'une société ait pu vivre quarante ans, avoir son siège à Paris et ses succursales dans les plus grandes villes du royaume, tenir chaque mois des réunions, correspondre avec ses agents et se mêler d'affaires innombrables, sans que l'autorité royale, ou même l'autorité religieuse, aient connu de science certaine les statuts, l'organisation et le fonctionnement de cette société. Et cependant, il en fut ainsi. L'archevêque de Paris ignora toujours l'existence de la Compagnie du Saint-Sacrement. Le roi ne la connut pas davantage. Les contemporains ne parlent jamais que de « la cabale des dévots », donnant à entendre par là qu'ils attribuaient aux intrigues des dévots mille faits singuliers qu'ils ne s'expliquaient pas autrement que par leur intervention, mais ils ne savaient pas comment cette intervention se produisait ni quels étonnants ressorts les dévots pouvaient faire jouer.

Il semble tout d'abord inexplicable qu'une association qui ne se proposait que des fins spirituelles ou charitables, ait cru de son intérêt de se dissimuler aussi complètement.

Ne peut-on honorer au grand jour le Saint-Sacrement ? Est-il nécessaire de se cacher pour secourir les malades, pour évangéliser les foules, pour combattre le vice ou l'hérésie ? Pourquoi toute cette ombre ? Pourquoi tout ce mystère ?

C'est que les hommes qui prirent, les premiers, la direction de la Compagnie étaient des politiques et apportèrent dans leur œuvre l'esprit tortueux et compliqué que leur avait donné la vie de Cour. La Cour est le pays de l'intrigue, le pays où le fou du roi seul a le droit de dire la vérité ; où les visages mentent comme les paroles, où nul ne peut se vanter de posséder un ami, où, sous des apparences courtoises, se dissimulent mal les ambitions féroces et les convoitises effrénées. Dans un milieu pareil, celui-là seul pourra prétendre à quelques succès qui saura observer, se taire, dissimuler ses sentiments, cacher ses désirs, se pousser à travers ceux qui montent et miner le crédit de ceux qui lui font obstacle. Si dévot qu'il fût, M. de Ventadour connaissait les mœurs et habitudes de la Cour et les transporta naturellement, presque sans y songer, dans la Compagnie. Il eut autour de lui des politiques, comme lui, des hommes de gouvernement qui connaissaient tout le prix du secret en affaires et qui trouvèrent très simple d'appliquer en matière spirituelle ou charitable ce qu'ils avaient toujours pratiqué dans le gouvernement ou l'administration.

Et voilà le grand mot lâché ! La Compagnie ne fut pas autre chose qu'une administration. Administration savante, laborieuse, active, toute faite en vue du but à atteindre, mais corrompue et gâtée, dès le jour de sa naissance, par son principe politique, par l'idée même, que se firent ses premiers chefs, de ses devoirs et de ses droits.

Le secret leur parut si bien être la condition suprême du succès qu'ils apportèrent au choix des membres un soin extrême, pour se garder d'être surpris, et qu'ils distinguèrent soigneusement les simples membres d'avec les officiers, seuls initiés à toute la politique de la Compagnie. Les membres, soit à Paris, soit en province, devaient faire abstraction de leur personnalité et obéir à l'impulsion qu'ils recevaient d'en haut. Les officiers renouvelés, il est vrai, tous les trois mois, mais toujours choisis dans un petit cercle très restreint, gouvernaient seuls la Compagnie et réglaient ses mouvements, sans autre contrôle que celui qui pouvait résulter de la discussion à huis clos. Quelques hommes, ne relevant que de leur seule conscience, mettaient en branle toute la formidable machine et la menaient au gré de leur volonté et de leurs passions. Là était peut-être le secret de leur puissance et de leur succès, là aussi était le danger.

Les officiers de la Compagnie étaient, en effet, de véritables fanatiques, qui tenaient pour incontestable la fameuse maxime : « Hors de l'Eglise point de salut », et qui, dans leur dévorante charité, estimaient de leur devoir rigoureux d'employer tous les moyens en leur pouvoir, si étranges, si violents, si cruels, si atroces qu'ils pussent être, pour garder à l'Eglise toutes ses brebis fidèles, pour lui ramener toutes ses brebis égarées.

Si nous avions à juger ces hommes, nous devrions les absoudre de tout blâme, puisqu'ils ont cru très sincèrement agir au mieux pour le salut de leurs frères. Nous ne les jugeons pas, nous voulons seulement marquer les conséquences terrifiantes auxquelles devait aboutir leur conception de la charité.

Ils crurent que l'aumône et la bienfaisance constituent, au profit du bienfaiteur, un droit sur la conscience de la personne secourue. Ils crurent que l'aumône devait être un instrument de moralisation et un moyen direct de ramener les brebis au bercail.

— On ne peut, en vérité, leur en faire un crime, car la plupart des hommes ont encore aujourd'hui la même idée ; mais nous n'hésitons pas à dire que cette idée est une erreur complète, une erreur abominable, qui entraîne avec elle les conséquences les plus mauvaises et les plus immorales. La charité est un étroit devoir du chrétien, qui doit, suivant son pouvoir, donner à manger à ceux qui ont faim, à boire à ceux qui ont soif et vêtir ceux qui sont nus, parce que ces pauvres sont ses frères, et qu'à ce titre seul il leur doit secours et assistance ; mais sa charité perd immédiatement tout mérite et dégénère en une odieuse tyrannie, si, pour prix du pain, du vin ou de l'habit qu'il donne, il s'arroge le droit de contrôler la conduite de son frère, de lui donner des conseils qu'on ne lui demande pas, de le morigéner, de le contraindre, de lui défendre telles ou telles actions, de lui commander telle ou telle attitude. Cela n'est plus de la charité, c'est de l'oppression, c'est de la violence, c'est une leçon de bassesse et d'hypocrisie. La Compagnie du Saint-Sacrement est tombée dans cette erreur. Elle a fait de l'aumône un moyen de gouvernement.

La connaissance des hommes est la grande affaire des politiques ; ils tâchent à deviner les secrètes pensées de ceux à qui ils ont affaire, de les deviner, de les percer, et ils s'entourent de toutes sortes de renseignements pour connaître, le plus exactement qu'il se peut, le plus grand nombre d'hommes possible. Toute administration vit de surveillance, et, il faut bien le dire, d'espionnage. C'est une triste nécessité de notre condition humaine, que les gouvernements honnêtes cherchent à restreindre et que les autres tendent au contraire à développer. La Compagnie du Saint-Sacrement n'a vécu que d'espionnage et de délation. Elle a été un immense comité de renseignements, prêt à accueillir toutes les dénonciations, et à poursuivre, par des voies détournées et occultes, la perte de tous ceux qu'elle estimait trop ouvertement hostiles à la religion.

Telles sont les tares originelles qui ont fait de la Compagnie du Saint-Sacrement une société si singulière, où se mêlent de façon si bizarre et si intime le sacré et le profane, l'admirable et l'odieux, le sublime et l'abject. Son histoire est un bon sujet de méditation à proposer aux esprits simplistes, qui jugent tout d'un mot et sont aussi prompts à la condamnation qu'à l'éloge. Cette histoire, si prodigieusement mêlée de bien et de mal, est un véritable cas de conscience historique.

Nous ne pouvons entrer dans le détail de toutes les opérations de la Compagnie, nous choisirons seulement quelques-uns des actes les plus marquants de sa carrière, qui nous permettront de la prendre sur le fait et de la voir à l'œuvre dans la réalité même.

La misère était terrible dans la France de Louis XIII, les grosses dépenses des guerres, l'état arriéré de l'agriculture et de l'industrie, la mauvaise répartition des tailles, le passage incessant des gens de guerre laissaient le pays languissant, ruiné et presque désespéré. La Compagnie accomplit de véritables miracles ; innombrables furent les pauvres qui reçurent d'elle secours et réconfort, mais leur amendement spirituel fut toujours le but principal de ses efforts, elle estima toujours que l'aumône devait être un encouragement à bien penser et à pratiquer.

« La vue continuelle que l'on aura comme la fin principale de
« cette assemblée, ainsi que de toute aumône chrétienne, sera de
« ramener incessamment les pauvres à l'esprit et aux devoirs de
« la religion... Si l'on rencontre des pauvres qui ne soient pas
« suffisamment instruits aux principes de la foi, ou qui négligent
« de s'acquitter de leurs devoirs, on les avertira que, s'ils ne
« changent, on les abandonnera : comme en effet, si dans le mois
« suivant, ils ne se sont fait instruire et qu'ils ne rapportent le

« témoignage de celui qui les aura catéchisés, on leur refusera
« l'aumône jusques à ce qu'ils aient satisfait à ce que dessus. »
(*Ordre à tenir dans la paroisse de Saint-Sulpice, pour le soulagement des pauvres honteux*, 1652.)

Si les indifférents étaient délibérément abandonnés à leur malheureux sort, les scandaleux, les impies et les hérétiques étaient activement recherchés et poursuivis par la Compagnie.

Elle déployait une extrême énergie contre les Madeleines non repenties qui pullulaient dans Paris. Elle avait commencé par venir au secours de celles qui marquaient vouloir revenir au bien ; mais ses ressources ne suffisant pas à nourrir toutes ces pécheresses, qui souvent retournaient au péché, sitôt qu'elles avaient été secourues, la Compagnie entreprit de créer pour elles une maison de refuge ; elle ne put parvenir à réunir les fonds nécessaires et ne songea, dès lors, qu'à leur faire rude guerre et à les traquer partout où elle le pouvait. A Saint-Sulpice, par exemple, elle réussit à gagner à ses vues le bailli de la paroisse. Une enquête de moralité était faite sur toute personne qui venait s'installer dans le quartier ; sur la dénonciation des confrères, le bailli intervenait, de la manière la plus simple et la plus expéditive. Il se présentait de bon matin au domicile de la brebis galeuse, « l'emmenait en chemise, avec une seule cotte et en pan-
« toufles dans ses prisons, donnant en proie à ses sbires tout ce
« qu'elle avait dans sa chambre » et la gardait quinze jours prisonnière, au pain et à l'eau, la mettant ainsi « hors d'état de faire
« du mal jusqu'à ce qu'elle fût remise en équipage, ce qui allait
« loin, et l'empêchait d'ailleurs de revenir sur la paroisse, aussi
« bien que celles qui en entendaient parler et qui craignaient
« pareil traitement ».

La Compagnie avait créé dans chaque paroisse des assemblées de charité, qui ignoraient son existence, mais suivaient son inspiration et lui dénonçaient toutes les impiétés qui pouvaient se commettre dans l'étendue de la paroisse. On savait ainsi qui travaillait le dimanche ou les jours fériés, qui donnait à boire ou à manger pendant les offices, qui n'observait pas les jours maigres et le carême. La Compagnie appelait l'attention de l'autorité sur les marchands impies, sur les cabaretiers scandaleux, sur les bouchers qui vendaient de la viande les jours maigres. Les protestants avaient le droit de se fournir de viande aux boucheries de Charenton ; la Compagnie fit tant et si bien qu'elle leur fit retirer ce privilège et les obligea à venir s'approvisionner aux boucheries de l'Hôtel-Dieu (1658). Une amende de 300 livres punissait les bouchers assez imprudents pour vendre de la chair les jours d'abstinence.

Les anciennes lois de la monarchie condamnaient les blasphémateurs à des peines très rigoureuses ; mais, depuis François Ier, ces lois n'avaient pas été renouvelées et étaient peu à peu tombées en désuétude. En 1633, la Compagnie eut avis « qu'un insigne « blasphémateur était prisonnier pour ses impiétés et que M. de « la Nauve était son rapporteur. Aussitôt elle députa vers M. le « chancelier pour empêcher qu'on ne tirât cette affaire du Parle- « ment et chacun sollicita les juges de sa connaissance pour les « convier à faire une justice exemplaire de ce malheureux, qui, « après de grandes longueurs de procédure, fut à la fin condamné « et exécuté en Grève, le 28 janvier 1639 ». (*Annales de la Compagnie*, p. 22.)

La Compagnie ne fut probablement pas étrangère à l'édit que le roi lança, au mois de mai 1629, contre les blasphémateurs publics de Dieu, de la Vierge ou des saints. Ils étaient condamnés à l'amende jusqu'à la quatrième récidive, au pilori pour la cinquième ; à la sixième fois, on leur coupait la lèvre supérieure ; à la septième, la lèvre de dessous ; à la huitième, ils avaient la langue arrachée.

La Compagnie « chargea des particuliers de convier le lieute- « nant civil et le prévôt des marchands à se servir de l'ordon- « nance pour empêcher les juremens qui se faisaient tous les « jours à la Grève et sur les autres ports de la rivière ».

En 1649, un « misérable déiste » fut mis à la Bastille, et, comme il ne pouvait payer sa dépense, il en serait bientôt sorti si la Compagnie n'eût fourni à sa subsistance pour empêcher sa mise en liberté. « Mais, ajoute d'Argenson, comme les méchants trou- « vent toujours trop de protection parmi le monde, il fut à la fin « mis en liberté. »

L'édit de Louis XIII fut renouvelé par Louis XIV, en 1651 et 1655, et, de cette dernière date à l'année 1661, on ne compte pas moins de onze arrêts du Parlement rendus contre les blasphémateurs. L'un d'eux est pendu et étranglé « pour avoir juré le saint « nom de Dieu en jouant aux cartes et aux quilles ». D'autres sont condamnés aux galères, un autre est condamné à faire amende honorable, à avoir les deux lèvres fendues, à être rompu vif, puis brûlé ; ses cendres devaient être jetées au vent. C'est ce que l'on appelait alors venger Dieu.

Les protestants n'étaient pas vus d'un meilleur œil que les blasphémateurs par la Compagnie. Le F. Philippe, l'un de ses premiers membres, ne pouvait songer sans horreur aux années du règne d'Henri IV : « L'erreur et l'impiété étaient alors si com-
« munes et si fécondes, que les actions brutales de la plupart des
« Français donnaient une si grande horreur de vivre aux gens
« de bien, qu'ils désiraient plutôt la mort qu'ils ne faisaient la
« vie. Le huguenot était comme le maître, tout tremblait sous les
« menaces de son insolence et à peine le pauvre religieux et
« l'homme catholique reconnaissaient-ils son couvent et sa pa-
« roisse. La furie des uns avait tout renversé et la douceur des
« autres avait cédé à leur rage. »

La Compagnie se donna pour tâche de surveiller les religionnaires et d'observer « leurs séductions, dogmatismes, prêches,
« assemblées, hôpitaux, écoles, profanations, irrévérences, solli-
« citations de domestiques, transgressions des fêtes et autres
« délits semblables ». Elle engagea les curés de paroisse à lui
signaler tous les faits de ce genre dont ils pourraient avoir connaissance. Sous son impulsion, les comités de paroisse rivalisèrent
de fanatisme. A Saint-Nicolas, on dresse des listes de tous les
délits imputables aux huguenots, on engage les propriétaires à
ne pas leur louer leurs maisons. A Saint-Etienne-du-Mont, on
informe sur le fait d'un protestant qui s'est avisé de donner des
leçons de grec et de latin. On cherche, en dépit de l'Edit de
Nantes, à leur fermer l'accès des corps de métier. Une huguenote ayant acheté au roi un brevet de maîtresse lingère, on incite
la corporation à ne pas la recevoir, on l'oblige à plaider, on
gagne ses juges pour qu'ils ne rapportent point son procès, on
la traîne ainsi de quartier en quartier pendant sept ans, et, quand
on apprend que le rapporteur va conclure en sa faveur, on l'entoure, on lui promet de lui rembourser tous les frais qu'elle
a faits et on obtient qu'elle se désiste. Il ne sera pas dit qu'une
huguenote aura été admise dans la corporation des lingères de
Paris.

Si l'on connaît quelque huguenot besogneux, on l'assiste ; mais
on lui fait entrevoir qu'il faut qu'il se convertisse pour que l'assistance continue. S'il se convertit, on lui donne une gratification,
sans se douter qu'il n'est pire simonie que ce commerce des âmes.

Si quelque huguenot est malade, on lui dépêche de bons dévots,
qui entreprennent, malgré lui et ses proches, de le convertir et de
le sauver.

On cherche par tous les moyens à restreindre les dernières libertés accordées aux huguenots. On les pourchasse de poste en poste, sans paix ni trêve.

Dans les dernières années de sa longue carrière, la Compagnie s'intéresse à la Mission royale du pays de Gex, dirigée par M. d'Aranthon, évêque de Genève. Elle applaudit à la destruction des temples, elle trouve de l'argent pour les singuliers missionnaires qui assiègent le chevet des mourants et n'épargnent aux esprits faibles ni les vexations ni les menaces.

Non seulement la Compagnie poursuivait de ses haines vertueuses les scandaleux, les blasphémateurs et les hérétiques ; mais elle s'attaquait aussi — et peut-être avec un redoublement de colère — aux catholiques qui s'écartaient sur quelque point de la pure orthodoxie.

Nous verrons prochainement la part considérable prise par la Compagnie à la querelle janséniste, nous nous contenterons aujourd'hui d'examiner son rôle dans l'affaire du compagnonnage et dans le procès de l'illuminé Morin.

Le « bon Henri », un charitable cordonnier, dont la Compagnie avait favorisé les pieuses entreprises, avait surpris entre les ouvriers qui peuplaient les ateliers des signes d'intelligence qui leur permettaient de se reconnaître et de se grouper ; il avait deviné qu'il existait entre eux des liens secrets, absolument semblables d'ailleurs à ceux qui rattachaient entre eux les membres de la Compagnie. Il avait tout aussitôt tenu pour suspectes ces associations, qu'il croyait avoir découvertes, et avait fait part de ses soupçons à ses supérieurs spirituels. On l'avait engagé à continuer ses investigations, à réunir des éléments de preuves, et un jour arriva où le dossier de l'affaire fut assez complet pour que la Compagnie pût se faire une idée exacte de ce dont il s'agissait.

Les compagnons d'un très grand nombre d'industries formaient entre eux des associations secrètes, qui leur permettaient souvent de combattre avec succès l'omnipotence patronale et d'obtenir des avantages qu'ils n'eussent jamais obtenus s'ils étaient restés isolés.

Ces associations, qui remontaient très loin, avaient été à l'origine parfaitement publiques ; le clergé les avait bénies et protégées ; puis, comme il lui est arrivé trop souvent, il s'était rangé du côté des riches et des puissants et avait déclaré les associations ouvrières illicites. Elles avaient continué, et les gens simples qui les composaient avaient cru pouvoir, sans crime, les

recommander eux-mêmes à la protection divine. Des cérémonies d'initiation, inspirées du baptême chrétien et de la messe, étaient célébrées par les dignitaires des compagnonnages et témoignaient presque toujours chez eux d'un vif sentiment religieux. Mais la Compagnie vit dans ces cérémonies des rites diaboliques, et dans les compagnonnages des associations infernales, contre lesquelles elle chercha immédiatement à armer le bras séculier. Elle commença par faire condamner le compagnonnage par la Sorbonne. Le 21 septembre 1645, la Faculté de théologie déclara le serment prêté par les associations ouvrières « plein d'irrévé-
« rence et répugnant à la religion et n'obligeant en aucune façon
« ceux qui l'avaient ci-devant fait ».

En juin 1646, elle obtint de l'archevêque de Paris un monitoire contre le compagnonnage ; on engageait tous ceux qui connaîtraient quelque fait nouveau au sujet des associations ouvrières à le déclarer sous peine d'excommunication.

Le 14 mars 1655, la Sorbonne lança une nouvelle condamnation contre les compagnons, déclarant qu'en leurs pratiques « il y a
« péché de sacrilège, impureté et blasphème contre les mystères
« de la religion ». Le serment prêté par les compagnons ne les lie point ; ils sont au contraire « obligés en conscience de décla-
« rer ces pratiques aux juges ecclésiastiques, et même, si besoin
« est, aux séculiers qui y peuvent donner remède ». Ils ne peuvent demeurer dans ces associations sans péché mortel.

Armée de ces sentences, et ayant réussi à créer un nouveau délit jusqu'alors inconnu, la Compagnie dénonça les associations ouvrières à tous les curés de paroisse, fit dissoudre leurs réunions, les traqua jusque dans l'enclos du Temple, où ils étaient à l'abri de la juridiction de l'archevêque, et ne cessa jusqu'à son dernier jour de les persécuter.

Une histoire plus significative encore, et qui nous paraît bien résumer tout l'esprit de la Compagnie, est la poursuite d'un pauvre illuminé appelé Morin, dont le cas relevait bien plutôt de la médecine que de la justice.

Simon Morin était né vers 1622 à Richemont, près d'Aumale, dans le pays de Caux. Commis chez le trésorier de l'extraordinaire des guerres, puis écrivain copiste, il fit la connaissance de quelques illuminés dont les doctrines le séduisirent et, à la suite d'une rafle de police, fut emprisonné à l'officialité de Paris. Les juges d'Église le trouvèrent surtout faible d'esprit et le remirent en liberté.

Pendant qu'il était en prison, une demoiselle Malherbe, qui visitait les prisonniers, avait été touchée de sa patience et de sa résignation et fut sa première disciple. Redevenu libre, il prêcha ses doctrines, fit impression sur quelques esprits simples, et ses succès lui valurent une nouvelle incarcération. Il fut arrêté le 28 juillet 1644 et conduit à la Bastille, où il resta vingt et un mois.

En 1647, il publia ses « *Pensées*, dédiées au Roi. Naïve et sim-
« ple déposition que Morin fait de ses pensées aux pieds de Dieu,
« les soumettant au jugement de son Eglise très sainte, à laquelle
« il proteste tout respect et obéissance, avouant que, s'il y a du
« mal, il est de lui ; mais, s'il y a du bien, il est de Dieu et lui en
« donne toute gloire. Suppliant très humblement toutes personnes,
« de quelque condition qu'elles soient, de le supporter un peu
« pour Dieu, à cause de la vérité qu'il a à dire, et pour laquelle il
« encourrait la condamnation de Dieu, s'il se taisait » — (Avec approbation, 1677, in-8°, 176 pages.).

Sa doctrine était celle des « Frères du libre esprit », qui depuis le Moyen-Age n'avait pas disparu. Il y a trois règnes : celui du Père, qui correspond à la loi de Moïse ; celui du Fils, où de la Grâce ; celui du Saint-Esprit, ou de la Gloire. Dieu gouvernera désormais les âmes par des moyens purement intérieurs, sans qu'il soit besoin de pratiques extérieures, de culte, de sacrements, ni de l'intermédiaire de l'Eglise.

Morin était si persuadé de la vérité de sa doctrine, qu'il alla lui-même offrir ses pensées au curé de Saint-Germain-l'Auxerrois, et quand le prêtre lui demanda de qui il tenait sa mission, il répliqua que sa mission était encore beaucoup plus certaine que celle du curé, le curé l'ayant reçue des hommes, et lui la tenant de Jésus-Christ incorporé dans sa propre personne.

Le curé de Saint-Germain dénonça à la police l'inoffensif rêveur, qui se cacha sous un faux nom dans une maison de l'île Notre-Dame, avec sa femme et ses enfants.

Arrêté pour la troisième fois et ramené à la Bastille, il en sortit encore, le 7 février 1649, après avoir signé une rétractation formelle de ses erreurs. Quatre mois plus tard, il la renouvela encore pour plus de sûreté.

Au fond, il n'avait pas renoncé à ses idées ; mais la Compagnie veillait et le fit prendre sur la dénonciation d'un controversiste de bas étage, nommé Jean Beaumais, qui avait feint de vouloir être de la secte et de vouloir être instruit. Comme la Bastille n'en voulait plus, on le remit à l'officialité, où la Compagnie le fit retenir longtemps, « nourri des aumônes du coffret », dit d'Argenson.

Au mois d'août 1650, elle fit avertir l'assemblée générale du clergé de ce qu'elle avait fait, et lui laissa entendre que, pour un don une fois fait de 1000 à 1200 livres, elle n'entendrait plus parler de Morin, ni de François d'Oches, son complice.

Quand la Compagnie eut l'argent, elle voulut obtenir un châtiment public et fit transférer Morin à la Conciergerie. Le Parlement se refusa à envoyer le pauvre homme en place de Grève et le fit mettre aux Petites-Maisons, d'où une nouvelle rétractation le tira en 1656.

A peine libéré, Morin recommença à dogmatiser. A force de prêcher que l'esprit du Christ peut être en tout homme, il avait fini par croire que le Christ vivait réellement en lui. En 1661, il composa un livre sur sa doctrine et eut la hardiesse de le jeter, un jour, dans le carrosse du roi.

Après ce coup d'éclat, il disparut et l'on eût peut-être perdu sa trace si un autre illuminé, tout aussi fou pour le moins, mais du bon parti, ne se fût chargé de le retrouver. Des Maretz de Saint-Sorlin n'avait pas publié de *Pensées*, mais, dans ses *Avis du Saint-Esprit au Roi*, s'était donné comme l'envoyé du ciel pour faire une réformation universelle, et avait promis au roi et au pape une armée de 144.000 dévoués, qui détruiraient les Turcs, les jansénistes et les athées. Ce fut ce dément qui donna la chasse à ce fou.

Il parvint à découvrir sa retraite, capta sa confiance par des flatteries, le fit parler, et le livra à la police le 18 février 1662.

M. Grandin, docteur de Sorbonne et membre de la Compagnie, l'examina au point de vue de la foi.

Le roi fut intéressé au procès, qui fut poursuivi devant le Châtelet, puis devant le Parlement.

Le 13 mars 1663, le Parlement confirma la condamnation, et M. de Lamoignon, membre de la Compagnie, demanda à Morin s'il était écrit quelque part que le Nouveau Messie passerait par le feu. Morin répondit en s'appliquant les paroles du prophète :
« Tu m'as examiné par le feu et aucune iniquité n'a été trouvée
« en moi ».

Le 14 mars, il fut brûlé en place de Grève ; quatre de ses complices furent battus de verges et marqués à l'épaule devant son bûcher. Sa femme et son fils furent bannis de Paris et de sa vicomté.

Ce fut une des plus éclatantes, mais des dernières victoires de la Compagnie. Elle s'occupait de tant d'œuvres, elle mettait la main à tant d'affaires, elle avait tant de confidents et d'agents que c'était miracle si son secret n'était pas encore connu de tout le monde.

Les magistrats, les gens en place, les simples particuliers avaient comme un vague soupçon de se trouver enveloppés dans une vaste intrigue, dont ils n'apercevaient pas tous les fils, mais dont ils constataient journellement la puissance. Il leur semblait que le sol fût miné sous leurs pas, et l'espionnage organisé par la Compagnie commençait à ôter toute franchise et toute sécurité aux relations sociales.

Comme on ne connaissait ni les statuts ni les délibérations de la Compagnie, et que le bien qu'elle faisait l'était par le moyen d'intermédiaires et de tierces personnes, on n'était point porté à lui en attribuer le mérite, et l'on chargeait, au contraire, la Cabale des dévots de tous les faits de rigueur et d'arbitraire, de tous les dénis de justice que l'on voyait se produire chaque jour.

Une sourde irritation commençait à se manifester contre les gens qui affectaient trop de dévotion et de rigorisme. Molière osa mettre les faux dévots à la scène dans *Tartuffe* et dans *Don Juan*.

On a voulu voir dans *Tartuffe* la satire de la Compagnie : c'est une erreur. Tartuffe est un sinistre gredin, de mœurs relâchées, les confrères du Saint-Sacrement ont été en général de sincères croyants et des hommes de mœurs irréprochables. Tartuffe est un composé d'éléments disparates ; il y a en lui du janséniste, il y a du jésuite, il y a du papelard et de l'effronté. Molière a réuni en lui toutes les outrances, toutes les bassesses, toutes les grimaces, qui font de l'hypocrisie le plus laid et le plus répugnant de tous les vices ; mais son personnage est une création littéraire et non un portrait.

L'audace de Molière eut en France un immense retentissement. Elle soulagea la conscience publique, elle donna un corps, un nom, au vague sentiment de malaise qui pesait sur les esprits. La France comprit d'instinct que Tartuffe était cet ennemi caché, qu'elle ne pouvait surprendre, mais qu'elle avait deviné.

Juste au moment où montait contre elle le cri public, la Compagnie eut l'imprudence d'attirer sur elle l'attention et bientôt la colère de Colbert. Elle prit parti contre lui pour Fouquet. Elle contrecarra ses projets pour diminuer le nombre des moines, pour reculer à 25 ans l'âge canonique de l'ordination, pour alléger la liste des fêtes chômées. Lamoignon alla jusqu'à dire à Colbert que c'étaient là de petites idées, bonnes pour une République helvétique, et qu'il ferait tort à un royaume chrétien de se régler là-dessus.

Mais on ne put ébranler le crédit de Colbert auprès du roi, et la Compagnie, sentant qu'elle allait être forcée de sortir du mystère qui la protégeait, se dispersa sans bruit : « Les officiers jugè-
« rent qu'il était de la prudence de ne se plus assembler. Ils cru-
« rent que Dieu n'avait plus leur service agréable par cette voie
« et qu'il fallait céder à l'orage en attendant qu'il plût à la divine
« Providence de faire renaître des jours de calme et de liberté. »

LE JANSÉNISME

Le Jansénisme a troublé la vie religieuse de la France pendant plus d'un siècle, et ses dernières traces apparaissent encore dans la constitution civile du clergé, qui fut, à notre avis, la faute capitale de la Révolution. Le Jansénisme est donc un fait extrêmement important de notre histoire religieuse. Si l'on ajoute qu'il met en scène des hommes de premier ordre et nous donne le beau spectacle d'une lutte d'opinions en pleine période autocratique, on comprendra tout l'intérêt qui s'attache à son histoire.

On pensera, d'autre part, qu'il est impossible de rien comprendre à cette longue querelle si l'on n'en connaît très bien le point de départ et les motifs. Pour que la bataille ait été si acharnée, il faut que les principes en jeu aient été de la dernière gravité et conséquence. Cependant ces principes sont d'une telle nature qu'un esprit positif, tel que les études scientifiques en construisent tant de nos jours, se refuserait à leur attribuer la moindre valeur et le moindre intérêt et serait tenté de traiter de guerre folle toute l'histoire du Jansénisme. Tout lui paraîtrait s'y tourner en fumée et s'évanouir, ou se réduire du moins à une chose si vague, si imprécise, si complètement en dehors de notre connaissance et de notre entendement, qu'il se demanderait comment de pareilles questions ont jamais pu passionner les hommes et agiter le monde.

L'historien est tenu de se montrer plus compréhensif et plus libéral, et, bien que nous reconnaissions que la question débattue par le Jansénisme ne soit pas du domaine normal de la raison, nous ne lui dénierons pour cela rien de sa grandeur ni de son importance. Nous la prendrons au sérieux, comme il sied de le faire dans la patrie de Pascal, et quand on parle d'une doctrine pour laquelle ont lutté et souffert pendant de longues années un grand nombre d'hommes de grand caractère et de haute vertu.

Cornelis Jansen, évêque d'Ypres, était mort le 6 mai 1638 et avait laissé en manuscrit un grand ouvrage théologique, où il avait cherché à reproduire et à condenser toute la doctrine de saint Augustin sur la grâce et la prédestination au salut. Il déclarait par testament « qu'il ne pensait pas que l'on pût changer « quelque chose à son ouvrage, que si pourtant le Saint-Siège y « voulait quelque changement, il lui était un fils obéissant et « soumis, ainsi que de l'Eglise, au sein de laquelle il avait tou- « jours vécu jusqu'à ce lit de mort ».

Ses exécuteurs testamentaires, jaloux de donner au public l'ouvrage monumental de leur ami, le firent imprimer en secret et à la hâte; et l'in-folio, revêtu de toutes les licences d'usage et dédié au cardinal-infant, frère du roi d'Espagne, parut à Louvain, à la fin de l'été 1640. Il eut grand succès en Allemagne. Les calvinistes de Hollande lui firent très bon accueil. Dès 1641, il était réimprimé à Paris. Saint-Cyran, prisonnier à Vincennes, le lisait avec délices, et ne voyait personne, après saint Paul et saint Augustin, qui eût parlé plus divinement de la grâce. Il l'appelait « le livre de dévotion des derniers temps ». Il disait que ce livre « durerait autant que l'Eglise ». Le nom de Jansénius triomphait dans le monde des doctes et des gallicans.

Il n'en était pas de même chez les Jésuites et leurs alliés. Avant même que le livre fût imprimé, les Jésuites l'avaient dénoncé à Rome et avaient supplié le pape d'en interdire la publication, Paul V ayant défendu jadis toute nouvelle controverse sur la grâce.

Quand le livre eut paru, les attaques recommencèrent. Dans trois sermons prêchés à Notre-Dame, M. Habert, théologal de l'église métropolitaine, dénonça l'*Augustinus* comme suspect d'hérésie et alla jusqu'à appeler Jansénius « un Calvin rebouilli ». La guerre était déclarée ; Saint-Cyran, enfin libre de prison, mobilisait contre Habert toutes les forces de son parti ; le Jansénisme entrait en scène.

Le livre qui commençait de faire tant de bruit n'apportait à la science théologique aucune nouveauté. Il consistait presque entièrement en une collection de textes de saint Augustin mis en ordre et en concordance et tendant à démontrer « le premier « état de santé, où a été la nature humaine, sa maladie et sa « guérison ». Il prétendait expliquer seulement la doctrine augustinienne, qu'il regardait comme le fondement de la religion et de la vraie piété.

L'homme a été créé libre, et a vécu libre dans le Paradis terrestre, mais le péché originel lui a fait perdre cette liberté ; ayant choisi une fois la voie du mal et de la mort, il y est resté engagé à jamais et, livré à ses propres forces, il court infailliblement à sa perte. Il est tellement perverti et gâté, qu'il ne peut, de lui-même, vouloir et faire que le mal. Il est, par nature, rebelle, méchant et damné.

Cependant la Rédemption a rendu son salut possible par l'application d'un remède surnaturel, qui est la grâce. Cette grâce, Dieu la donne à qui lui plaît. Ceux qu'il en juge dignes dans ses insondables jugements ne peuvent ni la refuser ni lui résister. Elle leur inspire « un saint amour et un saint plaisir, qui leur font « trouver leur bonheur à s'attacher à Dieu et à observer sa loi ». Elle les conduit ainsi au salut. Ceux que Dieu laisse dans leur réprobation native y demeurent, et c'est justice ; car l'homme n'a strictement droit qu'à la condamnation, et le salut est pour lui pure grâce et pur don.

Cette sombre doctrine, tout imprégnée de pessimisme et de misanthropie, pouvait convenir à la grandeur tragique de quelques âmes tout à la fois très hautes et très étroites, plus sensibles à l'imperfection et aux vices de la nature humaine qu'à la bonté de Dieu ; elle était manifestement contraire à l'idée que l'on doit se faire de la justice divine, elle enlevait à la moralité humaine son meilleur fondement ; en ôtant à l'homme son libre arbitre, elle risquait de le jeter dans le désespoir ou dans l'indifférence, puisque personne ne peut être sûr d'être en la grâce du ciel, et que dans le moment que l'on s'en croit le plus certain, l'orgueil et la présomption vous en éloignent davantage.

Les Jésuites n'eurent donc pas tort de s'élever contre la doctrine de Jansénius, et rendirent ainsi un réel service à la cause de la raison et de la morale ; mais il est étonnant que leur Société, si ennemie de toute liberté et si défiante des jugements humains, ait pris en cette affaire la défense du libre arbitre : nous allons voir que les raisons purement théologiques ne furent peut-être pas les seules qui les poussèrent à prendre le parti auquel on les vit s'arrêter.

Au moment où, sur leurs instances, Urbain VIII défendait la lecture de l'*Augustinus* aux fidèles, Antoine Arnauld, docteur en Sorbonne, le plus savant et le plus fougueux des jansénistes, publiait son traité *De la fréquente communion* (1643).

Dans les idées courantes des Jésuites, le salut pouvait s'obtenir par deux voies bien différentes : par la sanctification personnelle, qui portait l'homme à reconnaître ses fautes, à les détester, à prendre le ferme propos de n'y plus retomber. C'était la voie vraiment chrétienne. Mais, pour les esprits moins profonds et les cœurs plus faibles, il était une autre voie plus facile, où la simple crainte des châtiments éternels suffisait à assurer le salut du pécheur, pourvu qu'il y ajoutât la grâce résultant de la fréquentation des sacrements et de la pratique des bonnes œuvres.

Le P. Sesmaisons, directeur de la marquise de Sablé, était partisan de la dévotion aisée, « mettait des coussins sous les coudes « des pécheurs » et leur préparait un chemin de velours pour les conduire au Paradis. Il allait jusqu'à dire que « plus on est dénué « de grâce, plus on doit hardiment s'approcher de Jésus-Christ ». C'est contre ce relâchement de la morale que s'éleva Antoine Arnauld. Il chercha à montrer « combien il faut être renouvelé « intérieurement déjà pour oser aborder les sacrements, et com- « bien il est sacrilège d'y venir chercher un remède superstitieux, « cérémonial et comme mécanique, sans être déjà plus ou moins « avancé dans la voie de la guérison spirituelle » (Sainte-Beuve, *Port-Royal*).

Les Jésuites jetèrent aussitôt feu et flamme. Le P. Nouet prêcha contre le livre d'Arnauld à la maison professe de Saint-Louis, de la rue Saint-Antoine, et traita le docteur janséniste de mélancolique, de lunatique, de scorpion et de serpent ayant une langue à trois pointes.

Le P. Pétau écrivit contre Arnauld un gros livre, où il rappelait qu'en une certaine ville d'Italie, tout novateur devait paraître en public la corde au col, et qui voulait se prononcer contre ses nouveautés avait le droit de tirer la corde et de l'étrangler. « Cette « façon, ajoutait l'excellent Père, pourra sembler un peu trop « rigoureuse ; mais l'intention en était louable, voire elle était né- « cessaire. »

Beaucoup pensèrent, avec le maréchal de Vitry, « qu'il fallait « qu'il y eût quelque anguille sous roche et que les bons Pères ne « s'échauffaient pas d'ordinaire si fort pour le pur service de « Dieu ».

Il y allait, en effet, de tous les intérêts temporels de la Société de Jésus. Elle avait pris comme l'entreprise du salut des gens du monde ; mais, pour qu'une large application de ses mérites vînt suppléer à l'insuffisance des leurs, il fallait que ses pénitents fréquentassent au moins ses églises, ses chapelles, ses confessionnaux, ses autels, la prissent pour directrice de leur conscience et distributrice de leurs aumônes. Si l'on allait prêcher une foi toute nue, donner à la vie intérieure et à la prière le pas sur les pratiques et sur les œuvres, on risquait de faire déserter les églises et d'ôter aux réguliers les aumônes qui leur étaient nécessaires pour développer leurs instituts religieux et charitables.

Saint Vincent de Paul, tout le premier, s'effrayait de cette crise possible de la dévotion : « L'on ne voit plus, écrivait-il à l'abbé « d'Horgni, cette hantise des sacrements qu'on voyait autrefois, « non pas même à Pâques. Plusieurs curés se plaignent de ce « qu'ils ont beaucoup moins de communiants que les années « passées. Saint-Sulpice en a trois mille de moins... L'on ne voit « quasi personne qui s'en approche les premiers dimanches du « mois et les bonnes fêtes, ou très peu, et guère plus aux reli- « gions, si ce n'est encore un peu aux Jésuites. » Le livre d'Arnauld lui paraissait n'avoir été fait qu'à dessein de détruire la messe et la communion.

Saint Vincent de Paul s'effrayait par piété, il est permis de croire que d'autres s'effrayèrent aussi des conséquences que pouvait avoir le livre d'Arnauld sur les intérêts de leur ordre, et n'en furent que plus animés à poursuivre la guerre contre les Jansénistes.

L'*Augustinus* n'avait encore été condamné que d'une façon générale et provisoire, comme ayant contrevenu à la loi du silence imposée par Paul V sur la question de la grâce. Les Jésuites rêvaient un triomphe plus complet, et furent fort aidés dans leur entreprise par la Compagnie du Saint-Sacrement, dont l'histoire nous est connue. « Les plus intelligents de la Compagnie, dit le « P. Rapin, qui connaissaient à fond les dangereuses suites de « cette doctrine, résolurent de travailler à sa condamnation, et, « s'étant adressés aux amis très zélés qu'ils avaient dans la « Faculté de théologie de Paris, ils ne contribuèrent pas peu à les « exciter. »

Cette action de la Compagnie est d'autant plus notable qu'un certain nombre de confrères du Saint-Sacrement avaient eux-mêmes des tendances jansénistes. Il y avait scission morale dans la Compagnie. Une partie de ses membres attaquaient un système que d'autres membres considéraient comme la pierre angulaire de la religion. Et ce qu'il y eut de vraiment odieux, c'est que les confrères jansénistes furent tenus à l'écart de tout ce qui se faisait contre eux et leur parti. Ce fut comme une vaste intrigue, qui se joua dans l'ombre, qu'ils ne soupçonnèrent pas et qui devait avoir pour résultat de les expulser de la Compagnie. (R. Allier, *La Compagnie du Saint-Sacrement.*)

Le 1er juillet 1649, Maître Nicolas Cornet, syndic de la Faculté de théologie, dénonça comme hérétiques sept propositions tirées, disait-il, de l'*Augustinus*.

Un certain nombre de docteurs se rangèrent autour de lui, et il fut décidé que l'on rédigerait au nom de la Faculté une censure en forme, dont on demanderait au pape la confirmation.

Les Jésuites de Rome écrivirent à ceux de Paris que le pape accorderait volontiers la condamnation désirée, à condition qu'elle lui fût demandée par une portion du clergé.

La Compagnie marcha aussitôt en ce sens. Comme les pouvoirs de Nicolas Cornet expiraient, elle fit élire à sa place, le 1er octobre 1650, un autre docteur, Hallier, favorable à la condamnation. Elle intrigua auprès des évêques réunis pour l'Assemblée du clergé, elle fit écrire aux autres ; elle se servit du zèle pieux de saint Vincent de Paul lui-même et le fit contribuer à ses desseins.

Au bout d'un an, elle avait réuni quatre-vingt-trois signatures d'évêques ; ces signatures ne représentaient, il est vrai, que des adhésions individuelles ; on en fit masse ; on les mit toutes au bas de la lettre écrite par M. Habert pour demander la condamnation, on lui donna l'apparence d'une requête adressée au Saint-Siège par l'épiscopat français presque tout entier.

Comme on manquait d'argent, on fit une collecte secrète, et, en 1652, trois docteurs de Sorbonne, Lagault, Loysel et Hallier, partirent pour Rome, où ils allaient presser le jugement de la cause.

Les Jansénistes envoyèrent de leur côté MM. de Saint-Amour, Brousse, de Lalane et Angran, auxquels se joignirent bientôt le P. Desmares, de l'Oratoire, et M. Manessier, docteur en Sorbonne.

Les théologiens jansénistes apprirent avec une certaine surprise qu'on s'occupait très peu de saint Augustin à Rome et que ses ouvrages y étaient même assez rares. Ils ne purent obtenir d'être entendus contradictoirement avec leurs adversaires, mais le pape consentit à les écouter à part et leur dit en les congédiant « qu'ils avaient parlé avec vigueur, avec modestie, avec prudence et avec doctrine, et qu'ils avaient persuadé par de bonnes raisons tout ce qu'ils avaient dit ». Ils se tenaient pour assurés de la victoire, quand ils apprirent qu'ils étaient condamnés.

Le pape se souciait, au fond, assez peu de Jansénius et de sa doctrine ; mais les Jésuites furent assez habiles pour lui montrer dans cette affaire une occasion providentielle de faire reconnaître son autorité par toute l'Eglise de France. L'idée lui parut si belle qu'il ne voulut même pas attendre pour trancher la question que les consulteurs eussent donné leur réponse sur la défense présentée par les docteurs jansénistes. Il raconta, plus tard, que le Saint-Esprit lui avait fait voir clairement la vérité et lui avait dévoilé, en un moment, les matières les plus difficiles de la théologie.

Cinq des propositions censurées par Cornet furent condamnées par le pape.

Voici le texte de ces fameuses propositions :

1. — Quelques commandements de Dieu ne peuvent être observés, même par les justes, parce que ceux-ci manquent de la grâce suffisante.

2. — L'homme ne peut résister à la grâce intérieure.

3. — Pour mériter ou démériter, il faut être affranchi de toute contrainte extérieure, mais non de la nécessité intérieure.

4. — Les semipélagiens erraient en prétendant que l'homme pouvait résister à la grâce ou la suivre.

5. — Il est semipélagien de dire que Jésus-Christ est mort pour tous les hommes.

Ces propositions, qui contenaient l'esprit de la doctrine janséniste, sacrifiaient le libre arbitre et changeaient le prédestiné en un automate, méritaient certainement d'être rejetées ; il est seulement regrettable que leur condamnation soit due surtout aux effets d'une intrigue et au zèle d'une coterie sournoise et peu scrupuleuse sur le choix des moyens.

La bulle de condamnation *Cum occasione* fut affichée à Rome le 9 juin 1653. Le 4 juillet, le gouvernement royal, aiguillonné en sous-main par la Compagnie, délivra des lettres patentes pour la faire recevoir dans tout le royaume, et les Conseillers du roi omirent même, cette fois, de faire suivre l'enregistrement des clauses restrictives d'usage.

Le 24 juillet, M. de Blampignon, directeur de la Compagnie, lui présenta la bulle. « ... Elle fut reçue avec un grand respect,
« et l'on en dit le *Te Deum*, à la fin de l'Assemblée, pour rendre
« grâces à Dieu de ce qu'une dispute aussi importante à l'Eglise
« avait été terminée si heureusement ; et la bulle fut transcrite
« tout au long dans le registre de la Compagnie, pour marquer
« la soumission parfaite qu'elle avait au Saint-Siège et à ses dé-
« cisions. »

Le public, qui ne connaissait pas la Compagnie, attribua aux

Jésuites tout l'honneur de la victoire de l'orthodoxie, et les Jansénistes virent en eux désormais leurs ennemis irréconciliables.

On vit alors combien l'esprit se moque des plus fortes barrières, et quelles ailes le font voler par-dessus.

Les Jansénistes se soumirent, mais gardèrent tous leurs sentiments et défendirent leur doctrine à l'aide d'une distinction si subtile que les Jésuites, leurs adversaires, eussent été sans doute bien empêchés d'en trouver une plus habile et plus politique.

M. Arnauld fit sa soumission comme tout le monde et protesta de ses respects infinis pour la bulle du pape. Il reconnut qu'en droit il n'y avait plus matière à discussion, puisque Rome avait parlé ; mais il soutint qu'en fait les fameuses propositions ne se trouvaient pas dans l'*Augustinus*.

Dès lors, toute l'argumentation des Jésuites tombait. Oui, ils avaient raison de condamner ces propositions vraiment hérétiques et scandaleuses ; mais, s'ils croyaient par là condamner Jansénius et sa doctrine, ils se trompaient du tout au tout, car jamais Jansénius n'avait avancé pareilles choses, et il s'en était tenu, comme s'y voulaient tenir ses amis, à la pure doctrine de saint Augustin, qui n'avait pas été, sans doute, taxé d'hérésie.

La colère des Jésuites fut grande, lorsqu'ils virent ainsi se relever d'un bond l'ennemi qu'ils croyaient avoir terrassé ; c'était l'hydre de la fable qui semblait reprendre des forces nouvelles chaque fois qu'on l'écrasait.

Ils entreprirent de condamner en Sorbonne la *Lettre* d'Arnauld *à un duc et pair*. Les débats furent si longs qu'ils triomphèrent jusque de la patience de Mazarin. Il disait à l'évêque d'Orléans qu'il était temps d'en finir, « que les femmes ne faisaient que « parler de cette affaire, quoiqu'elles n'y entendissent rien, non « plus que lui ».

Arnauld fut condamné et accueillit sa condamnation par ces belles paroles : « Il est quelque chose en moi où la fureur de la « persécution ne peut atteindre, c'est l'amour pour mon Dieu « qu'ils ne sauraient arracher de mon cœur ».

Les Jansénistes, vaincus à Rome et à la Sorbonne, résolurent d'en appeler fièrement à l'opinion publique, grande idée, digne de ces vrais républicains qu'étaient Messieurs de Port-Royal ! Mais, pour lancer un projet si révolutionnaire, il fallait un clairon, et M. Arnauld, qui savait user de la massue, ne savait pas emboucher la trompette. Il rédigea une lettre et la vint lire à Port-Royal. Le silence de ses amis lui prouva que la lettre au public

n'irait point à son adresse, et comme il n'était point jaloux de
louanges, il se tourna vers un jeune homme qui était là et lui
dit : « Vous qui êtes jeune, qui êtes curieux, vous devriez faire
« quelque chose ». Le jeune homme promit de s'y employer, et,
le 23 janvier 1656, on colportait dans tout Paris une feuille
in-quarto de huit pages d'impression, que l'on se passait de main
en main, que l'on s'arrachait, et qui changeait bientôt en cris
de rage les cris de triomphe des Jésuites et de leurs amis.

L'auteur de cette *petite Lettre* s'appelait Blaise Pascal. Il était
né à Clermont, en Auvergne, il avait trente-deux ans et s'était
adonné jusqu'alors à la mathématique et à la physique, où l'on savait qu'il excellait. Il n'avait encore rien écrit sur des matières qui
ne fussent pas de science ; mais sa sœur, Mme Périer, nous apprend
« qu'il avait une éloquence naturelle, qui lui donnait une facilité
« merveilleuse à dire ce qu'il voulait. Il avait ajouté à cela des
« règles dont on ne s'était point encore avisé, dont il se servait si
« avantageusement qu'il étai maître de son style ; en sorte que,
« non seulement il disait tout ce qu'il voulait, mais il le disait en
« la manière qu'il voulait, et son discours faisait l'effet qu'il s'était
« proposé. »

Il y parut bien au prodigieux succès qu'obtinrent les *Lettres de
Louis de Montalte à un provincial de ses amis et aux Révérends
Pères Jésuites sur le sujet de la morale et de la politique de ces
Pères*.

Ces lettres (1), imprimées en cachette, répandues par des
amis dévoués et sûrs, finirent par être tirées à 10.000 exemplaires,
furent bientôt traduites en latin, condamnées par l'Index, par
l'Inquisition d'Espagne, par le Conseil d'Etat de France, et imprimées en Allemagne, en Hollande, en France même, en dépit des
prohibitions.

En lisant la première, le chancelier Séguier fut pris d'une telle
fureur qu'il en pensa mourir. Il eut une congestion, il fallut le
saigner sept fois pour le tirer de danger. A la septième, Mazarin
éclata de rire. L'abbé Le Camus la lut à Louis XIV, le roi y prit
lui-même un tel divertissement que le P. Annat lui interdit
cette lecture, sous peine de damnation éternelle. La ville et la
Cour se passionnèrent pour ou contre. Les Pères ripostèrent
vigoureusement, mais ne surent pas trouver dans leurs rangs un

---

(1) Cf. le Cours de M. Gazier à la Sorbonne : *Pascal pamphlétaire et Pascal apologiste*, publié par la *Revue des Cours et Conférences* (1905).

jouteur assez léger pour esquiver les horions de Pascal et lui porter à lui-même des coups sensibles. Il demeura maître du champ.

Les *Provinciales* sont au nombre de dix-huit et représentent une série de campagnes différentes entreprises par Pascal contre les Jésuites.

Les quatre premières, les moins intéressantes pour nous, sont consacrées à la discussion du cas de M. Arnauld et à disposer les gens « qui avaient cru jusqu'alors, sur la foi publique, que les « propositions étaient dans Jansénius, à se défier du contraire « par le refus bizarre qu'on faisait de les montrer. De sorte qu'il « était à craindre que cette censure ne fît plus de mal que de bien, « et qu'elle ne donnât à ceux qui en sauront l'histoire une impres- « sion tout opposée à la conclusion, car le monde, en vérité, deve- « nait méfiant et ne croyait les choses que quand il les voyait ».

Dès la cinquième lettre, le ton change et l'attaque se précise. Laissant là la question du fait et du droit, et Jansénius et Arnauld, Pascal se retourne contre l'adversaire et lui demande à son tour ses opinions, non plus sur la grâce ou la prédestination, puisqu'il est entendu qu'en ces matières les Jésuites ne sauraient errer, mais sur la morale, sur le permis et le défendu. Pascal feint d'abord de causer avec un Père Jésuite, puis il le congédie avec la dixième lettre et s'adresse dès lors à la Compagnie tout entière, qu'il rend responsable des écarts de ses docteurs. Enfin les lettres 17 et 18 sont adressées au P. Annat, confesseur du roi, reprennent la discussion du début sur la question de droit et la question de fait et lavent les Jansénistes de tout reproche d'hérésie.

C'est l'attaque contre la morale des casuistes de la Société de Jésus qui a fait le succès et la popularité des *Provinciales*, c'est par là qu'elles nous intéressent encore, et il faut reconnaître que l'attaque a été menée avec une audace extrême et une merveilleuse adresse.

Pascal s'introduit au cœur de la place. Il met en scène un Jésuite, non point un de ces docteurs ou de ces diplomates qui faisaient la gloire de la Société, mais un simple Jésuite du commun, un de ces coadjuteurs spirituels, que la médiocrité de leur intelligence ou de leur instruction ne permettait pas d'admettre au sacerdoce, et qui demeuraient, à titre d'auxiliaires, dans les maisons de la Société. Ce brave homme est sans malice et sans défiance, plein d'admiration pour la Société, la tenant pour la plus savante, la plus plus vertueuse, la plus puissante qui fut jamais. Pascal se fait introduire par ce bon serviteur jusque dans la bibliothèque des Pères, il se fait montrer par lui les bons livres, il se les fait ouvrir aux bons endroits, il lit avec une surprise parfaitement jouée les étonnantes assertions des docteurs Jésuites sur les points en apparence les plus clairs et les plus incontestables de la morale.

Il se fait initier à la doctrine du probabilisme, d'après laquelle on ne saurait pécher mortellement, lorsque l'on a conformé sa conduite à une opinion regardée comme *probable* par les doctes. Et qu'est-ce qu'une opinion *probable* ? C'est parfois le sentiment isolé d'un seul docteur. Parfois, c'est moins encore. Il suffit pour vous absoudre que vous ayez suivi une opinion *probablement probable*. Les doctes sont si nombreux et si fertiles dans leurs inventions que vous seriez bien malheureux, si vous n'aviez un auteur derrière vous, et ainsi « la diversité des opinions, dit le P. « Escobar, permet de porter doucement le joug du Christ ».

Les Pères ne sont inflexibles que sur un point ; ils rompent avec celui qui fait le mal pour le mal, qui a l'intention formelle de pécher pour le seul dessein de pécher, ils regardent une telle perversité comme diabolique ; mais ils sont pleins d'indulgence pour le pécheur qui se laisse séduire par le plaisir ou les avantages du péché, ils lui enseignent qu'il peut suivre ses penchants en toute sécurité de conscience, pourvu qu'il sache « diriger son intention ». En dirigeant bien son intention et en s'attachant à quelque maxime probable, il est à peu près impossible d'errer et de tomber en la disgrâce du ciel.

S'il est, par exemple, un commandement absolu de la loi morale, c'est le *Non occides* du Décalogue. *Tu ne tueras pas!* Voilà bien, ce semble, le type de l'impératif catégorique n'admettant ni si, ni mais, ni car. — Cependant les Pères ont découvert des cas où l'on peut tuer. En voici quelques-uns :

« Il est permis de tuer celui qui veut donner un soufflet ou un « coup de bâton, quand on ne le peut éviter autrement. »

Mais ce qui est permis au gentilhomme ne l'est pas au vilain.

« Encore que cette opinion qu'on peut tuer pour une médisance « ne soit pas sans probabilité dans la théorie, il faut suivre le « contraire dans la pratique, car il faut toujours éviter le dommage « de l'État dans la manière de se défendre. Or il est visible qu'en « tuant le monde de cette sorte, il se ferait un trop grand nombre « de meurtres. » On a donc, à la rigueur, le droit de tuer les médisants, on fera mieux de leur laisser la vie parce qu'on tuerait trop de gens.

On peut tuer un voleur, s'il tente de vous dérober une chose considérable ; mais quelle sera la limite au-dessous de laquelle on ne pourra tuer en conscience, et sans s'exposer à pécher ? Escobar la fixe, d'après Molina, à un écu d'or. De là cet étonnant axiome : « On peut régulièrement tuer un homme pour la valeur d'un écu ».

« Si votre ennemi est disposé à vous nuire, vous ne devez pas
« souhaiter sa mort dans un mouvement de haine, mais vous le
« pouvez bien faire pour éviter votre dommage. »

Voilà déjà une proposition bien étrange ; mais il y a mieux encore : « Un bénéficier peut sans aucun péché mortel désirer la
« mort de celui qui a une pension sur son bénéfice. »

Et voici qui dépasse toute créance : « Un fils peut désirer la mort
« de son père *et se réjouir quand elle arrive,* pourvu que ce ne
« soit que pour le bien qui lui en revient, et non pas pour une
« haine personnelle. »

On comprend, en face de pareilles monstruosités, l'indignation de Pascal :

« Vraiment ! il me semble que je rêve, quand j'entends des
« religieux parler de la sorte. » (*Prov. V.*)

Et l'on goûte très médiocrement la défense du Jésuite : « Sachez
« que l'objet des Pères n'est pas de corrompre les mœurs ; ce
« n'est pas leur dessein, mais ils n'ont pas aussi pour unique but
« de les réformer : ce serait une mauvaise politique. Voici quelle
« est leur pensée. Ils ont assez bonne opinion d'eux-mêmes pour
« croire qu'il est utile et même nécessaire au bien de la religion
« que leur crédit s'étende partout et qu'ils gouvernent toutes les
« consciences, et parce que les maximes évangéliques et sévères
« sont propres pour gouverner quelques sortes de personnes, ils
« s'en servent dans ces occasions où elles leur sont favorables ;
« mais, comme ces maximes ne s'accordent pas au dessein de la
« plupart des gens, ils les laissent à l'égard de ceux-là, afin
« d'avoir de quoi satisfaire tout le monde... C'est par cette con-
« duite obligeante et accommodante qu'ils ont ouvert les bras
« à tout le monde. »

En plein succès, en pleine vogue, les *Provinciales* cessèrent de paraître, et l'on sait aujourd'hui pourquoi. Pascal s'est tu par scrupule de conscience, et la Mère Angélique faisait une neuvaine pour que les Jésuites revinssent à de meilleurs sentiments. « Un

« bon serviteur de Dieu, dit-elle, a écrit à M. Dastin qu'il lui était
« venu en pensée que nous n'avions pas assez de charité pour
« nos adversaires... et que, jusqu'à cette heure, on s'est plus
« empressé à les combattre par la doctrine... et par autorité que
« par la charité, que nous devions donc à présent changer tous
« nos efforts dans la prière et la compassion. »

La Mère Angélique avait raison. Ni les louables intentions de Pascal ni le mérite littéraire de son œuvre ne doivent nous empêcher de reconnaître que les *Provinciales* manquèrent leur but, firent appel à de fort tristes instincts et servirent dans la suite de modèle à presque tous ceux qui ont voulu attaquer le catholicisme.

Les *Provinciales* n'ont point réussi à gagner devant l'opinion la cause du Jansénisme, parce que les théories jansénistes étaient, nous l'avons vu, trop contraires à la sagesse moyenne contre laquelle rien ne peut aller ni prévaloir.

Elles ont, il est vrai, perdu de réputation la Société de Jésus, elles l'ont tuée moralement ; elles l'ont signalée à jamais à la haine des rigoristes et à l'invincible défiance de tous les hommes tant soit peu délicats et sincères.

Mais ce résultat ne s'est pas manifesté tout d'abord. Les *Provinciales* n'ont fait, sur le moment, qu'exaspérer la rage des Jésuites, et ce n'est que plus d'un siècle après que la défiance éveillée par les *Provinciales* a eu assez de force pour renverser la Société de Jésus, renversement qui a été la première atteinte sérieuse portée à l'Eglise depuis la Réforme.

Les attaques dirigées par Pascal contre la morale des Jésuites sont justes en elles-mêmes, mais il convient de faire remarquer qu'il a fait, lui aussi, de la casuistique sans paraître s'en douter.

Tandis qu'il s'attaque aux docteurs Jésuites, les nomme en toutes lettres et les livre à la risée, il demeure caché sous le pseudonyme assez pédant de Louis de Montalte.

Tandis que le libraire Savien, accusé à tort d'imprimer les *Provinciales*, est arraché à sa famille et mis en prison, Louis de Montalte écrit tranquillement ses lettres chez un ami.

Pascal reproche aux Jésuites leurs distinctions entre la théorie et la pratique, et trouve tout à fait légitime de distinguer la question de fait et la question de droit.

Il est allé jusqu'à dire : « Ce n'est pas sur moi, mes Pères, que
« tombe le fort de cette accusation, mais sur Port-Royal, et vous
« ne m'en chargez que parce que vous supposez que j'en suis,

« Ainsi je n'aurai pas grand'peine à vous répondre... et à vous
« renvoyer à mes lettres, où j'ai dit : que je suis seul et en pro-
« pres termes que je ne suis point de Port-Royal. » Or il y a là
une forte réticence. Pascal n'était pas de Port-Royal, en ce sens
qu'il ne faisait pas régulièrement partie du petit groupe des solitaires ; mais il était connu de tous, il allait souvent les voir,
il était en étroite communauté de sentiments avec eux, et, si
les hommes de Port-Royal ne l'avaient pas estimé des leurs, ils
ne l'auraient sûrement pas chargé de leur défense. M. Brunetière
dit avec raison que Pascal nous a donné le droit d'être scrupuleux pour lui. Il y a là une équivoque, qu'il est permis de trouver
malheureuse.

Le public a paru partager l'indignation de Pascal contre la
morale relâchée des casuistes ; mais il se pourrait bien faire qu'il
y ait eu, dans cette vertueuse colère, beaucoup plus d'hypocrisie
que de révolte du sens moral.

En réalité, la morale courante est beaucoup plus près des
casuistes que des jansénistes.

Est-ce que les hommes observent plus scrupuleusement que
les Pères le *Non occides* du Décalogue ? N'est-il pas permis de tuer
à la guerre ? Ne déclare-t-on pas excusable en justice le meurtre
du voleur pris en flagrant délit ? le meurtre de l'épouse adultère
et de son complice ? le meurtre accompli en cas de légitime
défense ? N'a-t-on pas tous les jours des trésors de miséricorde
pour les crimes passionnels ? Nos jurés ne dosent-ils pas en véritables casuistes les circonstances atténuantes ?

Escobar permettait le duel, mais il ajoute : « Est-ce que
« l'homme qui a reçu un soufflet n'est pas réputé sans honneur
« tant qu'il n'a pas tué son adversaire ? » N'est-il pas juste d'observer ici qu'Escobar est Espagnol, que l'on tirait l'épée à Madrid
pour le motif le plus futile, que l'hidalgo eût cent fois bravé la
mort par simple point d'honneur, et qu'à ne point satisfaire au
préjugé, il eût mené une existence méprisée et intolérable ?

La plupart de ceux qui criaient au scandale eussent fait de la
casuistique, sitôt qu'ils auraient été eux-mêmes en cause.

Alors pourquoi tout ce tapage ? pourquoi cet apparent cour-
roux ?

Parce qu'au fond de l'âme humaine, est un mauvais ferment
de haine jalouse, qui nous porte à nous réjouir du mal d'autrui ;
surtout quand il s'agit d'hommes que l'estime publique a jusque-
là mis sur un piédestal, et proposés au respect de chacun. Il y a

dans cette gloire quelque chose qui nous offusque et qui nous gêne, et le jour où cette gloire est ternie et dissipée, une joie barbare nous envahit. Nous sommes des Vandales, nous aimons à renverser les statues des dieux.

Certes, les casuistes allèrent trop loin dans leur laisser-faire ; mais il y eut parfois dans leur indulgence une réelle charité et une vraie bonté.

Pascal et les Jansénistes condamnaient tout ce qui peut donner à la vie quelque attrait et quelque douceur. Une femme n'a point, d'après eux, le droit de se parer, si jeune, si charmante qu'elle soit. Combien n'aime-t-on pas mieux, en cette matière, l'opinion adoucie du bon Père Le Moyne : « La jeunesse peut être parée, *de
« droit naturel.* Il peut être permis de se parer en un âge qui est
« la fleur et la verdure des ans. Mais il en faut demeurer là ; le
« contre-temps serait étrange de chercher des roses sur de la
« neige. Ce n'est qu'aux étoiles qu'il appartient d'être toujours
« au bal, parce qu'elles ont le don de la jeunesse perpétuelle.
« Le meilleur donc, en ce point, sera de prendre conseil de la
« raison et d'un bon miroir, de se rendre à la raison et à la
« nécessité et de se retirer quand la nuit approche. »

N'est-ce point, à cette fois, du côté du casuiste qu'est la douceur et le bon sens ?

Le succès des *Provinciales* a été surtout un succès de scandale, dû en grande partie à ce qu'on n'avait encore jamais vu traiter si cavalièrement matières si graves et si hautes. Ce nouveau style fut très goûté ; mais le succès de Pascal devait lui susciter plus d'imitateurs qu'il ne le pensait, et le genre dont il avait donné le modèle devait être repris, un jour, par des hommes plus fins encore et infiniment moins religieux que lui.

Les *Provinciales* mirent les rieurs du côté de Pascal, mais l'autorité ecclésiastique resta très opposée au Jansénisme.

A la mort du pape Innocent X, le cardinal Chigi, très favorable aux Jésuites, fut élu, sous le nom d'Alexandre VII. Les Jésuites obtinrent de lui une confirmation solennelle de la bulle *Cum occasione*, où le pape affirmait, contrairement à la réalité, que les cinq propositions étaient bien extraites de l'*Augustinus*. Les Jansénistes, toujours en vertu de la distinction du fait et du droit, ne se crurent obligés qu'au « silence respectueux » vis-à-vis de la nouvelle bulle.

L'Assemblée générale du clergé la reçut avec soumission, le Conseil du roi l'approuva de même, et il fut décidé qu'un formulaire serait envoyé à tous les évêques de France, pour obliger les clercs à déclarer « qu'ils condamnaient de cœur et de bouche la « doctrine des cinq propositions de Jansénius, contenues dans « son livre intitulé l'*Augustinus* ». Le P. Annat eût voulu que tous les évêques de France reçussent, par lettre de cachet, exprès commandement de faire signer le formulaire à tous leurs prêtres ; mais Mazarin excédé lui répondit, avec humeur, « que la « Société de Jésus lui donnait à elle seule plus d'affaires que tout « le royaume et que le roi avait déjà fait pour elle beaucoup plus « qu'il ne devait ».

Force fut bien au P. Annat d'attendre la mort de Mazarin. Quand le cardinal fut mort, on reprit l'affaire et l'on présenta le formulaire aux religieuses de Port-Royal. Elles refusèrent de le signer sans restriction et opposèrent au formulaire officiel une déclaration que la Cour refusa d'admettre. L'archevêque de Paris, Hardouin de Beaumont de Péréfixe, les adjura par deux fois de se soumettre, s'emporta jusqu'à leur dire « qu'elles étaient pures « comme des anges, mais orgueilleuses comme des démons », et tira du monastère, pour les disperser en différents couvents, l'abbesse et onze religieuses. Un peu plus tard, il en bannit encore quatre autres. Il alla jusqu'à les menacer de leur interdire les sacrements si elles persistaient dans leur résistance.

Pour en finir avec la question janséniste, on demanda au pape d'envoyer lui-même un formulaire qui aurait, on le pensait du moins, plus de succès que celui des évêques.

Les religieuses refusèrent encore de le signer. Une ou deux signèrent pour se rétracter quelques jours plus tard, et, de guerre lasse, l'archevêque les fit toutes reconduire à Port-Royal, où elles furent tenues comme prisonnières pour avoir cru « qu'il « vaudrait mieux s'exposer aux plus grands supplices que de « faire un léger mensonge — et que d'attester qu'on croit ce « qu'on ne croit pas est un crime horrible devant Dieu et devant « les hommes ».

Quatre évêques, MM. d'Alet, de Beauvais, d'Angers et de Pamiers, refusaient, comme elles, d'avouer comme certain et véritable ce qu'ils tenaient pour faux.

Enfin la mort d'Alexandre VII et l'élection du cardinal Rospigliosi, sous le nom de Clément IX, amenèrent une détente souhaitée depuis longtemps par tous les gens sages. Dix-neuf évêques pressèrent le pape de donner la paix à l'Eglise. Clément IX finit par y consentir et accorda la paix sous forme d'une lettre affectueuse aux quatre évêques opposants, qui avaient fini par accepter le formulaire avec explication.

Le Jansénisme parut ainsi éteint, après avoir troublé l'Eglise pendant 27 ans ; mais le P. Annat, interprète des Jésuites, entreprit de démontrer à Louis XIV qu'il y allait de la perte de la religion et de son Etat.

« Pour ce qui est de la religion, répondit le roi, c'est l'affaire
« du pape ; s'il en est content, nous devons l'être vous et moi.
« Et pour ce qui est de mon Etat, je ne vous conseille pas de
« vous en mettre en peine ; je saurai bien y faire ce qu'il faudra. »

LE QUIÉTISME

Le Jansénisme peut être considéré comme une maladie noire du sens religieux. Mais cette maladie n'a pas été la seule dont il ait eu à souffrir, et l'excès de l'amour divin n'a pas causé moins de folies que n'avait fait l'excès de la crainte de Dieu.

Le Décalogue nous enseigne que nous devons aimer Dieu de tout notre esprit, de tout notre cœur et de toutes nos forces ; mais il n'est pas vrai, comme on l'a dit, que la véritable mesure de l'amour divin soit d'aimer Dieu sans mesure. Il faut que cet amour soit sage et réfléchi, que l'expression en soit intelligente et qu'il ait pour effet de rendre notre conscience plus délicate et notre désir de bien faire plus ardent. Aimer Dieu, en somme, c'est aimer le devoir.

Mais, comme les hommes donnent aussi le nom d'amour à un sentiment tout différent et beaucoup plus répandu ; comme cet amour, entendu à la manière humaine, est ce qui les charme et les passionne le plus, ils ont trouvé naturel d'appliquer à l'amour divin le langage qui convient à l'autre, et de cette transposition presque sacrilège sont nés les effets les plus inattendus et les plus bizarres.

Le dix-septième siècle, qui a vu naître et fleurir le Jansénisme, a été aussi un grand siècle mystique et a connu avec le mysticisme toutes les grandeurs et tous les excès.

Nous savons déjà que le dix-septième siècle a été marqué par la création d'un très grand nombre de nouveaux ordres religieux, et que, dans sa première moitié, les couvents se sont multipliés dans toute la France.

Les religieux s'occupent soit de travaux manuels, soit d'enseignement, soit de prédication, soit d'érudition ; ils restent par toutes ces choses en contact avec la vie et gardent le sens et le goût de l'action ; bien rares sont les ordres qui, comme celui des Chartreux, séquestrent l'individu, le séparent même de ses confrères par la loi du silence, et le condamnent à une perpétuelle contemplation. Ajoutons que le religieux a généralement voulu l'être, l'est par choix et par étude, et n'a le plus souvent à s'en prendre qu'à lui, s'il s'est trompé sur sa vocation.

Bien différente est la situation des couvents de femmes. Presque tous s'adonnent exclusivement à la vie contemplative, c'est à peine si quelques ordres commencent alors à s'occuper d'enseignement, et ceux qui se consacrent au soulagement des malades sont l'exception : les Visitandines de Mme de Chantal, d'abord fondées sur le type d'un ordre charitable, sont revenues en peu d'années au type d'ordre contemplatif.

Tandis que le moine sort, respire l'air extérieur, parle, discute et agit, la religieuse vit cloîtrée, à l'abri des tentations du monde, mais loin de ses travaux et de ses joies. Ses jours coulent tous semblables comme les grains d'un rosaire ; les offices, où elle est simple spectatrice, puisque son sexe lui interdit le sacerdoce ; les méditations, presque toujours très vagues et sans fruit, puisque la science lui manque ; les menues occupations du couvent, trop mesquines, trop monotones surtout pour devenir intéressantes, voilà ce qui remplit sa vie, avec les petits commérages auxquels se prend toujours, même derrière les grilles, la curiosité féminine.

Bien plus souvent que le religieux, la nonne a été mise au couvent sans être consultée. Les couvents sont des Bastilles, où les pères de famille mettent leurs filles trop nombreuses : nous l'avons vu par l'histoire de Mlles Arnauld. Les clercs les plus distingués enseignent que cette pratique est légitime, et que la vocation suggérée est tout aussi valable que la vocation personnelle. On voulait faire une religieuse de Mlle de La Maisonfort, cousine de Mme Guyon ; la malheureuse — elle avait vingt-trois ans — résistait, pleurait et se débattait, et Fénelon lui écrivait : « Tout ce « que j'ai à vous dire, Madame, se réduit à un seul point, qui est « que vous devez demeurer en paix avec une pleine confiance... « La vocation ne se manifeste pas moins par la décision d'autrui « que par votre propre attrait. Quand Dieu ne donne rien au-de- « dans pour attirer, il donne au dehors une autorité qui décide. » (F. Brunetière, *La querelle du quiétisme*.) Et, en vertu de cette autorité du dehors qui décidait, quantité de jeunes filles étaient murées vives, qui n'eussent pas demandé mieux que de rester dans le siècle.

Ces hommes et ces femmes, jetés en dehors de la vie normale, demandaient à la vie intérieure, à l'ascétisme, à la méditation, à l'extase, une compensation nécessaire à tout ce qui leur manquait.

Quelques génies trouvaient dans ce colossal effort le moyen d'atteindre aux plus hautes cimes de la pensée; la plupart s'égaraient dans un labyrinthe de subtilités et de rêves, quelques-uns, par la profondeur de leurs chutes, donnaient raison à la fameuse maxime de Pascal : « Qui veut faire l'ange, fait la bête ».

Les scandales étaient rares ; il y en eut cependant. Nous n'insisterons pas sur ce triste chapitre, qui est de tous les temps et de tous les pays; nous dirons seulement quelques mots de la terrible histoire des Ursulines de Loudun.

Urbain Grandier, curé de Saint-Pierre de Loudun, était un homme de belle prestance et de bonnes manières, d'esprit distingué, de goûts très mondains, dont les aventures faisaient grand bruit et grand scandale dans la petite ville et dans toute la contrée. Il n'était bruit que de ses galanteries et de ses querelles, et il ne manquait point de gens pour croire que le curé de Saint-Pierre avait des accointances avec le diable. On parlait de lui jusque dans les couvents. Les Ursulines en parlèrent, tant et si bien qu'elles finirent par se croire ensorcelées par lui et possédées de démons soumis à ses ordres. Des moines et des clercs, ennemis de Grandier, les confirmèrent dans cette absurde croyance et entreprirent de les exorciser, ce qui ne fit que redoubler leurs cris, leurs convulsions et leurs extravagances. Un procès fut commencé; mais Grandier était protégé par l'archevêque de Bordeaux Sourdis, et l'affaire allait être arrêtée quand le conseiller d'État Laubardemont, alors en mission dans l'Ouest de la France, vint à passer par Loudun. Les ennemis de Grandier redoublèrent d'efforts; Laubardemont, naturellement dur et disposé à sévir, obtint d'être chargé de conduire le procès. Les interrogatoires et les exorcismes amenèrent une recrudescence de folies; la contagion se répandit même par la ville, qui sembla bientôt atteinte de démence comme le couvent. L'évêque de Poitiers déclara qu'il s'agissait bien d'un cas de possession diabolique. La Sorbonne fut du même avis, et, quoique le malheureux curé ne se reconnût coupable que de *fragilité humaine* et s'obstinât à nier tout acte de sorcellerie, il n'en fut pas moins condamné au feu, le 18 août 1634, par les quatorze magistrats chargés de le juger sous la présidence de Laubardemont. Il fut mis à la question le jour même et brûlé avec d'horribles raffinements de cruauté. Mais sa mort ne mit pas fin à la possession des Ursulines, et plusieurs des exorcistes qui avaient cherché à chasser les démons de leur corps furent atteints à leur tour de cette singulière démence. Le

P. Laclance, le P. Tranquille, le P. Surin, connurent aussi les angoisses de la possession. Monsieur, frère du roi, qui passa à Loudun le 9 mai 1635, fut témoin des faits les plus extraordinaires. Un anglais, Lord Montagu, en fut tellement frappé qu'il se convertit au catholicisme ; ce ne fut que vers 1640 que le couvent et la ville rentrèrent enfin dans le calme.

La folie claustrale ne prenait pas toujours cette forme furieuse ; mais les annales ecclésiastiques sont remplies de récits merveilleux touchant des visions et apparitions surnaturelles.

Mme Accarie, femme d'un des fondateurs de la Ligue, avait des visions et des extases. Elle réunissait des hommes pieux qui, comme elle, s'exaltaient par les exercices spirituels, cherchaient Dieu, le sentaient, le voyaient et le touchaient. Une ursuline, Marie de l'Incarnation, voyait le Christ et le touchait. Le P. de Condren, second général de l'Oratoire, eut, dans un élan d'amour vers Dieu, « une palpitation si violente que plusieurs de ses côtes « changèrent de place pour donner de l'espace à son cœur, et « qu'il se forma sur sa poitrine une éminence qui y parut tou- « jours depuis ». (Cité par Mariéjol, *Henri IV et Louis XIII*.) La mère Angélique, Arnauld, Pascal lui-même, étaient persuadés que Dieu les avait plusieurs fois remplis et illuminés des clartés de sa grâce. Suivant un mot très spirituel, Pascal n'était pas éloigné de voir dans le miracle de la Sainte Epine « une attention de la Providence » à son endroit.

Il faut rendre à l'Eglise cette justice qu'elle a toujours manifesté une extrême défiance à l'égard de ces phénomènes extraordinaires, et que son premier sentiment fut toujours de considérer les illuminés comme des malades. Les tribunaux de l'Inquisition espagnole se sont montrés très durs pour ces sortes de personnes et ont bien rarement péché par excès de crédulité à leur endroit. Lorsque des faits miraculeux de ce genre finissent par être acceptés par l'autorité ecclésiastique, c'est presque toujours à la suite d'obsessions sans fin et lorsque la pression devient tellement puissante que l'Eglise n'estime plus prudent de résister davantage. La dévotion au Sacré-Cœur de Jésus en offre, au dix-septième siècle, un très remarquable exemple.

Ce culte nouveau a eu pour première initiatrice une religieuse Visitandine de Paray-le-Monial, sœur Marguerite-Marie Alacoque, née le 22 juillet 1647 et morte le 17 octobre 1690.

Elle a joui de son vivant d'une grande réputation de sainteté.

Elle a eu pour coopérateur et conseil un jésuite célèbre, le P. de La Colombière. La reine d'Angleterre, Marie d'Este, femme de Jacques II, le roi et les évêques de Pologne, ont réclamé avec instance une déclaration de la Cour de Rome en faveur du nouveau culte. Cependant ce ne fut qu'en 1726, trente-six ans après la mort de Marguerite-Marie, que les confréries du Sacré-Cœur furent confirmées par l'autorité pontificale. La fête du Sacré-Cœur, autorisée en 1765 pour la Pologne seulement, n'a été étendue à toute l'Eglise qu'en 1856, par le plus mystique des pontifes romains du dix-neuvième siècle. (J.-B. Jaugey, *Dict. apologétique de la Foi catholique*.)

Si l'Eglise s'est défiée pendant très longtemps, et à juste titre, des innovations cultuelles, elle a veillé avec un soin plus sévère encore à ce que les rêveries individuelles ne vinssent pas troubler sa morale, son plus beau titre au respect des hommes.

Nous l'avons vue prendre parti contre les jansénistes au nom du libre arbitre, nous allons la voir combattre les mystiques au nom de la responsabilité morale.

On a souvent reproché à la morale chrétienne d'être une morale intéressée. Le chrétien ne ferait le bien que par désir du ciel ou crainte de l'enfer, tandis que la vraie morale consiste à faire le bien pour lui-même, sans avoir égard à aucun des avantages que son accomplissement peut nous procurer, ni à aucun des périls où la fidélité au devoir peut nous pousser.

C'est là, certes, un fier langage, et c'est tout justement cet amour désintéressé de la vertu qu'ont prêché les mystiques.

Leur doctrine constante à cet égard a été admirablement résumée dans le célèbre sonnet espagnol au Christ crucifié qu'on a attribué souvent à sainte Thérèse. — « Je ne suis pas, Seigneur,
« poussée à t'aimer par le ciel que tu m'as promis, et l'enfer que
« je mérite ne suffit pas à m'empêcher de t'offenser. C'est toi,
« Seigneur, qui m'émeus, c'est de te voir cloué et agonisant sur
« cette croix, c'est de voir ta poitrine sanglante, c'est de voir tes
« affronts et ta mort. O mon souverain bien, tout cela m'émeut
« de telle sorte que je t'aimerais encore s'il n'y avait pas de ciel,
« et te craindrais même s'il n'y avait pas d'enfer. Tu n'as rien
« à me donner, car je ne te demande rien, car si je n'espérais
« pas ce que j'espère, je t'aimerais tout autant que je t'aime. »

Voilà le fond de la doctrine mystique, et nul ne saurait dire qu'il n'y a point là une pure et noble philosophie. Jamais l'homme n'a tenté plus superbe révolte contre l'absorbante tyrannie de son moi, n'a fait plus gigantesque effort pour échapper à l'obsession de l'égoïsme.

La mystique a fleuri en Espagne au seizième siècle avec sainte Thérèse, saint Jean de la Croix, Alonso Rodriguez et Alvarez de Paz. Saint François de Sales, auteur de l'*Introduction à la vie dévote*, est un mystique, et sur ses traces ont marché, dans la France du dix-septième siècle, le P. Joseph Surin, le Frère Jean de Saint-Samson, le Frère Laurent de la Résurrection, Malleval de Marseille, auteur de *La pratique facile pour élever l'âme à la contemplation* (1669), Jean de Bernières Louvigny, auteur du *Chrétien intérieur, ou de la conformité intérieure que les chrétiens doivent avoir avec Jésus-Christ*.

L'année 1675 vit paraître à Rome un petit livre, écrit en italien, et intitulé : *Guide spirituel, qui détache l'âme et la conduit par le chemin intérieur à la possession de la contemplation parfaite et du riche trésor de la paix intérieure*. Ce petit livre, qu'on appelle toujours au XVIIe siècle « la Guide », avait pour auteur un prêtre aragonais établi à Rome, Michel Molinos, l'un des directeurs de conscience les plus recherchés de la ville. Le succès du livre fut prodigieux ; on le vit bientôt dans toutes les mains, et le pape Innocent XI, exalté l'année suivante, fit de Molinos son ami et lui accorda un logement au Vatican.

La doctrine de Molinos n'avait rien de bien nouveau, ni de scandaleux. Il recommandait, comme tous ses confrères, l'obéissance aux supérieurs, la prière, la fréquentation assidue des sacrements, et donnait le pur amour divin comme but suprême à la vie spirituelle. Mais Dieu ne pouvant régner dans les âmes troublées par les passions, il fallait travailler sans relâche à l'anéantissement de sa personnalité, se dégager de toute ambition, de toute affection, de tout désir, pour arriver à la paix ineffable qui permet à Dieu de régner sans partage sur l'âme fidèle. Molinos enseignait, et c'était là le point le plus hardi de sa doctrine, que l'âme, parvenue à l'état de pur amour, ne peut plus pécher et n'est point souillée par les impressions des sens, dont elle n'est plus responsable.

Sa doctrine fut, comme toujours, exagérée par ses disciples. Ils s'ingénièrent à acquérir l'état de « sainte indifférence », à gravir « la montagne de paix », à contracter « les noces spirituelles », à jouir du « repos amoureux » et de « l'oraison de quiétude ». Tout ce qui était étranger à cette sublime préoccupation leur parut oiseux et négligeable ; ils le prirent en haine et en dédain.

Dans plusieurs couvents d'Italie, on détacha des murs les crucifix et les images de piété, qui matérialisaient la pensée ; on cessa de réciter le chapelet, de chanter au chœur, d'aller aux sermons, de lire des livres d'édification ; on eut la folie de l'amour pur, on renonça à agir, à parler, à penser, pour être tout abandon et tout amour. Quelques-uns estimèrent qu'il y avait orgueil à résister à la tentation et s'abandonnèrent à tous les désordres, par humilité, par renoncement à leur propre sens moral, heureux de s'avilir, heureux de se damner par excès d'amour.

Tout cela est, en un certain sens, très logique et même très beau, c'est la passion avec toutes ses outrances concentrées sur un seul point, et y brûlant de tous ses feux, comme au foyer d'un miroir ardent. C'est aussi fort dangereux en pratique ; de pareilles aberrations ne peuvent se généraliser sans dommage pour la morale et pour la raison, deux forces sociales que l'homme a toutes les peines du monde à maintenir debout, et sur lesquelles il ne saurait veiller avec trop de soin.

Les Jésuites, qui attribuaient une si grande importance au culte extérieur, à la fréquentation des sacrements et aux œuvres pieuses, s'effrayèrent les premiers d'une dévotion qui en arrivait à supprimer la prière, les sacrements, les œuvres et prétendait mettre l'homme en la présence directe et immédiate de Dieu.

A l'instigation du Père La Chaise, Louis XIV demanda au pape, en 1685, de traduire Molinos devant le Saint-Office. L'enquête fut longue et la sentence ne fut rendue que le 28 août 1687. Soixante-huit propositions, tirées des œuvres spirituelles de Molinos, furent déclarées hérétiques, et l'auteur fut condamné à l'amende honorable et à la prison perpétuelle.

Le 3 septembre, on le revêtit d'un sambenito de toile jaune, chargé d'une croix rouge devant et derrière, on le conduisit dans l'église des Dominicains, et il abjura ses erreurs en présence du Sacré-Collège assemblé. Il fut ensuite ramené en prison et y mourut le 29 décembre 1697, sans avoir recouvré la liberté.

Les ennemis de Molinos ont prétendu qu'il s'était adonné à tous les vices et avait vécu de nombreuses années dans le désordre sans jamais avoir pensé à se confesser. Ces accusations sont en contradiction avec la grande renommée de vertu dont il jouit pendant longtemps à Rome, et avec son attitude au jour de sa réconciliation. Quand on vint le chercher en prison pour le conduire à Saint-Dominique, il dit froidement au Père qui l'accompagnait : « Au jour du jugement, mon Père, nous verrons de quel côté est

« la vérité ». Ce n'est point là le mot d'un coupable. Son procès n'a jamais été publié. Ses œuvres jouissent encore d'un grand crédit auprès des protestants piétistes. Il se peut que Molinos ait été atrocement calomnié.

En France, où l'esprit national se recommande plus par la force du bon sens que par l'élan de l'imagination, la théorie de la sainte indifférence, le quiétisme, comme on appela le système, excita surtout les moqueries.

On lit, dans un *Recueil de pièces sur le quiétisme*, des réflexions fort intéressantes à ce sujet, et qui marquent parfaitement combien l'esprit français est opposé au mysticisme :

« On veut, dit l'auteur anonyme, renchérir sur tout, aller au
« delà de Dieu, si on le pouvait, et, ne le pouvant pas, on veut
« raffiner sur la manière de lui rendre le culte si simplement ex-
« primé dans les Ecritures... On s'élève et on se guinde à des
« subtilités abstraites et impraticables, qui deviennent dangereu-
« ses par leur impossibilité même, et qui peuvent faire croire que
« la religion dépend de nos idées et qu'elle en est le pur ouvrage.
« En voulant n'être rempli que de la grandeur de Dieu et du
« Créateur, l'on néglige souvent de réfléchir sur le néant de la
« créature, sur sa faiblesse et son impuissance, sur le besoin
« qu'elle a d'être aimée et soutenue par l'idée même de son bon-
« heur, pour éviter le désespoir de sa propre destruction. »

On s'amusait également, dans le monde janséniste, à paraphraser le *Pater* à l'usage des quiétistes. Voici comment on commentait le verset : « Que votre règne arrive » :

> Votre royaume a des appâts
> Pour des âmes intéressées,
> Les nôtres d'un motif si bas
> Se sont enfin débarrassées.
> S'il vient, il nous fera plaisir,
> Mais Dieu nous garde du désir !

Voici encore comment on entendait la parole : « Donnez-nous aujourd'hui notre pain quotidien » :

> Mon Dieu, notre pain quotidien
> Ne peut être que votre grâce ;
> Donnez-la-moi, je le veux bien,
> Ne la donnez pas, je m'en passe ;
> Que je l'aye ou ne l'aye pas,
> Je suis content dans les deux cas.

C'est ainsi que la raison et la malice française accueillaient la métaphysique quintessenciée du quiétisme. Elles étaient dans le vrai sans doute ; mais, au-dessus de la vérité sensible à la raison vulgaire, nous dirions volontiers à la raison bourgeoise, il y a peut-être d'autres vérités, que la raison ne perçoit point et que le cœur devine et comprend. Le sens commun n'est pas le dernier mot de la sagesse, et la poésie est plus haute que lui.

Ce fut d'ailleurs en France que le quiétisme reparut avec le plus d'éclat, et, cette fois, il eut pour prophète une femme, une bourgeoise de petite ville, qui en pays protestant eût passé pour une nouvelle sibylle et qui ne trouva dans la France orthodoxe de Louis XIV que déboires, calomnies et persécution.

Jeanne Bouvier de La Motte naquit à Montargis, le 13 avril 1648. Elle fut élevée au couvent de la Visitation, y lut avec passion les ouvrages de saint François de Sales et de Mme de Chantal et manifesta, dès sa jeunesse, un vif penchant pour la vie religieuse. En 1664, ses parents lui firent épouser M. Jacques Guyon, dont elle eut cinq enfants ; une de ses filles épousa dans la suite le comte de Vaux, fils du surintendant Fouquet. En 1676, Mme Guyon perdit son mari et se consacra à la piété et à l'éducation de ses enfants. Jeune, riche, écrivant bien, parlant mieux encore, elle se fit bientôt une grande réputation et acquit d'illustres amitiés. Dans un voyage qu'elle fit à Paris, elle rencontra M. Daranthon, évêque de Genève, qui lui proposa de se rendre à Annecy pour y diriger une communauté. Elle accepta cette mission en 1681, et se rendit ensuite à Gex, où elle fit la connaissance du P. La Combe, religieux barnabite, très porté lui-même au mysticisme. Ils ressentirent aussitôt l'un pour l'autre une grande sympathie spirituelle et s'exaltèrent réciproquement, au point que Mme Guyon se figura bientôt que Dieu l'avait suscitée pour prêcher une nouvelle religion. Elle se mit à parler en public ; elle prêcha à Thoune, à Turin, à Grenoble, toujours suivie du P. La Combe, qui prêchait de son côté, et, en 1686, l'année même qui suivit l'arrestation de Molinos, elle publia son premier ouvrage : *Moyen court et très facile de faire oraison*. Elle distinguait trois sortes de prières : « l'oraison méditative, où l'on « pense et où l'on réfléchit ; l'oraison de simplicité, où l'on ne « médite plus ; l'oraison infuse, où la présence de Dieu est « comme infuse et continuelle, où l'âme trouve que Dieu est plus « en elle qu'elle-même, où sitôt qu'elle ferme les yeux elle se « trouve prise en oraison ».

De Grenoble, Mme Guyon et le P. La Combe gagnèrent Paris, où ils commencèrent l'un et l'autre à prêcher.

Les succès du P. La Combe furent si retentissants que l'archevêque, M. de Harlay, le fit interner chez les Pères de la doctrine chrétienne ; après un examen qui dura six jours, il fut jugé si dangereux que le roi le fit mettre à la Bastille, d'où il fut transféré au château d'Oléron, puis à Lourdes, et enfin à Vincennes, où il mourut à peu près fou en 1698.

Mme Guyon fut internée aussi chez les Visitandines, puis chez Mme de Miramion. Cependant Mme de Maisonfort, supérieure de Saint-Cyr, la recommanda à Mme de Maintenon, qui obtint sa grâce.

Sa piété très réelle et très sincère, le brillant de sa conversation, la sympathie qu'elle inspirait à tous ceux qui la voyaient — quoiqu'elle eût près de quarante ans et qu'elle fût défigurée par la petite vérole — firent bientôt de la prisonnière libérée l'enfant gâtée de Mme de Maintenon et de son petit cercle. Les duchesses de Chevreuse et de Beauvilliers, filles de Colbert, la duchesse de Béthune, la duchesse de Mortemart, la prirent en amitié et ne trouvèrent rien à reprendre à ses idées, ni à sa doctrine.

On résolut de lui faire faire la connaissance d'un bel esprit de la Cour, dont tout le monde parlait avec les plus grands éloges, M. l'abbé de Fénelon, précepteur des Enfants de France. La présentation eut lieu à Bennes, près de Saint-Cyr, dans un domaine appartenant à la duchesse de Béthune. Pour permettre à l'abbé et à Mme Guyon de converser plus librement, on les renvoya à Paris dans le même carrosse, avec une demoiselle de compagnie. Mme Guyon exposa ses idées avec toute la chaleur qui lui était propre, et, comme elle demandait à l'abbé si toutes ces idées lui entraient bien dans la tête, Fénelon répondit : « Elles y entrent... par la porte cochère ! » — Leur sublime s'amalgamait ! comme dit Mme de Sévigné.

Mais, à mesure que la doctrine de Mme Guyon se faisait connaître, des protestations commençaient à s'élever contre les hardiesses de sa théologie. Avec sa belle intrépidité de femme, Mme Guyon allait droit devant elle, jetant sur le papier toutes ses pensées, racontant tous ses états d'âme et jusqu'à ses rêves. Elle écrivait infiniment trop. Ses œuvres, éditées à Cologne, en 1713, comprennent des traités mystiques, des traductions et des commentaires des Livres saints, des poésies et des Lettres spirituelles, et forment une collection de 42 volumes. Il était impossible qu'il n'y eût en tout cela beaucoup de fatras, et, comme les mystiques parlent, en général, sur le mode lyrique le plus exalté, il n'est pas étonnant que beaucoup de gens raisonnables aient cru à la folie de Mme Guyon.

Louis XIV, très peu ami du lyrisme et de l'incompréhensible, témoigna quelque ennui d'en entendre trop parler, Mme de Maintenon se refroidit, et Mme Guyon quitta Saint-Cyr et s'alla loger près de Paris, où elle continua ses écrits, ses correspondances et ses conférences. Son livre des *Torrents* fut très admiré. Les âmes y étaient poétiquement comparées à des torrents qui se précipitaient de toutes leurs forces dans l'océan sans bornes du pur amour. Elle enchérissait encore sur « la sainte indifférence » de Molinos ; elle voulait que l'âme s'anéantît complètement, consentît et assistât à son propre ensevelissement, à sa pourriture et à sa dissolution. L'âme renaissait alors de ses cendres. L'âme avait Dieu pour âme, il était désormais son principe et sa vie, il lui était un et identique... Ces rêveries enchantaient les uns ; d'autres haussaient les épaules et répandaient les bruits les plus fâcheux pour la bonne réputation mentale, et même morale de Mme Guyon, quoiqu'elle ait certainement été une très honnête femme, et que toutes ses excentricités n'aient jamais été que de la spiritualité mal entendue.

L'abbé de Fénelon eut alors l'idée de couper court à toutes les médisances en faisant donner à Mme Guyon un certificat d'orthodoxie par la plus sérieuse autorité théologique du royaume. Il l'engagea à soumettre tous ses ouvrages et sa doctrine au jugement de M. Bossuet, évêque de Meaux, que chacun tenait pour la meilleure tête de l'épiscopat.

Mme Guyon y consentit avec empressement et se remit avec une docilité et une soumission extraordinaires aux mains du grand docteur, qu'elle devait, elle n'en doutait pas un instant, conquérir comme elle avait conquis M. de Fénelon. (Sept. 1693.)

Il en alla bien autrement !

« Je ne me suis, dit Bossuet lui-même, jamais voulu charger ni
« de confesser, ni de diriger cette dame, quoiqu'elle me l'ait pro-
« posé ; mais seulement de lui déclarer mon sentiment sur son
« oraison et sur la doctrine de ses livres, en acceptant la liberté
« qu'elle me donnait de lui ordonner, ou de lui défendre précisé-
« ment sur cela ce que Dieu, dont je demandais perpétuellement
« les lumières, voudrait m'inspirer.

« La première occasion que j'eus de me servir de ce pouvoir
« fut celle-ci. Je trouvai dans la vie de cette dame que Dieu lui
« donnait une abondance de grâces dont elle crevait ; au pied de

« la lettre, il la fallait délacer ; elle n'oublie pas qu'une duchesse
« avait une fois fait cet office : en cet état, on la mettait souvent
« sur son lit ; souvent on se contentait de rester assis auprès
« d'elle ; on venait recevoir la grâce dont elle était pleine, et
« c'était là le seul moyen de la soulager... Tout cela me parut
« d'abord superbe, nouveau, inouï et dès là du moins fort sus-
« pect ; et mon cœur qui se soulevait à chaque moment contre la
« doctrine des livres que je lisais ne put résister à cette manière
« de donner les grâces... J'écrivis, de Meaux à Paris, à cette dame
« que je lui défendais, Dieu par ma bouche, d'user de cette nou-
« velle communication de grâce jusqu'à ce qu'elle eût été plus
« examinée. Je voulais en tout et partout procéder modérément
« et ne rien condamner à fond avant que d'avoir tout vu. »

A mesure que Bossuet avançait dans l'étude des livres de Mme Guyon, il y découvrait de nouveaux sujets d'étonnement et de scandale ; il la voyait s'attribuant le don de prophétie, le pouvoir des miracles, il l'entendait raconter un songe où Jésus lui était apparu, l'avait introduite dans un jardin délicieux et lui avait donné le nom d'épouse. La solide raison de Bossuet lui faisait repousser avec indignation toutes ces folies, et sa haute vertu lui faisait prendre en horreur ces fantaisies déréglées : « Passons,
« s'écrie-t-il, et vous, ô Seigneur, si j'osais, je vous demanderais
« un de vos séraphins avec le plus brûlant de tous ses charbons
« pour purifier mes lèvres souillées par ce récit, quoique néces-
« saire. »

Au commencement de l'année 1694, Bossuet alla trouver Fénelon à Versailles, dans son appartement, et lui fit part de ses impressions sur la prophétesse. A sa grande surprise, il trouva Fénelon beaucoup plus favorable à Mme Guyon qu'il ne l'eût supposé.

Il revint plusieurs fois à la charge, et chaque fois Fénelon excusait Mme Guyon, commentait son système, exposait avec complaisance certaines de ses vues. Au sortir de ces entretiens, Bossuet, troublé lui-même, se tâtait pour savoir si sa raison restait bien solide, si le délire ne le gagnait pas lui-même.

Nous retiendrons de cela qu'il devait y avoir dans les livres et la doctrine de Mme Guyon autre chose que des divagations et des rêves impertinents. Si Fénelon était gagné à ce point, c'est sans doute que, sous le désordre de la forme, il apercevait quelque noble système que Bossuet n'y savait pas découvrir.

Ces deux grands hommes, qui étaient destinés à se combattre si cruellement, représentaient les deux pôles de l'esprit : l'un était toute raison, l'autre tout rêve. Je me les représente comme semblables à deux monuments également beaux, mais conçus chacun dans un style différent et inconciliable. Bossuet a la belle et savante ordonnance d'un temple dorique ; c'est la mathématique la plus élégante qui a tracé le plan de l'édifice, où l'œil embrasse d'un seul coup tout l'ensemble où l'on ne pourrait rien retrancher sans compromettre la solidité des autres parties, où l'on ne pourrait rien ajouter qui ne semblât aussitôt superflu. Tout est noble et majestueux. Rien n'égale la beauté des lignes ni la pureté des profils. L'ornement, la couleur et la dorure sont appliqués avec un goût parfait, également éloigné de la pauvreté et de la profusion. C'est un chef-d'œuvre d'art et de raison. Fénelon est plus grand, plus orné et moins complet. On dirait d'une cathédrale, commencée sur un plan colossal, et arrêtée par quelque malheur dans sa croissance et son achèvement. Le plan paraît confus et ne se révèle qu'à une étude approfondie. On sent qu'il n'a été qu'à demi exécuté. Des légendes rapportent qu'il y eut en un point une tour merveilleuse, du haut de laquelle la croix rayonnait dans les airs comme un météore ; mais la flèche, trop légère, trop aérienne, croula un beau matin, et l'architecte découragé n'acheva point son œuvre. Telle qu'elle est cependant, elle frappe encore l'esprit d'étonnement et d'admiration : quelle ampleur dans les nefs ! quelle brillante et pittoresque décoration ! que de pourpre et d'azur sur les vitraux ! que de grâce dans ces roses et ces pampres enlacés, dans ces chimères, dans ces oiseaux si capricieusement brodés dans la pierre, restée pure et blanche comme au jour où elle fut taillée !

Comme le temple paraît bas près de la cathédrale ! Comme la cathédrale paraît bizarre près du temple !

Comment voulez-vous que deux esprits si contraires se soient compris ? Les tendances opposées qu'ils représentent n'ont pu encore se concilier. Les hommes de raison rassise et les hommes d'imagination sont toujours en guerre... et le seront éternellement.

Mme Guyon, se voyant condamnée par Bossuet, se retourna d'un autre côté.

Elle fit entendre à Mme de Maintenon qu'un examen impartial de sa doctrine ne pouvait être fait tant que ses mœurs seraient accusées, et qu'avant de discuter ses livres, il importait que l'on fût bien édifié sur sa vertu. Elle demanda qu'une commission fût instituée pour qu'elle pût se défendre des calomnies qui couraient contre elle et faire proclamer hautement son innocence. Mme de Maintenon goûta peu le projet, qui ne pouvait aboutir qu'à d'interminables et scandaleux débats, car on ne peut tuer la calomnie en justice ; mais elle suggéra à Mme Guyon de soumettre ses livres à une commission qui les examinerait en détail et rendrait cette fois un jugement définitif.

Mme Guyon entra très volontiers dans ce dessein, car elle y vit une sorte d'appel du jugement de Bossuet.

Bossuet y donna les mains avec joie, parce qu'il échappait ainsi à la lourde responsabilité qu'il avait acceptée à son corps défendant.

On lui adjoignit M. de Noailles, évêque de Châlons, qui devait devenir un peu plus tard archevêque de Paris, et M. Tronson, supérieur de Saint-Sulpice.

Comme M. Tronson était fort incommodé par ses infirmités, MM. de Meaux et de Châlons décidèrent de se transporter, toutes les fois qu'ils en auraient le loisir, à Issy, résidence de M. Tronson, et ce fut là, dans une petite salle ornée de rocailles, qu'on nommait la grotte, qu'ils tinrent leurs conférences pendant sept ou huit mois, de la fin de 1694 au printemps de 1695.

Mme Guyon fit à ses juges les soumissions les plus humbles et les plus entières, protesta de ses respects infinis pour leurs lumières et promit de rétracter tout ce qu'ils pourraient trouver de répréhensible dans sa doctrine. Mais, bien fermement convaincue en même temps qu'ils n'y sauraient rien reprendre, elle adressa mémoires sur mémoires aux juges commissaires, quinze ou seize gros cahiers de gloses et d'explications qui vinrent s'ajouter à ses livres et à ses manuscrits.

Fénelon aurait dû se désintéresser des conférences et laisser les juges éminents qui avaient été choisis terminer en paix leur délicate besogne. Mais Fénelon tenait invinciblement au principe de l'amour pur et indépendant de tout motif de béatitude. Il voyait dans cet amour la vertu la plus sublime que pût concevoir l'esprit religieux, et le saint zèle dont il brûlait le porta si loin, qu'il se constitua, pour ainsi dire, auprès des commissaires, comme l'avocat de Mme Guyon. Il avait trop de goût et d'esprit pour justifier ses écarts de plume ; il ne prétendait défendre ni ses rêves, ni ses miracles, ni son don de prophétie, mais il s'attachait invinciblement à sa doctrine de l'amour pur. Il la tenait pour conforme à l'opinion des Pères et à l'esprit du christianisme et entendait tout risquer pour qu'elle sortît victorieuse du débat.

Les commissaires d'Issy se rangèrent à l'avis de Bossuet et dressèrent une liste de trente propositions extraites des livres de Mme Guyon; ces trente propositions furent déclarées suspectes d'hérésie et condamnées.

Mais, pendant ces conférences, Fénelon avait été nommé par le roi (8 février 1695) archevêque de Cambrai. Il était duc et prince de l'Empire et avait à gouverner un des plus riches diocèses de France, qui lui valait de 150 à 200.000 livres de revenu. Si détaché qu'il fût des biens de ce monde, Fénelon archevêque se sentit moins disposé à la soumission que Fénelon simple abbé. MM. de Meaux et de Châlons n'étaient plus ses supérieurs, mais ses pairs. Il crut pouvoir désormais donner son avis dans la commission, et il fit ajouter aux 30 articles condamnés 4 articles destinés à dégager les vrais mystiques de toute compromission avec les théories déclarées hérétiques.

Ce point obtenu, il signa le formulaire. Mme Guyon le signa aussi. Tout parut fini (10 mars 1695).

Mme Guyon cesse, dès lors, d'appartenir à l'histoire. Recueillie par Bossuet à la Visitation de Meaux, elle en sortit sans avertir l'évêque, se cacha quelque temps à Paris, puis fut internée à Vincennes, à Vaugirard, à la Bastille et en sortit en 1702, à la requête de l'Assemblée du clergé, qui rendit hommage à la pureté de sa vie. Elle vécut dès lors dans la retraite, à Blois, où elle mourut en 1719.

La condamnation de ses doctrines ne pouvait avoir d'effet utile qu'à condition d'être portée à la connaissance des fidèles. C'est ce que fit Bossuet dans une *Instruction pastorale* du 16 avril 1695, où, sans nommer Mme Guyon, il mettait les fidèles en garde contre les nouveaux mystiques et leur doctrine outrée. Il annonçait en outre la publication prochaine d'un ouvrage plus détaillé, où il établirait la vraie doctrine des Pères sur la matière.

Le livre fut prêt dans l'été de 1696. Bossuet, que Fénelon avait choisi comme son évêque consécrateur, remit son manuscrit à l'archevêque de Cambray, et celui-ci le lui retourna le 5 août, avec une lettre polie, mais vague, qui n'était qu'un refus courtois d'approuver l'ouvrage.

Le malentendu qui séparait les deux prélats subsistait dans toute sa force : Bossuet trouvait l'amour pur dangereux et criminel, Fénelon persistait à le défendre comme souverainement pieux et orthodoxe.

Bossuet faisait un livre pour soutenir son opinion.

Fénelon crut pouvoir en faire un pour soutenir la sienne.

On sut bientôt à la Cour que MM. de Meaux et de Cambray allaient publier deux ouvrages destinés à laisser bien loin derrière eux tout ce qui avait été publié déjà sur la mystique, et tout le monde attendit impatiemment l'apparition des deux livres.

Ce fut Fénelon qui fut prêt le premier.

En février 1697 parut à Paris un petit in-18 de 272 pages intitulé *Explication des Maximes des Saints sur la vie intérieure*, où Fénelon entreprit de démontrer que : « Toutes les voies inté-
« rieures tendent à l'amour pur ou désintéressé. Cet amour pur
« est le plus haut degré de la perfection chrétienne. Il est le
« terme de toutes les voyes que les Sâints ont connu. Quiconque
« n'admet rien au delà est dans les bornes de la tradition. Qui-
« conque passe cette borne est déjà égaré. » Et, pour mieux établir la limite entre le vrai et le faux, Fénelon divisa son livre en 45 articles, donnant chacun sur un point donné la vraie et la fausse doctrine.

Sachant à quel rude jouteur il avait affaire, il s'était défié de lui-même et, pour être fort, il s'était fait sec, lourd et obscur comme à plaisir. Jamais grand écrivain et grand artiste n'a méconnu plus complètement son propre génie et ne s'est gâté de façon plus barbare.

Le livre fut une immense déception pour tous ceux qui attendaient un poème presque divin. La petite pièce que voici pourra donner une idée du désappointement général.

> Qui voudra comparer aux Maximes des Saints
> Le Télémaque écrit dans le style d'Homère
> Trouvera que l'auteur a deux divers desseins,
> Qui le font, malgré lui, à lui-même contraire.
>   Dans l'un, que de solidité ;
>   Tout y tend à la vérité ;
>   Dans l'autre, tout est chimérique.
>   Parlons un peu plus clairement,
>   Et puisqu'il faut que je m'explique :
>   Le solide est le roman,
>   Le frivole est le mystique.

Le livre des *Maximes des Saints* fut regardé par tout le monde comme une rentrée en scène du quiétisme, condamné à Issy. Bossuet, dans une *instruction* très étendue, montra les dangers du mysticisme tel que le concevait Fénelon, et la guerre de plume entre les deux adversaires se continua pendant deux ans.

Le but de Fénelon, en écrivant son livre, avait été de modifier l'aspect de la question. Il lui paraissait malsonnant que les opinions d'une femme, même aussi pieuse que Mme Guyon, occupassent toute la France dévote ; et il avait pensé qu'en reprenant lui-même le débat, il allait lui ôter ce caractère bizarre et un peu ridicule qu'il avait, pour le changer en une grande controverse théologique. On ne parlerait plus de Mme Guyon, mais seulement des *Maximes des Saints sur la vie intérieure.*

Mais Bossuet se refusa à accepter ce changement de front et dénonça Fénelon comme le champion du quiétisme et de Mme Guyon. Il alla jusqu'à l'appeler le Montan d'une nouvelle Priscille. Fénelon se montra, avec raison, profondément blessé de cette comparaison outrageante : « Ce fanatique, écrit-il à Bossuet, avait dé-
« taché de leurs maris deux femmes qui le suivaient. Il les livra
« à une fausse inspiration qui était une véritable possession de
« l'esprit malin et qu'il appelait l'esprit de prophétie. Il était
« possédé lui-même, aussi bien que ces femmes ; et ce fut dans
« un transport de la fureur diabolique qui l'avait saisi avec Maxi-
« mille qu'ils s'étranglèrent tous deux. Tel est cet homme, l'hor-
« reur de tous les siècles, avec lequel vous comparez votre con-
« frère, ce cher ami de toute la vie, que vous portez dans vos en-
« trailles, et vous trouvez mauvais qu'il se plaigne d'une telle
« comparaison. »

Fénelon ne se soucia pas de se laisser condamner dans des conférences d'évêques présidées par Bossuet, qu'il regardait comme incapable de rien comprendre à la mystique, « n'ayant ja-
« mais lu ou ayant lu trop tard les saints mystiques et faisant
« profession de croire qu'ils ne sont bons *qu'à demeurer inconnus*
« *dans des coins de bibliothèque avec leur langage exagératif et leurs*
« *expressions exorbitantes* ». Le poète refusa pour juge le logicien. Fénelon demanda au roi la permission de soumettre le débat au jugement du pape et d'aller à Rome défendre sa cause. Louis XIV autorisa l'appel au pape, mais exila Fénelon dans son diocèse. Bossuet envoya à Rome son neveu l'abbé Bossuet et pressa la condamnation des *Maximes* avec une âpreté extraordinaire.

Le pape nomma des consulteurs, qui s'assemblèrent 12 fois sans pouvoir rien décider. Une commission de cardinaux tint 21 conférences sans pouvoir conclure. D'autres juges s'accordèrent enfin, après 52 congrégations, à censurer le livre de Fénelon ; mais il leur fallut 37 assemblées pour s'entendre sur la manière dont la censure serait exprimée. N'est-il pas à croire que, si le roi avait laissé paraître tant soit peu de bienveillance pour Fénelon, au lieu de favoriser Bossuet de tout son pouvoir, la sentence si disputée, qui sortit de ces 132 séances, eût été tout autre qu'elle ne fut ?

Fénelon fut condamné le 13 mars 1699. Vingt-trois propositions extraites de son livre furent déclarées « téméraires, scan-« daleuses, malsonnantes, offensant les oreilles pieuses, perni-« cieuses dans la pratique et erronées respectivement ».

Dans un mandement donné à Cambrai le 9 avril 1699, Fénelon déclara se soumettre « simplement, absolument et sans ombre « de restriction » à la sentence qui le frappait : « Nous nous conso-« lerons, ajoutait-il, de ce qui nous humilie, pourvu que le minis-« tère de la parole, que nous avons reçu du Seigneur pour notre « sanctification, n'en soit pas affaibli, et que, nonobstant l'humi-« liation du pasteur, le troupeau croisse en grâce devant Dieu.

« ... A Dieu ne plaise qu'il soit jamais parlé de nous, si ce n'est « pour se souvenir qu'un pasteur a cru devoir être plus docile « que la dernière brebis du troupeau et qu'il n'a mis aucune « borne à sa soumission. »

Nous reconnaissons très volontiers avec Ellies Dupin et avec M. Brunetière que, sous l'humilité de cette soumission, se laisse deviner la constance du philosophe attaché d'une manière inébranlable à sa conviction ; mais, bien loin d'en vouloir à Fénelon si sa soumission n'a été que de forme, nous y voyons la marque de la noblesse et de la grandeur de son âme. Il s'est tu sous la persécution, comme Jésus s'est tu sous l'outrage ; mais il a gardé au fond de son cœur, comme un trésor intangible, la sainte doctrine de l'amour pur, intarissable fontaine de grâce et de consolation.

LE ROI ET L'ÉGLISE

L'ancienne monarchie française se faisait gloire du titre de « fille aînée de l'Eglise » et vivait dans une union profonde avec sa mère spirituelle. Ce serait cependant une grave erreur de croire que les rapports de l'Eglise et de l'Etat aient toujours été, même à cette époque, empreints d'une parfaite cordialité. Le roi avait la force pour lui, il le savait, et n'hésitait pas à s'opposer aux ambitions de l'Eglise, quand elles lui paraissaient menacer sa prérogative royale, les intérêts de son royaume, ou simplement son absolutisme.

Les deux rois qui ont gouverné la France du xviie siècle ont été l'un et l'autre de pieux personnages. Louis XIII voulait « faire son salut à tout prix » et a mis son royaume sous la protection spéciale de la Vierge Marie. Louis XIV n'a pas hésité à persécuter une partie de ses sujets pour faire pénitence de ses fautes et pour assurer son salut. Ces deux princes n'ont pas été seulement de bons et orthodoxes catholiques, ils ont été des dévots, dans toute la force du terme ; mais l'orgueil royal parlait dans leurs âmes plus haut que tout autre sentiment et en faisait, presque à leur insu, des hommes de proie, dont la griffe ne ménageait aucun adversaire. Ces fils de l'Eglise, respectueux et soumis à l'ordinaire, eurent leurs crises de violence et de brutalité. Recherchons s'ils avaient une juste idée de leurs droits et de leurs devoirs vis-à-vis de l'Eglise, et si leur conduite à son égard fut toujours juste et raisonnable.

L'ancienne France était fort catholique, mais peu amie du clergé et nullement désireuse de laisser s'établir chez elle un gouvernement théocratique à la mode d'Espagne. Contre les vieilles prétentions des papes et des empereurs, elle s'était toujours révoltée et avait pris pour maxime que « le roi est empereur en son royaume ». Cet adage voulait dire que la France est une nation pleinement indépendante, sur laquelle personne ne peut prétendre de suzeraineté. Le roi n'a d'autre supérieur que Dieu ; il ne relève que de Dieu et de sa conscience. Souverain seigneur de l'Etat, ne devant sa couronne qu'à sa naissance, il incarne en sa personne la fortune, la grandeur et l'indépendance de la patrie; le roi, c'est la France faite homme, et ainsi s'expliquent et se justifient le respect, l'amour, le dévouement, le culte véritable que lui rendent ses sujets. Le royalisme du XVIIe siècle, c'est le patriotisme.

L'Eglise est pour les Français de la même époque la grande patrie spirituelle, hors de laquelle il n'est point de salut. Cette idée farouche est professée par tous, et nous verrons que les hérétiques eux-mêmes attribuaient à leurs Eglises le même privilège exclusif. De même qu'un Français est naturellement royaliste, il est naturellement catholique, les deux conceptions politique et religieuse se complètent dans son esprit et se synthétiseront, un jour, dans le cri fameux : « Dieu et le roi ». Mais, si le Français, qui pense, croit et révère tout ce qu'enseigne la foi, il sait aussi très bien distinguer l'œuvre de Dieu de l'œuvre des hommes, et entend que son obéissance soit raisonnable.

Dans le peuple, cette tendance critique se révèle par la persistance des vieilles railleries à l'encontre des moines et des clercs, par les dictons irrévérencieux, les fabliaux au gros sel, les contes pimentés qui font le régal de la canaille, et, parfois aussi, avec La Fontaine, le mets des plus délicats.

Chez les gens instruits, l'individualisme s'accuse par le goût de la lecture et de la discussion théologique, par le succès du jansénisme, du molinisme, du quiétisme, par l'accueil fait aux *Provinciales*, à *Don Juan*, à *Tartuffe*, au *Lutrin*.

On veut être catholique, mais à la française, et non à l'espagnole ou à la romaine. Si les jésuites ont leur clan, les gallicans ont aussi le leur, et c'est là que se rassemblent les hommes fidèles aux vieilles idées nationales, c'est là que l'on fronde encore le Concile de Trente, que l'on s'inquiète des empiétements du Saint-Siège, que l'on anathématise la bulle *In Cœna Domini*, que l'on s'indigne de la vénalité et de l'avidité de la Cour de Rome.

On croit bien que l'Eglise ne peut errer ni faillir; mais on ne veut pas admettre qu'un homme, fût-il le pape, parle en son nom. Le Parlement, la Sorbonne, l'Université, paraissent tout aussi qualifiés que lui pour définir les matières de foi.

La tradition nationale est donc royaliste et gallicane ; elle est avant tout *française*.

Louis XIII et Louis XIV ont largement profité de ces théories. Ils ont accepté le culte patriotique que leur ont voué leurs sujets ; ils ont eu de leur puissance, de leur majesté, de leur supériorité sur le reste des humains l'idée la plus complète et la plus large.

Ils ont moins bien compris de quel avantage pouvait être pour eux le gallicanisme. Les jésuites, qui ont été les infatigables soutiens de l'autocratie pontificale, ont eu grand crédit auprès d'eux et les ont détournés du gallicanisme. Ils n'ont pu le leur faire abandonner entièrement, mais ils les ont empêchés d'en faire la base de leur politique religieuse. Louis XIII et Louis XIV n'ont été gallicans que par politique, et n'ont vu dans le gallicanisme qu'une machine de guerre contre le Saint-Siège, un épouvantail, qu'ils dressaient devant Rome lorsqu'elle devenait trop encombrante, et qu'ils retiraient de devant ses yeux quand elle avait consenti à quelque accommodement. Leur diplomatie a perdu ainsi la grande allure qu'elle aurait pu avoir et a pris une marche capricieuse et désordonnée, qui trahit la faiblesse de leurs principes.

D'autre part, Louis XIII et Louis XIV ont toujours vu dans les clercs des sujets responsables, comme les autres, de leurs opinions et de leurs actes, et les ont châtiés durement toutes les fois qu'ils y ont trouvé intérêt.

Et, quant aux biens ecclésiastiques, ils les ont respectés en général, mais comme le pouvaient faire des hommes qui se croyaient maîtres de la vie et des biens de leurs sujets.

Ils ont donc été pour l'Eglise des maîtres sévères et capricieux, dont l'action ne s'est pas toujours portée où elle devait et s'est souvent exercée à l'encontre de toute justice et de tout droit.

Les rois se montrèrent le plus souvent très indulgents pour les abus dont leur autorité n'avait pas à souffrir.

Le cardinal Alexandre de Médicis écrivait à Rome, le 8 septembre 1597, que les revenus de plusieurs évêchés vacants appartenaient à des soldats et à des femmes... que beaucoup de moines faisaient grand scandale et donnaient lieu à beaucoup de plaintes, que la plupart des religieuses ne gardaient plus la clôture, restaient des mois entiers chez leurs parents et portaient des habits immodestes ; les abbesses faisaient figure d'héritières.

Henri IV nomma Charles de Levis évêque de Lodève à quatre ans, et s'en amusait dans une lettre à Marie de Médicis : « Je ferai « la Toussaint où je me trouverai. M. de Lodève est mon confes- « seur, jugez si j'aurai l'absolution à bon marché. »

Henri de Verneuil, bâtard du roi, fut évêque de Metz à dix ans et demi.

En 1609, un capitaine huguenot, marié, était abbé d'un monastère de la Bresse. Il avait établi un haras dans une partie des bâtiments, empilé le foin dans l'église, où il ne restait plus aux moines qu'une petite partie du chœur pour dire la messe. Dans la maison abbatiale logeaient plusieurs soldats huguenots, qui chantaient leurs psaumes et au demeurant menaient joyeuse vie...; on ne voyait que moines à la chasse avec les soldats et, s'ils sortaient, c'était montés sur de grands chevaux et des meilleurs, roulant bien armés par le pays avec l'épée et le pistolet (*Mariéjol, Henri IV et Louis XIII*).

En 1639, quand Nicolas Pavillon vint prendre possession de l'évêché d'Alet, il trouva sa cathédrale « d'une indécence qui ne « se peut concevoir » et sa maison épiscopale abandonnée depuis près d'un siècle. Son prédécesseur, M. de Polverel, avait obtenu l'évêché comme récompense des services qu'il avait rendus dans la cavalerie royale (1622). Il habitait le château de Cornavel avec une dame, dont il avait eu plusieurs enfants. Il leur avait conféré les meilleurs bénéfices de son diocèse, et en avait donné aussi à une de ses nièces, qui les mettait en adjudication et les faisait desservir par ceux qui lui demandaient le moins d'argent (*Histoire ecclésiastique*).

Abelly, évêque de Rhodez, auteur d'une vie de saint Vincent de Paul, écrit que vers 1625 « le sacerdoce était sans honneur, et
« même dans un tel mépris en quelques lieux qu'on tenait pour
« quelque sorte d'avilissement aux personnes de condition tant
« soit peu honnêtes selon le monde de se mettre dans les saints
« ordres, à moins que d'avoir quelque bénéfice considérable
« pour en couvrir la honte, et, selon la coutume opinion du
« monde, c'était alors une espèce de contumélie et d'injure que
« de dire à quelque ecclésiastique de qualité qu'il était un
« prêtre. »

Les guerres civiles de la Fronde remplirent les villes de prêtres, de moines et de religieuses, chassés de leurs paroisses et de leurs couvents, dénués de toutes ressources et qui, poussés par le besoin et le désespoir, devinrent souvent un sujet de scandale.

Le clergé des paroisses était d'une ignorance invraisemblable. Le coadjuteur de Rouen se montrant disposé à refuser pour incapacité notoire deux candidats à la prêtrise, l'archevêque lui dit

en riant : « Ne laissez pas de les recevoir : il vaut mieux que la
« terre soit labourée par des ânes que de rester en friche. »

La Grange, intendant d'Alsace de 1674 à 1698, nous dépeint les
curés d'Alsace comme de bons vivants, aimant naturellement le
vin et les compagnies, étudiant ce qui était nécessaire pour satisfaire leurs supérieurs, mais sans rien approfondir exactement,
et, avec tout cela, très supérieurs aux curés de campagne du
royaume « dont ils auraient pu être les maîtres ».

Ce n'est pas du pouvoir royal qu'on pouvait attendre la réforme
des mœurs ecclésiastiques. Louis XIV, comme Louis XIII et
Heni IV, semble avoir aimé les prélats grands seigneurs et fastueux et n'a jamais fait difficulté de nommer des indignes, quand
il a cru politique de le faire.

L'abbé de Sainte-Croix, fils du premier président Molé, possédait six abbayes, un prieuré, un petit gouvernement, et, par surcroît, « les chiens de Sa Majesté pour le chevreuil ».

Lorsque Denis Sanguin se démit de son évêché de Senlis en
faveur de son neveu, celui-ci fut sacré par vingt-cinq évêques.
On les servit chacun à part, et chacun avec quinze plats ; soit 390
plats pour 26 personnes.

Au sacre de Jacques-Nicolas Colbert, coadjuteur de Rouen, il
y avait 42 évêques. Mme de Sévigné fait observer plaisamment
qu'il n'y en avait guère davantage au Concile de Nicée.

« Au Sacre de Mme de Chelles, les tentures de la couronne, les
« pierreries au soleil du Saint-Sacrement, la musique exquise, les
« odeurs et quantité d'évêques qui officiaient surprirent telle-
« ment une manière de provinciale qui était là, qu'elle s'écria
« tout haut : « N'est-ce pas là le paradis ? — Ah ! non, Madame,
« dit quelqu'un, il n'y a pas tant d'évêques. » (Mme de Sévigné.)

Tous ces scandales pâlissent devant la candidature du baron de
Watteville à l'archevêché de Besançon. Watteville, cadet d'une
grande famille de la Franche-Comté, était entré fort jeune chez
les Chartreux. Leur règle ne s'accordant point avec son humeur,
il s'évada. Comme il était sur le mur du couvent, le prieur apparut et lui intima l'ordre de redescendre. Watteville le tua d'un
coup de pistolet et gagna les champs. A la première auberge qu'il
rencontra, il demanda à manger et se fit mettre à la broche un
gigot et un chapon, les seules provisions qui garnissaient ce
jour-là le garde-manger ; un voyageur affamé survint et lui demanda de partager son repas, Watteville le tua comme il avait
fait du prieur.

Il crut prudent de quitter la contrée, se rendit en Turquie, jeta le froc aux orties, se fit musulman et se poussa si bien dans la confiance du Grand Seigneur qu'il devint pacha et servit en Morée contre les Vénitiens. Un jour, l'ennui le prit et il offrit aux Vénitiens de leur vendre les secrets des Turcs, si le pape lui accordait l'absolution de ses crimes, le protégeait contre les rancunes des Chartreux et le réintégrait dans tous ses droits de prêtrise, avec permission de posséder toutes sortes de bénéfices et d'abbayes. La République de Saint-Marc obtint pour son singulier client toutes les miséricordes du Saint-Siège. Watteville se rendit à Rome, y fut parfaitement accueilli par le pape et rentra en Franche-Comté, où il prenait plaisir à narguer les Chartreux. Quand Louis XIV voulut s'emparer de la Franche-Comté, Watteville s'offrit à lui en faciliter la conquête, à condition qu'il deviendrait archevêque de Besançon. Le roi le nomma ; mais le pape le trouva trop scandaleux et permit seulement qu'on lui donnât plusieurs riches abbayes : « Il avait partout beaucoup
« d'équipages, grande chère, une belle meute et bonne compa-
« gnie... Il vivait non seulement en grand seigneur, et fort craint
« et respecté, mais à l'ancienne mode, tyrannisant fort ses terres,
« celles de ses abbayes et quelquefois ses voisins, surtout chez
« lui très absolu. Les intendants pliaient les épaules, et *par ordre*
« *exprès de la cour*, tant qu'il vécut, le laissaient faire et n'osaient
« le choquer en rien, ni sur les impositions qu'il réglait à peu
« près comme bon lui semblait dans toutes ses dépendances, ni
« sur ses entreprises, assez souvent violentes. Avec ces mœurs
« et ce maintien, qui se faisaient craindre et respecter, il se plai-
« sait à aller quelquefois voir les Chartreux pour se gaudir
« d'avoir quitté leur froc. » (Saint-Simon.)

Ces faits suffisent pour affirmer que l'influence de l'Etat sur l'Eglise tendit beaucoup plutôt à la corrompre qu'à la moraliser. La préoccupation morale est, d'ailleurs, le moindre des soucis des gouvernements. Machiavel le remarquait déjà, et sa remarque n'a pas cessé d'être vraie.

Si indulgent pour les fredaines des grands et si complaisant à leur avidité, le gouvernement royal se montrait au contraire très dur aux petits, qui ne pouvaient lui résister.

Richelieu tirait de ses différents bénéfices 1.500.000 livres de revenu et se faisait encore donner une pension de 30.000 livres sur Chezal-Benoît. Mais il n'en poursuivait pas moins avec le zèle le plus dévot la réforme des ordres religieux. Il expulsait les

réfractaires, mettait des garnisaires dans les couvents, un jour chez les Carmes trois compagnies de gardes
:s et suisses. Il travaillait à réunir en un seul corps tous
astères de l'ordre de saint Benoît, pour les dominer et
er à sa fantaisie.

10, après l'exil de la reine-mère, il fit défendre, sous peine
stille, à tous prédicateurs de prêcher sur le respect dû
enfants à leurs parents.

:royance superstitieuse à la sorcellerie empêche qu'on ne
et d'une vengeance personnelle dans le procès et la mort
1 Grandier, curé de Saint-Pierre de Loudun, c'est bien
:e politique du cardinal qui a fait enfermer Saint-Cyran
nes, et l'histoire vaut d'être contée, car il n'en est pas
itre mieux l'ingérence abusive de la politique dans le
: spirituel.

XIII avait une peur horrible de l'enfer, et cette terreur
lucoup plus de part que l'amour de Dieu au regret qu'il
ait de ses péchés. Il avait l'*attrition*, comme l'on dit en
:ologique, et non la *contrition parfaite*, qui suppose chez
ur le regret d'avoir offensé Dieu et le ferme propos de ne
iffenser. Or il lui tomba entre les mains un livre de dévo-
tulé *De la Virginité*, par le P. Seguenot, de l'Oratoire, où il
. que la contrition parfaite était la condition indispen-
salut. Il prit peur; sa mélancolie naturelle s'aggrava, et
. impossible de l'intéresser aux affaires de l'Etat. Riche-
assura, en lui exhibant son propre catéchisme du diocèse
1, où il était prouvé que l'attrition combinée avec la grâce
ment de pénitence suffit au salut; mais il voulut remonter
la source d'une opinion si dangereuse pour la sûreté de
t manda auprès de lui le P. de Condren, général de
'e, pour savoir ce que c'était que ce P. Seguenot. Le
indren, pour couvrir son ordre, déclara que la doctrine
iée était celle de Saint-Cyran, et Richelieu, qui n'aimait
stère ami de Port-Royal, ordonna de l'arrêter. « Vous ne
inaissez pas, disait-il, il est plus redoutable que six
s! » Pour faire plus ample justice, le P. Seguenot fut aussi
t mis à la Bastille.

itendants de Louis XIV procédèrent, plus tard, avec la
ésinvolture.

ier raconte qu'un bon curé de village d'Auvergne *passa aux*
Jours pour s'être emporté dans son prône contre le roi et

les ministres : « Il avait dit fort sérieusement à ses paroissiens que
« la France était mal gouvernée, que c'était un royaume tyran-
« nique; qu'il avait lu de si belles choses dans un vieux livre qui
« parlait de la république romaine, qu'il trouverait à propos de
« vivre sans dépendance et sans souffrir aucune opposition de
« taille, que le peuple n'avait jamais été plus tourmenté, et
« plusieurs autres choses de grande édification, qui lui sem-
« blaient, aussi bien qu'à ses auditeurs grossiers, plus agréables
« que l'Evangile. Ce petit peuple trouva ce prône fort bien rai-
« sonné, ce jour-là. »

En 1710, Pontchartrain écrivait à l'évêque de Luçon qu'il regrettait de ne pouvoir lui envoyer de lettres de cachet pour enfermer arbitrairement les prêtres de son diocèse, mais que cette affaire ne dépendait que du roi.

Le développement extraordinaire de la richesse monastique excitait avec raison l'attention du gouvernement royal. Richelieu était ennemi de la multiplication des monastères : « Il faut,
« dit-il, mépriser l'opinion de certains esprits, aussi faibles que
« dévots, et plus zélés que prudents, qui estiment souvent que
« le salut des âmes et celui de l'Etat dépendent de ce qui est
« préjudiciable à tous deux. »

Ces idées étaient justes en elles-mêmes, mais il importait au bon ordre et au bon renom de la monarchie de les concilier avec le respect du droit de propriété.

Nous touchons, ici, à un des points les plus délicats des rapports de l'Eglise et de l'Etat ; voyons s'il n'est pas possible de définir en pareille matière le *cuique suum*, le droit de l'Etat et le droit de l'Eglise.

Il n'y a en principe qu'un droit, comme il n'y a qu'une morale : l'Eglise, acquérant la propriété, en vertu des modes réguliers d'acquisition reconnus par le droit civil, devient propriétaire aussi légalement que le deviendrait un simple particulier. Toutes les distinctions qu'on a cherché à établir entre la propriété individuelle et la propriété collective sont, aux yeux d'un juriste, sans valeur et sans fondement. Quand une association religieuse a légalement acquis un bien quelconque par une vente régulière, une donation ou un testament valables en justice, ce bien devient la propriété de cette association, comme s'il avait été vendu, donné ou légué à un simple particulier. Soutenir le contraire, c'est méconnaître le droit de propriété, c'est le saper par la base, c'est menacer dans la propriété ecclésiastique toutes les propriétés collectives, et, par voie de conséquence, toutes les propriétés privées.

Cela posé, il faut ajouter que le droit de propriété ne peut pas avoir un caractère plus absolu que n'importe quel autre droit humain, et qu'il comporte des limites et des restrictions, fondées sur l'utilité commune et le respect des intérêts généraux.

Personne ne pourra raisonnablement soutenir que, s'il se trouvait un homme assez riche pour acheter la terre entière, il serait juste et légitime que tous les autres hommes fussent ses fermiers ou ses locataires.

L'extension démesurée de la richesse territoriale d'un particulier ou d'une corporation constitue certainement une anomalie sociale, et doit être combattue et entravée — mais toujours par des moyens légaux, par des mesures prohibitives et préventives, qui empêchent l'accaparement des terres, et par des expropriations pour cause d'utilité publique, quand cet accaparement dommageable s'est produit.

Il faut remarquer, de plus, que la propriété ecclésiastique ne changeant jamais de mains, le fisc se trouve privé par ce fait de droits considérables, qui pèsent de tout leur poids sur les biens des particuliers. C'est là un privilège injuste et qui ne doit pas être maintenu. Mais le Moyen-Age avait trouvé le vrai remède à ce mal en instituant auprès de chaque association propriétaire un « homme vivant, mourant et confisquant », qui la représentait à l'égard du fisc et le mettait à même d'exercer ses droits lorsqu'il venait à mourir, ou à commettre quelque crime emportant confiscation. Laissons de côté cette dernière conséquence, inique puisqu'elle punit l'innocent des fautes du coupable; l'homme vivant et mourant du Moyen-Age remet les associations ecclésiastiques sur le même pied que les individus, au point de vue fiscal, et résoud d'une manière très satisfaisante cette grosse difficulté.

Voilà comment se présente, en droit pur, la question de la propriété ecclésiastique. Cette propriété est réelle et aussi légitime que la propriété individuelle ou collective laïque ; elle comporte une limite ; elle ne doit point exempter l'Eglise des droits de mutation.

Mais le roi n'a su ni respecter le droit ni éviter les abus ; il s'est toujours trouvé impuissant à empêcher l'accaparement des terres et à soumettre le clergé à un régime légal de contributions aux charges du royaume ; il s'est montré souvent à son égard brutal et fantasque, en même temps qu'il lui cédait ce qu'il n'aurait point dû lui accorder.

François Ier commence ce régime d'arbitraire avec l'institution des abbayes commendataires.

En 1561, à l'assemblée de Poissy, le clergé consentit à payer au roi un impôt régulier sous le nom de « décimes », qui, accordé d'abord pour six ans, fut renouvelé à diverses époques et finit par devenir perpétuel. Les décimes servaient au paiement des rentes sur l'Hôtel-de-Ville et montaient environ à 1.200.000 livres par an.

En 1621, à l'occasion de la guerre contre les réformés, le clergé consentit à une nouvelle création d'offices dont la finance vint au roi.

En 1628, il donna 3 millions pour aider à la prise de La Rochelle.

En 1636, nouvelles demandes d'argent pour la guerre. Le clergé cria misère, défendit avec âpreté son bien, qu'il appelait le patrimoine des pauvres, et finit par accorder au roi 200.000 livres de rente pendant cinq ans.

Richelieu, pour lequel la raison d'Etat primait toutes les autres, résolut de faire contribuer désormais le clergé sans lui demander son avis.

Il fit déclarer par le roi, en 1639, que le droit de posséder des biens de mainmorte était une concession gracieuse du monarque, qui pouvait contraindre les ecclésiastiques « à vider leurs mains « desdites possessions, dans l'an et jour de leurs acquisitions et « à, faute de ce faire, les en dépouiller ». Il ordonna aux monastères établis depuis moins de trente ans de fournir un inventaire général de tous leurs biens pour l'établissement de nouvelles taxes.

Il soumit à l'enregistrement, moyennant finances, un grand nombre d'actes de la juridiction ecclésiastique.

Il prorogea pour cinq ans l'obligation, souscrite par le clergé en 1635, de payer 200.000 fr. par an aux rentiers de l'Hôtel-de-Ville.

Il invita les bénéficiers à lui verser pendant deux ans le sixième de leurs revenus.

Le clergé montra une telle irritation que Richelieu n'osa lui refuser le droit de tenir une assemblée générale; mais il la réunit à Mantes, dans le diocèse de Chartres, dont l'évêque était son ami, et ce fut pour lui demander de nouveaux sacrifices. Mais, au lieu des 6.600.000 livres qu'il réclamait, il n'obtint que 5.500.000 livres, et dut faire expulser de l'assemblée les archevêques de Sens et de Toulouse, et les évêques d'Evreux, Maillezais, Bazas et Toulon.

Cette mesure révolutionnaire est d'autant plus étrange que la cour avait un parti à l'assemblée et que l'évêque d'Autun, Claude de la Magdeleine, déclarait déjà que tous les biens de l'Eglise appartenaient au roi, et que Sa Majesté, « laissant aux ecclésias-
« tiques de quoi pourvoir à la nourriture et entretiennement
« modéré », pouvait prendre tout le surplus.

De nouvelles exactions furent perçues en 1652 pour le sacre du roi, en 1660 pour son mariage, et l'usage s'établit de demander à chaque assemblée du clergé un nouveau *don gratuit*, dont le chiffre, toujours âprement discuté, mettait aux prises l'avarice des bénéficiers et l'avidité du fisc.

Les assemblées quinquennales du clergé étaient mal vues de l'administration royale. Louis XIV écrivait à Colbert, le 5 juin 1675 :
« Je vois par ce que vous me mandez que l'assemblée du clergé
« commence très bien. Faites ce qui dépendra de vous pour qu'elle
« finisse bientôt. Continuez à faire ce que Madame de Montespan
« voudra, et me mandez quels orangers on a portés à Clagny, car
« elle me mande qu'il y en aura et je ne sais lesquels ce sont. »

Avec les grandes guerres de la fin du règne, les besoins d'argent se font de plus en plus pressants, et le roi en arrive à piller sans vergogne. Un pamphlet de 1690, *Les soupirs de la France esclave*, nous dit « qu'on impose aux couvents des taxes qui vont bien au
« delà de leurs revenus ; on a proprement pillé l'argent des églises
« et des trésors. Ces biens ont toujours été réputés sacrés, et, au
« moins, on n'a jamais entrepris d'y toucher qu'avec la permis-
« sion du chef de l'Eglise. Mais la Cour, qui fait tout de hauteur,
« n'a consulté là-dessus ni l'Eglise romaine, ni l'Eglise gallicane ».

En 1710, le roi impose tous ses sujets, nobles et roturiers, clercs ou laïques, au dixième de leurs revenus ; avec promesse de supprimer cet impôt dans les six mois qui suivront le rétablissement de la paix. C'est la première fois que le clergé est mis résolument sur le même pied que les autres classes de la nation. C'est la première mesure vraiment légitime de cette longue histoire ; mais le clergé refuse de se soumettre, excipe de ses privilèges, et Louis XIV n'ose pas lui imposer le droit commun. Le clergé s'en tire en offrant un don gratuit un peu plus fort.

Tyrannie et faiblesse, anarchie et désordre, voilà le bilan de la politique royale. Rien de plus décousu, faute d'avoir su agir de principes et par le droit.

Les rapports de Louis XIV avec le Saint-Siège sont empreints des mêmes caractères de caprice et de violence. Le roi et le pape vivent officiellement dans une étroite alliance, faite de respectueuse révérence du côté du roi et de paternelle condescendance du côté du pape ; mais le pape et le roi ne s'entendent pas mieux que ne s'entendent un père faible et âgé et un fils bouillant et libertin. A chaque instant, des fâcheries troublent la maison et menacent la bonne entente, et il faut reconnaître que c'est presque toujours le roi qui a tort, le roi qui oublie toute courtoisie et toute modération, sans paraître se douter qu'il n'est pas bien glorieux au maître de 100.000 soldats de faire peur à un pauvre petit prince sans armée.

Le 20 août 1662, la populace de Rome s'ameuta contre le duc de Créqui, ambassadeur de France. Un corps de la garde pontificale, la garde corse, prit parti pour les émeutiers ; un coup de fusil fut tiré sur le carrosse de l'ambassadrice et un de ses pages tué à ses côtés. C'était un fait fort grave qui demandait une éclatante réparation, d'autant que le pape Alexandre VII sembla d'abord plein d'indulgence pour les émeutiers ; mais Louis XIV dépassa toute mesure dans les représailles auxquelles il se livra.

Il eût dû se contenter de faire reconduire le nonce à la frontière et de déclarer le Comtat-Venaissin réuni à jamais à la couronne. Au lieu de cette juste mesure, applaudie par les Avignonnais eux-mêmes, il rendit le Comtat et exigea des satisfactions de vanité, sans portée et sans utilité. Un nonce extraordinaire, le cardinal neveu Chigi, vint présenter au roi les excuses du pape et protester « du profond respect, de la dévo- « tion et de la fidélité de toute sa famille envers la personne et « la maison de Sa Majesté. » Toute la nation corse fut déclarée incapable à jamais de servir dans Rome et dans tout l'Etat ecclésiastique, et le chef de la police romaine fut chassé.

Enfin une pyramide fut élevée à Rome, en face de l'ancienne caserne des Corses, avec une inscription contenant en termes convenus le décret rendu contre la nation corse.

L'affaire de la régale, qui faillit rendre la France schismatique, ne fut pas conduite par Louis XIV avec beaucoup plus de politique.

C'était un droit ancien de la couronne que le roi perçût les revenus des évêchés vacants et pourvût aux bénéfices qui viendraient à se trouver libres pendant la vacance du siège épiscopal ; mais ce droit ne s'exerçait pas sur les provinces du Midi. Un édit du 10 février 1673 étendit la régale à tout le royaume.

Presque tous les évêques du Midi se soumirent. Deux seulement, les évêques de Pamiers et d'Alet, refusèrent de prêter serment à l'édit renouvelé par le roi en 1675. Louis XIV agit alors comme si leurs diocèses eussent été vacants, et nomma aux bénéfices dépendant de leurs évêchés. Les deux évêques excommunièrent les bénéficiers nommés par le roi, et ceux-ci en appelèrent aux métropolitains, qui levèrent les excommunications. Les évêques en appelèrent alors au pape.

Innocent XI, enchanté d'être pris pour arbitre par des évêques gallicans, soutint avec emportement la cause des évêques et, par deux brefs très virulents, mit le roi en garde contre « les sinistres conseils de ses ministres ».

Le roi ne tint aucun compte des remontrances du pape. Un troisième bref, lancé le 29 décembre 1679, menaça le roi de la colère du Saint-Siège, s'il ne tenait pas compte de ses paternelles exhortations.

L'assemblée du clergé de France, qui se réunit au commencement de l'été 1680, se rangea tout entière du côté du roi, déclara qu'elle voyait avec douleur cette procédure extraordinaire, et protesta expressément « contre les vaines entreprises du Saint-Siège ».

Le pape répliqua en condamnant un livre sur les droits des évêques, écrit par un docteur de Sorbonne, d'après l'ordre de l'assemblée du clergé (18 décembre 1680).

Sur ces entrefaites, l'évêque de Pamiers mourut et l'archevêque de Toulouse nomma pour administrer le diocèse des vicaires généraux partisans de la régale. Le pape les excommunia (1ᵉʳ janvier 1681), eux, leurs fauteurs et le métropolitain lui-même, et déclara nuls tous les sacrements administrés par les prêtres qui tiendraient leurs pouvoirs des vicaires généraux intrus.

Le Parlement de Paris intervint dans la querelle et rendit arrêt, le 31 mars, « contre un libelle imprimé en forme de bref du pape « Innocent XI ».

Les parlementaires posaient très nettement la question sur le terrain gallican et déniaient au pape le droit de frapper d'interdit « un archevêque, *son confrère*, qui a reçu de Dieu, et non de ses « bulles, les pouvoirs attachés à son caractère ».

Le pape s'adressa alors aux jésuites et leur ordonna de répandre et de soutenir son Bref; mais, en dépit du quatrième vœu d'obéissance particulière au Saint-Siège, les jésuites ne bougèrent pas, leurs supérieurs estimant moins dangereux pour leur Société de désobéir au pape que de désobéir au roi.

A la prière des évêques, Louis XIV convoqua une assemblée du clergé pour le 31 octobre 1681.

L'occasion se présentait d'affirmer définitivement l'indépendance de l'Eglise nationale et de briser les liens qui la rattachaient de plus en plus étroitement à l'Eglise romaine. Beaucoup d'évêques se montraient favorables à cette politique ; l'opinion s'échauffait ; on allait jusqu'à parler d'établir en France un patriarche.

Mais les meilleures têtes du clergé de France comprirent que l'Eglise gallicane n'avait aucun intérêt à se détacher de Rome, parce que toute autorité enlevée à Rome passerait au roi. L'indépendance de l'Eglise de France se trouvait bien mieux garantie entre le roi et le pape, toujours en désaccord et en querelle, que si le roi eût été seul maître et chef temporel de l'Eglise comme l'était le roi d'Angleterre.

L'assemblée chercha donc à contenter le roi, sans s'aliéner à tout jamais le pontife. Elle accepta l'extension de la régale à tout le royaume, et chargea le plus savant et le plus éloquent de ses membres, Bossuet, de rédiger la déclaration dogmatique, qui formait le principal objet de sa réunion.

La Déclaration du 19 mars 1682 frappa d'une égale réprobation ceux qui s'efforçaient de renverser les libertés gallicanes, appuyées sur les canons et la tradition des Pères, et ceux qui, sous prétexte de ces libertés, portaient atteinte à la primauté de saint Pierre et de ses successeurs.

Le clergé déclarait que l'Eglise n'a reçu de puissance de Dieu que sur les choses spirituelles, que les rois et princes ne peuvent être déposés par elle ni directement, ni indirectement, ni leurs sujets déliés du serment de fidélité par l'autorité des chefs de l'Eglise, et que cette doctrine doit être inviolablement suivie comme conforme à la parole de Dieu, à la tradition des Pères et aux exemples des saints. Le clergé de France rappelait les décrets du saint concile œcuménique de Constance sur l'autorité des Conciles généraux. Il affirmait la légitimité des libertés de l'Eglise gallicane et son intention de maintenir inébranlables les bornes posées par les règles et constitutions reçues dans le royaume. Enfin il déclarait les jugements du pape révocables, tant que le consentement de l'Eglise ne les avait point confirmés.

L'œuvre de Bossuet était considérable et solide : elle plaçait la couronne au-dessus des atteintes de la papauté, elle affirmait l'autonomie de l'Église de France, elle reprenait la vieille idée de la supériorité des Conciles sur les papes.

Mais il est aisé de voir que le gallicanisme des évêques se fût exprimé avec bien plus de force, s'ils n'avaient craint de tomber sous la tyrannie royale.

De son côté, Louis XIV sembla s'effrayer de ses propres audaces, il lui parut dangereux d'éterniser les discussions sur des questions aussi épineuses, et, le 23 juillet, après une suspension de quelques semaines, il prorogea indéfiniment l'assemblée du clergé.

Si l'on considère la durée de la lutte, l'importance du problème et la nature extraordinaire des moyens mis en jeu par le roi, on ne manquera pas de s'étonner que les résultats aient si faiblement répondu à l'attente générale. C'est une preuve de plus que la politique de Louis XIV manqua toujours de profondeur et ne visa jamais au delà des résultats immédiats.

Satisfait d'avoir obtenu gain de cause dans l'affaire du droit de régale, et content d'avoir évoqué aux yeux du pape le spectre du schisme, il se laissa reprendre par les jésuites et congédia l'assemblée qui se préparait à censurer la morale des casuistes.

Le pape, de son côté, ne perdit aucune occasion de témoigner au roi son ressentiment, mais n'osa pas condamner la Déclaration du clergé de France.

Les deux adversaires s'entendirent tacitement pour ne plus reparler de cet incident, et la Déclaration, qui aurait pu arrêter à jamais l'autocratie pontificale, réussit tout au plus à mettre une pierre sur son chemin.

La célèbre affaire du quartier des ambassadeurs montra une dernière fois toute l'infatuation et l'imprudence de Louis XIV. Les ambassadeurs étrangers avaient le droit d'exclure la police romaine des quartiers qu'ils habitaient, et ces quartiers servaient naturellement de repaires aux contrebandiers et aux malfaiteurs de profession. Profitant des changements qui se produisaient dans le personnel des ambassades, le pape avait peu à peu obtenu de la plupart des souverains d'Europe qu'ils renonçassent à un usage devenu odieux et ridicule. L'ambassade française étant devenue vacante en janvier 1687, le pape demanda au roi de vouloir bien suivre l'exemple des autres États; mais Louis XIV répondit superbement « qu'il n'avait jamais été réglé par « l'exemple d'autrui, et que Dieu l'avait établi pour donner « l'exemple aux autres, non pour le recevoir ». Et, pour montrer combien il tenait au glorieux privilège de donner asile aux filous et aux spadassins dans le quartier de son ambassadeur à Rome, il ordonna à son nouveau représentant, le marquis de Lavardin, de faire son entrée dans la ville à la tête d'une garde de 800 gentilshommes. Le pape refusa de le recevoir, mit en interdit l'église Saint-Louis des Français, et, l'année suivante, nomma archevêque de Cologne le prétendant allemand Clément de Bavière, au lieu du candidat français Guillaume de Furstenberg.

Tels étaient, sous Louis XIV, les rapports du roi de France et du Saint-Siège. A moins de guerre déclarée, ils ne pouvaient être plus mauvais.

La royauté aurait dû concourir, de tout son pouvoir, au progrès moral de l'Eglise ; elle ne fit que lui donner les pires exemples et aider à sa corruption.

Elle aurait dû la faire rentrer dans le droit commun au point de vue financier ; elle ne sut que la menacer, la vexer, la piller ou se laisser berner par elle.

Elle aurait dû soutenir les libertés gallicanes contre l'autocratie pontificale ; elle ne sut tirer aucun parti sérieux de ses avantages.

Elle aurait dû défendre les protestants contre le fanatisme catholique ; nous verrons dans les prochaines leçons comment elle abdiqua ce beau rôle et se montra plus fanatique et plus cruelle que l'Eglise elle-même.

Et, de tout cela, nous conclurons que, hors du droit, il n'est rien de grand.

PRÉLIMINAIRES DE LA RÉVOCATION DE L'ÉDIT DE NANTES

Nous avons fait gloire à Henri IV d'avoir introduit, le premier, dans nos lois le principe de la tolérance religieuse ; nous avons été obligés de reconnaître qu'il y eut dans sa décision plus de politique que de philosophie, et que les deux confessions, catholique et protestante, restèrent ennemies, après comme avant l'Edit.

Les réformés témoignèrent d'abord d'un esprit turbulent et batailleur, qui les rendit suspects au prince et qui amena la suppression des garanties matérielles dont ils jouissaient.

Les catholiques envisagèrent toujours l'Edit comme une mesure provisoire, arrachée au roi par les tristes nécessités de la politique. Ils se donnèrent pour tâche d'en obtenir la révocation, et les meilleurs nourrirent, dès les premières années du dix-septième siècle, l'idée d'employer tous les moyens, y compris les plus violents, pour convertir et soumettre les huguenots et les ramener à la foi commune.

Le cardinal de Bérulle ne croyait pas à l'efficacité de la controverse contre les hérétiques et pensait « qu'on ne pouvait mettre « fin à une hérésie qui avait pris naissance dans les divisions de « l'Etat que par un coup d'éclat propre à la détruire dans son « centre même ».

Il est vraiment affligeant de trouver un pareil fanatisme chez un homme d'une aussi grande valeur morale ; mais nous ne pouvons ni nous en étonner ni en être indignés, car ce fanatisme découlait très logiquement de la conception que l'on avait alors de la religion.

Pour un catholique du dix-septième siècle, le principe qu'il n'est point de salut hors de l'Eglise est absolu ; et les huguenots, s'étant mis volontairement hors l'Eglise, ne peuvent attendre que la damnation. Il était donc permis à un politique comme Richelieu de les laisser tranquillement dans cette voie de perdition pour assurer la paix du royaume, et conserver au roi des contribuables et des soldats ; mais le vrai chrétien, curieux avant toutes choses du salut de ses frères, ne devait pas avoir de cesse qu'il n'eût retiré de leur mortelle erreur ces milliers d'âmes qui allaient se perdant par leur faute et pour l'éternité. L'hostilité des catholiques contre les huguenots a donc eu pour incontestable point de départ, chez les hommes les meilleurs et les plus doux, une pensée d'éminente et ardente charité : l'idée d'assurer leur salut.

Nous ne saurions, en bonne morale, condamner nos pères à ce sujet ; car, si la tolérance est inscrite dans nos lois, elle est bien loin d'être encore inscrite dans nos cœurs. Étudions donc les injustices et les violences qui furent commises il y a deux siècles ; considérons-les comme une grande crise nationale ; notons-en fidèlement les prodromes, les différentes périodes et les effets, et que le spectacle des excès commis nous attache plus profondément à la tolérance.

Ni Richelieu ni Mazarin ne furent des fanatiques. Ils cherchèrent tous les deux à maintenir catholiques et protestants dans le respect de l'Edit ; mais les administrateurs et les magistrats ne furent pas aussi sages, et la Compagnie du Saint-Sacrement trouva chez eux de déplorables complaisances.

L'histoire des trente années qui séparent le siège de La Rochelle du gouvernement personnel de Louis XIV pourrait être appelée proprement la période de la Compagnie ; c'est elle qui lutte avec ses seules forces contre le protestantisme légalement reconnu, et Louis XIV ne fera que profiter plus tard de ses enseignements.

La Compagnie songea d'abord, et ce moyen était parfaitement légitime, à convertir les huguenots par la prédication et la controverse. Elle fit appel à tous les gens de bonne volonté et fit prêcher par toute la France ; mais les huguenots avaient aussi des ministres fort instruits et éloquents, contre lesquels les missionnaires n'avaient pas toujours l'avantage, et la Compagnie cherchait à le leur assurer en marquant aux populations de quel côté était la faveur du gouvernement.

La conversion des adultes présentant trop de difficultés, on crut plus aisé de convertir les enfants et les jeunes gens, et, pour s'assurer qu'une fois convertis ils ne retomberaient point dans l'erreur, on eut l'idée de fonder des maisons religieuses où les nouveaux convertis trouveraient asile.

Vers 1634, la *Congrégation pour la propagation de la foi* fonda à Paris, dans l'île Notre-Dame, le couvent des *Nouveaux-Catholi-*

-ques. En 1637, Marie de Lumague, dame de Pollalion, ouvrit à Paris, rue des Fossoyeurs, le couvent des *Nouvelles-Catholiques*.

Des succursales furent créées en province : à Sedan, à Metz, au Puy, à Grenoble.

Ces maisons étaient fondées « pour y élever les enfants que les « huguenots confiaient à leur garde et recevoir aussi tous les « autres qui, venant à embrasser la religion catholique, seraient « chassés de leurs maisons, comme il arrivait souvent ». Comme on le pense bien, il était fort rare qu'un huguenot mît de lui-même ses enfants dans un couvent de nouveaux convertis ; la population de ces couvents était donc composée en grande majorité d'enfants subornés, amenés là au mépris de l'autorité paternelle, et retenus contre tout droit. Les parents n'osaient pas toujours se plaindre, quelquefois cependant ils se plaignaient et, suivant le vent qui soufflait à la Cour, ils obtenaient justice ou se voyaient déboutés de leurs prétentions. Le 8 juin 1648, le roi déclara prendre sous sa protection la dame Alix, directrice de la maison des Nouvelles-Catholiques de Metz, et lui permit « de conserver « pendant quinze jours tous ceux ou celles qui se rendraient dans « sa maison, sans qu'ils pussent être réclamés, ni interrompus « par aucun de leurs parents, amis ou autres ». En 1657, au contraire, Louis XIV défend de contraindre personne à changer de religion et fait rendre à leurs familles trois fillettes de neuf, dix et douze ans qui avaient été amenées à ce même couvent.

Comme l'emploi de la force pouvait être dangereux, on pensa à acheter les conversions. La Compagnie fit un fonds pour les nouveaux convertis, et l'on voit dans les procès-verbaux des assemblées de province la trace de ces charités intéressées, dont nous avons déjà dit notre sentiment. A Grenoble, en 1660, un ménage protestant, qui a promis de se convertir, reçoit 30 sols, et on lui fait espérer « une plus ample charité après la conver- « sion ». A Limoges, en 1662, une conversion est récompensée d'une aumône de quatre livres.

Toutes ces mesures avaient pour but de ramener directement les protestants au catholicisme ; mais la Compagnie paraît avoir eu plus de confiance dans les moyens détournés et s'est principalement employée à rendre intenable aux protestants la situation que leur avait faite la loi, afin de les déterminer à quitter leur camp et à rallier le gros de l'armée.

Dans cette voie, il n'est pas de taquinerie, de vexation ou

d'injustice dont elle ne se soit avisée, toutes les fois qu'elle en trouvait le moyen.

Elle faisait obliger les protestants à saluer le Saint-Sacrement et à tendre leurs maisons, le jour de la Fête-Dieu, « pour mar-
« quer leur respect pour la religion du roy ».

Elle s'ingéniait à représenter les huguenots comme des gens scandaleux, dont un bon catholique devait s'éloigner avec soin. Elle blâmait les relations d'amitié entre gens de communion différente ; elle déclarait scandaleux qu'un catholique assistât à un enterrement protestant.

Elle faisait une guerre acharnée aux livres protestants. Elle faisait défendre par le Parlement de Rouen « à tous libraires,
« imprimeurs, colporteurs et tous autres de faire imprimer,
« vendre, afficher, ni distribuer aucuns livres, placarts, ni li-
« belles contraires à la doctrine orthodoxe de la Religion catho-
« lique ». Elle faisait saisir à la frontière les livres imprimés à Genève.

Elle combattait par tous les moyens en son pouvoir l'influence des instituteurs protestants. Elle réussit, en 1647, à faire fermer à Rouen une école de filles tenue depuis vingt ans par deux demoiselles huguenotes. L'avocat général Le Guerchois osa dire devant le Parlement « qu'il était juste, raisonnable et équitable
« que la Religion catholique abaissât et humiliât, autant qu'il
« était possible, la religion prétendue réformée ».

Elle engageait les bons catholiques à ne rien acheter chez les négociants protestants ; elle menaçait les catholiques suspects de tolérance de les mettre eux aussi à l'Index.

Elle eût voulu que les patrons catholiques n'employassent pas d'ouvriers huguenots. Elle défendait aux patrons huguenots d'employer des ouvriers orthodoxes.

Ayant appris que des religionnaires voulaient s'établir à Grenoble, elle fait demander au premier consul de la ville d'exiger désormais de tout nouvel habitant une attestation de bonnes vie et mœurs, qu'on pourra toujours refuser aux protestants.

Elle intrigue, dès 1632, pour que les procureurs ne puissent être choisis parmi ceux de la religion.

En 1636, elle voudrait qu'il fût interdit aux médecins d'être d'une autre religion que la catholique. Elle engage les médecins bien pensants à exiger de leurs malades qu'ils reçoivent les sacrements ; elle leur ordonne de les abandonner, s'ils refusent.

Elle est à l'affût de tout ce qui se passe dans le camp ennemi. Si quelque propos malsonnant est tenu dans une Académie protestante, elle la fait fermer. Si quelque assemblée clandestine se tient dans un quartier de Paris, la Compagnie la surveille, la fait disperser et l'empêche de se reformer (1).

Toutes ces tyrannies ne sont encore que l'effet des initiatives particulières ; tous ces faits se passent sous le règne de Louis XIII et sous le règne de Mazarin, à une époque où le pouvoir n'est pas encore nettement hostile aux réformés et entend observer loyalement l'Edit de Nantes.

Avec l'avènement réel de Louis XIV (1661), la scène change. Le roi est fils d'une infante d'Espagne et dirigé par un jésuite fanatique, le P. Annat ; il nous apprend lui-même qu'il songea, dès les premiers jours de son règne, à restreindre l'édit de son grand-père : « Je formai dès 1661 le plan de toute ma conduite envers
« les réformés : ne point les presser par aucune rigueur nou-
« velle contre eux, faire observer ce qu'ils avaient obtenu de mes
« prédécesseurs, mais ne leur rien accorder au delà et en renfer-
« mer l'exécution dans les étroites formes que la justice et la
« bienséance pouvaient permettre. Quant aux grâces qui dépen-
« daient de moi seul, je résolus, et j'ai ponctuellement observé
« depuis, de ne leur en faire aucune, et *cela par bonté, non par*
« *aigreur.* »

Ce curieux passage des Mémoires de Louis XIV nous démontre, une fois de plus, que c'est par charité chrétienne, par bonté, dans l'intérêt de leur salut, que le roi s'est résolu à persécuter les hérétiques. Nous voyons aussi dans ces quelques lignes une maxime chère aux politiques de tous les temps, qui croient très légitime de n'accorder de faveurs qu'à leurs amis et de ne donner à leurs adversaires que la stricte justice, comme s'il pouvait être juste de mettre toutes les grâces d'un seul côté, et comme s'il y avait rien de plus inique que la stricte et brutale justice.

Avec un souverain féru de pareilles idées, les ennemis des réformés eurent beau jeu, pour développer leur plan d'attaque. A la place de la Compagnie du Saint-Sacrement, qui disparut en 1666, l'assemblée du clergé se chargea d'entretenir le roi dans les dispositions les plus hostiles et de le pousser à des mesures de plus en plus sévères.

L'assemblée de 1665 réclame la suppression des universités,

---

(1) R. Allier, *La Compagnie du Saint-Sacrement.*

des collèges et des académies protestantes, la spoliation des consistoires, la suppression des chambres mi-parties dans les Parlements, et l'autorisation pour les enfants d'abjurer la religion réformée dès l'âge de neuf ou dix ans.

En 1670, le clergé revint à la charge. Il demanda que le programme des écoles primaires protestantes fût réduit à la lecture, à l'écriture et au calcul ; la géographie et l'histoire constituant, d'après lui, un luxe inutile. Il eût voulu que les pasteurs ne pussent prêcher en dehors de leur paroisse et qu'on fît sortir de France tous les ministres d'origine étrangère. Il trouvait juste qu'un sursis de trois ans pour payer ses dettes fût accordé à tout huguenot qui se convertirait.

En 1675, le clergé réclama l'interdiction pour tout catholique de se faire protestant et supplia le roi de ne plus admettre de réformés aux emplois publics. Il réclama aussi la fermeture d'un grand nombre d'écoles et la destruction de plusieurs temples.

Il ne cessa de harceler le roi et les ministres, les trouvant toujours trop mous et trop timides, les poussant aux mesures les plus rigoureuses avec une véritable férocité.

Louis XIV ne fut amené que par degrés à l'idée de révoquer l'Edit d'Henri IV ; le clergé fit réellement le siège de sa volonté ; il sut la circonvenir, la saper, la miner, et mit vingt-cinq ans à l'amener à capitulation.

Louis XIV songea d'abord aux moyens de douceur. Condé et Fabert tentèrent de réunir les deux cultes ; mais les protestants répondirent à ces tentatives indiscrètes par un refus indigné : il leur semblait impossible de « réconcilier Christ et Bélial ».

Bossuet dépensa un immense talent à persuader aux protestants que le catholicisme n'offrait avec leur religion que d'insignifiantes différences. Son *Exposition de la foi catholique* faillit être condamnée à Rome et fut âprement réfutée par un jeune avocat de Montpellier, Brueys, qui d'ailleurs se convertit plus tard par ambition.

La certitude de s'avancer dans les bonnes grâces du roi décida un grand nombre de hauts personnages à se rallier à la religion de Sa Majesté. Turenne fut un des plus marquants.

Mme de Maintenon ne se contenta pas de changer de religion ; comme elle n'avait pu déterminer son cousin, M. de Villette-Mursay, à suivre son exemple, elle lui fit donner un commandement à la mer par M. de Seignelay et, en son absence, enleva sa fille

âgée de sept ans, pour en faire une bonne catholique ; voici en quels termes Mlle de Villette raconte sa conversion : « A peine ma
« mère fut-elle partie de Niort, ma tante, accoutumée à changer
« de religion, et qui venait de se convertir pour la seconde ou
« la troisième fois, partit de son côté et m'emmena à Paris. Sur la
« route nous rencontrâmes d'autres jeunes filles d'un âge plus
« fait, que Mme de Maintenon réclamait pour les convertir. Ces
« jeunes personnes, décidées à la résistance, étaient aussi
« étonnées qu'affligées de me voir amenée sans défense. Pour
« moi, contente d'aller sans savoir où l'on me menait, je n'étais
« affligée de rien. Nous arrivâmes ensemble à Paris, où Mme de
« Maintenon vint aussitôt me chercher et m'emmena seule à
« Saint-Germain. Je pleurai d'abord beaucoup ; mais je trouvai,
« le lendemain, la messe du roi si belle que je consentis à me
« faire catholique, à condition que je l'entendrais tous les jours
« et que l'on me garantirait du fouet. C'est là toute la contro-
« verse que l'on employa et la seule abjuration que je fis. »

Un autre converti, l'habile Pélisson, tira de sa conversion l'abbaye de Bénévent (10.000 livres), — l'abbaye de Gimont (8.000 livres), — le prieuré de Saint-Orens, une place de maître des requêtes, les fonctions d'historiographe du roi et l'admission au petit-lever.

Il crut ne pouvoir mieux reconnaître toutes ces faveurs qu'en travaillant activement à la conversion des réformés et accepta la direction de la Caisse des conversions, richement dotée par le roi.

Dans une lettre du 12 juin 1677, adressée aux évêques du royaume, il nous initie aux secrets de sa comptabilité. Il tarife les conversions, dont le prix varie d'un écu à 100 livres. Ce dernier prix doit être réservé aux gens d'un rang assez relevé ou chargés de famille. On ne paiera aucune prime sans une lettre d'abjuration certifiée par l'évêque du diocèse, l'intendant ou quelque autre personne considérable.

Certains convertisseurs faisaient merveille. Avec 2.000 écus, des missionnaires jésuites avaient acheté 7 à 800 conversions.

A la fin de 1682, Pélisson comptait 50.830 conversions, qui avaient coûté à sa caisse 725.000 livres. Il envoya ses listes au Pape Innocent XI, qui lui adressa un bref de félicitation.

Il n'y avait vraiment point là matière à compliments. Ce honteux moyen ne fit qu'épurer le protestantisme, en le débarrassant d'un grand nombre d'indignes, et n'ôta rien à sa force et à sa vitalité.

La caisse des conversions n'était qu'absurde ; on en vint bientôt jusqu'aux moyens franchement odieux.

Les Chambres de l'Edit, organisées par Henri IV pour garantir aux réformés une exacte justice, furent supprimées dès 1669 à Rouen et à Paris, et, en 1679, à Toulouse et à Bordeaux.

On chassa systématiquement les protestants de tous les offices de judicature, de finances et de la maison du roi.

Une déclaration du 20 février 1680 interdit la profession de sage-femme aux non-catholiques.

Un arrêt du Conseil du 29 juin ordonna à tous les réformés demeurant en la ville de Dijon de s'en retirer avec leurs familles et d'aller résider ailleurs.

Le 14 juillet de la même année, les réformés reçurent défense de vendre leurs biens et de sortir du royaume.

Les enfants purent abjurer valablement le protestantisme à 7 ans, « sans que leurs père et mère ou parents y pussent donner « aucun empêchement, sous quelque prétexte que ce fût ».

Un édit de juin 1680 interdit, au contraire, aux catholiques de passer à la religion réformée sous peine d'amende honorable, de confiscation des biens et de bannissement du royaume. En punition de l'apostasie, le culte protestant était supprimé dans l'endroit où l'abjuration avait eu lieu. Ce fut un moyen commode d'arriver à fermer les temples. Il suffisait que l'on y eût vu des catholiques, ou d'anciens huguenots convertis. Le temple de Marennes fut fermé sur le simple soupçon que des catholiques y avaient pénétré. Les ministres de cette église subirent sept mois de détention dans les cachots de La Réole, et furent ensuite bannis du royaume, quoiqu'on n'eût pu relever contre eux aucune charge précise. En la seule année 1683, on ferma pour des faits de ce genre 38 temples dans le Haut-Languedoc. Le temple de Montpellier, l'un des plus beaux de France, fut détruit parce qu'une jeune fille de quinze ans y vint se réfugier après s'être enfuie d'un couvent où on l'avait mise par force.

En 1684, trois lois terribles vinrent coup sur coup écraser les dernières libertés des réformés. Les biens des consistoires furent attribués aux hôpitaux catholiques. Les ministres reçurent défense de prêcher plus de trois ans au même lieu ; passé ce délai, ils devaient aller desservir une autre paroisse, située au moins à vingt lieues de la première, sous peine de 2.000 livres d'amende, d'interdiction du ministère et de destruction de leur église. Enfin il fut défendu aux particuliers de recevoir chez eux les pauvres malades de la religion prétendue réformée, qui durent aller mourir dans les hôpitaux catholiques.

Il serait facile de multiplier les preuves de cette tyrannie administrative ; nous en avons dit assez pour qu'il soit possible de se rendre compte du sens d'un proverbe du xviie siècle : « patient comme un huguenot ». Il fallait avoir, en effet, une patience extraordinaire pour endurer sans révolte, ou au moins sans indignation, une pareille série d'illégalités et de dénis de justice. Ce qu'on ne peut se lasser d'admirer, c'est que cette persécution coïncide précisément avec la plus brillante période du règne de Louis XIV. La paix de Nimègue marque le plein midi du soleil royal, Versailles devient la résidence habituelle du roi, l'aqueduc de Maintenon se construit, la gloire littéraire et artistique de la France est à son comble, et l'arbitraire s'affiche cyniquement, en attendant que la barbarie, mal dissimulée par la politesse des grandes manières de Cour, fasse de nouveau irruption dans les provinces avec les dragonnades.

L'inventeur responsable de cette nouvelle persécution est l'intendant du Poitou Marillac.

Le roi avait, dans cette province, diverses créances à recouvrer. Marillac donna l'ordre aux sergents et aux archers de prévenir les réformés que, s'ils ne se convertissaient point, on les forcerait à payer beaucoup plus que leur part, tandis que les nouveaux convertis seraient déchargés de l'impôt. Parmi les moyens employés alors pour assurer le recouvrement des tailles, figurait l'envoi de garnisaires chez les récalcitrants. Marillac envoya chez les réformés de grosses escouades de soldats, qui se comportèrent avec si peu de discrétion qu'un grand nombre de protestants se convertirent, et l'intendant put envoyer à M. de Louvois de longues listes de convertis, qui étonnèrent le ministre et le firent penser à employer les troupes à la conversion des huguenots.

Dans une lettre du 18 mars 1681, on le voit conseiller à Marillac de mettre 20 dragons chez les réformés, alors qu'en bonne justice on n'en devrait pas mettre plus de 10.

Marillac va plus loin, ne met les dragons que chez les huguenots, oblige l'habitant à les nourrir, contrairement aux ordonnances, et à leur payer une gratification de 30 sols par tête.

Les officiers ont ordre de fermer les yeux sur les libertés que peut prendre le soldat, et le pillage est bientôt si terrible que les

huguenots désertent le pays. Mme de Maintenon avertit son frère
« qu'il ne saurait mieux faire que d'acheter une terre en Poitou,
« où elles vont se donner pour rien par la fuite des huguenots ».
Ceux qui restent se convertissent par bandes ; c'est un succès
sans précédent. Marillac en est si fier qu'il continue ses tyrannies
malgré Louvois et malgré le roi. Il semble qu'il y ait dans son cas
quelque chose de la fierté de l'inventeur ; il a découvert le bon
moyen, il ne veut pas qu'on l'arrête. Il fallut le révoquer en février
1682 pour mettre fin à ces horreurs.

Cependant la situation des réformés devenait de plus en plus
dangereuse.

Le 1er juillet 1682, parut l'*Avertissement pastoral de l'Eglise
gallicane, assemblée à Paris par ordre du roi, à ceux de la
R. P. R. pour les porter à se convertir et à se réconcilier avec
l'Eglise.*

Ce document, signé de 8 archevêques, 25 évêques, dont Bossuet,
et 35 autres ecclésiastiques, débutait sur le ton le plus onctueux.
« Il y a longtemps, nos très chers frères, que l'Eglise de J.-C. est
« pour vous dans les gémissements et que cette mère, pleine
« d'une très sainte et très sincère tendresse pour ses enfants,
« vous voit, avec une extrême douleur, toujours égarés et comme
« perdus dans l'affreuse solitude de l'erreur... Elle se plaint
« amèrement, cette mère désolée, de ce qu'ayant méprisé la ten-
« dresse qu'elle a pour vous, vous avez déchiré ses entrailles.
« Elle vous recherche comme ses enfants égarés, elle vous rap-
« pelle comme la perdrix ses petits ; elle s'efforce de vous rassem-
« bler sous ses ailes comme la poule ses poussins ; elle vous sol-
« licite à prendre la route du ciel comme l'aigle ses aiglons, et,
« toujours pénétrée des vives douleurs d'un pénible enfantement,
« elle tâche, faibles enfants, de vous ranimer une seconde fois,
« résolue pour cet effet de souffrir toute sorte de tourments jus-
« qu'à ce qu'elle voie J.-C. véritablement renouvelé et ressuscité
« dans vos cœurs. »

L'Eglise gallicane adjurait les réformés de revenir à elle, dé-
clinant toute responsabilité morale à l'endroit de leur salut, s'ils
n'entendaient point ce dernier appel. Mais connaissant déjà sans
nul doute les intentions du roi, elle soulignait sa prière d'une
terrible menace : « Si vous refusez de répondre à nos désirs, cette
« dernière erreur sera plus criminelle que toutes les autres, et
« vous devez vous attendre à des malheurs incomparablement
« plus funestes et plus épouvantables que tous ceux qui vous

« ont atteints jusqu'à présent dans votre révolte et votre
« schisme. »

L'*Avertissement pastoral* et comminatoire fut signifié à tous les consistoires réformés par les soins des intendants, et accompagné d'une lettre du roi ordonnant aux évêques et aux magistrats :
« de ménager les esprits de ceux de la Religion prétendue réfor-
« mée avec douceur, et de ne se servir que de la force des rai-
« sons, sans rien faire contre les édits et déclarations en vertu
« desquelles l'exercice de leur religion était toléré dans le
« royaume » (10 juillet 1682).

Tandis que le langage du roi rendait quelque confiance aux réformés, les parlements ne cessaient de sévir contre eux. Pendant le seul mois de janvier 1683, celui de Toulouse fit arrêter 30 ministres et 60 pères de famille.

Les protestants résolurent de montrer qu'ils n'entendaient pas capituler. Dans une assemblée clandestine, tenue à Toulouse, seize délégués des églises du Languedoc, des Cévennes et du Dauphiné décidèrent de rouvrir les temples illégalement fermés et de rétablir l'exercice de leur religion dans tous les lieux où il avait été aboli. Dans une lettre au roi, ils protestaient de leur dévouement à sa personne : « la même religion qui les contraignait
« de s'assembler pour célébrer la gloire de Dieu leur apprenait
« qu'ils ne pouvaient jamais être dispensés, sous quel prétexte
« que ce fût, de la fidélité qui était due à Sa Majesté par tous
« ses sujets ».

Au mois de juillet, quelques prêches eurent lieu en plein champ, en Dauphiné et dans les Cévennes. Les catholiques s'alarmèrent. Louvois lança en campagne un soudard féroce, le marquis de Saint-Ruth, qui se fit bientôt une horrible réputation de cruauté.

Du Dauphiné, Saint-Ruth passa dans le Vivarais, battit les paysans et mit tout le pays au pillage. Le ministre Homel tomba entre ses mains. D'Aguesseau le condamna, comme rebelle, à être roué vif, et la constance de ce vieillard de 71 ans frappa d'étonnement et d'admiration tous ceux qui furent témoins de sa mort.
« Je meurs, déclara-t-il sur l'échafaud, dans la religion où je suis
« né et pour elle, je déclare que je la crois bonne et la seule où
« l'on puisse faire son salut. J'ai prêché 43 ans toujours la pure
« vérité et rien que ce qui est contenu dans la sainte Écriture ;
« j'en prends Dieu à témoin et le remercie de tout mon cœur de
« ce qu'il m'a fait la grâce de professer et prêcher les vérités de
« son saint Évangile. » Le bourreau, qui était ivre, le frappa

comme un furieux, mais de coups mal assurés. Il aurait dû mourir entre midi et une heure, il ne rendit le dernier soupir qu'entre quatre et cinq heures du soir. (Puaux, *Histoire de la Réformation française*, t. VI.)

En vain, d'Aguesseau essayait-il de défendre les populations paisibles, Louvois, irrité des tentatives de résistance qui venaient d'être faites, blâmait l'intendant et n'expédiait que des ordres sanguinaires : « Nourrissez les troupes aux dépens du pays, « saisissez les coupables, faites-les juger, rasez les maisons de « ceux qui ont été pris les armes à la main, abattez et rasez les « temples, causez une telle désolation que l'exemple épou-« vante. »

Dans ces heures terribles, les protestants essayèrent, encore une fois, de faire entendre au roi le langage de la justice et de la raison.

Au mois de janvier 1685, le ministre Claude rédigea au nom des réformés une *Requête des protestants au roy*. (Cf. *Revue historique*, janvier 1885.) Il rappelait l'origine de l'Edit de Nantes, insistait sur son inviolabilité, le montrait confirmé par Louis XIII et par Louis XIV même, en 1643, 1669 et 1680, « de sorte que les « suppliants pouvaient dire avec raison et avec confiance que, « vivant sous le bénéfice de l'Edit de Nantes, ils vivaient sous la « foi sacrée du roi et des rois ses prédécesseurs ». Cependant l'Edit était constamment violé ; l'accès des charges publiques était interdit aux réformés ; l'exercice des arts et métiers leur était rendu chaque jour plus difficile, leur autorité de pères de famille, « droit qui a toujours été regardé parmi toutes les nations « comme saint et inviolable », leur était déniée. L'Edit de Nantes n'était regardé par les juristes royaux que comme une charge dont il fallait soulager l'Etat. Des 760 églises protestantes autorisées en 1598, à peine en restait-il la douzième ou la quinzième partie. Les ministres étaient pourchassés avec une rigueur inouïe, les écoles et académies fermées, les Chambres de l'Edit supprimées. Et pour répondre à la distinction que l'on voulait faire entre le texte de l'Edit et les intentions d'Henri IV, Claude citait, d'après l'historien catholique Richer, les propres paroles du roi, qui auraient dû faire rougir Louis XIV : « Je ne trouve pas « bon, avait dit Henri, d'avoir une chose dans l'intention et d'en « écrire une autre, et si quelques autres l'ont fait, je ne veux « pas faire comme eux. La tromperie est partout odieuse, elle « l'est davantage aux princes, dont la parole doit être immuable ».

Cette admirable requête, monument de saine raison et de courageuse franchise, ne paraît avoir fait aucune impression sur Louis XIV. Est-elle même arrivée jusqu'à lui ?

Tandis que Claude défendait la cause du droit, les dragonnades, un instant suspendues, reprenaient de plus belle et promenaient l'horreur dans l'Angoumois, le Béarn, le Haut et le Bas-Languedoc.

Les mémoires du temps sont remplis de détails épouvantables sur la férocité des soldats, lâchés par leurs officiers et autorisés à faire tout ce qui leur passait par la tête.

Nous choisirons, parmi les faits les plus authentiques, deux traits caractéristiques qui suffiront à peindre les excès de tout genre auxquels se livrèrent les troupes.

La conversion du pays de Montauban avait été confiée au marquis de Bouflers. Il envoya 38 cavaliers chez le baron de Péchels de la Buissonnade ; ils enfoncèrent les portes, brisèrent les meubles et ne laissèrent pas au baron un lit où il pût se coucher. La marquise de Sabonnières, sa femme, était sur le point d'être mère ; elle n'en fut pas moins chassée de sa maison et s'en alla emportant un berceau et suivie de son mari et de ses quatre enfants, dont l'aîné n'avait pas sept ans. Du haut des fenêtres, les dragons leur jetèrent plusieurs cruches d'eau.

Quand la maison fut pillée de fond en comble, on leur ordonna d'y rentrer et de préparer de nouveaux logements pour les soldats. Ils obéirent ; six fusiliers entrèrent et, n'ayant rien à piller, commirent mille insolences. D'heure en heure arrivaient de nouveaux soldats. Le baron et les siens furent, une seconde fois, obligés de quitter leur maison.

La marquise, vivement impressionnée de tout ce qui venait de se passer, sentit les premières douleurs de l'enfantement ; mais toutes les portes se fermaient devant elle. Une de ses sœurs lui offrit enfin un asile.

Les dragons l'y suivirent, dès le lendemain, et allumèrent un si grand feu dans sa chambre que sa vie et celle de son enfant furent dans un grand danger. Elle se plaignit aux officiers, qui la traitèrent plus rudement encore que leurs soldats. Deux jours après, elle fut obligée de quitter la maison de sa sœur. Elle prit son enfant dans ses bras et se présenta chez l'intendant, qui la reçut brutalement et la mit à la porte. Elle courut alors dans toutes les rues, espérant que quelqu'un lui donnerait abri. Pas une porte ne s'ouvrit ; la terreur régnait dans la ville. Elle résofut de passer la nuit sur une pierre vis-à-vis de la demeure de sa sœur. Les soldats, qui ne la perdaient pas de vue, l'insultaient et la raillaient. Une femme fut touchée de son malheur, alla trouver l'intendant et lui parla avec tant d'éloquence qu'il lui permit de la recevoir chez elle, à condition que les gardes continueraient à la surveiller.

La constance du baron de Pechels fut à la hauteur de celle de la marquise. Jamais il ne voulut renier sa foi. Traîné de prison en prison, il fut transporté de la tour Constance d'Aigues-Mortes en Amérique. Arrivé à Saint-Domingue, les prêtres le firent envoyer à l'Ile-Vache, parce qu'il empêchait ses compagnons de se convertir. Il finit par s'échapper et se réfugia en Angleterre, où sa femme le rejoignit ; mais leurs cinq enfants leur furent enlevés.

Parfois les soldats, mis en joie par d'abondantes beuveries, inventaient des bouffonneries féroces. Un bourgeois de Rouffignac, appelé Pasquet, leur étant tombé entre les mains, ils l'emmaillotèrent comme un enfant, le couchèrent dans un grand berceau, lui firent avaler de la bouillie brûlante et lui en barbouillèrent le visage. Il mourut des suites de cette plaisanterie.

C'en est assez pour comprendre la terreur qu'inspiraient les missionnaires bottés partout où ils apparaissaient. Tel homme courageux, qui eût chargé bravement à la tête d'une compagnie, s'effrayait en pensant aux tortures qu'on lui infligerait, aux insultes et aux mauvais traitements qui menaçaient sa femme et ses enfants.

On cédait, la rage dans le cœur, on se rendait au bureau de conversion, on y demandait un brevet de catholicité qu'on mettait à son chapeau.

C'était par milliers que se comptaient les conversions de ce genre. Marillac, dans sa première campagne, avait converti 50.000 huguenots. Foucault, Bouflers, Baville, de Noailles, l'évêque de Valence, M. de Cosnac, en convertirent bien davantage.

Chaque jour arrivaient à Versailles de nouvelles listes, et Louis XIV, ignorant de quels moyens on se servait, grisé par les flatteries des gens de Cour, enivré de l'excès de sa puissance, attribuait au prestige de sa personne et de son autorité des résultats qui tenaient en effet du miracle, pour quiconque ne savait pas comment prêchaient les dragons.

Les dragons étaient de pauvres gens, recrutés parmi la plèbe la plus vile de France et de l'étranger ; on ne s'étonne pas de les trouver ivrognes, pillards et débauchés.

Mais que dire de ces intendants qui se font bourreaux pour obtenir des conversions et qui mentent au roi pour obtenir sa faveur ?

Que dire de M. de Saint-Ruth, qui branchait les gens, comme eût fait Monluc cent ans plus tôt ; — de M. de Tessé s'amusant à contrefaire la voix pleurante des femmes qui lui venaient demander la grâce de leurs maris ?

M. Colbert, coadjuteur de l'archevêque de Rouen, était-il bien sincère, lorsqu'il disait au roi, au nom de l'assemblée du clergé (21 juillet 1685), « que c'était en gagnant le cœur des hérétiques « que le roi avait dompté leur obéissance et qu'ils ne seraient peut-« être jamais rentrés dans le sein de l'Eglise par une autre voie « que par le chemin couvert de fleurs qu'il leur avait ouvert » ?

N'est-on pas vraiment affligé quand on voit Bossuet, lui-même, prendre part à l'odieuse campagne et nier ensuite les excès qui l'ont marquée ?

Le 14 décembre 1685, il reçoit de Louvois la lettre suivante : « Monsieur, je ne puis mieux vous informer des ordres que « S. M. a donnez pour employer quatre compagnies du régiment « de dragons de la Reyne à la conversion des religionnaires de la « ville et élection de Meaux qu'en vous envoyant copie de la « lettre que j'escris par ordre du roy à M. de Menars, par laquelle » vous verrez le jour que doivent arriver lesdites compagnies, « et l'ordre qu'il a de concerter avec vous ce qu'il y aura à faire « pour lesdites conversions. »

Le 3 janvier 1686, Jurieu écrit dans ses *Lettres pastorales* : « Je « ne puis vous le dire qu'avec des larmes de sang ; les dragons « ont tout fait changer par force dans l'élection de Meaux ». — Et, le 24 mars 1686, Bossuet, s'adressant aux nouveaux convertis, se félicite qu'aucun d'eux n'ait souffert de violence ni dans sa personne ni dans ses biens : « J'entends dire la même chose aux « autres évêques, mais pour vous, mes frères, je ne vous dis rien « que vous ne disiez aussi bien que moi : vous êtes revenus pai-« siblement à nous, vous le savez. » (F. Puaux, Requête des protestants de France à Louis XIV, *Revue historique*, janvier 1883, p. 99.)

Trompé par tous et recevant sans cesse des listes de conversions, dénaturées et grossies, Louis XIV finit par croire qu'il ne restait plus en France que 10 à 12.000 protestants, et que la révocation de l'Edit, devenu presque sans objet, les ferait bientôt disparaître.

Sa responsabilité morale est certainement très atténuée par la conspiration ourdie autour de lui, mais il ne saurait cependant échapper à tout reproche. Roi absolu, se croyant doué de lumières supérieures au commun des hommes, rapportant à lui toute la gloire de son règne, il ne saurait s'excuser sous prétexte qu'il n'a pas su ce qui se faisait en son nom. S'il ne l'a pas su, c'est qu'il n'a pas voulu le savoir, et, s'il n'a pas voulu s'informer plus exactement, c'est qu'il se doutait bien de ce qu'il aurait appris.

LA RÉVOCATION DE L'ÉDIT DE NANTES

Louis XIV avait songé, toute sa vie, à extirper l'hérésie; mais ce fut surtout après la paix de Nimègue, quand il se vit libre d'ennemis, qu'il résolut de s'y employer.

« Le roi commence à penser sérieusement à son salut, écrit
« Mme de Maintenon, le 24 août 1682. Si Dieu nous le conserve, il
« n'y aura plus qu'une religion dans son royaume. C'est le senti-
« ment de M. de Louvois, et je le crois plus volontiers là-des-
« sus que M. de Colbert, qui ne pense qu'à ses finances et presque
« jamais à la religion. »

Deux ans plus tard, la grande affaire est en train : « Le roi, dit
« Mme de Maintenon, a le dessein de travailler à la conversion des
« hérétiques ; il a souvent des conférences là-dessus avec M. Le
« Tellier (le chancelier) et M. de Châteauneuf (secrétaire d'État
« pour les affaires des réformés), où l'on voudrait me persuader
« que je ne serais pas de trop. M. de Châteauneuf a proposé des
« moyens qui ne conviennent pas ; il ne faut pas précipiter les
« choses ; il faut convertir et non persécuter. M. de Louvois vou-
« drait de la douceur, ce qui ne s'accorde point avec son naturel et
« son empressement de voir finir les choses. Le roi est prêt à faire
« tout ce qui sera jugé le plus utile au bien de la religion. »

On voit par ce passage que Mme de Maintenon a été accusée, à tort, d'avoir été l'inspiratrice de la Révocation. Elle était née calviniste et restait, comme telle, en butte aux soupçons des catholiques et aux reproches des protestants. Cela la mettait dans un grand embarras et l'obligeait d'approuver des choses fort opposées à ses sentiments : « On est bien injuste de m'attribuer tous
« ces malheurs, disait-elle ; s'il était vrai que je me mêlasse de
« tout, on devrait bien m'attribuer quelques bons conseils. »

L'influence de Mme de Maintenon fut indirecte ; elle rendit le roi dévot, elle lui inspira un regret sincère des désordres de sa jeunesse et, dans son étroite dévotion, Louis XIV crut ne rien pouvoir faire de plus agréable au ciel que de ramener l'unité religieuse dans ses Etats. Il crut ainsi rendre à Dieu un signalé service et assurer son salut. « Sa Majesté a beaucoup de piété, disait « Ezéchiel Spanheim, chargé d'affaires de Brandebourg, mais sa « religion est d'une telle sorte qu'elle ne l'empêchera jamais de « déclarer une guerre injuste ou de persécuter ses sujets. »

Louis XIV avait encore quelques scrupules ; il se demandait s'il avait le droit de révoquer l'Edit « perpétuel et irrévocable » rendu par son aïeul ; un *Conseil de conscience particulier*, composé de deux théologiens et de deux jurisconsultes, décida qu'il pouvait et qu'il devait révoquer l'Edit.

Au commencement d'octobre 1685, le roi réunit ses conseillers et n'eut pas de peine à triompher des timides objections de MM. de Croissi et de Seignelai. Le dauphin, alors âgé de 24 ans, représenta qu'il était à craindre que les huguenots prissent les armes ; que, supposé qu'ils n'osassent le faire, un grand nombre sortiraient du royaume, ce qui nuirait au commerce et à l'agriculture, et par là même affaiblirait l'Etat. Cette intervention du dauphin, si honorable pour lui, ne sauva pas les protestants. Le roi répondit qu'il avait tout prévu pour le cas d'insurrection. Quant à la raison d'intérêt, il la jugea peu digne de considération comparée aux avantages d'une opération qui rendrait à la religion sa splendeur, à l'Etat sa tranquillité et à l'autorité tous ses droits. (*Mém. du duc de Bourgogne*.)

La révocation fut donc décidée. Le roi confia la rédaction de la nouvelle loi au chancelier Michel Le Tellier, retenu à Paris par ses infirmités pendant que la Cour était à Fontainebleau. Le Tellier dicta le texte à M. de Châteauneuf. Le roi en prit connaissance le 15 octobre 1685, demanda quelques retouches, et, le 17 octobre, la nouvelle loi fut expédiée à tous les intendants, pour être publiée en même temps par tout le royaume, à l'exception de l'Alsace, à laquelle on n'osa toucher.

Le 22 octobre, la déclaration royale fut enregistrée dans tous les Parlements. Ces grands corps, qui avaient opposé tant de résistance à l'Edit de Henri IV, confirmèrent sans observations le rescrit barbare de Louis XIV.

L'Edit de révocation expose dans son préambule « que la « meilleure et la plus grande partie de ceux de la R. P. R. ont « embrassé la catholique », que dès lors l'exécution de l'Edit de Nantes demeure inutile, et que le roi a cru ne pouvoir rien faire de mieux que de le révoquer, « pour effacer entièrement la mémoire des maux que cette fausse religion a causés dans le royaume.

Les temples seront incessamment démolis. Défense de s'assembler pour l'exercice de la religion prétendue réformée en quelque lieu que ce soit, à peine de confiscation.

Ordre aux ministres qui ne se convertiront pas de sortir du royaume dans le délai de quinze jours.

Interdiction de toutes écoles protestantes.

Ordre de faire baptiser les enfants protestants par les curés des paroisses, à peine de 500 livres d'amende, et de plus grande si le cas le requiert. Les enfants seront élevés dans la religion catholique.

Un délai de quatre mois est accordé aux religionnaires fugitifs pour rentrer dans le royaume et recouvrer la possession de leurs biens; ce délai passé, les biens demeureront confisqués.

Défense aux religionnaires de sortir du royaume, à peine de galères pour les hommes, et de confiscation de corps et de biens pour les femmes.

Confirmation des lois portées contre les relaps. Un dernier article semblait reconnaître la liberté de conscience individuelle et permettait aux religionnaires, « en attendant qu'il plût à Dieu les « éclairer comme les autres, de demeurer dans le royaume, pays « et terres de l'obéissance du roi, y continuer leur commerce et « jouir de leurs biens sans pouvoir être troublés ni empêchés « sous prétexte de la dite religion ».

Mais, dans le mois qui suivit l'Edit, Louvois le commentait en ces termes : « Sa Majesté veut qu'on fasse sentir les dernières « rigueurs à ceux qui ne voudront pas se faire de sa religion, et « ceux qui auront la sotte gloire de rester les derniers doivent « être poussés jusqu'à la dernière extrémité... Qu'on laisse les « soldats vivre *fort licencieusement*. »

La situation faite aux protestants était vraiment terrible; sans temples, sans ministres, sans état civil, enfermés dans le royaume comme dans une geôle, jetés sur les galères à la première tentative d'évasion, ils n'avaient à choisir qu'entre la conversion pure et simple, ou la conversion apparente avec toutes ses hontes et tous ses dangers. On n'exagérera rien en disant que l'Edit les réduisait au désespoir.

Si les dragonnades avaient commencé à un moment où l'Edit de Nantes, encore en vigueur, en faisait un abominable abus de pouvoir, on peut juger de ce qu'elles durent être après la révocation, quand on put les faire passer pour des mesures de prudence ou de répression.

Dans le premier mois qui suivit l'Edit, Tessé envahit la ville d'Orange, qui n'appartenait point cependant à Louis XIV, mais au stathouder de Hollande, et convertit tout l'Etat. « Tout cela, « écrivait-il à Louvois, s'est fait doucement, sans violence et sans « désordre. Il n'y a que le ministre Chambrun, patriarche du pays, « qui continue de ne point vouloir entendre raison, car M. le « président, qui aspirait à l'honneur du martyre, fût devenu « mahométan, si je l'eusse souhaité. »

Voyons maintenant, d'après les mémoires de Chambrun lui-même, ce qu'étaient la douceur et l'ordre de M. de Tessé.

Chambrun avait 48 ans, il était perclus de la goutte, malade de la pierre et cloué sur son lit, pour s'être cassé la jambe en tombant d'entre les bras de ses domestiques.

« M. de Tessé, dit-il, envoya chez moi en moins de deux heures
« 42 dragons et 2 tambours, qui battaient nuit et jour autour de
« ma chambre pour me jeter dans l'insomnie et me faire perdre
« l'esprit. Ces nouveaux hôtes venaient en foule dans ma chambre
« pour me demander de l'argent... Il fallait que l'on courût à
« tous les cabarets de la ville pour leur donner tout ce qu'ils de-
« mandaient. S'étant gorgés du gibier le plus délicat, cela ne fut
« plus de leur goût; ils demandaient des choses qu'il aurait fallu
« aller chercher aux Indes, et tout cela pour avoir prétexte à mal-
« traiter mes domestiques et mes bons voisins, qui étaient accou-
« rus pour les servir, croyant par là adoucir leur rage et leur fu-
« reur. Dans peu d'heures, ma maison fut toute bouleversée ;
« toutes les provisions ne suffirent pas pour un repas, ils enfon-
« çaient les portes de tout ce qui était sous clef et faisaient un
« dégât de tout ce qui leur tombait en main. Mon épouse tâchait
« de subvenir à tout avec un courage intrépide... Elle essuya
« toutes les insolences qu'on se peut imaginer : les menaces, les
« injures, mille discours d'impudicité que ces malheureux pro-
« nonçaient à tous moments. La crainte où j'étais qu'elle ne fût
« insultée plus avant m'obligea de la conjurer de se retirer chez
« M. de Chavannes son père... La nuit ne fut pas venue que les
« dragons allumèrent des chandelles par toute ma maison. Dans
« ma basse-cour, dans mes chambres on y voyait comme en plein
« midi, et l'exercice ordinaire de ces malhonnêtes gens était de
« manger, de boire et de fumer toute la nuit. Cela eût été suppor-
« table, s'ils ne fussent venus fumer dans ma chambre et si les
« tambours avaient fait cesser leur bruit importun... Ils joignaient
« à tout cela des hurlements effroyables, et si, pour mon bon-

« heur, les fumées du vin en endormaient quelques-uns, l'officier
« qui commandait, et qu'on disait proche parent de M. le marquis
« de Louvois, les éveillait à coups de canne, afin qu'ils recom-
« mençassent à me tourmenter. Le désordre fut plus furieux pen-
« dant tout ce jour et la nuit suivante. Les tambours vinrent dans
« ma chambre ; les dragons venaient fumer à mon nez... Le
« mardi 13 de Novembre, je tombai dans une pâmoison où je
« demeurai quatre heures, avec peu d'apparences de vie. » Tessé
le traîna jusqu'à Valence, où l'évêque, M. de Cosnac, sut mener
à bien la conversion si bien commencée : « Il fallait agir avec moi,
« dit Chambrun, comme avec un enfant de naissance, et j'aurais
« pourri dans ma propre ordure, si j'avais été entre les mains
« d'autres personnes que mon épouse et mon neveu... On leur
« fit connaître qu'il faudrait qu'ils se retirassent, et qu'on me
« donnerait des dragons pour me servir... Je souffris tant de dou-
« leurs que j'allai lâcher cette maudite parole : Eh bien ! je me
« réunirai ! ».

L'histoire de Chambrun n'est pas un fait isolé, des milliers de malheureux souffrirent des tortures semblables pour cause de religion. Il n'est, pour ainsi dire, pas de cruauté dont ne s'avisèrent les soldats de Louvois, et quand, effrayé lui-même de ce qu'il apprenait, il voulut arrêter le fléau qu'il avait déchaîné, ses ordres ne furent plus obéis. Généraux, intendants, magistrats et soldats avaient pris goût à la curée et, sûrs que le ministre n'oserait jamais les désavouer, continuaient leur sinistre besogne en dépit des avis, des blâmes, des reproches, des commandements et des objurgations du ministre impuissant et débordé.

Comme si l'Edit d'octobre n'était point encore assez barbare, toute une série de mesures vinrent encore l'aggraver.

Le culte protestant fut défendu à bord des navires marchands.

Les Vaudois de Briançon s'étant réfugiés sur le versant piémontais des Alpes, Louis XIV obligea le duc de Savoie à les expulser, et comme ils ne voulurent pas rentrer en France, Piémontais et Français les attaquèrent à la fois. Il se commit là encore d'affreuses barbaries : 3000 hommes, femmes et enfants furent égorgés au pré de la Tour par les Piémontais, et 10.000 Vaudois furent dispersés dans les forteresses du Piémont, où la plupart périrent de faim et de misère.

Un Edit de janvier 1686 ordonna que tous les enfants de cinq à seize ans fussent enlevés à leurs parents hérétiques et remis à des parents catholiques, ou, s'ils n'en avaient pas, à des catholiques désignés par les juges. Des milliers d'enfants furent arrachés à leurs parents et jetés dans des couvents, où leur opiniâtreté à rester fidèles à leur foi leur attira d'indicibles persécutions.

Le 29 avril, un autre Edit menace les nouveaux convertis, qui refuseraient les sacrements en cas de maladie. S'ils reviennent à la santé, ils seront condamnés, comme relaps, aux galères et à la confiscation ; s'ils meurent, leur cadavre sera traîné sur la claie et jeté à la voirie.

Il semble qu'avec de telles lois, la volonté royale ait dû se faire obéir par tout le royaume, et n'ait pas trouvé de contradicteurs, mais ce serait méconnaître le caractère incoercible de l'esprit et la merveilleuse puissance de l'idée. Si Louis XIV avait cru pouvoir avec un chiffon de papier changer le cœur de ses sujets, il s'était abusé grossièrement sur sa puissance. Les trente dernières années de son règne ne furent, à l'intérieur, qu'une lutte sans répit, et parfois sauvage, contre les huguenots opiniâtres, les nouveaux convertis, les émigrants et les ministres.

Il était impossible à un protestant de demeurer dans sa religion sans s'exposer à la ruine et à la mort.

Un ancien procureur au Parlement de Bordeaux, Pierre de Vernejoul, avait un fils ministre à l'étranger et une nombreuse famille issue d'un second mariage.

Il s'était retiré dans son manoir de la Roque, près de Montflanquin, et y vivait tranquille et résigné, quand, le 31 août 1685, sa maison fut envahie par les soldats et mise au pillage. Le 2 septembre, les soldats se retirèrent en emportant l'argent et les bijoux qu'ils avaient pu trouver. Le 5 septembre, on lui envoya 200 hommes d'infanterie à loger, et il n'eut d'autre ressource que d'aller se cacher dans une haie avec sa femme et son plus jeune enfant jusqu'au départ des soldats. Quand il rentra chez lui, il trouva sa maison saccagée, sa métairie ruinée, tout son bétail tué, ses tonneaux défoncés, et le curé vint lui demander s'il ne voulait point obéir au roi.

Le 12 septembre, une lettre lui apprit que sa maison de Barsac était saccagée comme celle de la Roque.

Il obtint quelque répit par l'entremise du duc de la Force, parent de sa femme, qui le prit pour intendant de ses biens en Guyenne.

Mais, le 15 décembre, on l'avisa que l'on envoyait encore dix Croates dans sa maison, et qu'il aurait bientôt la compagnie tout entière, s'il ne changeait de religion.

Le 16, il fut averti que l'on recherchait sa femme pour la mettre au couvent.

Le 17 janvier 1686, l'évêque d'Agen le fit prévenir que, s'il n'abjurait pas, on allait démolir sa maison. Il répondit honnêtement « qu'il était obligé à Monsieur l'évêque du soin qu'il prenait, « mais que sa religion lui était plus chère que tout son bien ».

Le 18 janvier, à quatre heures du matin, le château de la Force où il était, fut cerné et envahi par la troupe, et il n'eut que le temps de se blottir avec sa femme dans une cachette pratiquée dans la muraille, où il resta jusqu'à midi.

Il dut s'enfuir à travers champs et demander l'hospitalité à des amis, bien incertains en ces jours de persécution.

Le 24 janvier, il apprit que sa maison avait été démolie.

Le 30, un de ses amis lui dit qu'une prime de 50 livres était promise à quiconque les livrerait à la justice, lui et sa femme, et qu'ils devaient être pendus.

Le 31, il fut découvert, mené chez le curé et mis à choisir entre l'abjuration ou la potence, il abjura. — « Dieu veuille me par« donner, écrit le malheureux sur son journal, et me donner « toujours sa crainte et son amour, voulant vivre et mourir dans « la religion qui nous est donnée par sa sainte parole. »

Sa mère étant morte le 12 juin 1689, sans avoir fait appeler de prêtre, le curé refusa de l'enterrer, et Pierre de Vernejoul inhuma sa mère dans son jardin de Capdeport, « proche le pied de sauge ».

En 1691, on l'inquiétait encore parce qu'il ne faisait pas fonction de catholique, ni lui, ni sa famille, et on l'accusait de rébellion contre le roi pour avoir rebâti sa maison. Il put prouver la fausseté de cette dernière accusation ; quant à la première, il avoua qu'elle était véritable, « car, ayant été forcé à signer une « abjuration, il ne pouvait vouloir aller faire de fonction d'un « catholique romain, ni profaner leurs mistères, mais demeurait « dans sa maison, priant Dieu selon sa religion (1). »

S'il échappa aux galères, ce fut hasard, ou effet de quelque puissante influence. En général, les nouveaux convertis n'avaient pas plutôt consenti à abjurer que les dragons, leurs tourmenteurs, venaient les accompagner à l'église et servaient de témoins férocement goguenards à leur réconciliation. Le lendemain même, les

---

(1) *Pierre de Vernejoul et son journal inédit* (1673-1691), par Daniel Benoît. Bulletin de la Soc. du prot. fr. (sept.-oct. 1904).

missionnaires jésuites faisaient mener à la communion ces catholiques de la veille, sans paraître se douter qu'une communion semblable ne pouvait être qu'un sacrilège. L'important était de grossir les listes que l'on envoyait à Versailles et de placer le plus grand nombre possible de huguenots dans la main de l'autorité.

L'histoire des nouveaux convertis offre un spectacle extrêmement intéressant. C'est la lutte passionnée du courage opiniâtre contre les pouvoirs les plus vigilants et les plus formidables. Sitôt que le pouvoir se relâche de sa surveillance, laisse entrevoir quelque fatigue, quelque velléité d'indulgence, le nouveau converti cherche à se dégager de la serre qui l'étreint, il cesse d'aller à l'église, il ne communie plus à Pâques, il lit l'Évangile à huis clos. Les évêques crient au scandale. Leur comptabilité pascale accuse les progrès de l'hérésie renaissante. Les intendants, qui tiennent à leur œuvre et qui la voient crouler, demandent de nouvelles rigueurs. Les griffes se resserrent de nouveau ; plus d'un relaps est envoyé, pour l'exemple, sur les galères du roi ; les autres retournent à l'église avec la même colère sourde, la même volonté invincible de lui échapper, le jour où ils le pourront faire sans risquer leur bien et leur liberté.

Les huguenots réfractaires à tout enseignement ont donné à Fénelon la grande raison de leur opiniâtreté. Ils l'écoutaient avec plaisir, semblaient touchés au point de verser des larmes, mais repoussaient toute idée de conversion en disant : « Nous serions « volontiers d'accord avec vous, mais vous n'êtes ici qu'en pas- « sant. Dès que vous serez parti, nous serons à la merci des moines, « qui ne nous prêchent que du latin, des indulgences et des con- « fréries ; on ne nous lira plus l'Évangile ; nous ne l'entendrons « plus expliquer, et on ne nous parlera plus qu'avec menaces. »

Ne pas se convertir était partout difficile et parfois presque impossible. L'obstination vous désignait d'elle-même à toutes les rigueurs de l'autorité : une parole imprudente, une correspondance compromettante, une dénonciation d'un voisin ou d'un ennemi, vous étiez saisi, arrêté, et souvent mené jusqu'aux galères, non sous prétexte de religion, mais pour cause de sédition ou de crime de lèse-majesté. Il était si insensé de mettre un homme aux galères parce qu'il préférait la religion de ses pères à celle du roi, que les protestants condamnés ne voyaient tout d'abord dans cette peine qu'une épreuve destinée à les effrayer. La tête rasée, la casaque rouge sur le dos, la chaîne aux pieds, ils parlaient encore « de leur bon roi » et semblaient prendre les galères en plaisanterie. Louis de Marolles, ancien conseiller du roi, et galérien, écrivait à sa femme : « Tout le monde me fait civilité sur « la galère, voyant que les officiers me visitent. Si tu me voyais « avec mes beaux habits de forçat, tu serais ravie. J'ai une belle « chemisette rouge, faite tout de même que les sarreaux des « charretiers des Ardennes, car elle n'est ouverte que par devant. « J'ai, de plus, un beau bonnet rouge, deux hauts de chausses « et deux chemises de toile grosse comme le doigt et des bas de « drap. Mes habits de liberté ne sont pas perdus, et, s'il plaisait « au roi de me faire grâce, je les reprendrais. Le fer que je porte « au pied, quoiqu'il ne pèse pas trois livres, m'a beaucoup plus « incommodé dans les commencements que celui que tu m'as vu « à Paris. » M. de Marolles resta six ans au bagne et mourut forçat.

Les femmes n'étaient pas mises aux galères, mais en prison ou au couvent. L'une des plus horribles prisons de femmes était la tour Constance, près d'Aigues-Mortes. Ce donjon de 20 mètres de diamètre et de 22 mètres de hauteur avait des murs de 6 mètres d'épaisseur et était divisé en trois étages voûtés, qui ne recevaient de jour que par une ouverture circulaire percée au centre de chaque salle. Les prisonnières ne voyaient jamais personne. Chaque jour, un treuil leur descendait les vivres indispensables à leur subsistance. Elles n'avaient d'autre exercice que de faire le tour du donjon ; elles passaient leur temps à prier, à rêver ; beaucoup finirent dans la folie. Une d'entre elles resta cinquante ans dans la tour.

Mais, si dure que fût la prison, les protestantes la préféraient encore au couvent. Mieux valait ne voir personne que de tomber aux mains de nonnes acharnées à vous vouloir sauver malgré vous. Beaucoup de dames qui avaient résisté aux dragons cédèrent devant la menace du couvent.

Un notable de Caen s'étant enfui en Angleterre, ses filles furent mises aux Nouvelles-Catholiques, et sa femme aux Filles repenties.

D'ailleurs, opiniâtre ou non, le huguenot subissait la même persécution et endurait les mêmes douleurs, s'il avait des enfants. On voyait des mères laver, au retour de l'église, le front de leur enfant qui venait de recevoir le baptême catholique. On en voyait qui, dans l'angoisse du désespoir, criaient à leur fils, partant pour le couvent : « Si tu vas à la messe, je te maudis ». Les enfants arrachés à leurs parents et jetés dans les monastères lassaient parfois la patience de leurs instructeurs et sortaient de ces geôles plus huguenots qu'ils n'y étaient entrés ; ou bien, par mille gamineries, témoignaient que l'on pouvait torturer leur corps, mais que l'on n'aurait jamais prise sur leur âme. La haine s'amassait dans les cœurs et n'attendait qu'une étincelle pour faire explosion.

Louis XIV avait d'un seul coup banni du royaume 700 ministres. Les malheureux étaient partis au milieu des pleurs et des gémissements, et l'un d'eux, le pasteur de Caen, du Bosc, nous a dit en vers indignés tout son désespoir :

> Tu me vois, ô Seigneur, chassé de ma province,
> Attaqué d'ennemis mortels,
> Eloigné de la Cour, condamné de mon prince
> Et séparé de tes autels.
> Hélas ! ce dernier point est celui qui me touche :
> C'est ce qui fait sortir les plaintes de ma bouche,
> Les soupirs de mon sein et les pleurs de mes yeux,
> J'ai quitté sans regret les plaisirs de la terre,
> Ses richesses de boue et ses honneurs de verre,
> Mais je regrette, ô Dieu, tes parvis glorieux.
>
> En l'état où je suis, j'éprouve cent alarmes
> Et je me vois presque réduit
> A ne me nourrir plus que de l'eau de mes larmes,
> Dont je m'abreuve jour et nuit.
> Mais, entre tous les maux dont je ressens l'outrage,
> Rien ne m'afflige tant que l'impudent langage
> De ceux qui font la guerre au maître que je sers ;
> Lorsque, leur sens brutal chassant sa providence,
> Ils osent inférer de ma rude souffrance
> Que je n'ai plus pour moi le Dieu de l'Univers.

Bientôt les pasteurs bannis furent pris de la nostalgie du retour ; décidés à braver toutes les tyrannies et tous les dangers, ils rentrèrent dans le royaume, où leur tête fut mise à prix comme celle des loups.

Une déclaration royale du 1er juillet 1686 portait peine de mort contre tout ministre religionnaire français ou étranger qui rentrerait dans le royaume ; défense de leur donner retraite ou assistance, sous peine pour les hommes des galères perpétuelles, et pour les femmes d'être rasées et renfermées pour le reste de leurs jours, et de confiscation de biens. — Récompense de 5.500 livres payées comptant pour quiconque donnera lieu par ses avis à la capture d'un ministre.

Comme il n'y avait plus de temples debout et que les villes étaient trop surveillées, c'est dans les bois, au milieu des montagnes, dans les coins les plus isolés, que les protestants tenaient leurs assemblées. De mystérieuses indications circulaient de main en main ; au jour marqué, les fidèles se rendaient par petits groupes au lieu de l'assemblée. Des sentinelles postées sur les chemins à une lieue de distance surveillaient la contrée et, dans le temple naturel de la forêt, les protestants écoutaient le prêche, chantaient leurs psaumes, se réconfortaient les uns les autres, s'excitaient à demeurer fermes dans la foi.

Tous ceux qui venaient à ces assemblées savaient qu'ils risquaient leur liberté et leur vie. M. de la Trousse, commandant des troupes royales en Languedoc, promettait 50 pistoles à quiconque avertirait l'autorité de la tenue des assemblées, assez à temps pour que l'on pût tomber dessus avec de la troupe. « Lorsque l'on
« aura tant fait que de parvenir au lieu de l'assemblée, il ne sera
« pas mal à propos, ajoutait-il, d'en écharper une partie et d'en
« faire arrêter le plus qu'on pourra, du nombre desquels on fera
« pendre sur-le-champ quelques-uns de ceux qui se trouveront
« armés, et conduire le reste en prison, soit hommes ou femmes,
« et principalement le président... Si l'on pouvait même engager
« quelques-uns à livrer un prédicant ou un proposant, on donnera
« cinquante louis d'or pour le prédicant et autant pour le proposant, c'est-à-dire de ceux qui ont prêché aux assemblées. »

Les ministres surpris en flagrant délit de prêche étaient jugés et impitoyablement condamnés à mort.

Le pasteur Brousson avait quitté Genève et tous les siens pour retourner au milieu des protestants du Midi.

Fait prisonnier par trahison, il fut condamné à la question et à être rompu vif. Baville, touché de sa constance, décida qu'il serait seulement présenté à la question et pendu : « J'ai exécuté
« plus de 200 condamnés, disait le bourreau, mais aucun ne m'a
« fait trembler comme M. Brousson ; quand on le présenta à la
« question, le commissaire et les juges étaient plus pâles et plus
« tremblants que lui, qui levait les yeux au ciel en priant Dieu.
« Je me serais enfui, si je l'avais pu, pour ne pas mettre à mort
« un si honnête homme. Si j'osais parler, j'aurais bien des choses
« à dire sur lui ! Certainement, il est mort comme un saint. »

Bien d'autres moururent comme lui, pleins de foi et de courage.

L'histoire des martyrs courait le pays et exaltait les âmes. La douleur, la colère, la vengeance amenèrent les esprits à un tel degré de tension que la passion mystique se tourna en extase. Un vieux gentilhomme verrier du Dauphiné, nommé du Serre, avait recueilli dans sa demeure des orphelins huguenots ; il les élevait dans la pénitence et la crainte du Seigneur : l'imagination de ces enfants s'enflammait à ses discours ; un jour vint où ils entendirent des voix, où ils eurent des visions et prophétisèrent, et du Serre les envoya prêcher au peuple, et ils lui annoncèrent que le Seigneur prenait pitié de Sion.

Leur voix fut comme le choc qui détruit l'équilibre instable d'une masse de verre trempé et la fait voler en éclats. Elle triompha tout de suite de la crainte qui retenait encore le peuple dans l'obéissance. Elle suscita partout des prophètes, et ce fut bientôt par centaines, par milliers même que se comptèrent les voyants. Ils allaient par les villages et les hameaux, rallumant partout la foi et les haines et menant le peuple aux assemblées, où les prêches lyriques alternaient avec les chants de pénitence et de guerre. Les huguenots se rassemblaient sur l'emplacement de leurs temples et croyaient entendre les anges voler et chanter au-dessus des ruines. Les femmes étaient saisies de l'esprit prophétique, chantaient des psaumes, parlaient avec une facilité, une éloquence extraordinaires, se transfiguraient par l'effet de leur discours et apparaissaient aux assistants belles comme des chérubins. Des enfants voyaient de grandes cloches passer dans les airs et entendaient des anges qui leur disaient de ne plus aller à la messe, que les jours de Bélial étaient comptés.

A mesure que grandissait l'enthousiasme des Cévenols croissait aussi la fureur des autorités royales. Le terrible intendant Basville ne faisait plus de quartier, et, de temps à autre, des représailles folles tombaient sur les persécuteurs.

Un prêtre particulièrement haï, du Chayla, archiprêtre de Mende, avait arrêté un convoi d'émigrants ; un cardeur de laine, nommé Séguier, souleva une bande de huguenots, délivra les prisonniers et s'empara de du Chayla. Cinquante-trois hommes défilèrent devant le malheureux et lui portèrent chacun un coup : « Voilà « pour mon frère que tu as envoyé aux galères ! — Voilà pour ma « mère, morte de chagrin ! — Voilà pour mon père traîné sur la « claie ! — Voilà pour mon ami assassiné ! »

Quand les prophètes tombaient aux mains des soldats, ils ne se montraient pas moins intrépides que les ministres.

— Votre nom ?
— Séguier.
— Pourquoi vous appelle-t-on Esprit ?
— Parce que l'esprit de Dieu est avec moi.
— Votre domicile ?
— Au désert et bientôt au ciel.

— Demandez pardon au roi.

— Nous n'avons d'autre roi que l'Eternel.

— N'avez-vous pas, au moins, remords de vos crimes ?

— Mon âme est un jardin plein d'ombrages et de fontaines.

Enfin, après les persécutions, les mutineries, les représailles et les exécutions, vint la guerre civile ; la terrible insurrection des Camisards mit les Cévennes en feu pendant trois ans (1702-1705). Le maréchal de Montrevel dévasta quarante lieues de pays et fit disparaître 400 villages. Le régiment de la marine fut presque entièrement anéanti à Saint-Chaptes en 1704. Villars conquit dans les Cévennes son titre de duc et son cordon bleu. Il traita avec Cavelier. Berwick acheva son œuvre et dispersa les dernières bandes ; beaucoup de camisards passèrent à l'étranger.

Saint-Simon avoue que « si les insurgés s'en étaient tenus à « demander seulement la liberté de conscience et le soulagement « des impôts... force catholiques... auraient peut-être levé le « masque sous leur protection. »

La dévastation des Cévennes n'arrêta pas le cours des persécutions. Louis XIV resta jusqu'à son dernier jour le fléau des réformés. Quatre nouveaux Edits des 17 mai 1711, 8 mars 1712, 18 mars 1712 et 18 septembre 1713 rappelèrent et aggravèrent les lois les plus cruelles précédemment portées contre les huguenots.

Par le traité d'Utrecht, conclu avec la Grande-Bretagne, Louis XIV s'était engagé à remettre en liberté les protestants condamnés aux galères pour cause de religion. Ils n'étaient plus que 136. Louis XIV ne mit aucun empressement à les délivrer, il y en avait encore au bagne lorsqu'il mourut, le 1er septembre 1715.

La révocation de l'Edit de Nantes a causé à la France des maux incalculables. Vauban a dit qu'elle avait, dès les premières années, amené la désertion de « 100.000 Français, la sortie de 60 « millions, la ruine du commerce, les flottes ennemies grossies de « 9.000 matelots, les meilleurs du royaume, leur armée de 600 « officiers et 12.000 soldats plus aguerris que les leurs ».

Ces chiffres, si considérables qu'ils soient, ne sont pas encore suffisants. La Saintonge et le Poitou perdirent plus de 100.000 habitants ; en Normandie, 20.000 habitations étaient désertes ; à Paris, 1.200 familles protestantes sur 1.900 avaient passé à l'étranger. Metz avait perdu plus de 6.000 habitants. De 1682 à 1720, Genève secourut 60.000 exilés, Zürich en six ans 23.000. Londres compta bientôt 30 églises françaises. Berlin donna asile à 10.000

réfugiés. D'autres se rendirent en Suède, en Danemark, en Russie, en Amérique, et surtout en Hollande. La France perdit par cette funeste émigration, qui se continua jusqu'au milieu du XVIIIe siècle, plus de 400.000 habitants.

« Le nombre des Français qui furent perdus pour la France, « dit M. Sorel, si élevé qu'il soit, est cependant peu de chose en « comparaison de la valeur de leurs âmes, et de la trempe de « leurs caractères. Ceux qui, ayant à opter entre ce qu'ils avaient « de plus cher au monde et leur conscience optèrent pour leur « conscience, emportaient avec eux des trésors d'héroïsme, de « constance, de désintéressement. Ils laissaient dans leur patrie « un de ces vides que rien ne peut combler. »

« Que n'eût pas été la France, dit aussi Edgar Quinet, si avec « l'éclat de son génie elle eût joint la force de caractère, la vigueur « d'âme, l'indomptable ténacité de cette partie de la nation qui « avait été retrempée par la réforme ! »

« Les protestants, dit le duc d'Aumale, étaient devenus un élé-« ment essentiel de la nation. »

Cependant, Saint-Simon, Vauban, Noailles, furent presque seuls à blâmer la guerre à l'hérésie. Les acclamations retentissaient de toutes parts autour du trône ; clercs et courtisans rivalisaient d'enthousiasme et le poussaient jusqu'au délire.

Mme de Sévigné écrit que la Révocation est la plus grande et la « plus belle chose qui ait été imaginée et exécutée. »

Le comte de Bussy lui répond : « J'admire la conduite du roi « pour réunir les huguenots ; les guerres qu'on leur a faites autre-« fois et la Saint-Barthélemy ont donné vigueur à cette secte ; « S. M. les sapa petit à petit, et l'Edit qu'il vient de donner, « soutenu des dragons et de Bourdaloue, a été le coup de grâce. »

Mlle de Scudéry s'extasie à la vue de ces merveilles.

A l'Académie française, La Fontaine parle de l'hérésie réduite aux abois.

Tallemant compare Louis XIV vainqueur de l'hérésie à Apollon vainqueur du serpent Python.

Dacier applaudit le roi d'avoir « brisé les chaînes de l'erreur ».

L'abbé Fleury appelle les émigrés « de mauvais Français, qui « ont mieux aimé abandonner leur patrie que leur fausse religion ».

L'Académie propose la révocation comme sujet du prix de poésie, et Fontenelle remporte le prix.

Fénelon a vengé l'honneur du clergé de France par une belle lettre à Louis XIV, qui l'a perdu aux yeux du roi et le glorifie aux

yeux de l'histoire. « Vous n'aimez point Dieu, lui disait-il, vous
« ne le craignez même que d'une crainte d'esclave ; c'est l'enfer
« et non pas Dieu que vous craignez. Votre religion ne consiste
« qu'en superstitions, en petites pratiques superficielles. Vous
« êtes scrupuleux sur des bagatelles et endurci sur des maux
« terribles. Vous n'aimez que votre gloire et votre commodité.
« Vous rapportez tout à vous, comme si vous étiez le dieu de la terre
« et que tout le reste n'eût été créé que pour vous être sacrifié. »

Sauf Fénelon et Noailles, tout le reste applaudit.

Fléchier voit « la piété du prince excitant les uns par de pieuses
« libéralités, attirant les autres par les marques de sa bienveil-
« lance, relevant sa douceur par sa majesté, modérant la sévérité
« de ses Edits par sa clémence, aimant ses sujets et haïssant leurs
« erreurs, ramenant les uns à la vérité par la persuasion, les
« autres à la charité par la crainte ; toujours roi par autorité,
« toujours père par tendresse. »

Bossuet se passionne encore davantage et nous fait voir la
scène du point de vue ecclésiastique avec tout le mirage de sa foi
terrible, avec tout le prestige de sa magnifique éloquence. « Nos
« pères n'avaient pas vu comme nous une hérésie invétérée
« tomber tout à coup, les troupeaux égarés revenir en foule et nos
« églises trop étroites pour les recevoir, leurs faux pasteurs les
« abandonnant sans même en attendre l'ordre et heureux d'avoir
« à leur alléguer leur bannissement pour excuse ; tout calme dans
« un si grand mouvement, l'univers étonné de voir dans un évé-
« nement si nouveau la marque la plus assurée, comme le plus
« bel usage de l'autorité et le mérite du prince plus connu et
« plus révéré que son autorité même. Touchés de tant de mer-
« veilles, épanchons nos cœurs sur la piété de Louis, poussons
« jusqu'au ciel nos acclamations, et disons à ce nouveau Cons-
« tantin, à ce nouveau Théodose, à ce nouveau Marcien, à ce
« nouveau Charlemagne, ce que les six cent trente Pères disaient
« autrefois dans le concile de Chalcédoine : Vous avez affermi la
« foi, vous avez exterminé les hérétiques, c'est le digne ouvrage
« de votre règne, c'en est le propre caractère. »

Le grand Arnauld, alors réfugié en Hollande, vivant au milieu
de populations protestantes, lisant dans les gazettes hollandaises
le récit des dragonnades, applaudit, lui aussi, à la persécution. Il
se rappelle que saint Augustin a remarqué « que les édits des
« Empereurs, qui avaient ordonné de grosses amendes contre les
« Donatistes, furent cause que plusieurs d'entre eux retournè-

« rent à l'Eglise. » Il trouve les moyens employés *un peu violents*, mais *ne les croit pas injustes* ; il constate que le roi a eu le bonheur d'éteindre l'hérésie dans son royaume, et il pense que « ces gaze-
« tiers protestants sont de grands menteurs ».

Quand on voit de si hautes intelligences offusquées à ce point par le parti pris et le fanatisme, on ne s'étonnera pas que la bourgeoisie dévote et égoïste se soit réjouie de voir disparaître tous les concurrents huguenots, que le peuple ait battu des mains devant le pillage et la violence, et que le soldat ait pris un plaisir extraordinaire au divertissement vraiment royal que la piété singulière du roi lui ménageait.

Il faut savoir l'avouer : la France tout entière a été complice du roi. Aucune classe de la nation n'a le droit de rejeter sur l'autre la responsabilité de l'injustice. Tout le monde a été injuste, tout le monde a été méchant, tout le monde a été fou.

Et s'il en a été ainsi, c'est que l'âme française, avec toutes ses brillantes qualités, avec ses traits héroïques, présente deux graves lacunes, deux trous profonds que rien n'a pu combler ; elle n'a ni le sens du droit ni le sens de la liberté. Ces deux grandes choses la passionnent sans la pénétrer ; elle leur rend le culte idolâtre et païen que l'on rend aux idées qu'on admire et qu'on ne comprend pas. Elle en parle sans cesse, elle chante leurs louanges, elle les exalte, et, au même moment qu'elle paraît les adorer, elle les méconnaît dans sa conduite, les outrage et les foule aux pieds.

Une telle nation exagère tout ce qu'elle fait, surpasse les autres dans le mal comme dans le bien et n'a jamais l'allure ferme et grave qui convient aux gens doués de raison.

Dévoyée en 1685 par le fanatisme religieux, la France se laissera jeter en 1793 hors des voies du droit et de la liberté par le fanatisme politique. Les deux crises sont comparables et adéquates : mêmes grands principes à l'origine, même enthousiasme, mêmes fureurs, mêmes excès : confiscations, emprisonnements arbitraires, jugements précipités, proscriptions, émigration, guerre civile, guerre étrangère.

Et ne pensez pas que ces passions soient mortes, que le caractère national soit changé. Demain peut-être les partis de haine joueront sous vos yeux le troisième acte du drame, au nom cette fois du fanatisme social.

Voilà ce qu'il en coûte aux nations qui ne savent pas regarder comme intangibles les droits de la conscience, les droits de la famille, les droits de la liberté et les droits de la patrie.

L'ÉGLISE AU XVIIIᵉ SIÈCLE

Le 2 septembre 1715, la place du Palais, à Paris, présentait une animation extraordinaire. La foule remplissait les rues, tous les balcons ; les toits même étaient couverts de peuple. Les magnifiques troupes de la maison du roi faisaient la haie devant la Sainte-Chapelle, leurs grands drapeaux bleus fleurdelisés d'or et barrés d'une croix blanche ondoyaient au vent. Les carrosses se pressaient sur deux et trois rangs dans la cour du Palais. Messieurs, dans leurs robes rouges, accompagnaient jusqu'au bas du perron de la Chapelle Monseigneur le duc d'Orléans, régent du royaume, et tous les yeux allaient à un enfant de cinq ans et demi, que l'on descendait au bras, le long des degrés, et qui, le cordon bleu sur la poitrine et le chapeau sur la tête, regardait gravement toute cette foule et cet imposant appareil militaire. Cet enfant était le nouveau roi Louis XV, qui commençait au milieu des acclamations, des applaudissements, des élans de loyalisme et d'amour de tout un peuple, un des plus longs règnes de notre histoire.

L'Église pouvait le saluer avec joie, car elle avait vaincu tous ses ennemis, abattu jansénistes et quiétistes, soumis ou banni les protestants ; elle ne voyait plus devant elle qu'une route droite et unie, où elle s'avançait comme en procession, magnifique, triomphante, souveraine.

Mais c'est une loi de la vie que la victoire corrompt le vainqueur, l'endort et lui fait perdre peu à peu les vertus héroïques auxquelles il avait dû son triomphe. L'Église n'échappa point à cette loi fatale, et le xviiiᵉ siècle, qui semblait devoir être tout à elle, vit au contraire le commencement de son déclin.

Rien dans ce siècle n'attire les regards de l'historien sur l'Église. Plus de grandes discussions dogmatiques comme dans l'âge précédent. Il semble que la victoire de Bossuet sur Fénelon ait découragé les penseurs, et que l'on n'ose plus parler des choses du ciel par crainte des disgrâces de la terre. Plus de ces grands apôtres de la charité, comme saint François de Sales et saint Vincent de Paul ; des hommes de devoir, et en grand nombre, mais qui ne passent point l'ordinaire mesure et dont la vertu estimable n'a rien d'héroïque. Plus de fondations d'ordres, mais, au contraire, une tendance marquée à en diminuer le nombre, à en restreindre la richesse et l'influence.

L'Eglise est le premier corps de l'Etat, le mieux renté, le plus respecté en apparence ; mais elle semble avoir perdu le sens de la vie. C'est une puissance qui vit sur son passé, administre et conserve ses biens, demeure au même degré de splendeur où des siècles de foi l'ont portée, mais semble inhabile désormais à produire, à inventer, à créer quoi que ce soit de grand et de durable.

Le XVIIIe siècle a connu encore un certain nombre d'ecclésiastiques hommes d'Etat. Aucun d'eux n'a ajouté de pages bien brillantes à l'histoire politique de l'Eglise.

Le premier qui ait paru sur la scène est l'abbé Dubois, ancien correcteur de thèmes du régent, type de grécule sans idéal et sans conscience, dont l'insolente fortune fut comme un défi à la raison et à la morale. Dubois a avili son maître, qui le méprisait ; mais il l'a amusé, et, pour un blasé comme était le régent, un homme amusant était un homme précieux. Philippe voyait en Dubois quelque chose comme le prototype du coquin et prenait un singulier plaisir à chercher jusqu'où il pousserait l'effronterie. Le cynisme de Dubois n'eut pas de limites. On a tenté de le réhabiliter en montrant qu'il avait obtenu au régent l'alliance de l'Angleterre et empêché Albéroni de rallumer la guerre européenne. Nous voulons bien qu'il ait rendu ainsi quelque service à son maître ; mais, si le duc d'Orléans put se féliciter personnellement de l'alliance anglaise, la France n'en éprouva guère que dommages et humiliations. En tout cas, le service fut payé trop cher à Dubois par l'archevêché de Cambrai et le chapeau de cardinal. Dubois successeur de Fénelon ! Quelle bonne partie de fou rire durent faire ensemble le régent et l'abbé, quand cette énorme plaisanterie fut imposée à la Cour, à l'Eglise et à la France !

Après Dubois, Fleury. Nous remontons de plusieurs degrés. Le précepteur de Louis XV, qui jouait aux cartes avec son élève, au lieu de le faire travailler, n'est pas un génie ni même un honnête homme ; après l'affreux pitre dont le régent fit ses délices, il fait l'effet d'un juste et d'un vertueux personnage. Au fond, ce ne fut qu'un adroit courtisan, un arriviste patient et habile, un administrateur passable et un médiocre politique.

La France lui dut quelques années de paix, qu'elle employa à s'enrichir, mais, toujours féru de l'alliance anglaise, Fleury laissa dépérir notre marine, et quand l'inévitable rivalité mit l'Angleterre et la France aux prises, la France était vaincue d'avance, par l'avarice et l'imprévoyance du ministre. Il est beau d'aimer la paix, il est mieux de se mettre en état de la défendre ; l'homme le plus fort est celui qui risque le moins d'être attaqué.

Le cardinal de Bernis a présidé au renversement des alliances et a été le grand ministre de Mme de Pompadour. Il tournait galamment le vers badin, mais y prodiguait si bien les fleurs que Voltaire l'avait surnommé Babet la Bouquetière. Aimable épicurien, il sut vivre partout d'une vie douce et élégante. Ambassadeur à Venise, il ne parut pas s'y déplaire ; exilé de la cour par Choiseul, il se bâtit un joli château dans sa ville archiépiscopale d'Alby ; ambassadeur à Rome, il y vécut en grand seigneur, y tint table ouverte et y fit grande figure jusqu'au jour où la Révolution vint le relayer. Ce fut un homme d'esprit, et de bonne compagnie, chez qui il faisait bon souper.

L'abbé Terray, ministre des finances du triumvirat, avait plus de talent, et moins de conscience encore. C'est à lui que Louis XV a dû la paix des dernières années de son règne ; mais la misère générale était la rançon des splendeurs de la cour, et l'humeur cruelle du ministre contribua encore à faire abhorrer le régime qu'il représentait.

Le cardinal de Rohan n'a pas été ministre, mais son nom reste attaché à la scandaleuse affaire du collier, où ce prince de l'Église donna la mesure de sa vanité, de son immoralité et de sa sottise, et compromit le haut clergé et la couronne, au grand profit de la Révolution.

Loménie de Brienne, archevêque de Toulouse et successeur de Calonne, voulut reprendre le rôle de Maupeou, briser l'opposition parlementaire et rétablir l'ordre dans les finances par la banqueroute ; mais ces honnêtes desseins furent renversés par l'indignation publique, et M. de Brienne quitta le ministère, après avoir joué et perdu la dernière carte de la monarchie. C'est lui que Louis XVI refusait de nommer archevêque de Paris, en disant : « Au moins faut-il que l'archevêque de Paris croie en Dieu ». Il est probable que les archevêques de Toulouse et de Sens n'avaient pas besoin d'y croire, puisque Brienne échangea le siège de Toulouse pour celui de Sens, plus grassement renté. Brienne est le dernier ministre ecclésiastique de l'ancien régime.

L'épiscopat français comptait, en 1789, cent cinquante-deux

diocèses, sur lesquels trois seulement : Mâcon, Tréguier et Vannes, avaient des roturiers pour titulaires. Tous les autres sièges étaient occupés par des nobles. Un La Rochefoucauld était archevêque de Rouen, un de Luynes archevêque de Sens, un Talleyrand-Périgord archevêque de Reims, un de Fontanges archevêque de Bourges, un de la Tour du Pin archevêque d'Auch, un Rohan archevêque de Cambrai, un Rohan évêque de Strasbourg. On pensait toujours, comme Richelieu, que les gens qui ne sont que doctes et pieux font souvent « de fort mauvais évêques, ou « pour n'être pas propres à gouverner, à cause de la bassesse de « leur extraction, ou pour vivre avec un ménage qui, ayant du « rapport avec leur naissance, approche beaucoup de l'avarice, « au lieu que la Noblesse qui a de la vertu a souvent un particu-« lier désir d'honneur et de gloire, qui produit les mêmes effets « que le zèle causé par le pur amour de Dieu ; qu'elle vit d'ordi-« naire avec luxe et libéralité conformes à telle charge, et sait « mieux la façon d'agir et de converser avec le monde. »

Le dix-huitième siècle a connu des prélats vertueux et bienfaisants. Marseille a eu Belzunce, Clermont a eu Massillon. L'archevêque de Paris, M. de Noailles, laissa un grand renom de charité. Christophe de Beaumont, un de ses successeurs, nourrissait à ses frais plus de cinq cents personnes, sans vouloir distinguer entre les catholiques ou les hétérodoxes. M. de Rastignac, archevêque de Tours, secourait les inondés de la Loire. M. de La Motte, évêque d'Amiens, inspirait un si grand respect que l'on coupait son manteau et sa soutane pour en faire des reliques; M. de Galard de Terraube, évêque du Puy à la Révolution, était adoré de ses diocésains.

Mais la plupart des prélats de l'ancien régime, sans en excepter les plus philanthropes, étaient des grands seigneurs très fiers de leur naissance et très férus de leurs droits ; des prêtres plus pénétrés de leur mission sociale que remplis de la foi chrétienne ; des administrateurs parfois habiles, mais presque toujours très hauts et très absolus. Rien de moins évangélique, en général, rien de moins chrétien, dans le vrai sens du mot, que les évêques nobles de l'ancien régime.

De l'archevêque renté à 2 et 300.000 livres jusqu'au malheureux congruiste à 700 livres, s'étageait toute une hiérarchie de coadjuteurs, de vicaires généraux, de chanoines cathédraux et collégiaux, d'archiprêtres, de doyens et de curés, qui faisaient que l'on passait presque insensiblement d'un degré à l'autre et qu'il n'y avait pas de frontière bien nette entre le haut et le bas clergé.

Il y avait à la Cour et autour de la Cour des légions d'abbés mondains, à rabat et à petit collet, qu'on appelait « abbés de Sainte Espérance » et qui attendaient que le roi voulût bien les pourvoir.

Le roi avait à sa disposition 850 abbayes commendataires, 12.000 prieurés, 2.800 canonicats d'églises cathédrales, 5.600 canonicats de collégiales, des chapellenies, en tout 20.000 bénéfices sans charge d'âmes, à distribuer. Pour peu que l'on fût bien né, spirituel, bien apparenté ou recommandé, on pouvait espérer obtenir, un jour, quelque bénéfice avantageux qui vous mettait du haut clergé.

Le pauvre clerc, sans naissance et sans usage, était bien sûr de rester à jamais curé de campagne ou de petite paroisse. — « N'était-ce point assez, disait-on, pour un fils de paysan ? » — et le contraste était parfois si violent entre le luxe épiscopal et la misère du desservant, que la jalousie pénétrait dans le cœur du pauvre prêtre, en dépit du respect hiérarchique et de l'obédience canonique.

Le bas clergé constituait certainement une des classes les plus méritantes et les plus déshéritées de la nation. Cependant son dénuement n'est que relatif et emprunte surtout son caractère pénible aux habitudes de luxe qui dominent toute la vie française à cette époque. La portion congrue a été fixée à 700 livres, qui représentent environ 2.000 francs de notre monnaie actuelle. Les curés de campagne ne touchaient, hier encore, que 900 francs du gouvernement et étaient certainement moins rétribués avec 900 francs que les congruistes du xviii° siècle avec 700 livres. Mais il faut tenir compte des habitudes et des mœurs. La dépense du curé de campagne le plus modeste était estimée en Normandie à 1.200 livres ; n'en recevant que 700, il était en réalité à la charité de sa paroisse. Il lui fallait acquitter quelques menues redevances, entretenir et réparer son presbytère, payer sa domestique, faire l'aumône, et surtout recevoir ses confrères et tenir table ouverte à tout venant. La maréchaussée, les commis aux aides, les élus, les chirurgiens, autant d'hôtes qui tombent chez lui à l'improviste et auxquels il est obligé de faire bon visage. Les gros décimateurs, qui absorbent presque tout le revenu de la paroisse, rognent sans cesse la part du curé et ne lui donnent rien en dehors de sa portion congrue, fixée par la loi. Un curé du diocèse de Bayeux avait touché en 20 ans 80 boisseaux de grain pour tout secours (1). La Constituante trouva le traitement des prêtres de campagne si misérable qu'elle l'éleva à 2.000 francs.

Comme le Français du xviiie siècle n'avait pas à craindre le service militaire, ceux qui embrassaient l'état ecclésiastique y étaient conduits par une vocation généralement sincère, une foi vive et robuste, le désir de faire le bien, et peut-être aussi quelque peu d'ambition.

Au sortir du séminaire, le jeune clerc débutait comme vicaire de paroisse. Le vicaire n'était alors qu'une sorte de domestique, toujours révocable au gré de son curé. Certains de ces malheureux erraient de paroisse en paroisse sans jamais obtenir de cure, et finissaient tristement comme ce pauvre prêtre dont parle un document contemporain : « Il a blanchi sous le harnois. « Son pauvre harnois est usé. Le vicaire général en est fort « embarrassé. Il l'envoie d'un bout à l'autre du diocèse, chez les « curés changeants ; on le renvoie de partout, parce qu'il n'a plus « de jambes pour porter le bon Dieu et parce qu'il tousse trop « fort au coin du feu. »

Pour devenir curé, le vicaire fait la cour au seigneur patron de paroisse, de qui dépend sa nomination, il tâche à se mettre dans les bonnes grâces de Madame, il se montre bonhomme avec le sacristain, le marguillier, le trésorier qui pourraient lui faire opposition. Il leur donne à boire et boit avec eux. (Abbé Bernier, p. 107.)

Une fois curé, le jeune clerc règne en maître sur sa paroisse, presque aussi respecté et bien plus populaire que le seigneur ou le richard du lieu ; « il est protégé par les lois, les usages, les « mœurs, et son action sacerdotale s'étend sans contestation sur « tous ses fidèles, à tous les moments de leur vie, avec une auto-« rité et une indépendance dont il ne reste au clergé de nos jours « qu'un lointain souvenir. » Une seule ombre à ce tableau, c'est la gêne dans laquelle vit le congruiste, et qui le met hors d'état d'assister ses pauvres.

Aussi son ambition est-elle de devenir curé décimateur ; mais, quand il l'est devenu, l'aisance si longtemps attendue le prend quelquefois tout entier. Il laisse à son vicaire le ministère pastoral et ne se réserve que la grand'messe du dimanche. Le reste du temps, il va à droite et à gauche surveiller la rentrée de

---

(1) Abbé Bernier, *Essai sur le Tiers-État rural de basse Normandie*, Paris, 1892, in-8°.

ses dîmes, il fait battre son grain, il court les marchés et les foires, il soutient des procès contre les mauvais payeurs, contre les décimateurs laïques, contre les moines d'alentour, contre le chapitre, et parfois contre l'évêque.

Cependant il y a, parmi ces prêtres de campagne, des hommes d'une culture classique assez avancée, qui connaissent leurs auteurs et les citent volontiers à côté des textes sacrés. Il y en a de charitables et de bienveillants. Il y en a d'industrieux et d'intelligents, qui comprennent déjà la loi du progrès. A Chanteix, en Limousin, un curé fait la police de sa paroisse ; quatre jeunes gens déterminés arrêtent les voleurs ; on les attache au pied de la chaire ; tous les fidèles sont convoqués, et le curé, après avoir sévèrement admonesté les délinquants en leur présence, les fait relâcher. C'est la justice familiale substituée à la maréchaussée, à la prison, au présidial, à leurs lenteurs et à leurs iniquités. A Courgis, en Bourgogne, le curé fait la classe, une fois par semaine, aux enfants du village, et, si on lui demande quel usage les pauvres feront de l'instruction qu'il leur donne, il répond : « Elle leur donnera le plus doux des plaisirs, celui de « connaître et d'exercer l'intelligence. »

Il y a, en somme, une bien grande différence entre le curé de paroisse du dix-huitième siècle et les clercs grossiers du commencement du dix-septième. Le bas clergé forme une armée vigoureuse et admirablement disciplinée, toute dans la main de ses chefs, et dont la Révolution ne connaîtra malheureusement la puissance que le jour où elle l'aura soulevée contre elle.

Au clergé séculier appartenait le gouvernement des paroisses. La grande tâche du clergé régulier était l'enseignement.

A cette époque d'étroite alliance entre l'Eglise et la monarchie, l'Etat ne voyait aucun inconvénient à confier à l'Eglise un service public aussi important que l'enseignement national. Il trouvait chez elle la science, la conscience et la discipline requises pour s'acquitter d'une pareille tâche ; il savait que l'Eglise ne prêcherait jamais la rébellion aux sujets et resterait toujours l'alliée fidèle de la royauté. L'Etat se contentait donc d'exercer sur les établissements religieux une surveillance courtoise et débonnaire, et organisait à côté d'eux quelques grands instituts spéciaux pour développer la culture scientifique, que le clergé négligeait généralement.

Parmi les ordres enseignants, les jésuites occupèrent incontestablement le premier rang jusqu'au jour de leur expulsion, et nous ne pouvons mieux faire que de prendre leur grand collège de Louis-le-Grand comme type de la maison d'éducation, telle que l'entendait l'Eglise au xviii⁰ siècle (1).

Louis-le-Grand était le quartier général de la Société de Jésus en France, et comme la grande forteresse de laquelle mouvaient tous ses autres fiefs du royaume. Cinquante étudiants jésuites, qui avaient déjà enseigné plusieurs années à Paris ou dans les provinces, y suivaient les cours de théologie. C'est à Louis-le-Grand que se rédigeait la revue savante de la Société, *Les Mémoires de Trévoux*. Presque tous les Pères venus à Paris, pour y étudier ou y composer des ouvrages, prenaient leur logement au collège.

Louis-le-Grand comptait parmi ses professeurs le P. de Tournemine, directeur des *Mémoires de Trévoux*; le P. Tarteron, traducteur d'Horace, de Perse et de Juvénal ; le P. Lejay, le P. Buffier, fondateur de l'enseignement historique dans les collèges de la Société ; le P. Porée, qui enseigna pendant 33 ans la rhétorique et fut le professeur de Voltaire.

La population scolaire, qui monta jusqu'à 3.000 élèves, se divisait en externes et internes. Les externes étaient de beaucoup les plus nombreux et suivaient les cours gratuitement. Des secours étaient accordés aux plus pauvres pour acheter des livres.

Parmi les internes figuraient des fils de famille, de ducs et pairs, voire de princes du sang, des fils de bons bourgeois ; peu de fils de magistrats, parce que la robe était janséniste ; beaucoup de jeunes nobles de province, ou des colonies françaises. Le roi faisait élever à Louis-le-Grand un certain nombre de jeunes Syriens et Arméniens de bonnes familles, qui servaient plus tard d'interprètes et de consuls de France dans le Levant. Le collège avait 500 pensionnaires, tout ce qu'il en pouvait tenir. Il y fallait retenir une chambre un an d'avance, quand on y voulait entrer.

Tous les élèves étaient traités par les Pères sur le pied de l'égalité. Les plus forts portaient le titre d'académiciens, et, nobles ou non, passaient avant tous les autres. Cependant les fils de grands seigneurs avaient une chambre particulière, un valet pour leur service et parfois un répétiteur laïque ou ecclésiastique. Les autres vivaient en chambrées de quinze ou vingt sous la surveillance d'un *cubiculaire*, qui était souvent un jeune

---

(1) Cf. pour cette partie : J. de la Servière, *Le Père Charles Porée*, S. J., Poitiers, 1899, in-8°.

théologien du collège et parfois un Père d'une expérience consommée.

Après chaque repas, les restes étaient distribués aux indigents, et plus d'un pauvre externe n'avait pas d'autres ressources pour subsister. Plusieurs fois par an, les Pères menaient leurs élèves visiter des hôpitaux et les mettaient en contact direct avec la souffrance et la misère.

La discipline était sévère et s'appuyait sur les élèves eux-mêmes. Tous les mois, une composition écrite, comprenant un discours grec ou latin et une pièce de vers latins, classait les 300 élèves du Père Porée, et parmi les plus forts étaient choisis les généraux et les décurions, qui veillaient à maintenir le bon ordre parmi leurs camarades. Les décurions avaient aussi la charge de faire réciter les leçons aux élèves de leurs groupes et les récitaient eux-mêmes à leurs généraux. Les fautes graves étaient punies de pensums, de retenues, de privations à table et du fouet.

Tout l'enseignement roulait sur l'étude des langues mortes et du français et sur les littératures grecque, latine et française. On apprenait à traduire les textes anciens et à composer en grec, en latin et en français. On ne sortait guère des thèmes, des versions, des narrations et des discours ; mais un professeur habile trouvait moyen d'apprendre à ses élèves, à l'aide de ces vieux exercices, toutes sortes de notions morales, de maximes de conduite, de traits intéressants tirés de l'histoire et de la philosophie. Beaucoup ne craignaient pas les allusions aux événements contemporains. Beaucoup étaient vraiment patriotes, et la fréquentation assidue des anciens donnait à leur esprit une tournure quasi républicaine.

Il ne faut pas juger de la valeur de l'enseignement à Louis-le-Grand par les programmes. Ce serait tomber dans l'erreur où l'on tombe aujourd'hui. Les programmes, auxquels les pédants attachent une si plaisante importance, n'en ont vraiment presque aucune. La nature des choses apprises est presque indifférente ; tout le profit vient de la manière dont on apprend. Il ne s'agit point tant d'apprendre telle chose plutôt que telle autre, comme de pénétrer à fond ce qui fait l'intérêt d'une science, de se l'assimiler et d'en nourrir son intelligence. Avec nos programmes interminables, nous fatiguons les esprits sans les sustenter. Les programmes réduits d'autrefois avaient une tout autre valeur éducative et mûrissaient doucement les intelligences par le continuel exercice qu'ils leur imposaient.

Les bons élèves sortaient de Louis-le-Grand avec des clartés de beaucoup de choses, l'habitude de la réflexion, l'art de classer leurs idées, le goût de la netteté ; ils savaient s'exprimer avec aisance et politesse et avaient dans la tête tous les principes qui les devaient aider à compléter leur instruction et à jouer un rôle utile dans la société. C'est à cette éducation littéraire et philosophique, que la France du dix-huitième siècle a dû son génie libéral et universel, sa belle réputation d'élégance et de courtoisie, ses tendances philanthropiques et progressistes.

Macaulay a dit que les jésuites ont connu l'art de pousser la culture des esprits juste au point où allait commencer leur émancipation. C'est exact ; mais ce que les Pères ne voulaient point faire, Paris le faisait pour eux, et philosophes sans le savoir, imbus comme leur siècle de l'idée du progrès social, ils contribuaient inconsciemment à préparer leurs disciples à la vie active, inquiète et hardie qui les attendait.

On discutait beaucoup à Louis-le-Grand, on plaidait, et les questions mises en discussion touchaient parfois aux plus redoutables problèmes sociaux. On se demandait : « Quelle passion est
« la plus dangereuse ? libertinage, impiété, fureur du jeu ? —
« Quelle est la meilleure éducation pour un jeune homme ? édu-
« cation particulière ou publique, apprentissage rapide de la vie
« de cour, voyages en compagnie d'un précepteur habile ? —
« Quel est le plus juste partage des successions ? »

Cette dernière discussion est particulièrement intéressante. On y voit un cadet attaquer avec vigueur le droit d'aînesse ; un aîné déclare que détruire le droit d'aînesse, c'est détruire l'aristocratie elle-même, c'est détruire toute subordination domestique, c'est priver l'État des services que lui rendent dans l'Église, dans l'armée, aux colonies, tant de cadets que leur pauvreté oblige au travail et à l'action. Un autre propose de tout concilier en accordant au père de famille la liberté de disposer de son bien. Enfin le professeur résume les débats et nous donne l'avis de la sagesse telle qu'on la comprenait au XVIIIe siècle. Il veut un partage inégal de la fortune dans les maisons nobles : l'aîné emportera les deux tiers du bien paternel, le dernier tiers sera partagé entre les cadets. Dans les familles roturières, au contraire, le partage égal n'aura que des avantages. « Le bien
« public exigeant que les sujets d'un ordre inférieur se bornent à
« la médiocrité de leur état pour y faire fleurir les arts et le com-
« merce, dont la ruine serait inévitable, si l'inégalité les rendant

« trop riches, ils venaient à s'élever et à se mesurer avec les
« nobles. » Il n'est pas sûr que le discours du cadet n'ait pas
paru à beaucoup de jeunes gens beaucoup plus juste que la
harangue du maître.

On ne se contentait pas, à Louis-le-Grand, d'apprendre aux
élèves à raisonner et à discuter ; on les habituait à paraître en
public, et l'on ne craignait pas de leur faire réciter des vers, de
leur faire jouer la comédie et la tragédie même, et de les faire
danser sous la direction de quelques maîtres de ballet de l'Opéra.
Les jansénistes criaient au scandale et rappelaient que les danseurs de théâtre étaient excommuniés ; les fêtes scolaires de Louis-le-Grand n'en étaient pas moins suivies par le public le plus
élégant et le plus distingué. Munies de bonnes traductions, les
dames suivaient les pièces grecques et latines, et étaient les
plus ferventes à applaudir Sophocle et Euripide.

Des prologues et des intermèdes en vers français déridaient
les spectateurs. Voici, à titre d'exemple, le spirituel prologue
français d'une comédie latine où le P. Porée s'attaque au libertinage de la jeunesse :

> Nous allons donner en spectacle
> D'un libertin l'heureux retour :
> Il faut vaincre plus d'un obstacle
> Pour l'exposer en son vrai jour.
> Si l'on entreprend de le peindre,
> On doit tempérer la couleur ;
> Autrement, il serait à craindre
> Que l'on n'alarmât la pudeur.
> D'une conversion sincère
> Quand on veut tracer le tableau,
> Jamais l'Amour, jamais sa mère
> Ne doivent tenir le pinceau.

La chute en est jolie ; mais, en ce siècle où tout le monde avait
de l'esprit, les écoliers en avaient parfois plus que les maîtres,
et il n'était pas nécessaire d'être à Louis-le-Grand pour en avoir.
Un étourdi, élève du collège Sainte-Marthe de Poitiers, avait été
puni pour avoir joué avec son chapeau pendant la classe, au lieu
de le garder sur sa tête. Il se tira d'affaire avec la pochade que
voici :

> Si vous perdez vos bras, vendez votre manchon :
> Rien de trop fut toujours la devise du sage.
> A qui n'a point d'oiseau que servirait la cage ?
> Une ligne sans hameçon
> C'est du fil sans aiguille,

> Un microscope à Saunderson
> Aurait été fort inutile.
> On n'a point sans la mer équipé de vaisseau,
> Et je tiens pour certain qu'il faudrait être bête
> Pour garder son chapeau
> Quand on n'a pas de tête...

La comtesse Potocka nous a laissé dans ses *Mémoires* une peinture très vive et très amusante de sa vie à l'Abbaye-aux-Bois, grande maison d'éducation à la mode pour les jeunes filles du grand monde. La comtesse, alors Hélène Massalska, avait une chambre particulière et une « mie » à son service ; son oncle, archevêque de Wilna, en Lithuanie, payait chaque année 20.000 livres pour sa pension. Les jeunes pensionnaires s'amusaient fort et faisaient des niches à leurs graves maîtresses. S'avisèrent-elles pas, une nuit de Noël, de vider une bouteille d'encre dans le bénitier de la chapelle ; les religieuses, en se signant, se tachèrent le front, la guimpe et les doigts.

Une autre fois, profitant de quelques réparations au mur du jardin, les écolières entrèrent en relations avec un petit pâtissier, qui leur passait des tartelettes au moyen d'une ficelle: Mme de Rochechouart s'aperçut du manège, fit boucher la brèche du mur et félicita ironiquement ces demoiselles de la brillante conquête qu'elles avaient faite et dont leurs illustres familles ne manqueraient pas d'apprendre l'histoire avec grand intérêt. Les jeunes étourdies furent dans les transes pendant plusieurs jours, et Mme de Rochechouart, satisfaite, ne tira pas d'autre vengeance de cette anodine équipée. Il n'est pas très sûr que l'on travaillât beaucoup à l'Abbaye-aux-Bois ; mais les maîtresses étaient si grandes dames et si charmantes, avaient tant d'esprit et tant de cœur qu'on sortait de la maison avec toutes sortes d'idées généreuses dans la tête et un grand désir de vivre avec honneur, même avec gloire, s'il se pouvait.

Le travail était alors réservé aux hommes, et, tout frivole qu'il est en apparence, le XVIIIe siècle a beaucoup travaillé. L'Église n'a pas été moins laborieuse que ses adversaires, et son œuvre, pour être moins brillante, n'en a été ni moins considérable ni moins utile. Ce sont les moines bénédictins de la Congrégation de Saint-Maur qui ont préparé par leurs travaux le grand mouvement historique du XIXe siècle.

Le premier supérieur général de la congrégation, Dom Grégoire Tarisse († 1648), eut le premier l'idée de consacrer les loisirs de ses moines aux recherches d'érudition. Son coadjuteur, Dom Luc d'Achery, bibliothécaire de Saint-Germain-des-Prés, dressa le programme de l'entreprise. Dom Mabillon défendit la cause de la science contre M. de Rancé, abbé de la Trappe, qui trouvait les recherches de curiosité contraires aux intentions surnaturelles qui doivent animer constamment la conduite d'un religieux. La publication du *Traité des Etudes monastiques* (1691) répondit à toutes les objections de l'abbé de Rancé. Dom Mabillon fit plus encore; son *Traité de Diplomatique* (1681-1704) a fixé les règles de la critique des documents médiévaux, et son exemple a lancé définitivement les bénédictins dans la voie des travaux historiques.

En dépit de querelles retentissantes avec les jésuites et de zizanies domestiques, les bénédictins de Saint-Maur ont poursuivi, pendant tout le XVIII° siècle, la préparation et la rédaction d'un nombre extraordinaire de travaux historiques, d'une valeur assurément inégale, mais dont quelques-uns n'ont presque rien perdu de leur autorité (1).

Les bénédictins ont publié une *Collection des Pères grecs et latins*, à laquelle ont collaboré leurs meilleurs hommes, mais qui n'a pas entièrement remplacé la *Bibliotheca maxima* de Marguerin de la Bigne.

Ils ont apporté d'utiles contributions à l'histoire ecclésiastique avec les *Acta primorum martyrum sincera et selecta* de Dom Ruinart, le *De antiquis Ecclesiæ ritibus* de Dom Martène et la collection des *Epistolæ Romanorum pontificum* commencée par Dom Pierre Constant. Ils ont ainsi préparé le terrain aux études d'exégèse, sans oser les entreprendre eux-mêmes, comme l'avait fait Richard Simon dans son *Histoire critique du Vieux Testament* (Rotterdam, 1685) et du *Nouveau Testament* (Rotterdam, 1689) (2).

L'histoire générale de l'Église ne leur fit pas oublier l'histoire particulière de leur ordre. Ils ont publié les *Annales ordinis sancti Benedicti* jusqu'à l'année 1557 (Paris, 1703-1739, 6 vol. in-f°) et les *Acta sanctorum ordinis sancti Benedicti* (Paris, 1663-1701, 9 vol. in-f°) inspirés par la grande collection des Bollandistes.

C'est aux bénédictins que les sciences auxiliaires de l'histoire doivent leurs premiers progrès. Dom Jean Mabillon étudia la diplomatique, Dom Bernard de Montfaucon la paléographie grecque, Dom Tassin et Dom Toustain la paléographie latine.

---

(1) Cf. Ch.-V. Langlois, *Manuel de Bibliographie historique*, Paris, 1901-1904.
(2) Cf. Denis, *Richard Simon et Bossuet*. Mémoires de l'Académie de Caen, 1870.

L'Art de vérifier les dates est, encore aujourd'hui, un des guides les plus précieux de l'historien.

L'histoire ecclésiastique de France a inspiré aux bénédictins un de leurs plus beaux travaux, le *Gallia Christiana* (1715-1785, XIII volumes in-f°), immense enquête sur les archevêchés, évêchés, abbayes et prieurés de la France, avec études biographiques sur les principaux personnages de l'histoire ecclésiastique, et références innombrables aux documents originaux. Le *Gallia Christiana* était encore inachevé à la Révolution. Les matériaux si laborieusement accumulés par les bénédictins ont disparu, mais l'œuvre a été terminée par un érudit, M. Hauréau, qui a suivi fidèlement dans ses trois volumes (1856-1865) le plan de ses prédécesseurs.

L'histoire politique de la France d'après les sources avait été ébauchée, au dix-septième siècle, par André du Chesne dans ses *Historiæ Francorum scriptores coætanei*. Son œuvre, interrompue par la mort, fut reprise au commencement du XVIII° siècle par les mauristes, qui l'exécutèrent avec une admirable clarté. Leur monumental *Recueil des historiens de la Gaule et de la France* donne sur chaque période de notre histoire, jusqu'au XII° siècle, toutes les sources alors connues, et en rend l'étude extrêmement facile à l'aide de notes, d'index et de tables chronologiques, qui permettent au plus novice de se familiariser en très peu de temps avec notre vieille histoire. Le nom de Dom Bouquet est resté attaché à l'œuvre entière, bien qu'il n'en ait publié que les huit premiers volumes. Le tome XIII venait de paraître quand éclata la Révolution ; presque toute l'édition disparut ; mais l'œuvre des bénédictins a été jugée si utile, qu'elle a été reprise de nos jours par l'Académie des Inscriptions et Belles-Lettres et poussée jusqu'au tome XXIII, paru en 1876. Le tome XXIV et dernier terminera la collection des monuments de l'époque de saint Louis.

L'*Histoire littéraire de la France* a été conduite par Dom Rivet et ses confrères jusqu'au douzième siècle.

L'Académie des Inscriptions et Belles-Lettres a ajouté vingt volumes aux douze volumes des bénédictins et conduit l'œuvre jusqu'au XIV° siècle.

L'histoire des provinces françaises a fourni matière à quelques-uns des plus beaux travaux de l'Ecole bénédictine.

Dom Félibien a écrit l'*Histoire de la ville de Paris* (Paris, 1725, 5 vol. in-f°).

Dom Vaissete et Dom Devic, l'*Histoire du Languedoc* (Paris, 1730-45, 5 vol. in-f°).

Dom Plancher, l'*Histoire de Bourgogne* (Dijon, 1738-81, 4 vol. in-f°).

Dom Calmet, l'*Histoire de Lorraine* (Nancy, 1726, 4 vol. in-f°).

Dom Maur Audren de Kerdrel et Dom Lobineau, l'*Histoire de Bretagne*.

L'*Histoire du Berry*, confiée à Dom Turpin, n'était pas encore terminée en 1794. Le vaillant bénédictin continuait à y travailler à l'abbaye de Saint-Germain-des-Prés, transformée en raffinerie de salpêtre, quand l'incendie détruisit l'abbaye, la bibliothèque et tous les papiers de Dom Turpin.

L'*Histoire de Champagne*, non publiée, est représentée à la Bibliothèque nationale par une collection de documents de 149 volumes in-f°.

L'*Histoire de Picardie*, par une collection de 279 volumes.

L'*Histoire du Poitou*, confiée à Dom Fonteneau, a donné à la Bibliothèque de Poitiers une collection de 88 volumes.

L'*Histoire de Normandie*, dirigée par Dom Lenoir, est aujourd'hui une propriété particulière. C'est la famille de Mathan qui en possède tous les fonds et qui s'est, jusqu'à présent, refusée à ouvrir sa collection aux recherches des érudits.

Les matériaux de l'*Histoire du Limousin* ont été dispersés ou détruits.

Ceux de l'*Histoire de Touraine*, réunis par Dom Housseau, ont été recueillis à la Bibliothèque nationale.

Les bénédictins ont encore publié des recueils d'extraits, tels que le *Spicilegium* de Dom Luc d'Achery, les *Vetera analecta* de Mabillon, le *Thesaurus novus anecdotorum* de Martène et Durand.

Ils nous ont laissé des récits de voyages littéraires, des études bibliographiques, des inventaires de manuscrits.

Tous ces travailleurs n'ont pas été doués au même titre de l'esprit critique; mais tous ont été d'admirables ouvriers, remplis de bon vouloir et de conscience.

Si les bénédictins ont été les plus laborieux des moines d'érudition, ils n'ont pas été les seuls. Il faudrait citer à côté d'eux, l'oratorien Lelong, l'augustin déchaussé Anselme, les dominicains Lequien, Quétif et Echard, dont les œuvres égalent en importance les grandes œuvres des bénédictins.

Sans avoir pris au développement des sciences une part aussi importante qu'à l'érudition, le clergé peut encore citer l'abbé Nollet, l'un des premiers inventeurs du télégraphe électrique (1746), l'abbé Bexon, qui fut un des collaborateurs de Buffon, le P. Sarrabat, botaniste, l'abbé Haüy, créateur de la cristallographie.

Dans les lettres, le clergé ne compte qu'un grand nom, et bien peu orthodoxe, l'abbé Prévost ; mais son roman de *Manon Lescaut* est une des œuvres les plus neuves et les plus fortes de la littérature du dix-huitième siècle. Des délicats en ont fait le chef-d'œuvre du roman français.

Chose plus curieuse : on trouve des ecclésiastiques jusque dans les rangs des philosophes et des novateurs.

L'abbé de Saint-Pierre écrit tout tranquillement « que l'habi-
« tude qu'il a prise de raisonner sur des idées claires ne lui a pas
« permis de raisonner longtemps de théologie ». Aumônier de
Madame, il pense qu'il a, « en prenant une charge à la Cour, acheté
« une petite loge pour voir de plus près ces acteurs qui jouent,
« souvent sans le savoir, sur le théâtre du monde des rôles très
« importants au reste des sujets. Je vois jouer tout à mon aise les
« premiers rôles, et je les vois d'autant mieux que je n'en joue
« aucun, que je vais partout et qu'on ne me remarque nulle
« part. » Ce qu'il voit ne l'éblouit point. Louis XIV est plutôt pour lui Louis le Redoutable que Louis le Grand. Il ose le dire, et l'Académie l'expulse de son sein. Il n'a pour lui que la voix de Fontenelle. Tout étonné, mais point converti, il fonde le *Club de l'Entresol* et y porte son horreur de la guerre et du despotisme ; l'autorité fait fermer le club en 1731. Vrai stoïcien, plutôt que vrai croyant, l'abbé de Saint-Pierre est surtout célèbre par son *Projet de paix perpétuelle*, où, devançant nos cosmopolites contemporains, il voulait apprendre aux princes à vivre en frères.

L'abbé Raynal attaque le système colonial en honneur au dix-huitième siècle.

L'abbé Morellet traduit le *Traité des délits et des peines* de Beccaria et collabore à l'*Encyclopédie*.

L'abbé Mably met à la mode les républiques de l'antiquité et donne une constitution à la Pologne.

L'abbé Sièyès donne le signal de la Révolution avec sa fameuse brochure : *Qu'est-ce que le Tiers-État ?*

Mais que sont ces quelques hommes en face de l'armée des philosophes ? Ne semble-t-il pas que l'Eglise ne sait plus s'intéresser qu'aux choses du passé et que sa voix n'arrive plus jusqu'à l'âme de la France ?

LA FIN DU JANSÉNISME

Les partis — politiques ou religieux — ont parfois, comme les individus, de bien tristes vieillesses et se traînent, décrépits et méconnaissables, au milieu de l'indifférence générale qu'ils essaient en vain de réveiller.

Le jansénisme avait eu, au xviie siècle, ses heures de gloire ; il connut, dans l'âge suivant, toutes les amertumes des longues agonies. Après avoir enduré les plus douloureuses persécutions, il se survécut si longtemps à lui-même, qu'il finit par lasser l'attention et la pitié et par ne plus exciter que la risée publique. Il ne mourut pas, cependant, sans s'être vengé de ses ennemis ; mais, quand on le crut mort, il retrouva un reste de force pour dicter sa dernière volonté : ce fut un testament de haine, dont il ne mesura pas lui-même toutes les conséquences, et qui manqua détruire tout ce qu'il avait cru mettre à jamais en sûreté.

Il n'est pas de plus lamentable histoire, tour à tour tragique et burlesque, monotone et violente ; elle étonne d'abord et ne tarde pas à fatiguer l'attention ; elle n'intéresse qu'à la manière d'une longue maladie, dont les phases diverses, les crises, les détentes et les rechutes fournissent au médecin un champ d'expériences et d'études, pour ainsi dire illimité.

Nous avons laissé le jansénisme au moment où la paix de Clément IX parut avoir terminé le grand débat qui avait déchiré l'Eglise de France pendant 26 ans, et avait failli aboutir à la suppression de Port-Royal.

Nous savons que cette paix ne reposait que sur une légère condescendance du pape, qui avait accepté les soumissions évasives de MM. d'Angers, de Beauvais, d'Alet et de Pamiers. Louis XIV, jeune et occupé de ses maîtresses et de ses guerres, avait souscrit à la paix, et aimablement reçu M. Arnauld à la Cour ; mais le P. Annat voyait dans la paix un grand danger pour la religion, et ses confrères étaient tous de son avis.

Le temps ne devait pas être favorable à Port-Royal. Louis XIV n'aimait pas les singularités et trouvait qu'il entendait trop souvent parler de « Messieurs de Port-Royal ». Cette coterie de philosophes et de dévots austères lui devenait de plus en plus antipathique. Il dit, un jour, avec humeur « qu'il viendrait à bout de « cette cabale, qu'il en faisait son affaire et qu'il serait en cela « plus jésuite que les jésuites eux-mêmes ».

L'archevêque de Paris, M. de Harlay, prélat politique avant tout, s'aperçut bien vite que Port-Royal n'était pas en faveur, et ne se contraignit pas pour le défendre.

Pendant longtemps, Mᵐᵉ de Longueville intercéda auprès du roi en faveur de Port-Royal ; mais, après la mort de la duchesse (15 avril 1679), M. de Pomponne alla trouver M. Arnauld à Paris et lui « dit que le roi n'avait pas approuvé les assemblées qui se faisaient « chez Mᵐᵉ de Longueville et où il se trouvait souvent...; que « cette liaison si grande d'un nombre de personnes avait un air de « parti qu'il fallait empêcher, et que S. M. désirait qu'il vécût « comme les autres hommes et qu'il vît indifféremment toutes « sortes de personnes »..

Quelques jours plus tard, l'abbé Fromageau, vice-gérant de l'Officialité de Paris, vint à Port-Royal-des-Champs et s'informa courtoisement combien il y avait de religieuses, de novices, de postulantes, d'élèves, et fit cent questions pressantes sur ces Messieurs.

Le mercredi 17 mai, M. de Harlay en personne vint à Port-Royal et ordonna à la supérieure, de la part du roi, de renvoyer toutes les pensionnaires et toutes les postulantes. « On par- « lait toujours de Port-Royal, de ces Messieurs de Port-Royal ; le « roi n'aimait pas ce qui faisait du bruit... Il ne voulait pas de « ralliement, un corps sans tête était toujours dangereux dans « un État, il voulait dissiper cela, et qu'on n'entendît plus tou- « jours dire : Ces Messieurs, ces Messieurs de Port-Royal. »

Après les élèves et les novices, ce fut le tour des confesseurs et de ces Messieurs. Ils durent aussi abandonner le sacré vallon. En deux mois, 66 personnes quittèrent Port-Royal, qui ne fut plus désormais que l'ombre de lui-même.

Ne pouvant plus l'habiter, ses amis s'y faisaient enterrer. Reposer là était, à leur avis, reposer en terre plus sainte. Les jours ne suffisaient plus aux messes des morts, aux trentaines, aux bouts de l'an. L'enceinte du monastère ne suffisait plus aux enterrements. (Sainte-Beuve.) — « La maison de Dieu semble se « détruire, disait Arnauld en parlant de tous ces morts ; mais

« elle se bâtit ailleurs. Les pierres se taillent ici, mais c'est pour
« être placées dans l'édifice céleste. »

La mort de M. de Harlay et la promotion de M. de Noailles à l'archevêché de Paris semblèrent promettre à Port-Royal des jours plus heureux ; mais, si le nouveau prélat était plus vertueux et plus doux que M. de Harlay, il était aussi moins habile et moins ferme, et devait passer tout son temps à donner aux jansénistes des espérances vaines qu'il ne réalisait point, et à donner aux jésuites des satisfactions forcées qui ne les satisfaisaient pas.

Il alla, le 20 octobre 1697, visiter Port-Royal et en revint grandement édifié ; mais il n'eut pas assez de crédit auprès du roi pour faire rétablir le noviciat supprimé en 1679. Louis XIV ne désarmait pas. Ayant appris en 1699 que la comtesse de Grammont avait été faire une retraite à Port-Royal, il la raya de la liste des dames invitées à Marly, en disant sèchement : « On ne « doit point aller à Marly, quand on va à Port-Royal ».

Le monastère, abandonné à lui-même, se dépeuplait rapidement et mourait de langueur ; mais il n'était pas écrit qu'il devait avoir une si douce mort.

Un petit événement imprévu vint, en 1701, raviver la vieille querelle janséniste et précipiter Port-Royal dans de nouveaux malheurs.

M. Eustace, confesseur des religieuses, homme simple et piètre théologien, soumit à la Sorbonne un *cas de conscience* extraordinaire. Il demandait si le silence respectueux, à l'égard de la question de fait, dans l'affaire du jansénisme, suffisait pour obtenir l'absolution. Quarante docteurs répondirent affirmativement. Tout paraissait fini ; mais, l'année d'après (1702), un boute-feu inconnu imprima cette belle consultation et la fit précéder d'une préface agressive et menaçante, qui réveilla toutes les fureurs d'autrefois.

La consultation imprimée arriva à Rome aussitôt qu'à Paris. Le pape Clément XI la condamna et en avertit aussitôt l'archevêque de Paris, qui la condamna aussi par mandement spécial. Les quarante docteurs qui l'avaient signée la « désignèrent », sauf un, le docteur Petitpied, que son obstination fit chasser de la Sorbonne.

Eustace, effrayé de l'avalanche qu'avait entraînée la petite pierre lancée par lui, prit peur de son ouvrage, quitta Port-Royal en 1705 et se réfugia, sous un nom d'emprunt, à l'abbaye d'Orval, où il vécut douze ans dans les regrets et la pénitence.

C'était fort bien ; mais les jansénistes se voyaient obligés maintenant de jurer que les cinq propositions condamnées se trouvaient réellement dans l'*Augustinus*, et il y en avait qui étaient prêts à mourir sans sacrements plutôt que de prêter un pareil serment.

Au moment même que la querelle recommençait, un janséniste de marque, le P. Quesnel, fut arrêté à Bruxelles par ordre de Philippe V, roi d'Espagne, et tous ses papiers furent portés à Paris chez les jésuites. On y trouva la preuve d'une très grande activité clandestine, on s'y vit en présence d'une vraie société secrète, et ces papiers, « déchiffrés, pétris, torturés et passés à l'alambic dans « une espèce de cabinet noir *ad hoc*, puis classés par extraits, « présentés par doses au roi, lus, relus, mitonnés chez Mme de « Maintenon tous les soirs pendant dix ans », convertirent si bien le roi qu'il en arriva à préférer un athée à un janséniste.

Il demanda avec instances au pape une nouvelle et plus solennelle condamnation du silence respectueux. Le pape lança, le 15 juillet 1705, la bulle *Vineam Domini Sabaoth*. L'assemblée du clergé la reçut avec respect, le Parlement, la Sorbonne, les évêques y accédèrent; mais les dames de Port-Royal ne voulurent rien entendre et refusèrent de souscrire au mandement de l'archevêque de Paris, qui leur signifiait la bulle (21 mars 1706).

Le roi, par arrêt de son Conseil, leur réitéra la défense d'entretenir des novices. Une visite du monastère eut lieu par son ordre. On lui confisqua le plus clair de ses revenus. On ne lui laissa pas 2.000 livres pour assurer la subsistance de 36 personnes. Les vieilles religieuses, abandonnées de l'archevêque, qui les regardait comme des rebelles, se défendirent comme des lions, soutenant leur droit en cour de Parlement. Leur avocat-conseil fut arrêté à Port-Royal même et mis à la Bastille. On les priva des sacrements, et l'abbé Crès, chapelain de Saint-Jacques-L'hôpital à Paris, qui leur portait clandestinement la communion, n'évita la Bastille qu'en se cachant en province sous l'habit civil et sous un faux nom. Le roi réclama avec obstination auprès du pape pour obtenir l'extinction du monastère. Clément XI ayant accordé une première bulle d'extinction, qui permettait aux religieuses de rester à Port-Royal jusqu'à leur mort, Louis XIV en réclama une autre, ordonnant la dispersion immédiate.

Le 29 octobre 1709, M. d'Argenson, lieutenant de police, se transporta à Port-Royal accompagné d'un commissaire et de deux exempts. Il se fit livrer les clefs et les archives du monastère et ordonna à la prieure de réunir toute sa communauté. Il y avait une vieille religieuse infirme, âgée de 86 ans, qui ne pouvait remuer ; on la fit descendre sur un matelas par six religieuses. Quand tout le monde fut assemblé, M. d'Argenson déclara qu'il avait ordre du roi de disperser la communauté, et qu'il donnait aux religieuses trois heures pour se préparer et se faire leurs adieux. La prieure répondit qu'une demi-heure suffisait. A deux heures et demie, les carrosses amenés par d'Argenson commencèrent à partir pour Autun, Rouen, Chartres, Nantes, Meaux, Compiègne et Blois. La paralytique de 86 ans partit, le lendemain, pour Nantes.

Quand Port-Royal fut vide, on ne sut qu'en faire. Il parut à Louis XIV que la secte resterait vivante et menaçante, tant que son fort ne serait pas démoli. Les religieuses déclaraient hautement : « qu'avec la foi on trouvait Port-Royal partout » ; le roi s'acharna après les pierres. Au mois de juin 1710, on mit la pioche à la maison ; les pierres du cloître, descellées avec soin et numérotées, furent transportées à Pontchartrain et donnèrent un air de monument aux écuries du château. L'église devait d'abord être épargnée ; elle y passa comme tout le reste. Non seulement on démolit, mais on exhuma. Près de 3.000 corps gisaient dans l'église et le cimetière. Tout fut déterré, jeté dans des tombereaux et porté au cimetière Saint-Lambert. Les tâcherons payés pour cette scandaleuse besogne n'étaient pas surveillés, l'exhumation se fit sans aucun ménagement. Des chasseurs qui passèrent par là virent des chiens, attirés par l'odeur de ce charnier, se repaître de débris humains.

Le siècle ne devait pas finir avant que les restes de Louis XIV, arrachés de Saint-Denis avec aussi peu de cérémonie, fussent jetés dans la chaux vive comme ceux d'un simple janséniste.

On avait cru tuer la secte en détruisant la maison. Le roi croyait sa victoire définitive ; le jésuite Le Tellier, son confesseur, exultait. Les descendants des grands hommes de Port-Royal reniaient la gloire de leurs pères. Le marquis de Pomponne demandait la translation des corps de la famille Arnault, « afin que « sa postérité perdît la mémoire que ces corps avaient été en« terrés dans un lieu qui avait eu le malheur de déplaire à Sa « Majesté ».

Tandis que Versailles s'aplatissait ainsi devant le vainqueur, la cause vaincue se relevait une fois encore et l'orage grondait de nouveau par toute l'Eglise.

Le P. Paschase Quesnel, le même dont les papiers avaient été saisis à Bruxelles, avait publié en 1693 des *Réflexions morales sur le Nouveau Testament*, qui avaient été approuvées par M. de Noailles, alors évêque de Châlons. En 1699, une nouvelle édition fut publiée, mais cette fois sans approbation de M. de Noailles, devenu archevêque de Paris. Quand Quesnel eut été arrêté, les jésuites, qui voyaient en lui le chef du parti janséniste, examinèrent de plus près les *Réflexions morales*, n'eurent pas de peine à y reconnaître les idées du parti sur l'efficacité irrésistible de la grâce, et la prédestination au salut. Ils déférèrent le livre au jugement du Saint-Siège.

Clément XI institua pour l'examiner une commission composée non de jésuites, mais de dominicains. L'ouvrage fut censuré (1708).

Les évêques de Luçon et de la Rochelle en défendirent la lecture, et le cardinal de Noailles, qui l'avait jadis approuvé, demanda qu'il fût procédé à un nouvel examen. Le pape y consentit; mais les *Réflexions morales* ne gagnèrent rien à être jugées une seconde fois. Le jugement d'appel fut plus sévère encore que la première sentence: La bulle *Unigenitus* condamna 101 propositions extraites du livre de Quesnel.

On se trouva ainsi reporté à la situation où l'on était en 1653, au lendemain de la condamnation de l'*Augustinus*.

M. de Noailles fit comme Arnauld avait fait : il se soumit, mais protesta. Il défendit la lecture du livre dans son diocèse ; mais il demanda des éclaircissements au pape et, en attendant la réponse du souverain pontife, défendit à ses clercs, sous peine de suspense, toute adhésion publique à la bulle.

Louis XIV, au contraire, fit enregistrer la bulle *Unigenitus* au Grand Conseil, poursuivit le jansénisme dans le clergé, les couvents et l'administration, et songeait à réunir un concile national quand il mourut.

Sa mort fut le signal d'une réaction janséniste. Au sortir de cet interminable règne, si dur et si despotique, la France respira et les victimes de l'arbitraire royal reprirent courage.

Les facultés de théologie de Paris, de Reims et de Nantes révoquèrent leur adhésion. Les évêques de Mirepoix, de Sens, de Montpellier et de Boulogne expédièrent au pape un huissier du Châtelet, qui, au Vatican même, et « parlant à sa personne », lui remit un appel contre la bulle, rédigé en forme authentique, par-devant notaires (1717). Des chanoines, des curés, des religieuses en appelèrent aux Parlements des excommunications de leurs évêques.

Des magistrats bretons commencèrent la guerre contre les jésuites, en leur ordonnant de faire la déclaration de leurs biens.

M. de Noailles leur défendit de prêcher, de confesser et de faire le catéchisme.

On proposa de faire rebâtir Port-Royal aux frais des jésuites.

On chanta dans Paris des chansons contre la Société de Jésus.

> La grâce efficace a pris le dessus,
> Les enfants d'Ignac' ne confessent plus :
> Ils sont chus dans la rivière
> Laire, Lanla.
> Ils sont chus dans la rivière :
> Ah ! qu'ils sont bien là !
> Laire, Lanla.

Jamais, aux plus beaux jours des *Provinciales*, le jansénisme n'avait été si populaire ; mais la forme même de cette popularité montre qu'il y avait quelque chose de changé, et que le jansénisme courait aux aventures. Beaucoup de ses nouveaux amis se souciaient peu de sa doctrine et moins encore de sa morale. On avait remarqué que les jésuites étaient bien en cour, et que le monde officiel avait horreur des jansénistes ; il n'en fallait pas davantage pour convertir tous les opposants en jansénistes déterminés. Les bourgeois, le peuple, les femmes même étaient jansénistes « en gros et sans savoir la matière », parce que c'était un moyen de fronder l'autorité et de faire pièce au pouvoir, — ce qui semblait délicieux après un demi-siècle d'autocratie (1).

Pendant plusieurs années, la France fut divisée en *acceptants* et en *appelants*, les premiers soutenus par le gouvernement, les seconds par les Parlements.

Parmi les appelants, l'évêque de Senez, Soanen, vieillard de quatre-vingts ans, se faisait remarquer par son opiniâtreté. On crut pouvoir en faire un exemple, parce qu'il avait peu d'appuis. Un ancien agent de Dubois, un prélat scandaleux, Tencin, archevêque d'Embrun, réunit dans sa ville archiépiscopale un concile provincial, qui condamna le malheureux Soanen à être interné à l'abbaye de la Chaise-Dieu. L'archevêque de Paris et l'évêque de Montpellier protestèrent contre le concile et la condamnation,

---

(1) M. Henri Carré, professeur à l'Université de Poitiers, a bien voulu nous communiquer les bonnes feuilles de l'histoire de Louis XV, qu'il a rédigée pour l'*Histoire de France* de M. Lavisse. Nous lui emprunterons plus d'un détail pour cette période, et nous le remercions de son obligeance.

et ne furent ni déposés ni exilés ; mais l'un s'appelait Noailles et l'autre Colbert. Soanen vécut encore treize ans à la Chaise-Dieu, sans vouloir se déjuger, ni se soumettre. A sa mort, l'autorité prétendit qu'il s'était rétracté ; mais il ne faut voir là qu'une dernière machination de ses ennemis, qui n'avaient pu le vaincre tant qu'il lui resta un souffle de vie.

La condamnation de Soanen eut un retentissement prodigieux. On traita le concile d'Embrun de brigandage et de sabbat. Soanen fut regardé comme un martyr.

Tout Paris passa au jansénisme. Le parti eut sa caisse, « *la boîte à Perrette* ». Un journal clandestin, *Les Nouvelles ecclésiastiques*, qui paraissait depuis 1713, devint le journal officiel du jansénisme et déjoua, pendant quatre-vingts ans, tous les efforts de la police. On l'imprimait à la campagne, et jusque dans Paris, sous le dôme du Luxembourg, dans des bateaux sur la Seine, dans les chantiers de bois du Gros-Caillou, où les imprimeurs s'introduisaient déguisés en scieurs de long. Un jour que le lieutenant de police Hérault faisait des perquisitions dans une maison du faubourg Saint-Jacques pour découvrir l'imprimerie clandestine, on jeta dans sa voiture, presque à son nez, plusieurs feuillets des *Nouvelles ecclésiastiques*. Pour dépister les agents postés aux portes de la ville, on plaçait les feuilles séditieuses sur le dos d'un chien qui, muni d'une double peau, passait devant les portes sans exciter l'attention des gardes.

Les *Nouvelles ecclésiastiques* répandaient partout les bons principes, et la haine des jésuites ou molinistes ; et, comme l'État était moliniste, on faisait en réalité de l'opposition politique sous couleur d'opposition religieuse.

Le cardinal de Noailles finit par s'effrayer de tout ce bruit. Très âgé, affaibli, importuné par sa nièce, la maréchale de Gramont, il se rétracta solennellement en 1728 et abandonna le parti de l'appel. On placarda sur les murs de Paris cet avis insultant : « Cent mille écus à qui retrouvera l'honneur de l'archevêque ! » A sa mort (4 avril 1729), on lui fit cette épitaphe :

> Ci-gît Louis Cahin-Caha,
> Qui dévotement appela,
> De oui, de non s'entortilla ;
> Puis dit ceci, puis dit cela,
> Perdit la tête et s'en alla !

Son successeur, M. de Vintimille, s'étant montré très antijanséniste, on se rappela que son prédécesseur s'appelait Antoine, et l'on répandit qu'en mourant saint Antoine avait laissé l'archevêché de Paris à son compagnon. On jetait de la boue sur ses mandements, on battait les prêtres qui parlaient de lui avec respect, on les interpellait dans les églises; on affichait sur la porte du collège des jésuites : « Les comédiens ordinaires du pape donneront ici les Fourberies de Scapin et Arlequin-jésuite ».

Le 24 mars 1730, le roi enjoignit à tous les ecclésiastiques du royaume de recevoir la bulle *Unigenitus*. Le Parlement enregistra la déclaration royale, mais en lit de justice; et, au sortir du palais, Louis XV ne fut pas acclamé.

La magistrature se rangea définitivement du côté des jansénistes, par jalousie du Grand Conseil où la bulle avait été enregistrée, par jalousie de la couronne, par ambition, par désir de popularité. Elle prétendit que la bulle était contraire aux libertés de l'Eglise gallicane et menaçait les droits du roi; elle accueillit tous les appels comme d'abus interjetés contre les actes d'autorité des prélats partisans de la bulle; elle donna raison aux prêtres jansénistes contre leurs évêques, et cita même l'archevêque de Paris à sa barre. En Provence, le Parlement d'Aix fit lacérer un mandement de l'évêque de Marseille.

La vie politique entra par là au Parlement, qui trouva dans son sein deux orateurs de grand talent, l'abbé Pucelle et l'abbé Menguy.

Le roi, irrité au dernier point, manda à Compiègne une députation du Parlement et la reçut fort mal : « Je vous ai fait savoir « ma volonté, dit-il aux magistrats, je veux qu'elle soit pleine- « ment exécutée. Je ne veux ni remontrances ni réplique. Vous « n'avez déjà que trop mérité mon indignation. Soyez plus soumis « et retournez à vos fonctions. » Le premier président ayant fait mine de parler, le roi lui cria : « Taisez-vous », et, comme le pauvre homme n'osait plus remettre le discours dont il était porteur, l'abbé Pucelle sortit des rangs, ploya le genou devant le roi et déposa à ses pieds un exemplaire du discours. Louis XV ordonna de le déchirer, ce que Maurepas s'empressa de faire (14 mai 1732).

A la suite de cette scène, Pucelle fut arrêté et exilé à l'abbaye de Corbigny; le conseiller Titon fut enfermé à Vincennes.

Le 20 juin, tous les conseillers au Parlement, sauf trois ou quatre, donnèrent leur démission de leurs charges. Le peuple les acclama en criant : « Voilà les vrais Romains, les Pères de « la patrie ». Mais les vrais Romains furent avertis que, s'ils persistaient dans leur rébellion, on pourrait leur enlever leur noblesse, leur retirer leurs charges et les exiler, et ils implorèrent le pardon du roi. Louis XV leur pardonna, ce qui était sage, et les laissa bientôt recommencer leurs mutineries, ce qui était impolitique.

Pendant tous ces débats, une crise de fanatisme d'une intensité inouïe sévissait à Paris et l'emplissait de scandales.

Un diacre janséniste, François de Paris, était mort le 27 mai 1727 dans une baraque en planches, qu'il habitait au faubourg Saint-Marceau. C'était un homme fort pieux, qui n'avait jamais voulu recevoir le sacerdoce, ne s'en croyant pas digne, et qui s'était fait à Paris une grande réputation de sainteté par sa modestie, sa douceur et sa charité inépuisable. Il dépensait en aumônes à peu près tout son revenu, montant à dix mille livres, il laissait son bien à des prêtres tombés dans la misère ; jusqu'à sa dernière heure, il avait été adversaire de la bulle et ennemi des jésuites. Quand il fut mort, les pauvres qu'il avait secourus mirent ses habits et ses meubles en lambeaux et se les partagèrent comme des reliques. Sa tombe, au cimetière Saint-Médard, devint un lieu de pèlerinage et d'oraison. Quelques jeunes filles éprouvèrent, en priant sur son tombeau, des crises nerveuses étranges. La foule se fit plus grande dans l'enceinte du petit cimetière. Les phénomènes nerveux se multiplièrent et s'accrurent ; bientôt, il ne fut plus question dans Paris que des « convulsionnaires « de Saint-Médard ».

Pendant près de cinq ans (1727-1732), le petit cimetière fut le théâtre de scènes si lamentables et si atroces qu'on se demande lesquels étaient les plus fous des acteurs ou des spectateurs.

On voyait de malheureuses femmes passer par tous les spasmes et toutes les tortures. Il y avait des « sauteuses », des « aboyeuses, », des « miaulantes ». D'autres réclamaient avec instance les « grands secours, ou secours meurtriers », se faisant fouler aux pieds, bourrer de coups de poing, frapper à coups de bûches. D'autres se faisaient mettre en croix, ou se faisaient pendre la tête en bas.

On croit rêver, lorsqu'on voit de pareilles aberrations s'étaler au grand jour dans le Paris du dix-huitième siècle. Mais ce qui est encore bien plus singulier, c'est que les convulsionnaires finirent par former une véritable secte, ayant ses chefs, ses statuts, ses rites et ses martyrs, que des ecclésiastiques s'en mêlèrent et que des hommes de haute gravité et de grande vertu ne se résignèrent jamais à ne voir en toutes ces excentricités que folie et maladie.

Un prêtre du diocèse de Troyes, Pierre Vaillant, que Soanen, évêque de Senez, avait chargé de protester en son nom contre la bulle *Unigenitus*, avait été mis à la Bastille en 1725 et relâché en 1728. Il s'affilia aux convulsionnaires; et son titre de martyr de la bonne cause lui donna bientôt parmi eux une grande influence. Il y eut un parti de *vaillantistes*, qui disaient le prophète Elie ressuscité pour convertir les Juifs et la cour de Rome. Quelques-uns pensaient même que Vaillant était lui-même Elie. Le prophète, incarcéré de nouveau à la Bastille en 1734, y demeura 22 ans prisonnier et mourut captif à Vincennes.

Un ancien oratorien, Alexandre Darnaud, se faisait passer pour le prophète Enoch. Frère Augustin fut le chef des *augustiniens*, qui exécutaient des processions nocturnes, la corde au cou et la torche au poing, à Notre-Dame et à la place de Grève.

Il y eut des *mélangistes*, qui distinguaient dans les convulsions deux influences, l'une puérile et l'autre sanctifiante. Il y eut des *discernants*, qui prophétisaient, et des *figuristes*, qui pendant leurs convulsions représentaient les martyres des saints ou des scènes de la passion. Les *secouristes* étaient des sortes de frères servants, qui administraient aux patientes les petits secours, les grands secours et les secours meurtriers.

A mesure que la vogue des convulsionnaires s'accusait, la fourberie et la fraude s'introduisaient dans la secte. Les convulsions devenaient un art auquel on s'instruisait; elles constituaient un spectacle, auquel des personnes riches apportaient leur argent. Ce qui avait été d'abord simplicité de cœur et faiblesse d'esprit tournait en jonglerie, habilement exploitée par des gens cupides et sans scrupules.

Le 27 janvier 1732, le cardinal de Fleury fit fermer le cimetière. Les convulsionnaires et leurs amis crièrent à la persécution. On écrivit sur la porte du cimetière ce distique vengeur :

> De par le roi, défense à Dieu
> De faire miracle en ce lieu.

Les convulsionnaires ne disparurent pas. Ils continuèrent leurs exercices à huis clos, dans des maisons connues où se rassemblaient les chefs de la secte, les patientes et les amateurs de ces lugubres spectacles. Cette folie dura jusque vers 1762, pour renaître, quelques années plus tard, sous une forme un peu différente, autour du baquet magnétique de Mesmer.

Les molinistes voulurent avoir aussi leurs miracles et essayèrent de mettre en honneur un des leurs, le P. Gourdan, qui avait refusé la communion d'un supérieur, parce qu'il était appelant, et auquel la Vierge était apparue. La dévotion au P. Gourdan ne put devenir populaire.

Un moment, on crut que la Provence allait avoir sa voyante et sa thaumaturge. Une jeune fille de dix-neuf ans, Mlle Cadière, pénitente d'un jésuite, le P. Girard, eut des extases, des visions, et fit des miracles ; mais, ayant changé de confesseur pour prendre un directeur janséniste, elle commença de proférer contre le P. Girard de terribles accusations, que le Père déféra au Parlement d'Aix.

Toute la province se passionna pour ou contre le P. Girard, pour ou contre la Cadière. La haute société tenait généralement pour le jésuite ; le menu peuple s'amassait par bandes à Aix, à Toulon, à Marseille, et engageait parfois des rixes avec les partisans des jésuites.

L'affaire fut jugée par vingt-cinq magistrats. Douze estimaient Girard digne de mort et même digne du feu ; treize réclamaient son acquittement et voulaient qu'on incarcérât son accusatrice. Mais parmi ces treize juges se trouvaient deux parents, ce qui réduisit les voix à douze. Les parties furent mises hors de Cour (1731).

A cette nouvelle, la populace d'Aix faillit mettre en pièces le P. Girard et le premier président. Elle insulta les magistrats qui tenaient pour le jésuite et porta les autres en triomphe. Elle fit des feux de joie, où l'on brûla des mannequins habillés en jésuites. A Marseille, il fallut protéger la maison des jésuites, que le peuple voulait brûler.

Les jésuites tinrent bravement tête à l'orage. M. de Belzunce, évêque de Marseille, garda toute son estime au P. Girard. L'évêque de Viviers l'accueillit avec les plus grands égards. Les jésuites affirmèrent plus tard qu'il était mort en odeur de sainteté.

Mais on comprend quel aliment un procès pareil put fournir à la férocité des partis. Les factums publiés en Provence pénétrèrent jusqu'à Paris. La Cadière y fut aussi populaire qu'en Provence ; il y eut des meubles, des habits, des tabatières, des éventails et des rubans à la Cadière.

On mit toutes ces histoires au théâtre. Dans l'opéra du *Nouveau Tarquin*, Brutus, symbolisant le Parlement, mettait hors de cour Tarquin Girard et Lucrèce Cadière, et leur offrait plaisamment de tirer au sort à qui serait brûlé.

Les jésuites, de leur côté, mettaient les jansénistes sur la scène, dans *Le saint Déniché, ou la banqueroute des marchands de miracles*, et se moquaient dans *La Femme Docteur* des controverses sur la grâce. (H. Carré, *Louis XV*.)

Une dernière querelle vint porter l'anarchie à son comble et réveiller une dernière fois les vieilles passions.

A M. de Vintimille et à M. de Bellefonds avait succédé, sur le siège archiépiscopal de Paris, un prélat de mœurs austères, mais d'intelligence médiocre et tout dévoué aux jésuites, Christophe de Beaumont. Ce fut un des évêques les plus charitables de son siècle, mais un des plus opiniâtres. Un quatrain dans le goût du temps en trace ce joli portrait :

> Dieu lui donna la bienfaisance,
> Le diable en fit un entêté ;
> Il couvrit par sa charité
> Les maux de son intolérance.

Charitable, il l'était ; car, sur ses 600.000 livres de revenu, il n'en gardait que 100.000 pour ses dépenses personnelles et employait tout le reste en bonnes œuvres. Opiniâtre et intolérant, il le fut aussi ; car il fit défense au clergé de son diocèse d'administrer les sacrements à quiconque ne présenterait pas un billet de confession signé d'un prêtre favorable à la constitution *Unigenitus* (1746).

Cette prétention de l'archevêque devait paraître très légitime à un homme aussi étroit qu'il l'était ; il lançait, en réalité, aux jansénistes une déclaration de guerre des plus dangereuses.

Il accentuait la division qui existait déjà dans le clergé, et mettait hors la loi les adversaires de la bulle, quoique le Parlement lui-même eût déclaré que la bulle n'était pas de dogme ni matière de foi.

C'était raviver les vieilles querelles, contre les vœux exprès de tous les papes qui avaient été amenés à s'occuper de la question.

C'était, enfin, tyranniser les consciences d'une manière jusqu'alors inouïe ; c'était appliquer à tous les jansénistes sans distinction la pénitence rigoureuse imposée par M. de Noailles aux religieuses de Port-Royal, rebelles à l'autorité du pape et du roi.

L'opinion publique se prononça aussitôt avec force contre les billets de confession, et le Parlement, « protecteur des canons », donna carrément tort à l'archevêque. Tout ecclésiastique fut tenu de donner la communion à tout fidèle qui aurait constitué procureur et avocat, et lui aurait fait faire par huissier les sommations légales. Le prêtre qui ne s'exécuterait pas devait être puni de bannissement, de confiscation ou même de la peine des galères (1752).

Dans ce singulier conflit entre l'autorité épiscopale et l'autorité judiciaire apparait tout l'esprit du dix-huitième siècle, qui sera l'esprit de la Révolution. Les magistrats ne considèrent déjà plus la religion que comme une fonction sociale. Le prêtre, on le sent, est déjà pour eux un fonctionnaire chargé d'un service public. Il importe au bon ordre social que ce service se fasse normalement, et voilà pourquoi le Parlement se reconnaît le droit d'assurer sa marche régulière, lorsque l'archevêque tend à l'empêcher.

Pendant de longues années, la lutte continua, sans que personne voulût céder. L'archevêque, sommé par ordre du roi de se désister, répondit au duc de Richelieu : « Qu'on dresse un « échafaud au milieu de ma cour, et j'y monterai pour soutenir « mes droits, remplir mes devoirs et obéir aux lois de ma « conscience. » Le duc lui dit alors spirituellement : « Votre con- « science est une lanterne sourde qui n'éclaire que vous ».

Les curés de Paris se divisèrent ; les uns obéirent au Parlement, les autres à l'archevêque. Il y eut des refus de sacrements retentissants, des procès, des condamnations à l'amende et à l'exil. Les prêtres constitutionnaires bravèrent audacieusement le pouvoir civil, comme les prêtres jansénistes bravèrent l'autorité épiscopale.

Le Parlement fut réprimandé par le roi, menacé, exilé, puis rétabli.

Les membres les plus marquants du parti moliniste furent mandés auprès du roi, qui leur dit brutalement :

« Je vous défends toute réponse à ce que je vais vous dire. Je « veux la paix et la tranquillité dans mon royaume. Je vous ai « imposé silence ; ceux qui y contreviendront seront punis sui- « vant les lois. »

Et rien n'y fit : l'archevêque ne céda point, les curés continuèrent à s'excommunier les uns les autres, le Parlement persista à s'ériger en concile, les jésuites continuèrent à poursuivre la ruine de leurs adversaires, et le roi, impuissant à rétablir l'ordre au milieu de toutes ces fureurs, se désintéressa de plus en plus des affaires publiques.

« Les grandes robes et le clergé, disait-il à Mme de Pompadour,
« sont toujours aux couteaux tirés ; ils me désolent par leurs
« querelles ; mais je déteste bien plus les grandes robes. Mon
« clergé, au fond, m'est attaché et fidèle. Les autres voudraient
« me mettre en tutelle... Robert de Saint-Vincent est un boute-
« feu, que je voudrais pouvoir exiler ; mais ce sera un train ter-
« rible... Le Régent a bien eu tort de leur rendre le droit de
« remontrance, ils finiront par perdre l'État. — Ah ! Sire, dit
« alors M. de Gontaut, il est bien fort pour que de petits robins
« puissent l'ébranler. — Vous ne savez pas ce qu'ils font et ce
« qu'ils pensent, reprit le roi ; c'est une assemblée de républi-
« cains. En voilà, au reste, assez ; les choses comme elles sont
« dureront autant que moi. »

Les querelles religieuses cessèrent après l'expulsion des jésuites, mais l'esprit janséniste continua à régner dans les Parlements et dans certains milieux bourgeois ; nous le retrouverons encore à la Constituante avec les représentants Camus et Lanjuinais, membres prépondérants du Comité ecclésiastique.

Le jansénisme est-il mort aujourd'hui ? C'est une grave question, à laquelle il nous serait impossible de répondre ; il se pourrait cependant que cette longue querelle ait laissé quelque trace dans le catholicisme français.

Les doctrines augustiniennes semblent avoir toujours trouvé en France un terrain particulièrement favorable. De tous les réformateurs, Calvin est celui qui leur a donné le plus d'extension, et Calvin était Français. Duvergier de Hauranne, Français, a été l'ami, le confident et le champion de Jansénius ; c'est en France que le jansénisme a poussé les plus profondes racines et a prospéré comme sur son terrain naturel.

Il semble donc bien qu'il y ait quelque affinité mystérieuse entre l'âme française et les sombres doctrines de la prédestination et de la grâce indéclinable.

Et comment s'expliquer que le Français, si vain, si léger, si en dehors, si sociable et d'humeur si joyeuse, soit précisément le peuple qui ait fait le meilleur accueil au mode le plus austère et le plus rigoureux de la foi ?

Ne serait-ce pas un effet de la loi des contraires, qui veut que l'on recherche toujours les vertus dont on se sent le plus loin ?

Le Français, qui veut vivre de la vie intérieure, se met par ce seul désir en dehors de l'opinion commune et se sépare de l'immense majorité de ses compatriotes, pour lesquels l'indifférence est le plus commode des oreillers. Il renonce à tout ce qu'ils goûtent, à tout ce qu'ils aiment, à la parole téméraire, à la raillerie acérée, au rire sonore et agressif, au plaisir bruyant et païen. Il se dénaturalise, pour ainsi dire, et devient au sein de sa patrie une sorte d'étranger. Et plus le milieu qui l'entoure est remuant et joyeux, plus il se fait taciturne, plus il se sent envahi par la tristesse et par la crainte. Cet homme, qui n'est pas né pour être grave, et qui n'est sérieux que par étude et par volonté, exagérera sa gravité, se guindera jusqu'à un sérieux hors nature et hors mesure.

L'Espagnol a une religion d'enfant, d'enfant parfois féroce. L'Italien négocie avec Dieu. Le Français en détourne ses yeux et sa pensée, ou, s'il y pense, c'est pour s'écraser devant lui. Le jansénisme a donné à nos croyants leur raideur et leur mélancolie ; c'est lui qui opprime encore si souvent leurs âmes, qui les courbe comme sous le poids d'une croix trop pesante. C'est lui qui les détourne du spectacle de la vie, qui les rend aveugles aux splendeurs du progrès scientifique, indifférents au progrès social, hostiles à la démocratie, si bariolée, parfois si barbare, mais si vivante et si radieuse d'espérance. C'est cette vieille doctrine surannée qui sépare de leur temps et de leur peuple tant de nobles âmes, et qui empêche ce peuple et ce temps de renaître à l'idée religieuse.

L'ÉGLISE ET LES PHILOSOPHES

La querelle des jansénistes et des jésuites agita la France pendant soixante ans (1702-1762). Les jésuites finirent par succomber, comme nous le verrons bientôt; mais le véritable vaincu fut l'esprit religieux lui-même. Il y avait toujours eu en France une petite minorité de sceptiques. Pendant tout le xviie siècle, ils n'avaient trop osé se montrer ; mais, dès la fin du règne de Louis XIV, on les voit s'émanciper ; ils se démasquent sous la Régence.

Le système de Law, qui déplaça tant de fortunes et fit connaître à tous la puissance de l'argent, déséquilibra la France, en opérant dans la société un vaste mouvement de bascule, qui fit disparaître un grand nombre d'anciennes familles et éleva beaucoup d'hommes nouveaux. On s'aperçut qu'un grand seigneur dédoré ne faisait plus figure dans le monde, au lieu qu'un lourdaud bien muni d'écus avait ses flatteurs et ses parasites et voyait son alliance recherchée par ceux qui, la veille, auraient rougi de le connaître.

Les exemples scandaleux qui venaient de la cour, l'amour du luxe et du plaisir, développé par tant d'enrichissements soudains, la lassitude où l'on était après le long règne des dévots, tout contribua à faire de la Régence une époque de folie et de libertinage. Le cynisme devint une force, l'escroquerie une profession. On trouva plaisir à se mépriser. Tout se tourna en chansons et en plaisanteries.

Quand la société voulut se rasseoir et reprendre ses vieilles habitudes d'ordre et de travail régulier, elle ne retrouva plus en elle-même les ressources morales d'autrefois. La vieille vie réglée, méditative et sérieuse, parut impossible aux gens qui avaient mené la vie nouvelle, tout en dehors, fiévreuse et vaine. Le charme était rompu ; le grand siècle était bien mort, c'était un autre âge qui commençait.

Et tandis que tout conspirait à ébranler le vieil édifice social, la fureur des partis compromettait la religion aux yeux de tous. Les interminables querelles des molinistes et des jansénistes, des acceptants et des appelants, des visionnaires et des convulsionnaires, la chasse aux billets de confession finirent par tuer la foi dans le cœur d'un grand nombre d'hommes. Le bien réalisé par l'Église restait considérable, la vertu restait grande dans le corps ecclésiastique, mais passait inaperçue, tandis que la niaiserie et l'extravagance s'étalaient au grand jour, et plus d'un homme raisonnable haussait les épaules devant les invectives des deux partis en se disant : « Ces gens sont aussi fous les « uns que les autres ». Le maréchal de Saxe disait plaisamment que, s'il faisait prisonnière une armée de Tartares, il lui ferait quartier ; mais que, si une armée de théologiens lui tombait entre les mains, il les exterminerait jusqu'au dernier.

Au goût des questions théologiques, qui avait caractérisé l'âge précédent, le XVIIIe siècle substitua la passion de la philosophie. En aucun temps, ce beau mot ne fut plus à la mode et plus diversement compris.

La philosophie du XVIIIe siècle est, aujourd'hui, tenue en petite estime par les philosophes de profession. Les disciples de Kant et de Hegel, non plus que ceux d'Auguste Comte, ne consentent à reconnaître la moindre valeur philosophique à Voltaire et à Rousseau, à d'Holbach ou à Helvétius, à La Mettrie ou à Diderot. Seuls, Condillac et Condorcet conservent encore quelque renom de philosophes. La Harpe faisait du premier « l'esprit le plus « juste et le plus lumineux de son siècle ». D'Alembert appelait le second « un volcan couvert de neige ».

Le dédain de nos contemporains pour la philosophie du XVIIIe siècle vient de ce qu'ils se font de cette science une idée tout à fait différente de celle qui avait cours avant la Révolution. Nous entendons par philosophie l'étude des phénomènes et des conditions de l'existence, et certains philosophes admettent comme légitimes les spéculations métaphysiques sur le pourquoi de l'existence et sur les caractères de l'absolu. Nous voulons que cette étude et même ces spéculations s'appuient toujours sur des données scientifiques, se conforment aux méthodes rationnelles d'investigation, et ne laissent que la moindre part possible au sentiment personnel du philosophe.

Tout autre était l'idée qu'un homme du XVIIIe siècle se faisait de la philosophie. Voltaire ne voulait pas entendre parler de métaphysique et disait volontiers « qu'elle est à la philosophie « ce que le galimatias est au style ». Peu lui importait de savoir d'où venait l'homme et où il allait ; il le prenait où il est et tel qu'il est, et se demandait quels peuvent être les meilleurs moyens de le rendre plus libre et plus heureux.

Voltaire voulait, en somme, comme Socrate, faire redescendre la philosophie du ciel sur la terre ; et les hommes qui se paraient du titre de philosophes pensaient, comme lui, que la philosophie devait tendre à la philanthropie comme à son but naturel et désirable.

La société au milieu de laquelle ils vivaient avait, comme toutes les sociétés humaines, ses qualités et ses défauts ; il n'était pas nécessaire d'avoir une imagination très vive pour se figurer un état politique et social plus satisfaisant pour la raison que celui de la France d'alors, soumise à un roi absolu, gouvernée par des castes privilégiées, exploitée par un bloc aristocratique, qui ne respectait rien en dehors de lui. L'inégalité vraiment choquante des lois, l'hypocrisie des mœurs, la mauvaise répartition des charges, la persistance de la misère et de l'ignorance au sein d'un grand pays déjà très civilisé attirèrent l'attention des philanthropes, qui furent amenés peu à peu à réclamer de grandes réformes politiques et sociales, au nom de la justice et de la raison.

Tandis que leur activité intellectuelle se tournait de ce côté, les sciences expérimentales commençaient à faire des progrès gigantesques et tendaient à donner à l'homme des notions de plus en plus exactes sur la structure générale de l'univers et sur les lois qui régissent les forces naturelles. La physique commençait l'étude de la vapeur et de l'électricité ; la chimie découvrait de nouveaux corps et pressentait les lois générales qu'allait bientôt formuler Lavoisier. L'histoire naturelle prenait dans toutes ses branches des développements inouïs, et Buffon traçait dans les *Epoques de la Nature* la première histoire scientifique du globe.

Tant d'idées nouvelles, éclatant à la fois, troublaient les cerveaux. Le monde naissait à la grande vie moderne, aspirait les premières bouffées d'air libre :

> La moisson du travail tendait ses lourdes gerbes
> Aux affamés du genre humain.

Des hommes, chaque jour plus nombreux, plus laborieux et plus hardis, chantaient la foi dans le progrès et l'espoir dans l'avenir vengeur.

Si sceptiques que nous ait faits un siècle de révolutions, nous ne pouvons considérer sans une émotion sympathique cet âge d'or du monde moderne ; nous admirons le bel élan des vaillants hommes qui luttèrent pour la science et pour l'humanité ; nous saluons cette philosophie française qui eut le culte du progrès et de la liberté et qui s'imposa à l'Europe entière, nous faisant plus rois par l'esprit que Napoléon ne le fit jamais par la force des armes.

Mais, les philosophes trouvèrent devant eux le clergé comme ordre privilégié et comme gardien trop jaloux d'une orthodoxie trop étroite ; dès les premières années du siècle, les représentants de l'esprit nouveau considérèrent l'Église comme une puissance redoutable et tout près d'être hostile, et le temps ne fit qu'accentuer cette rivalité naturelle et la changer en une guerre déclarée, au grand dommage des deux partis et de la France.

Fontenelle, le premier, commença doucement à ébranler et à renverser l'autorité. Présente-t-il à l'Académie des Sciences l'éloge de Malebranche, il dira que « l'Académie passerait témérai-
« rement ses bornes en touchant le moins du monde à la théo-
« logie et s'abstient totalement de métaphysique, parce qu'elle
« est trop incertaine... ou, du moins, d'une utilité trop peu sen-
« sible. » — Parle-t-il des préjugés qui entrent parfois jusqu'en la religion, il s'affligera « qu'ils trouvent pour ainsi dire le moyen
« de se confondre avec elle, et de s'attirer un respect qui n'est
« dû qu'à elle seule. On n'ose les attaquer, de peur d'attaquer
« en même temps quelque chose de sacré ; on ne peut disconve-
« nir cependant qu'il serait plus raisonnable de démêler l'erreur
« d'avec la vérité que de respecter l'erreur mêlée avec la vérité ».

Les *Lettres persanes* de Montesquieu, parues en 1721, abondent en critiques contre les clercs. Elles sont mises, il est vrai, dans la bouche d'un mahométan, mais elles n'en sont ni moins fines ni moins acérées.

« J'entrai l'autre jour, dit Usbek, dans une église fameuse
« de Venise qu'on appelle Notre-Dame. Pendant que j'admirais
« ce superbe édifice, j'eus occasion de m'entretenir avec un
« ecclésiastique que la curiosité y avait attiré comme moi.
« La conversation tomba sur la tranquillité de sa profession.
« La plupart des gens, me dit-il, envient le bonheur de notre
« état, et ils ont raison ; cependant nous avons un rôle bien dif-
« ficile à soutenir. Les gens du monde sont étonnants ; ils ne
« peuvent souffrir notre approbation ni nos censures ; si nous
« voulons les corriger, ils nous trouvent ridicules ; si nous les

« approuvons, ils nous regardent comme des gens au-dessous
« de notre caractère... Dès que nous paraissons, on nous fait
« disputer. Une certaine envie d'attirer les autres dans nos
« opinions nous tourmente sans cesse et est, pour ainsi dire,
« attachée à notre profession. Nous troublons l'État, nous nous
« tourmentons nous-mêmes pour faire recevoir des points de
« religion qui ne sont point fondamentaux. » (L. 41.)

C'est déjà le langage d'un homme tout à fait dépourvu de foi. Il vante la tranquillité de la profession ecclésiastique, ce qui est une manière adoucie de parler de son inutilité ; et cette idée est si bien celle de Montesquieu qu'il enferme son ecclésiastique dans ce dilemme : ou il parle, et il est ridicule, ou il se tait, et il passe pour un homme au-dessous de son caractère ; il ne peut, ni dans un cas, ni dans l'autre, rendre service à la société. Mais bien plus, ces hommes, si tranquilles, sont tourmentés du désir d'imposer aux autres leurs opinions et troublent tout l'État de leurs disputes ; ils ne sont donc pas seulement inutiles ; ils sont nuisibles à la société.

Dans la lettre 85, Montesquieu pousse encore plus loin le scepticisme :

« Comme toutes les religions contiennent des préceptes utiles
« à la société, il est bon qu'elles soient observées avec zèle ;
« or qu'y a-t-il de plus capable d'animer ce zèle que leur multi-
« plicité ?... On a beau dire que l'intérêt du prince n'est pas de
« souffrir plusieurs religions dans son État... Cela ne lui por-
« terait aucun préjudice, parce qu'il n'y en a aucune qui ne
« prescrive l'obéissance et ne prêche la soumission. »

On peut voir, dans ce passage, une protestation indirecte contre les persécutions religieuses du dernier règne, et un appel à la liberté des cultes.

Il serait étonnant que Montesquieu n'eût point parlé des moines et de l'Inquisition :

« Les dervis, dit-il, (les moines) ont en leurs mains presque
« toutes les richesses de l'État ; c'est une société de gens avares,
« qui prennent toujours et ne rendent jamais. Ils accumulent
« sans cesse les revenus pour acquérir des capitaux. Tant de
« richesses tombent, pour ainsi dire, en paralysie ; plus de circu-
« lation, plus de commerce, plus d'arts, plus de manufactures. »
(L. 117.)

L'Inquisition est exécutée en deux phrases : « Les Espagnols
« qu'on ne brûle pas paraissent si attachés à l'Inquisition, qu'il y

« 'aurait de la mauvaise humeur à la leur ôter. Je voudrais seule-
« ment qu'on en établit une autre, non pas contre les hérétiques,
« mais contre les hérésiarques... qui sont si dévots qu'ils sont à
« peine chrétiens. » (L. 78.)

Tout l'esprit du siècle éclate déjà dans ces passages. Toutes les théories sur lesquelles il va vivre s'y trouvent en puissance.

Toutes les religions se valent, ce qui revient à dire qu'elles sont toutes fausses.

Elles ont cependant une utilité sociale, qui les recommande à l'attention des gouvernements.

Le clergé régulier est encombrant et inutile.

Le clergé séculier n'a qu'une utilité limitée et provisoire.

Le bien que font les religions est gâté, en grande partie, par le fanatisme qui les accompagne presque toujours et presque partout.

Ces idées, Montesquieu ne les hasarde encore qu'en les enveloppant du vêtement léger et chatoyant de l'humour. Des esprits plus hardis vont bientôt les produire tout armées et en tenue de combat.

Il a été donné à un homme de représenter tout son siècle avec un éclat indicible. Le dix-huitième siècle s'appellerait le siècle de Voltaire, avec beaucoup plus de raison qu'on n'a donné le nom de Louis XIV au siècle précédent.

Voltaire est l'un des hommes qui ont eu le plus d'action sur leurs contemporains et sur la pensée de leur époque. Il y a des génies littéraires bien plus grands que lui, des philosophes bien plus profonds; il n'y a pas de personnalité littéraire et philosophique plus variée, plus puissante, ni qui se soit imposée plus complètement à son siècle.

Une pareille influence n'a pu appartenir qu'à un homme merveilleusement doué; mais, comme on domine les hommes autant par leurs défauts que par leurs vertus, l'influence de Voltaire s'explique au moins autant par les imperfections de son cœur que par l'éblouissante souplesse de son esprit. Voltaire a de fort grands côtés : une intelligence lucide et prompte, une verve endiablée, un sens très précieux des affaires, un jugement si parfait qu'il paraît être chez lui la qualité dominante, si grands que soient, d'autre part, son talent et son esprit. Voltaire n'est pas dénué de sensibilité ; si la passion sincère n'est point son fait, il est du moins fidèle en amitié, indulgent pour ceux qu'il aime, et son plus grand plaisir est de se montrer bienfaisant.

Avec tout cela, ce n'est cependant ni un très beau caractère ni un très grand cœur ; la vanité a tué en lui l'amour et même le respect d'autrui, et l'égoïsme le rend injuste, sitôt que son intérêt est en jeu. C'est le roi des intellectuels ; mais il ne vit que par la tête, et il excite parfois plus de surprise et de crainte que d'admiration ou de sympathie.

Fils d'un notaire au Châtelet et d'une femme de beaucoup d'esprit, Voltaire eut pour premier maître l'abbé de Châteauneuf, son parrain, qui le présenta, dès l'âge de treize ans, à la toujours belle Ninon de l'Enclos, âgée alors de quatre-vingt-cinq ans.

« Sa maison était, nous dit-il, une espèce de petit hôtel de
« Rambouillet, où l'on parlait plus naturellement et où il
« y avait un peu plus de philosophie que dans l'autre. Les
« mères envoyaient soigneusement à son école les jeunes gens
« qui voulaient entrer avec agrément dans le monde. Elle
« se plaisait à les former. Sa philosophie était véritable,
« ferme, invariable, au-dessus des préjugés et des vaines
« recherches. »

Nous ne serons pas plus surpris que M. Crouslé si Voltaire, formé par Ninon à la philosophie et à la vertu, n'eut pas dans la suite une philosophie très austère ni une vertu très rigide.

Ses maîtres du collège Louis-le-Grand, les Pères Porée, Tournemine, Brumoy et Thoulié, exercèrent sur son esprit une influence qui ne fut pas toujours très heureuse, mais ne surent pas le gagner à leurs doctrines ; il se fit surtout chez eux d'illustres amitiés, qui l'aidèrent plus tard à faire son chemin dans le monde.

Au cours d'un voyage diplomatique en Hollande, il se trouva dans un milieu protestant et libéral, où la France catholique et monarchique de Louis XIV était l'objet des plus amères censures ; le grand sceptique Pierre Bayle venait de mourir, son souvenir était encore dans toutes les mémoires et son *Dictionnaire historique et critique* dans toutes les mains. Ce fut là que Voltaire prit ses premières leçons de scepticisme.

En 1720, Voltaire, déjà célèbre par le succès d'*Œdipe*, et par quelques mois de captivité à la Bastille, fut présenté par un parent de Mᵐᵉ de Tencin à lord Bolingbroke, le célèbre homme d'État anglais, que les crises politiques de son pays avaient jeté en France, où il partageait son temps entre le plaisir et la philosophie.

En 1722, Voltaire était déjà assez philosophe pour entreprendre de convertir au scepticisme Mme de Rupelmonde, fille d'un maréchal de France, qu'il accompagnait en Hollande ; mais le souvenir de la Bastille l'avait rendu prudent et l'*Épître à Julie*, le premier monument de sa « liberté de penser », dit Condorcet, ne parut que nombre d'années après, et sous le nom de Chaulieu, mort depuis longtemps.

Une querelle avec le duc de Rohan l'ayant fait mettre de nouveau à la Bastille, Voltaire préféra l'exil à la captivité et partit pour l'Angleterre, où la vue d'un grand peuple libre l'enchanta. Bolingbroke l'accueillit à bras ouverts et le mit en relation avec les plus beaux esprits de la Grande-Bretagne, Swift, Pope, Gay. Voltaire faillit faire la connaissance de Newton et apprit à connaître à fond Locke, dont l'*Essai sur l'Entendement humain* fut pour lui comme une révélation et lui inspira l'ambition de renouveler sur un si beau plan toute la philosophie française.

Descartes avait déjà célébré la toute-puissance de la raison, et n'avait admis d'autre critérium de la vérité que l'évidence ; mais il avait soigneusement mis à part les matières de foi, auxquelles il s'était refusé à appliquer les procédés du raisonnement philosophique. Locke était allé beaucoup plus loin. Il avait donné la sensation et la réflexion comme bases à toutes nos idées et avait étendu son rationalisme pratique à toutes les branches de l'entendement. Tout avait été remis par lui en libre discussion.

Quelques années après son retour d'Angleterre, Voltaire publia sa petite pièce du *Mondain*, où il présentait l'apologie du luxe et du plaisir ; comme il n'épargnait pas aux dévots les sarcasmes ni les attaques personnelles, il fut à son tour pris à partie très vivement, et enchérit dans sa *Défense du Mondain* sur toutes ses irrévérences et toutes ses témérités. Le *Mondain* fut déféré au Garde des Sceaux, et Voltaire alla passer quelques mois en Hollande, « fuyant les hommes, disait-il, parce qu'ils sont méchants. » (1736.)

En 1741, nouveau coup d'audace. Voltaire commence sa croisade contre le fanatisme, et pour pouvoir dire tout le mal qu'il pense des religions positives et de leurs fondateurs, il met en scène *Mahomet ;* la pièce est jouée à Lille. Il pousse l'audace jusqu'à faire donner une représentation chez l'intendant « en faveur « du clergé qui a voulu absolument voir un fondateur de religion ». En 1742, la tragédie est représentée à Paris, devant les ministres, et, dans le premier moment, tous déclarent avec Fleury que la pièce « est écrite avec toute la circonspection convenable et qu'on « ne pouvait éviter plus sagement les écueils du sujet ». A la réflexion, des gens plus clairvoyants s'avisent que, sous le burnous et le turban de l'Islam, ce pourrait bien être le christianisme lui-même qui fût en scène : le procureur général, Joli de Fleury, écrit que l'auteur est « un scélérat à faire brûler » ; les ministres, effrayés de tout ce bruit, interdisent la pièce, et Voltaire, plus audacieux que jamais, dédie sa tragédie interdite au pape Benoît XIV... qui l'en remercie courtoisement.

Mais la leçon a été dure : Voltaire ne va pas s'aventurer de si tôt à toucher d'aussi près aux idées religieuses. C'est la période la plus troublée de sa vie ; il essaie de devenir officiel, il est historiographe de France, gentilhomme de la Chambre en expectative, courtisan de Mme de Pompadour, favori du roi de Prusse.

Son séjour à Berlin lui enlève les derniers scrupules qui pouvaient lui rester. Frédéric II a été le créateur de la Prusse, le plus grand capitaine de son siècle, et les Allemands vénèrent en lui un des fondateurs de l'Allemagne ; mais il n'y eut jamais âme plus froide ni cœur plus sec que ce roi, « moitié César et moitié Trissotin ». A son école, Voltaire acheva de prendre en mépris l'espèce humaine, tandis que les flatteries de Frédéric II exaltaient encore son orgueil et son égoïsme.

Au retour de Prusse, il s'installa à Ferney et fit de sa résidence une sorte de capitale intellectuelle. Roi casanier, il recevait des ambassades, renvoyait des lettres et se vantait d'avoir un « brelan de rois » dans son jeu.

Bien établi sur la frontière de trois pays, redouté des plus redoutables puissances, il crut pouvoir reprendre l'offensive et, en 1759, jeta au monde ce magnifique pamphlet qui a nom *Candide*. Jamais on n'a offert à l'homme pareil verre d'absinthe, jamais on ne lui a présenté en riant un miroir où il se soit vu si ressemblant et si prodigieusement laid. Et tandis qu'il s'y regarde, stupéfait de se trouver si bête et si hideux, il semble que Voltaire soit encore derrière lui à se gausser diaboliquement de ses illusions, de ses enthousiasmes, de ses amours et de ses croyances.

Le succès de *Candide* ralluma toute la verve de Voltaire, qui se mit à dauber avec la plus extrême malice les rédacteurs du *Journal de Trévoux*, les deux frères de Pompignan et le journaliste antiphilosophe Fréron. Il le mit en scène dans l'*Écossaise*. La représentation de cette pièce fut une bataille entre les philosophes et les dévots. Les philosophes restèrent vainqueurs, grâce à leur savante organisation et à la force de leurs poumons.

Quand il eut réussi à réhabiliter Calas, Voltaire, au comble de la gloire, se mit à dogmatiser. Ce n'était pas assez pour lui d'avoir combattu et persiflé ce qu'il appelait le fanatisme ; à la place de la vieille religion, qu'il déclarait impropre à faire désormais le bonheur des hommes, il en voulait prêcher une nouvelle, et l'annonça au monde dans le *Sermon des Cinquante*, qu'il attribuait généreusement à un père jésuite. Il publia un peu plus tard le *Testament de Jean Meslier*, curé philosophe d'Etrépigny-en-Champagne. Il donna un *Dictionnaire portatif*, qu'il appelait « la Raison en alphabet » et où il concentra toutes ses railleries et toutes ses attaques contre les religions positives. Il écrivit l'*Éloge de la Raison* et la tragédie des *Guèbres*, où il célébrait ses propres doctrines et prêtait aux adorateurs du feu toutes les sagesses et toutes les vertus.

La religion de Voltaire est le pur déisme, réduit à l'affirmation de l'existence de Dieu, à la pratique d'un culte très simple et de la philanthropie. Il serait très facile de prouver que le meilleur de cette religion vient en droite ligne de l'Évangile.

Ce qui gâte, à nos yeux, la religion de Voltaire, c'est qu'il a commencé par railler et insulter les religions antérieures à sa philosophie et les a jugées avec un parti pris si manifeste qu'il nous donne toutes les envies du monde de lui refuser à notre tour notre sympathie et notre confiance.

C'est aussi qu'il ne s'est jamais fait de la religion une idée ni très haute ni très sérieuse.

Divisant le monde en une petite élite de philosophes éclairés et une multitude innombrable d'imbéciles, d'ignares et de fous furieux, il lui venait souvent à l'idée que le catholicisme, avec tous ses défauts, était tout justement ce qu'il fallait à cette multitude. Il avait fait construire une église à Ferney, avec l'orgueilleuse devise : *Deo erexit Voltaire*. Il y suivait les offices et s'y faisait encenser comme seigneur du lieu. On l'y vit faire dévotement ses pâques, pour donner le bon exemple à ses vassaux. Il osa même, un jour, monter en chaire, et prononça un sermon sur le vol, où se révéla son âme bourgeoise de propriétaire et de capitaliste inexorable.

Il trouvait, en somme, la philosophie excellente pour lui-même et quelques hauts esprits, et la religion « bonne pour le peuple ».

Sa théorie n'est pas morte avec lui et fait encore aujourd'hui le fond de la religion d'un grand nombre de gens.

Voltaire nous a retenus longtemps, parce qu'il incarne son siècle tout entier ; il nous faut placer maintenant, à côté de sa philosophie religieuse, celle de son rival Jean-Jacques Rousseau.

Infiniment moins sympathique que Voltaire, esprit trouble, cœur troublé, plébéien ambitieux et jaloux, puritain voluptueux, orgueilleux égalitaire, Rousseau eut, au fond, l'âme bien plus religieuse que la plupart des hommes de son temps. Il connaissait la Bible, la lisait et la goûtait ; il admirait la nature et lui trouvait une voix, quand personne ne s'avisait seulement de la regarder ; il y sentait éparse une bonté qui le ravissait ; il allait en la compagnie des arbres et des rochers se consoler des bassesses et de la méchanceté des hommes, et de la nature son âme montait jusqu'à Dieu.

Dans la *Confession du Vicaire Savoyard*, il résume avec art et avec force tous les arguments qui ont été présentés contre la révélation. Après avoir fait ainsi table rase des doctrines dont il ne veut plus, il tire du progrès même de ses idées la notion de l'Être suprême et affirme, comme d'indiscutables axiomes, la volonté intelligente en Dieu et le libre arbitre en l'homme. Il affirme que le mal physique « ne serait rien sans nos vices et que le mal moral est incontestablement notre ouvrage ». C'est à la nature qu'il demande le secret de la volonté divine, c'est à l'homme simple, tel que la nature l'a fait, qu'il prête toutes les vertus, et, comme la passion est dans la nature, il en proclame la légitimité absolue, sans voir qu'il ruine par là toute sa morale et qu'il introduit l'anarchie dans son temple.

Singulier mélange de christianisme et de paganisme, la doctrine de Rousseau manque de consistance, et il a cru cependant l'avoir établie sur des bases si solides qu'il ne l'a jamais modifiée, lui qui se corrigeait sans cesse, et qu'il a prétendu l'imposer à ses disciples, tout comme Calvin, qui niait l'autorité des Pères, mais défendait qu'on niât la sienne.

Voltaire et Rousseau sont restés déistes l'un et l'autre. D'autres philosophes poussèrent jusqu'au matérialisme et à l'athéisme.

La Mettrie, médecin des Gardes Françaises, écrivit l'*Histoire naturelle de l'âme* (1745), l'*Homme-machine* et l'*Homme-plante* (1748), et fit de la pensée une simple propriété de la matière organisée.

Le fermier général Helvétius, dans son livre de l'*Esprit* (1758), le baron d'Holbach dans son *Système de la Nature* (1770) professèrent nettement l'athéisme, mais comme une doctrine aristocratique, qu'il ne convenait point de répandre dans les foules.

Enfin Diderot, tour à tour déiste et athée, et avant tout littérateur et artiste, résume en lui toutes les influences de son siècle. Il ne pouvait voir passer une procession, « entendre ce chant « grave et pathétique, sans que ses entrailles n'en aient tressailli « et que les larmes ne lui soient venues aux yeux. »

Il a écrit un *Traité de la suffisance de la religion naturelle*. Il s'écrie : « Les hommes ont banni d'entre eux la Divinité ; ils « l'ont reléguée dans un sanctuaire ; les murs d'un temple « bornent sa vue ; elle n'existe point au delà. Insensés que vous « êtes ! Détruisez ces enceintes qui rétrécissent vos idées ; « élargissez Dieu ; voyez-le partout où il est, ou dites qu'il n'est « point. »

Et tantôt il niait Dieu, tantôt le voyait, comme Spinoza et comme les plus religieux des hommes, dans tout l'univers.

Bien plus hardi qu'eux tous fut Jean Meslier, curé d'Etrépigny et de But-en-Champagne, qui se laissa mourir de faim en 1733, pour n'avoir pu obtenir justice contre un seigneur coupable d'avoir maltraité quelques paysans.

Jean Meslier est un révolté, que le spectacle des abus sociaux a rendu presque enragé. Doux aux pauvres et de mœurs austères, il est surtout frappé de l'immense contradiction qui existe entre la doctrine du Christ et la société au milieu de laquelle il vit. Il ne voit autour de lui que tyrannie et violence, et ce régime odieux n'est maintenu que par la crainte religieuse ; le clergé, qui devrait se ranger du côté des humbles et des pauvres, s'est mis du parti des superbes et oppresseurs. Meslier en conclut que la religion n'est point vraie, et doit tomber, pour que tombe en même temps tout ce qui s'appuie sur elle.

« Les gouvernements, dit-il, établissent par toute la terre un « détestable système de mensonge et d'iniquité, tandis qu'ils « devraient s'appliquer uniquement... à établir partout ce règne « de la paix, de la justice et de la vérité, qui rendrait tous les « peuples heureux ».

Meslier en conclut que les politiques ne valent pas mieux que les clercs.

« Les Empires ont été fondés par des bandits ; les nobles qui se « glorifient de leur origine devraient en rougir. On fait peur du « diable aux pauvres gens ; mais il n'y a point pour eux de plus

« véritables ni de plus méchants diables que les nobles, les oisifs,
« les gens de justice et les moines ; c'est à cause de ce nombre
« immense de fainéants que le peuple est réduit à une affreuse
« misère ».

Meslier en conclut que les aristocrates de tout genre ne valent pas mieux que les politiques et que les clercs.

Il signale la propriété comme un abus monstrueux, et voit dans la cupidité la source de tous nos maux : « Les uns n'ont qu'à
« s'amuser et vivent comme dans une espèce de paradis, tandis
« que les autres travaillent et peinent comme dans un enfer ;
« souvent il n'y a qu'un petit intervalle entre ce paradis et cet
« enfer, car souvent il n'y a que le travers d'une rue, ou l'épais-
« seur d'une muraille ou d'une paroi entre les deux. »

Meslier n'aime pas mieux les riches que les aristocrates, les politiques et les clercs.

Il ne voit de remède aux maux de l'humanité que dans une révolution générale et un bouleversement complet de la société.

Il termine son testament par ces mots amers et désespérés :
« Je hais et déteste effectivement toute injustice et toute ini-
« quité. Je ne prends déjà presque plus de part à ce qui se fait
« dans le monde. Les morts avec lesquels je suis sûr d'aller ne
« s'embarrassent plus de rien et ne se soucient plus de rien.
« Aussi ne suis-je guère plus que rien et bientôt je ne serai
« rien. » (A. Lichtenberger, *Le Socialisme au XVIIIe siècle*.)

Ce loup enragé fit peur à son siècle. Son testament manuscrit, rédigé par lui en triple exemplaire, fut copié par des philosophes, et se vendit jusqu'à dix louis à Paris. Voltaire en édita quelques fragments où l'Église était particulièrement malmenée. L'œuvre entière du curé anarchiste n'a paru qu'en 1864 à Amsterdam, en 3 volumes in-8°.

Le grand ouvrage de la philosophie du xviie siècle a été l'Encyclopédie.

Tout le monde connaît — de réputation — ce grand dictionnaire des sciences, des lettres et des arts, qui parut de 1751 à 1772 et qui compte 17 volumes de texte et 8 volumes de planches.

On sait que la publication n'alla pas toute seule, et qu'à deux reprises, en 1752, après le deuxième volume, en 1759, après le septième, l'Encyclopédie faillit être supprimée ; on sait qu'elle eut contre elle le dauphin et les princesses, les jansénistes, les jésuites, les parlements et Fréron.

On sait que Diderot en écrivit le *prospectus*, que d'Alembert composa pour elle un *discours préliminaire*, que Rousseau y écrivit sur la musique et que Voltaire y travailla.

On sait moins comment il se fit que la publication de ce dictionnaire devint un des gros événements du siècle, pourquoi tant d'ennemis s'acharnèrent après lui et comment son achèvement apparut à tout le monde comme une victoire décisive de la philosophie.

L'idée première de l'Encyclopédie n'avait rien de subversif ni de révolutionnaire. Composer un recueil de renseignements universels, assez concis pour rester maniable, assez développé pour être utile ; faire tenir sur un rayon de bibliothèque un résumé de toutes les connaissances de l'esprit humain, de toutes les découvertes et de toutes les applications des sciences, c'était un dessein de tous points excellent, auquel il semble que tout le monde aurait dû applaudir. Leibnitz réclamait un pareil ouvrage dès la fin du xviie siècle. Un Anglais, Ephraïm Chambers, avait publié à Londres, en 1727, une *Encyclopédie des Sciences et des Arts*, qui atteignait en 1743 sa cinquième édition.

Mais Diderot et d'Alembert ne voulurent pas se contenter de réunir une masse incohérente de notions diverses sur toutes sortes de sujets ; ils voulurent que tous ces articles épars ne fussent que les parties d'un grand ensemble, que les pierres d'un grand édifice ; ils voulurent que cet édifice fût le plus beau monument qu'on eût encore élevé à la philosophie ; pour traduire leur idée en notre langage, ils imaginèrent de laïciser la science, et de la présenter à l'attention et à l'admiration des hommes sous le seul patronage de la raison. Leur œuvre ne fut pas seulement une œuvre de patience et d'érudition, ce fut une œuvre de propagande et de combat. De là son retentissement, son succès, son influence. De là aussi ses malheurs, les passions qu'elle souleva, l'oubli où elle est tombée aujourd'hui.

Dans le *Discours préliminaire*, d'Alembert esquisse un tableau des progrès de l'esprit humain dans les trois derniers siècles. Il a contre le Moyen Age toutes les préventions des philosophes ; il n'y voit que barbarie et que ténèbres. L'histoire de la civilisation ne recommence pour lui qu'avec la résurrection de la culture antique. Le seizième siècle est tout à l'érudition, le dix-septième appartient aux lettres et le dix-huitième à la philosophie.

Voilà donc, dès le début, le caractère de l'œuvre bien indiqué ; d'Alembert invite son lecteur « à faire le tour du monde litté-

raire et scientifique, sous la conduite de la philosophie ».
Pour montrer les rapports qui relient entre elles toutes les disciplines, il dresse un *arbre encyclopédique*, d'après les idées de Bacon, de Locke et de Condillac, et montre par là comment on peut « descendre des premiers principes d'une science ou d'un
« art à ses conséquences les plus éloignées et remonter de ses con-
« séquences les plus éloignées à ses premiers principes, et passer
« imperceptiblement de cette science ou de cet art à un autre ».
— Il trace ainsi le schéma rationnel de l'entendement humain, expose les lois de l'évolution des facultés et de leur transformisme.

Les matières de foi ne pouvaient logiquement entrer dans un pareil cadre ; mais, à l'époque où parut l'Encyclopédie, il était impossible de ne pas les inscrire dans son programme, et même s'il eût pu les omettre sans danger, il n'est pas sûr que d'Alembert y eût consenti, car il voulait avoir occasion de les passer en revue et de les soumettre, elles aussi, à la critique de la raison. Le Moyen Age avait dit que la philosophie est la servante de la théologie ; le dix-huitième siècle renversait la proposition et faisait de la théologie l'humble suivante de la philosophie triomphante et superbe.

Pour d'Alembert, la sensation et la réflexion sont les sources uniques de nos idées ; le besoin est le seul principe de notre activité ; l'utilité, la seule règle de notre conscience ; le progrès intellectuel résulte de la culture du moi, le progrès moral résulte de la sociabilité. La religion « sert de supplément » à ces données rationnelles, et, par l'aide qu'elle prête au progrès social, elle est « utile » et mérite les respects du philosophe ; mais à condition qu'elle n'empiète pas sur les droits de la philosophie.

« Quelques vérités à croire, un petit nombre de préceptes à
« pratiquer, voilà à quoi la religion révélée se réduit », d'après d'Alembert. Il laisse à l'Église l'enseignement du dogme et de la morale et l'administration du sanctuaire ; il donne à la philosophie pleine indépendance dans tout le champ de la spéculation, pleine royauté sur l'intelligence et l'activité humaines, et il espère bien — sans le dire — qu'un jour viendra où la philosophie chassera la religion de son dernier domaine.

On comprend, dès lors, pourquoi les hommes de foi prirent l'alarme, et pourquoi jésuites et jansénistes s'accordèrent pour attaquer l'Encyclopédie.

Cette lutte de vingt ans est un des épisodes les plus curieux du dix-huitième siècle. Chaque parti y déploya une égale passion, et parfois une égale mauvaise foi. Les jésuites désiraient ardemment mettre la main sur l'Encyclopédie. Quand ils eurent réussi à l'arrêter, après le second volume, ils cherchèrent à s'emparer des papiers de Diderot, pour profiter de l'immense travail déjà accompli et démarquer son linge à loisir.

Du côté des philosophes, on s'ingénia avec un art consommé à glisser partout les nouvelles doctrines, sans avoir l'air de toucher aux anciens dogmes ; on fit de la casuistique philosophique à toutes les pages.

Les deux partis firent appel à toutes les intrigues. Les dévots eurent pour eux le dauphin. Les philosophes eurent pour eux Mme de Pompadour, dont les jésuites avaient eu l'imprudence de repousser les avances.

Le danger commun ne put réconcilier les jansénistes avec les jésuites ; ces derniers firent naufrage en pleine crise encyclopédique, et leur défaite fut une nouvelle victoire pour les philosophes.

Les encyclopédistes, au contraire, se groupèrent autour de l'œuvre commune, apprirent à marcher ensemble, à combattre sous la même discipline et pour un même but, et cette union du parti assura son triomphe.

Si l'on jette un coup d'œil d'ensemble sur le champ de bataille, on ne tarde pas à reconnaître que l'armée philosophique a pour elle l'élan et l'enthousiasme ; les hommes qui la composent ont une volonté forte, une persévérance à toute épreuve, ils espèrent « changer la façon commune de penser ». Ils regardent vers l'avenir et croient qu'il est à eux.

Dans l'autre camp, on reste sur la défensive, on ne songe qu'à maintenir la situation acquise, à garder les postes déjà conquis ; on parle plus volontiers du passé que du présent, on n'ose regarder l'avenir.

Et les deux partis se valent pour la haine qu'ils se portent mutuellement. Des deux côtés on s'insulte, on se vilipende, on se calomnie. Il y aurait entre ces opinions extrêmes un terrain d'action commune. Les hommes du dogme et les hommes du raisonnement pourraient s'accorder pour travailler ensemble à toutes les œuvres philanthropiques. Ni les uns ni les autres ne veulent en entendre parler. Chacun n'a qu'une affaire : combattre l'adversaire. Le bien ! on y arrivera plus tard, quand on sera seul maître du champ.

Les philosophes anathématisent le fanatisme et prêchent la tolérance. Attendez qu'ils soient tout-puissants, vous les verrez aussi persécuteurs que le furent jamais leurs ennemis. La tolérance et la liberté paraissent être pour l'humanité un mirage qui recule devant elle à mesure qu'elle croit s'en approcher.

On s'est demandé si l'Encyclopédie seule a groupé les philosophes du dix-huitième siècle, et s'il ne faut pas faire une place à côté d'elle à une société secrète, dont le nom commence à apparaître alors dans notre histoire, la franc-maçonnerie.

Sous ce nom, emprunté à des associations ouvrières du Moyen-Age, se formèrent en Angleterre, vers 1717, des sociétés libérales et philanthropiques qui ne tardèrent pas à se multiplier. En 1721, la première loge française fut établie à Dunkerque. En 1726, Paris eut la sienne. La franc-maçonnerie s'installa à Bordeaux en 1732, à Toulouse en 1734 et à Brioude en 1744.

La loge de Brioude, placée sous le vocable de Saint-Julien, comprenait parmi ses membres bon nombre de gentilshommes et plusieurs chanoines du Chapitre noble de Saint-Julien de Brioude. On trouve encore en Auvergne une loge Saint-Genès à Thiers (1777), une loge Saint-Vincent à Saint-Flour (1788), des loges Saint-Maurice, Saint-Michel et Saint-Hubert à Clermont.

La loge Saint-Maurice de Clermont comptait, en 1786, dix officiers nobles, parmi lesquels le comte de Clermont-Tonnerre, maître de camp au régiment Royal-Navarre-cavalerie.

La loge de Saint-Michel de la Paix de Clermont fit célébrer en 1786, dans l'église des Jacobins, un office pour le repos de l'âme du respectable frère trésorier qui venait de mourir.

Ces détails prouvent qu'à cette époque la franc-maçonnerie française n'avait aucun caractère antireligieux.

Voici, d'autre part, des faits qui prouvent qu'elle n'avait aucun caractère révolutionnaire.

La franc-maçonnerie anglaise fut introduite en France par lord Dervent Waters, l'un des gentilshommes les plus dévoués aux Stuarts. Le prétendant Charles-Edouard la prit sous sa protection. Le duc d'Antin, favori de Louis XV, en accepta la grande maîtrise en 1738. Le comte de Clermont-Tonnerre l'accepta après lui en 1743. Le duc de Chartres la prit en 1771. Les frères de Louis XVI et Louis XVI lui-même firent partie de la franc-maçonnerie.

Pendant la Révolution, les loges disparurent presque toutes, dès le début de la tourmente. Composées surtout de nobles et de bourgeois, délibérant à huis clos, faisant de la politique académique, elles disparurent devant les clubs, remplis d'artisans et d'ouvriers, délibérant publiquement et touchant aux questions les plus actuelles et les plus brûlantes.

A Dinan, en 1793, le représentant du peuple Le Carpentier supprima la loge « comme excitant la suspicion et ne pouvant être « tolérée sous un régime républicain, où la liberté est devenue un « bien commun, dont la jouissance n'a pas besoin des ombres du « mystère » (Arrêté du 7 floréal an II) (1).

Nous ne dirons pas, avec M. Paul Janet, que le rôle de la franc-maçonnerie au xviiie siècle a été nul; mais nous pensons avec M. Rambaud qu'on l'a quelque peu exagéré.

Il est curieux cependant de constater que, sous la forme absolument anodine qu'elle revêtait alors, la franc-maçonnerie était déjà vue d'un très mauvais œil par l'Eglise.

Clément XII l'avait condamnée par la bulle *In eminenti* du 28 avril 1738, et Benoît XIV par la bulle *Providas Romanorum pontificum* du 18 mai 1751.

Philippe V, roi d'Espagne, condamnait les francs-maçons aux galères, et Ferdinand VI destituait tout fonctionnaire coupable de s'être affilié à une loge maçonnique.

En France, les bulles pontificales n'empêchaient pas le pieux Louis XVI d'être affilié à la franc-maçonnerie, et ce simple fait en dit plus que tous les discours sur l'indépendance à peu près complète de la société française d'alors vis-à-vis du Saint-Siège. On se saluait encore ; on ne se parlait déjà plus.

(1) Cf. Francisque Mège, *Les populations de l'Auvergne au début de l'année 1789.* — Clermont-Ferrand, 1905.

L'EXPULSION DES JÉSUITES

Le jansénisme avait semé l'esprit de révolte dans l'Eglise de France, dès le temps de Louis XIV. Sous Louis XV, il était devenu peu à peu un parti d'opposition, et avait, à ce titre, conquis les Parlements.

Les jésuites, au contraire, passaient dans l'opinion publique pour les partisans de l'absolutisme et de tous ses abus.

Par une contradiction étrange, très fréquente dans l'histoire politique, les deux factions rivales avaient perdu presque complètement leur caractère primitif. Les jansénistes, adversaires du libre arbitre, étaient devenus les représentants du libéralisme politique, et les jésuites, qui avaient soutenu, envers et contre tous, la doctrine de la liberté morale, représentaient l'autocratie royale et pontificale, le *statu quo* absolu et odieux.

Les philosophes profitèrent de la guerre intestine qui divisait l'Eglise pour pousser leurs affaires entre les partis rivaux et pour les déconsidérer l'un et l'autre aux yeux du public.

L'affaire des billets de confession remplit Paris de scandales et discrédita la religion dans l'esprit d'un grand nombre de gens sages, qui lui étaient jusque-là demeurés fidèles.

Au moment où l'on commençait à rire bruyamment des jansénistes, des jésuites et de leurs prétentions réciproques à l'orthodoxie et à l'infaillibilité, les débauches du roi et la brutalité de sa police le faisaient prendre en mépris et en haine par le peuple de Paris.

Le ministère ayant ordonné une rafle de petits vagabonds pour les envoyer au Mississipi, la police arrêta parmi eux des fils d'artisans et de bourgeois, et ne les rendit à leurs familles que moyennant rançon. Le public était déjà fort irrité, quand le bruit se répandit que Louis XV était devenu lépreux à la suite de ses désordres et prenait des bains de sang pour se guérir ; les enfants que l'on arrêtait étaient destinés à périr pour rendre la santé au roi. Ces bruits atroces trouvèrent immédiatement créance auprès du peuple, tant le roi était méprisé. Le 16, le 22, le 23 mai 1750, Paris se souleva, s'emplit de tumultes et de colères. Le faubourg Saint-Antoine descendit dans la rue, courut sus aux archers, aux exempts, aux espions ; le corps d'un espion, massacré par la foule, fut jeté à la porte du lieutenant général de police, Berryer. Mme de Pompadour, qui se trouvait à Paris, n'eut que le temps de s'enfuir de toute la vitesse de ses chevaux. Il fut question d'aller à Versailles chercher le roi et brûler le château. L'alarme fut si chaude que l'on mit quatre pièces de canon en batterie à l'entrée du pont de Sèvres. Il s'en fallut de bien peu peut-être que la Révolution ne commençât dès cette année.

Louis XV garda de l'émeute parisienne un amer souvenir. Il ne fit plus à Paris que de rarissimes apparitions, et fit tracer une route directe de Versailles à Saint-Denis, pour éviter de passer par la ville. On l'appela la « route de la révolte », et cette révolte marque l'instant précis du divorce entre Paris et la royauté.

Paris reste, dès lors, frondeur et devient très vite antireligieux.

Dès 1753, d'Argenson écrit : « La perte de la religion ne doit pas
« être attribuée à la philosophie anglaise, qui n'a gagné à Paris
« qu'une centaine de philosophes, mais à la haine contre les
« prêtres, qui va au dernier excès. A peine osent-ils se montrer
« dans les rues sans être hués. Les esprits se tournent au mécon-
« tentement et à la désobéissance, et tout chemine à une grande
« révolution dans la religion et dans le gouvernement. L'on
« assure que tout se prépare à une grande réforme dans la religion,
« et ce sera bien autre chose que cette réforme grossière, mêlée
« de superstition et de liberté, qui nous arriva d'Allemagne au
« XVIe siècle. Comme notre nation et notre siècle seront bien
« autrement éclairés, on ira jusqu'où l'on doit aller, l'on ban-
« nira tout prêtre, tout sacerdoce, toute révélation, tout mystère.
« On prétend que, si cette révolution est pour arriver à Paris, ce
« sera par le déchirement de quelques prêtres dans les rues,
« même par celui de l'archevêque. Tout conspire à nous donner
« l'horreur des prêtres, et leur règne est fini. Ceux qui paraissent
« dans les rues en habit long ont à craindre pour leur vie. La
« plupart se cachent ou paraissent peu. On n'ose plus parler
« pour le clergé dans les bonnes compagnies ; on est honni et
« regardé comme des familiers de l'Inquisition. Les prêtres ont
« remarqué, cette année, une diminution de plus d'un tiers dans
« le nombre des communiants. Le collège des jésuites devient

« désert ; cent vingt pensionnaires ont été retirés à ces moines
« si tarés. On a observé aussi, pendant le carnaval à Paris, que
« jamais on n'avait vu tant de masques au bal contrefaisant les
« ecclésiastiques, en évêques, abbés, moines, religieuses ; enfin
« la haine contre le sacerdoce et l'épiscopat y est portée au
« dernier excès. »

Chacun des deux partis religieux accusait l'autre de cette déplorable situation ; chacun voulait servir la religion en exterminant la faction contraire. Un curé moliniste d'Amiens déclarait en chaire qu'il était prêt à tremper ses mains dans le sang des hérétiques ; un jésuite, prêchant devant le roi, soutenait qu'il fallait du sang pour éteindre les hérésies, et que certaines exécutions, faites à temps, épargnaient parfois des sévérités plus grandes. (E. Lavisse, *Hist. de France* : *Louis XV* ; par H. Carré.)

Les jansénistes n'avaient pas plus de mansuétude, payaient les libelles destinés à perdre les jésuites dans l'opinion, et leur agent écrivait de Rome en 1758 : « Le cordon tracé autour des jésuites
« est de telle nature qu'ils ne sauraient le rompre malgré leur
« crédit et tous les trésors de l'Inde. »

C'est en Portugal que se forma d'abord l'orage qui devait ruiner la puissance des jésuites.

En 1750, l'Espagne céda au Portugal les sept districts du Paraguay, que les jésuites avaient organisés et convertis en une province florissante. Les habitants se soulevèrent contre les Portugais, et le tout-puissant ministre du roi de Portugal, D. Sebastien de Carvalho, rendit les jésuites responsables de la rébellion. Il fit nommer le cardinal patriarche de Lisbonne visiteur de l'ordre, et soumit ainsi les jésuites de Portugal à une surveillance rigoureuse ; ils ne dirigèrent plus la conscience du roi, ils perdirent même le droit de prêcher et de confesser dans tout le Portugal.

Le 3 septembre 1758, le roi José Ier, se rendant incognito chez la marquise de Tavora, fut grièvement blessé de deux coups de mousquet. Carvalho persuada au roi de s'isoler dans son palais, prépara à loisir tous ses plans et, le 12 décembre, trois mois après l'attentat, fit arrêter le duc d'Aveiro, le marquis de Tavora, sa mère, leurs parents, leurs amis, leurs domestiques, tous ceux qu'il voulut englober dans leur désastre. Jugés par un tribunal d'inconfidence, présidé par Carvalho lui-même, les accusés furent condamnés à mort le 12 janvier 1759, conduits ensemble à l'échafaud et exécutés de demi-heure en demi-heure.

Après les grands vint le tour des jésuites. Le 13 décembre 1758, le P. Henriquez, provincial de Portugal, les PP. Malagrida, de Mattos, Jean Alexandre, d'autres encore furent arrêtés et jetés dans d'atroces prisons. La fureur de Carvalho se tourna surtout contre le P. Malagrida, vieux jésuite septuagénaire, qui s'était usé dans les missions du Brésil et dont un ardent mysticisme avait dérangé la raison. Ce vieillard prétendait avoir eu des visions, opéré des guérisons miraculeuses, remporté une victoire sur l'Antéchrist et écrit un livre sous la dictée de sainte Anne. Son véritable crime était d'avoir composé une tragédie de collège, intitulée *Aman*, où Carvalho se reconnaissait. Après de longs mois de détention, Malagrida fut condamné au feu et brûlé vif, le 20 septembre 1761, avec 33 autres personnes, en présence du roi.

Mais les accusations dirigées contre la Société de Jésus étaient mal prouvées, et tout le monde vit dans cette horrible exécution une vengeance de Carvalho ; la cour d'Angleterre ne dissimula pas à celle de Portugal son horreur pour un pareil excès de cruauté.

Cependant les jésuites portugais étaient soumis dans leurs maisons à un odieux espionnage et calomniés auprès du roi et du public. Carvalho fabriqua de fausses lettres, qu'on leur attribua, et une fausse bulle qui permettait de les dépouiller de leurs biens. Ils furent arrêtés au nombre de 1.500 et divisés en groupes de 150 à 200. On les embarqua sans vivres sur des vaisseaux de commerce, qui, obligés de relâcher sans cesse pour faire de l'eau et des vivres, n'arrivèrent qu'après une longue navigation à Civita Vecchia, où les Pères furent débarqués comme un vil bétail, et remis aux autorités pontificales.

Il y en eut qui restèrent dans les prisons de Portugal, où on les soumit à tous les traitements que peut imaginer un politique doublé d'un bourreau.

« Les cachots du fort Saint-Julien, écrivait en 1766 le
« P. Kaulen, sont remplis de quantité de vers et d'autres insectes
« et de petits animaux qui m'étaient inconnus. L'eau suinte sans
« cesse le long des murs, ce qui fait que les vêtements et autres
« choses y pourrissent en peu de temps ; aussi le gouverneur du
« fort disait-il dernièrement : — Tout se pourrit promptement;
« il n'y a ici que les Pères qui se conservent. — Le chirurgien
« s'étonne souvent comment plusieurs malades d'entre nous se
« guérissent et se rétablissent. — Il en est mort un dont le visage
« a pris un éclat qu'il n'avait pas pendant sa vie, en sorte que

« les soldats et les autres qui le contemplaient ne pouvaient
« s'empêcher de dire : — Voilà le visage d'un bienheureux. —
« Témoins de ces choses et fortifiés par le ciel en d'autres maniè-
« res, nous nous réjouissons avec ceux d'entre nous qui meurent,
« et nous envions en quelque sorte leur destin, non parce qu'ils
« sont au bout de leurs travaux, mais parce qu'ils ont remporté
« la palme. Les vœux de la plupart sont de mourir sur le champ
« de bataille. Les trois Français qui ont été mis en liberté, en ont
« été tristes, regardant notre position plus heureuse que la
« leur... Pour moi, je ne changerais pas mon état avec le vôtre »
(le correspondant du P. Kaulen était provincial du Bas-Rhin).

Les choses se passèrent en France d'une manière plus douce ; il
n'y eut ni tortures ni bûchers ; mais la Société n'en perdit pas
moins, en quelques mois, une de ses plus belles provinces.

La rapidité de sa chute s'explique par une véritable conspiration, préparée de longue main par les jansénistes et les philosophes ; l'opinion publique y applaudit par esprit d'opposition, et
Mme de Pompadour y disposa le roi par animosité personnelle
contre la Société.

Dès 1752, la belle marquise, rapidement usée par la vie de Cour,
songeait aux moyens d'assurer la durée de sa faveur en devenant
la simple confidente du roi. Elle forma le projet de se rapprocher
du parti dévot, tout en conservant sa haute situation mondaine,
et elle crut que les jésuites entreraient aisément dans ses intentions. Elle trouva, au contraire, une résistance invincible chez le
P de Sacy, qu'elle avait choisi comme directeur, et chez les
PP. Pérusseau et Desmarets, confesseurs du roi. Ces religieux
exigeaient que la marquise quittât la Cour avant de l'admettre,
elle et le roi, à la fréquentation des sacrements. Mme de Pompadour n'obtint pas l'absolution, resta à Versailles et passa dans
le camp de la philosophie. — Les jésuites eurent une terrible
ennemie de plus ; mais il est à croire que Pascal, cette fois, leur
aurait donné raison.

En 1760, un procès retentissant vint rappeler tout à coup l'attention publique sur la Société de Jésus et permit à ses ennemis
de dessiner contre elle l'attaque décisive.

Répandus dans tout l'univers, ayant des biens dans tous les
pays du monde, les jésuites avaient naturellement cherché à en
tirer le meilleur parti possible et avaient fini par créer de véritables entreprises commerciales, qui étaient vues d'un très
mauvais œil par leurs concurrents laïques et par les ordres

rivaux. En 1741, le pape Benoît XIV leur interdit même tout négoce et surtout le commerce des esclaves par la bulle *Immensa pastorum*, qui resta, comme tant d'autres, à peu près lettre morte.

Il nous paraîtrait très difficile de prouver en droit que les jésuites, propriétaires de riches domaines, et récoltant chaque année, dans leurs terres des Antilles, des Indes ou du Paraguay, les denrées les plus précieuses, n'avaient pas le droit de les exporter et de les vendre, au même titre que n'importe quel autre propriétaire. Mais il nous paraît aussi qu'en l'espèce les Pères jésuites eurent un double tort : continuer leurs opérations malgré l'expresse défense du pape et donner à leurs opérations le caractère d'un commerce clandestin. Ils s'exposèrent ainsi aux justes censures des autorités ecclésiastiques et aux attaques légitimes des autorités séculières.

Le Père Antoine de La Valette, supérieur général de la Martinique depuis 1741, était un homme d'une grande intelligence, d'un caractère entreprenant, et possédait comme pas un le génie des affaires. Ayant trouvé sa communauté endettée de 135.000 livres, il résolut de payer ses dettes et de l'enrichir même, s'il se pouvait.

Dénoncé à ses supérieurs en 1753, il trouva un défenseur énergique dans l'intendant des Iles du Vent, M. Hurson, qui lui rendit le témoignage le plus flatteur. Le Père La Valette fut renvoyé à la Martinique, et y revint plus ardent que jamais, plus prêt à la lutte pour la plus grande gloire de son ordre. Il contracta des emprunts, acheta des nègres, mit ses terres en valeur et devint bientôt l'un des plus hardis manieurs d'argent des Antilles. Plusieurs bonnes récoltes successives lui permirent de payer une partie des dettes de sa communauté et d'acquitter une partie de ses engagements. Grisé par le succès, il acheta des terres immenses à la Dominique, rassembla 2.000 nègres, contracta un emprunt d'un million sur la place de Marseille et crut marcher à la conquête de l'El Dorado.

Mais une épidémie décima ses noirs ; le Père emprunta pour payer les intérêts de ses précédents emprunts, s'improvisa banquier et marchand, envoya des cargaisons en Hollande et s'ingénia à trouver des débouchés en Amérique aux marchandises hollandaises rapportées par ses navires. Tant d'activité, tant de talents allaient être récompensés par une éclatante fortune, quand la guerre maritime déchaînée tout à coup entre la France et l'Angleterre vint ruiner tous les calculs de l'ingénieux spéculateur.

Ses navires furent pris en 1755 par les Anglais, et il perdit d'un seul coup 500.000 livres. Ses créanciers s'effrayèrent, avertirent le Père Leforestier, provincial de France, alors à Rome, et par lui le Père Ricci, général de l'Ordre.

Ricci ne sut pas deviner, dès le premier moment, toute l'étendue du péril. Il voulut gagner du temps, négocier. On divisa les créanciers en deux groupes. D'un côté, l'on mit les petits créanciers, qui avaient un besoin urgent de leurs fonds et que l'on devait rembourser. De l'autre, on mit les gros créanciers, avec lesquels on chercha à s'entendre.

Mais la vie commerciale ne s'accorde pas avec tant de délais. Les frères Lioncy, de Marseille, durent suspendre leurs paiements et, créanciers de La Valette pour 1.500.000 livres, actionnèrent la Société de Jésus, comme civilement responsable, devant le tribunal consulaire de Marseille. La veuve Grou, de Nantes, fit de même devant le tribunal de Paris pour une créance de 30.000 livres. Les juges de Paris déclarèrent, le 30 janvier 1760, la Société de Jésus responsable de la conduite du Père de La Valette. Le consulat de Marseille se prononça dans le même sens, le 29 mai, contrairement à la jurisprudence constamment suivie jusqu'alors, qui considérait chaque établissement de la Société comme une personne civile distincte.

Les jésuites auraient dû payer les deux millions dus par La Valette ; ils ne pouvaient faire croire à personne que le Père avait pu faire le négoce pendant dix ans, contracter des emprunts, acheter des terres et des esclaves, fait la banque et armer des navires, sans que ni à Rome, ni en France, ni même à la Martinique, personne en eût jamais rien su.

Le Père de La Valette déclara bien, le 25 avril 1762, « que « c'était faute de connaissance ou de réflexion, ou par une sorte « de hasard qu'il lui était arrivé de faire un commerce profane, et « qu'il y avait renoncé à l'instant où il avait appris combien de « trouble ce commerce avait causé dans la Compagnie et dans « toute l'Europe ». Il alla jusqu'à « attester par serment que « parmi les premiers supérieurs de la Compagnie, il n'y en avait « pas un seul qui l'eût autorisé, ou conseillé, ou approuvé dans « le commerce qu'il avait entrepris, pas un seul qui y eût eu « aucune sorte de participation, ni qui y eût été de connivence ». On demeura convaincu que le Père de La Valette avait eu au moins la permission tacite de commercer, que, s'il eût réussi, ses bénéfices eussent grossi le trésor de la Société de Jésus, et qu'aucun de ces premiers supérieurs, qui ne voulaient rien savoir, ne l'eût blâmé.

Les jésuites ne comprirent pas qu'ils devaient s'exécuter ; ils crurent possible de gagner en appel le procès perdu en première instance, et appelèrent de la sentence des consulats au Parlement. Louis XIV leur avait accordé le privilège de *Committimus*, qui leur permettait d'être jugés par le Grand Conseil. S'ils l'avaient fait, ils auraient eu gain de cause, le Grand Conseil étant soumis à l'influence directe du roi. Ils pensèrent qu'en choisissant le tribunal du droit commun ils se mettraient en meilleure posture devant l'opinion publique. Ils calculèrent que bon nombre de magistrats avaient été leurs élèves. Ils crurent avoir pour eux et le droit et les juges, et le Parlement les vit avec une joie indicible venir se remettre entre ses mains.

Le 8 mai 1761, sur les conclusions de l'avocat général Le Pelletier de Saint-Fargeau, la Société de Jésus fut déclarée responsable et condamnée à payer aux frères Lioncy leurs 1.500.000 livres de créances et 50.000 livres de dommages-intérêts. Défense lui fut faite de s'immiscer dorénavant dans aucun genre de trafic.

Cette sentence, très juste en elle-même, fut acclamée par le public, et les jésuites présents à l'audience durent s'enfuir sous les huées.

Mais le Parlement était bien décidé à ne pas s'en tenir là et à poursuivre la ruine de la Société.

Quoique le passif de La Valette ne s'élevât qu'à deux millions, le Parlement décréta la saisie de tous les biens de la Société. Des créanciers inconnus surgirent de toutes parts et portèrent bientôt le total des réclamations à cinq millions de livres. La Société fut dès lors en état de faillite.

En même temps, le procureur général dénonçait à la Cour les statuts de la Société de Jésus et un magistrat janséniste, l'abbé de Chauvelin, en réclamait l'examen par le Parlement. Le rapport sur les Constitutions de la Société fut présenté par l'avocat général Omer Joly de Fleury, et une commission fut nommée pour en discuter les conclusions. La commission se composa de l'abbé Terray, du conseiller de l'Averdy, janséniste passionné, et de l'abbé de Chauvelin, aussi ennemi que lui des jésuites. Le rapport de Chauvelin fut un véritable réquisitoire : il rappela tous les traits de l'histoire politique des jésuites qui pouvaient les représenter comme des séditieux et des régicides; il les impliqua dans l'assassinat de Henri III et de Henri IV; il leur attribua les tentatives de meurtre dirigées contre Louis XV et contre le roi de Portugal. Il leur reprocha leurs longues persécutions contre les jansénistes.

Le gouvernement s'effraya de l'allure si rapide que prenait le procès, il engagea les jésuites à remettre au greffe du Conseil tous leurs titres et pièces, et le roi invita le Parlement à surseoir à tout nouveau jugement dans cette affaire.

Au mépris de la volonté royale, le Parlement continua son œuvre. Le 6 août 1761, vingt-quatre ouvrages des jésuites furent condamnés au feu, et leurs collèges furent déclarés fermés à partir du 1er octobre. Louis XV, qui pouvait casser ces arrêts, se borna à en suspendre l'exécution pour un an par lettres patentes du 29 août. Les magistrats n'acceptèrent même pas ce moyen terme, et se contentèrent de proroger la fermeture des collèges jusqu'au 1er avril 1762.

Cependant le haut clergé commençait à s'agiter. Quarante-cinq évêques témoignèrent en faveur des jésuites.

Choiseul envoya un exprès à Rome pour obtenir du général Ricci qu'il renonçât à une partie de son autorité en France et déléguât ses pouvoirs à un vicaire général qui résiderait dans le royaume. Le pape se montra encore plus résolu que Ricci à maintenir les statuts de l'Ordre dans toute leur intégrité, et c'est alors que fût prononcé, par le pape et non par le général, le fameux mot, tant de fois cité : « *Sint ut sunt, aut non sint* ».

Le roi essaya de sauver les jésuites, malgré le pape et malgré leur général. Par une déclaration en date du 9 mars 1762, il annula toutes les procédures déjà faites, et obligea les jésuites à enseigner les quatre articles de la déclaration gallicane de 1682.

Le Parlement n'enregistra pas la déclaration royale, que Louis XV retira honteusement. Le 1er avril, 84 collèges furent fermés dans le ressort du Parlement de Paris, et, le 6 août, un arrêt de la Cour supprima la Société de Jésus (1), « comme inadmissible
« par sa nature dans tout Etat policé, comme contraire au droit
« naturel, attentatoire à toute autorité spirituelle et temporelle
« et tendant à introduire dans l'Eglise un corps politique dont
« l'essence consiste dans une activité continuelle pour parvenir
« d'abord à une indépendance absolue et successivement à l'usur-
« pation de toute autorité ».

Les Parlements de province suivirent l'exemple du Parlement

---

(1) Cf. E. Lavisse, *Histoire de France : Louis XV*, par H. Carré ; — et Crétineau-Joly, *Hist. de la Compagnie de Jésus*; t. V.

de Paris et supprimèrent à leur tour — à de très faibles majorités — les établissements des jésuites situés dans leurs ressorts. Les rapports de La Chalotais au Parlement de Bretagne, de Dudon à Bordeaux, de Monclar à Aix, eurent dans toute la France un immense retentissement.

Des ennemis de la Compagnie composèrent un volumineux pamphlet intitulé : *Extrait des assertions dangereuses contenues dans les livres de la Société*. Les amis des jésuites signalèrent, il est vrai, dans ce libelle, 758 citations tronquées ou fausses, il n'en eut pas moins une vogue extrême et acheva de convaincre l'opinion.

L'archevêque de Paris ayant publié dans une *Lettre pastorale* une apologie des jésuites, le Parlement fit brûler la Lettre par le bourreau, manda l'archevêque à sa barre, et pour soustraire le prélat à la vengeance du Parlement, le roi ne trouva pas de moyen plus relevé que de l'exiler.

Enfin Louis XV, harcelé par tous les ennemis des jésuites, finit par signer l'arrêt du conseil qui les supprimait (21 nov. 1764). Le Parlement les avait bannis, le roi leur permit de rester dans le royaume et d'y vivre en particuliers, moyennant la promesse de se séparer de leur institut.

« Je n'aime pas cordialement les jésuites, écrivait Louis XV à
« Choiseul, mais toutes les hérésies les ont toujours détestés, ce
« qui est leur triomphe. Je n'en dis pas plus. Pour la paix de mon
« royaume, si je les renvoie contre mon gré, du moins ne veux-
« je pas qu'on croie que j'ai adhéré à tout ce que les Parlements
« ont fait et dit contre eux. Je persiste dans mon sentiment qu'en
« les chassant il faudrait casser tout ce que le Parlement a fait
« contre eux. »

Le Parlement de Paris aggrava l'édit royal par un arrêt qui interdit aux jésuites d'approcher de Paris de plus de dix lieues, les assujettit à résider dans leur diocèse natal et à se présenter, tous les six mois, devant les substituts du procureur général aux bailliages et sénéchaussées.

Tous les biens de la Société furent confisqués. Ces biens montaient à 58 millions, donnant un revenu utile de 1.200.000 livres pour assurer l'entretien de 4.000 religieux ; ce qui donnait en moyenne 300 livres par tête, à une époque où les curés congruistes à 700 livres se disaient réduits à la mendicité.

Le Parlement de Paris attribua 20 sous par jour à chaque profès, celui de Grenoble alla jusqu'à 30, mais celui de Toulouse n'en accorda que 12. Un incident fort curieux l'engagea cependant à élever jusqu'à 20 sous la portion congrue des Pères. Les jésuites avaient coutume d'offrir un repas aux galériens quand la chaîne passait par Toulouse, et, pour habituer les jeunes gens à l'humilité et à la vertu, ils faisaient servir les forçats par leurs élèves. La chaîne étant venue à passer, le Parlement décida que le repas traditionnel serait offert aux forçats sur les revenus confisqués de la Société. Le repas coûta 17 sous par tête, et comme la malignité publique s'amusait fort de ce qu'un forçat reçût une aumône plus abondante qu'un jésuite, le Parlement s'exécuta, après une délibération solennelle, toutes chambres assemblées. (Crétineau-Joly, *Hist. de la Compagnie*, t. V.).

Chassés du Portugal et de la France, les jésuites ne tardèrent pas à être expulsés d'Espagne par l'un des coups d'Etat les plus soudains et les plus terribles que l'on connaisse.

Dans la nuit du 2 au 3 avril 1767, la police envahit tous les établissements de la Société situés dans toute l'étendue de la monarchie espagnole. Cinq mille religieux furent arrêtés à la même heure, leurs papiers furent saisis et mis sous scellés, leurs couvents furent séquestrés, et, sans avoir égard ni à leur âge, ni à leurs infirmités, ni à leurs maladies même, on les dirigea par les voies les plus courtes vers les ports d'embarquement, où des vaisseaux les attendaient pour les transporter en Italie.

Mais, cette fois, le pape refusa de les recevoir, ne pouvant admettre la prétention du roi d'Espagne de disposer aussi arbitrairement de son hospitalité. Les vaisseaux durent reprendre la mer, et amenèrent les Pères dans l'île de Corse, d'où la conquête française les chassa encore, deux ans plus tard.

La ruine des jésuites était due, en Portugal, à la tyrannie de Carvalho, en France à la conspiration des jansénistes et des philosophes, en Espagne à un véritable complot, dont Aranda, Moñino et Campomanès, sans doute aussi le ministre napolitain Tanucci, furent les instigateurs. Charles III, endoctriné par eux, vit dans les jésuites des fauteurs de révolte et des semeurs de séditions, on lui montra leur main dans l'émeute des *capas* qui avait mis son autorité en péril à Madrid, on lui persuada qu'il ne pourrait introduire aucune réforme dans ses Etats tant que la Société y resterait puissante, et sur ces vagues accusations, qu'il eût été impossible de préciser, peut-être sur des calomnies plus atroces, 5.000 religieux, presque tous de grande science et vertu, furent arrêtés, dépouillés de leurs biens et bannis de leur patrie par un prince pieux et dévot, qui serait mort de douleur s'il eût pu connaître qu'on l'avait trompé.

Après avoir triomphé des jésuites dans leurs propres domaines, les gouvernements de France et d'Espagne travaillèrent à en triompher au dehors, et obtinrent leur expulsion de Parme, de Naples et de Rhodes.

Le pape Clément XIII excommunia le duc de Parme, qui était son vassal. Choiseul répondit au monitoire pontifical par la saisie du Comtat Venaissin. Tanucci saisit de même les principautés de Bénévent et de Ponte Corvo, en chassa les jésuites et s'empara de leurs biens.

Quand Clément XIII fut mort, les cours catholiques mirent tout en œuvre pour faire élire un pape favorable à leur politique. Le franciscain Laurent Ganganelli avait observé une neutralité prudente dans la question des jésuites et estimait que l'intérêt du Saint-Siège devait passer avant celui de la Société. Il fut élu et prit le nom de Clément XIV. Après quatre ans de négociations et d'atermoiements, il signa enfin le bref *Dominus ac redemptor*, qui supprimait officiellement la Société de Jésus. Il accordait à ses membres la permission d'entrer dans d'autres ordres, ou de rester dans leurs propres maisons, sous l'autorité des supérieurs ecclésiastiques; ils pouvaient également se mettre à la disposition des évêques pour exercer le ministère. Le général Ricci, ses assistants et quelques autres Pères furent jetés en prison, et Ricci y mourut deux ans plus tard.

Les jésuites expièrent ainsi leur longue prospérité et l'abus qu'ils avaient souvent fait de leur puissance et de leurs richesses; mais il faut ajouter qu'ils ne se montrèrent jamais aussi stoïques que dans ces jours de malheur et d'opprobre.

Tandis que les hommes ordinaires ne peuvent endurer la moindre tyrannie sans éclater en plaintes et en récriminations, et sans méditer aussitôt des plans de vengeance, les jésuites frappés par un despotisme inouï ne se départirent pas un instant de leur traditionnelle fermeté.

Dans cette nuit du 2 au 3 avril 1767, les agents du gouvernement espagnol ne trouvèrent devant eux que des hommes résignés et prêts à obéir sans murmures à la volonté du roi, et ce fut un rare spectacle que celui de cette puissante congrégation de 5.000 religieux, dispersée le même jour en Espagne, au Chili, au Mexique, aux Philippines, et recevant partout la nouvelle de sa ruine du même visage qu'elle aurait appris une insigne faveur royale.

N'emportant avec eux que leur crucifix, leur bréviaire et le linge strictement nécessaire pour le voyage, aidant et consolant leurs vieillards, leurs infirmes, leurs malades, leurs mourants même, les Pères n'eurent ni un cri de haine ni un élan de colère contre les ministres qui les frappaient, et montrèrent par cette étonnante énergie morale quelle forte trempe leur Institut sait donner aux âmes.

Cette patience dura des années.

Charles III avait accordé à chaque Père une pension annuelle de 100 piastres ; mais cette pension devait être supprimée radicalement pour tous, si un seul Père se permettait « de publier « des écrits contraires au respect et à la soumission dus à la « volonté du roi, sous prétexte d'apologies ou de défenses, qui « tendraient à troubler la paix dans ses royaumes ». Les Pères eurent la prudence de ne rien publier pour leur défense, et il y en avait parmi eux plus d'un qui savait tenir une plume affilée et mordante. Ils se turent et laissèrent au temps et à Dieu le soin de les justifier.

En France, sur quatre mille religieux, il ne s'en trouva que cinq en tout pour renoncer à la Société ; les autres préférèrent une vie pauvre et obscure, ou les hasards de l'exil, à une capitulation de conscience qui les eût laissés prêtres, tout en les séparant de leur Institut.

Les jésuites trouvèrent asile en Angleterre, où se réfugia le P. de La Valette ; en Italie, où le Pape finit par leur ouvrir les portes de ses Etats; en Prusse, où Frédéric II les protégea; en Pologne, où Catherine II ne souffrit pas qu'il leur fût fait le moindre tort.

Il resta ainsi un grand nombre d'hommes toujours attachés de cœur et d'âme à la Société, et toujours prêts à répondre à son premier appel, au jour attendu de sa résurrection, qui ne devait arriver que le 7 août 1814, quarante ans après la suppression de l'Ordre et cinquante-six ans après le début de la persécution en Portugal.

Si nous voulons connaître les sentiments des contemporains sur la destruction des jésuites, nous les trouverons exprimés avec force et sincérité par d'Alembert, par Voltaire et par Frédéric II.

Frédéric II, étranger et protestant, est le plus indépendant.

Il écrivait, le 13 septembre 1773, à l'abbé Columbini : « Abbé, « vous direz à qui voudra l'entendre, pourtant sans air d'ostenta- « tion ni d'affectation, et même vous chercherez l'occasion de le « dire naturellement au pape et au premier ministre que, tou-

« chant l'affaire des jésuites, ma résolution est prise de les con-
« server dans mes États tels qu'ils l'ont été jusqu'ici. J'ai garanti
« au traité de Breslau le *statu quo* de la religion catholique et je
« n'ai jamais trouvé de meilleurs prêtres à tous égards. Vous
« ajouterez que, puisque j'appartiens à la classe des hérétiques, le
« pape ne peut me dispenser de l'obligation de tenir ma parole,
« ni du devoir d'un honnête homme et d'un roi. »

D'Alembert ayant cru devoir écrire au roi que « la Philosophie
« avait été un moment alarmée de voir Sa Majesté conserver
« cette graine », Frédéric lui répondit sur le ton de persiflage qui
lui était habituel : « Vous pouvez être sans crainte pour ma
« personne ; je n'ai rien à craindre des jésuites : le cordelier
« Ganganelli leur a rogné les griffes, il vient de leur arracher
« les dents mâchelières et les a mis dans un état où ils ne
« peuvent plus ni égratigner ni mordre, mais bien instruire la
« jeunesse, de quoi ils sont plus capables que toute la masse.
« Ces gens, il est vrai, ont tergiversé dans la dernière guerre ;
« mais réfléchissez à la nature de la clémence : on ne peut
« exercer cette admirable vertu à moins que d'avoir été offensé ;
« et vous, philosophe, vous ne me reprocherez pas que je traite
« les hommes avec bonté, et que j'exerce l'humanité indifférem-
« ment envers tous ceux de mon espèce, de quelque religion
« et de quelque société qu'ils soient. Croyez-moi, pratiquez la
« philosophie et métaphysiquons moins. Les bonnes actions
« sont plus avantageuses au public que les systèmes les plus
« subtils et les plus déliés. »

Voltaire, ancien élève de la Société et resté en bonnes relations
avec un certain nombre de Pères, écrit à d'Argental : « Il faut
« que je dise à mes Anges que j'ai jugé les jésuites. Il y en
« avait trois chez moi, ces jours passés, avec une nombreuse
« compagnie. Je m'établis premier Président, je leur fis prêter
« serment de signer les quatre propositions de 1682, de détes-
« ter la doctrine du probabilisme et du régicide, d'obéir au
« roi plutôt qu'au pape, après quoi je prononçai : La cour,
« sans avoir égard à tous les fatras qu'on vient d'écrire
« contre vous et à toutes les sottises que vous avez écrites
« depuis deux cent cinquante ans, vous déclare innocents de
« tout ce que les Parlements disent contre vous aujourd'hui,
« et vous déclare coupables de ce qu'ils ne disent pas ; elle vous
« condamne à être lapidés avec des pierres de Port-Royal, sur le
« tombeau d'Arnauld. »

Voltaire estime les jésuites utiles à l'enseignement et regrette leur suppression. Il pense qu'on pouvait les soumettre à un contrôle légitime sans les détruire. Il eût voulu que l'on tînt balance égale entre les jansénistes, qu'il appelle des ours, et les jésuites, qu'il appelle des vipères, et il ajoute plaisamment qu'il ne faut exterminer ni les uns ni les autres, puisqu'ils ont leur utilité, qu'on peut faire de bon bouillon de vipère et que les ours fournissent de bons manchons.

D'Alembert, lui, se réjouit ouvertement de la victoire de la philosophie. Il n'a de sympathie ni pour les jésuites ni pour les jansénistes :

« Entre ces deux sectes, dit-il, l'une et l'autre méchantes et
« pernicieuses, si l'on était forcé de choisir, la Société que l'on
« vient d'expulser serait la moins tyrannique.

« Les jésuites, gens accommodants pourvu qu'on ne se
« déclare pas leur ennemi, permettent assez qu'on pense comme
« on voudra ; les jansénistes, sans égards comme sans lumières,
« veulent qu'on pense comme eux ; s'ils étaient les maîtres, ils
« exerceraient sur les ouvrages, les esprits, les discours, les
« mœurs, l'inquisition la plus violente. »

Il ne voit pas comme Voltaire, dans la suppression des jésuites, une victoire janséniste, mais une défaite de l'Eglise :

« On a bien fait, disait-il, de supprimer les jésuites, on ferait
« mieux de supprimer les jansénistes et tous les ordres religieux,
« sans exception... La ruine des jésuites présage le triomphe de
« la philosophie, car les jésuites formaient des troupes régulières
« et disciplinées, tandis que les jansénistes sont des cosaques et
« des pandours, dont la philosophie aura vite raison. »

C'est d'Alembert qui voyait le plus juste et le plus loin. La destruction de la Société de Jésus a été le premier coup sensible porté à l'Eglise depuis la Réforme, et nous y voyons le premier acte de la Révolution. Ce sont les rois absolus qui ont enseigné à nos révolutionnaires comment on supprime un ordre religieux, comment on confisque ses biens et comment

La raison du plus fort est toujours la meilleure.

LA QUESTION PROTESTANTE ET LE RÉTABLISSEMENT DE L'ÉDIT

Par un dernier édit, en date du 8 mars 1715, Louis XIV avait déclaré *relaps* quiconque voudrait persister et mourir dans la religion prétendue réformée, soit qu'il eût fait abjuration ou non... « le séjour que ceux qui ont été de la religion prétendue « réformée, ou qui sont nés de parents religionnaires, ont fait « dans notre royaume, depuis que nous avons aboli tout exercice « de ladite religion, étant une preuve suffisante qu'ils ont « embrassé la religion catholique, apostolique et romaine, sans « quoi ils n'y auraient été ni soufferts ni tolérés. »

Ce texte fixa le droit officiel jusqu'en 1787, et en vertu de cette fiction légale : qu'il n'y avait plus de protestants en France, et que ceux qui faisaient acte de protestantisme étaient des relaps ; l'autorité resta toujours maîtresse de mettre les protestants hors la loi, quand elle le voulut. Ce fut pour eux surtout que l'ancien régime fut le régime du bon plaisir.

Les laïques et les clercs n'eurent pas à leur sujet tout à fait les mêmes idées. Les hommes d'Etat voyaient surtout dans l'unité religieuse une affaire politique. Déjà remplis de l'esprit autoritaire et tracassier qui sera l'esprit jacobin, ils ne voulaient pas admettre que l'on pût être un bon sujet du roi, si l'on pensait autrement que Sa Majesté en quelque matière que ce fût ; mais, comptant le dogme pour peu de chose et ne comprenant pas la dignité de la conscience personnelle, ils se contentaient parfaitement d'une adhésion de forme, qui supprimait en apparence les difficultés et leur permettait de répéter leur axiome favori : « Il n'y a plus de protestants ».

Les clercs voyaient surtout dans la révocation une affaire religieuse. Considérant toujours le protestantisme comme une erreur qui conduisait les âmes à leur perte, voyant dans l'hérésie un vrai crime contre l'Eglise de Dieu et Dieu lui-même, le silence respectueux ne leur suffisait point. Ils voulaient davantage. Ils voulaient une conversion vraie, sincère, absolue ; et voilà pourquoi, prenant la question bien plus au sérieux que les politiques, ils étaient plus intransigeants et plus tyranniques.

Ces deux influences se manifestèrent tour à tour pendant les deux premiers tiers du dix-huitième siècle et rendirent la position des protestants véritablement intenable.

Quand l'autorité civile était laissée à elle-même, les protestants pouvaient cesser de fréquenter les églises et les sacrements, négliger d'envoyer leurs enfants au catéchisme ; les Parlements acceptaient les certificats de mariages protestants, déclaraient légitimes les enfants issus de ces unions, les mettaient en possession de l'héritage de leurs parents.

Quand l'influence du clergé redevenait toute-puissante, on ramenait les huguenots à l'Eglise, on remettait en vigueur les lois sanguinaires de Louis XIV, on courait sus aux assemblées, on les dispersait à coups de mousquet, on arrêtait les ministres, on les pendait, on fouettait comme gens scandaleux les époux mariés devant l'Eglise réformée, on traitait leurs enfants d'illégitimes, on leur refusait les biens de leur famille pour les adjuger à des collatéraux sans scrupules.

Ces revirements, véritables sautes de vent, s'opéraient tout d'un coup, sans que rien les annonçât ; la tempête éclatait au moment où l'on commençait de se rassurer et de croire enfin close l'ère des massacres et des persécutions.

On comprend, à l'extrême rigueur, qu'un prince aussi dévot et aussi peu éclairé que Louis XIV ait cru bien agir en combattant l'hérésie ; mais on s'explique beaucoup moins qu'un sceptique comme le Régent ait persévéré dans un si odieux système. Philippe n'était ni fanatique, ni cruel ; on dit qu'il eut un moment l'idée de rétablir l'Edit de Nantes, mais il lui parut que, puisque le mal était fait, il serait impolitique de revenir sur une mesure déjà vieille de trente ans, que ce serait se lancer dans une aventure inutile, se mettre à dos tout le clergé, troubler le royaume, à peine remis des convulsions de la guerre de succession d'Espagne. Il laissa subsister l'Edit de Révocation, mais assura aux religionnaires « qu'il espérait trouver dans leur bonne conduite « l'occasion d'user de ménagements conformes à sa prudence ». Plusieurs forçats pour cause de religion furent délivrés, la sortie du royaume devint libre et les intendants de Dauphiné, Guyenne et Languedoc, qui voulaient continuer le système des dragonnades, furent rappelés à la modération.

Tant que le Régent vécut, il y eut une sorte d'accalmie, mais après sa mort, Lavergne de Tressan, son ancien aumônier, acolyte de Dubois, parvenu par intrigue à l'évêché de Nantes et pourvu de 76 bénéfices ecclésiastiques, imagina de refaire sa propre réputation en recommençant les persécutions un moment interrompues. Le duc de Bourbon, alors premier ministre, l'écouta, et le 14 mai 1724 parut un édit tellement barbare que les lois de Louis XIV parurent dépassées. Peine de mort contre tout prédicant, peine des galères contre quiconque lui donnerait asile, baptême, mariage, extrême-onction catholiques et obligatoires; formation d'une caisse avec les biens confisqués aux religionnaires pour récompenser leurs dénonciateurs et venir en aide aux convertis (1).

L'édit était si féroce et si bas, qu'il ne fut jamais pleinement obéi; mais il donna lieu à d'innombrables violences.

Fleury, qui succéda bientôt au duc de Bourbon, se montra plus tolérant, mais ne supprima aucune des lois en vigueur. Il n'y eut, de 1726 à 1744, que des persécutions locales, caprices d'autorité d'intendants trop zélés ou fanatiques.

En 1744, un synode protestant fut tenu dans un lieu écarté du Bas-Languedoc et compta des délégués de presque toute la France. Près de dix mille fidèles assistèrent au prêche qui suivit l'assemblée.

La Cour prit peur, et, au mois de février 1745, deux ordonnances royales vinrent encore enchérir sur tous les précédents édits. Toutes les peines déjà portées contre les ministres furent rappelées et tous les protestants habitant une localité où un ministre serait arrêté menacés d'une amende de 3.000 livres.

Les années qui suivirent furent marquées par une recrudescence de cruauté. Les enlèvements d'enfants se multiplièrent dans les provinces, et prirent en Normandie une telle extension que six cents familles s'expatrièrent. Les Parlements de Grenoble, de Bordeaux, de Toulouse, les intendants de Saintonge, de Guyenne, de Dauphiné, de Quercy et de Languedoc poursuivirent sans relâche les réformés qui avaient fait bénir leurs mariages et baptiser leurs enfants au désert.

Une assemblée fut dispersée à coups de mousquet, le 17 mars 1745, à Mazamet.

En deux ans (1745-46) le Parlement de Grenoble condamna 300

---

(1) Cf. G. de Félice, *Histoire des protestants de France*, Toulouse, 1880, in-8°.

personnes au fouet, à la dégradation de noblesse, à la prison, aux galères, même à la mort pour cause de religion. En quatre ou cinq ans, les amendes infligées aux protestants du Dauphiné montèrent à 200.000 livres. Nîmes paya pour sa part plus de 60.000 livres.

Plusieurs ministres furent condamnés à mort. Louis Ranc, âgé de 26 ans, fut pendu à Die au mois de mars 1745 ; Jacques Roger, âgé de 70 ans, mourut peu de temps après avec le même courage.

En 1751, Guignart de Saint-Priest, intendant de Languedoc, entreprit une campagne de *rebaptisation* des enfants et de *rebénédiction* des mariages, qui donna lieu à de nouvelles dragonnades. Les réformés récalcitrants reçurent des cavaliers dans leurs maisons avec ordre de leur payer 4 livres par jour. On traînait de force à l'église des enfants de quinze ans pour les rebaptiser. A Lussan, on les enferma sous clef dans l'église, et l'un d'eux s'exaspéra jusqu'à dire au curé qu'en le voyant, il croyait voir le diable.

Quelques paysans cévenols reprirent alors le mousquet en déclarant qu'au premier acte de violence contre leurs enfants, il y aurait du sang répandu. Ni les prêtres ni les soldats n'en tinrent compte. Les Cévenols se mirent en embuscade, et, voyant passer quelques prêtres qui servaient de guides à la maréchaussée, ils firent feu sur eux, aux environs de Lédignan, le 10 août 1752. Trois prêtres furent blessés, dont deux mortellement.

Versailles s'émut et s'inquiéta, eut peur d'une guerre civile, et l'entreprise des rebaptisations fut abandonnée, cette fois pour toujours. L'orthodoxie de parade des ministres n'allait pas jusqu'à risquer une seconde guerre des camisards.

Les mœurs s'adoucissaient peu à peu ; les magistrats avaient déjà peine à dissimuler leur horreur pour la sinistre besogne qu'on leur imposait. Obligé de condamner au gibet le ministre Desubas, l'intendant de Languedoc lui disait : « C'est avec dou« leur, Monsieur, que nous vous condamnons ; mais ce sont les « ordres du roi. — Je le sais, Monsieur, répondait simplement le « pasteur. »

Le 21 décembre 1750, sept pasteurs adressèrent à Louis XV une respectueuse requête, où ils exposaient leurs souffrances et les injustices dont ils étaient victimes : « Vos troupes nous pour« suivent dans les déserts comme si nous étions des bêtes « féroces ; on confisque nos biens ; on nous enlève nos enfants ;

« on nous condamne aux galères; et, quoique nos ministres nous
« exhortent sans cesse à remplir nos devoirs de bons citoyens et
« de fidèles sujets, on met leur tête à prix et, lorsqu'on peut les
« arrêter, on leur fait subir les derniers supplices. »

Un magistrat, Rippert de Montclar, procureur général au Parlement d'Aix, faisait observer avec raison que les protestants étaient persécutés, alors que les Juifs jouissaient en France de la paix religieuse.

En 1755, le prince de Conti se proposa d'intervenir auprès du roi en faveur des réformés ; Paul Rabaut, pasteur de Nîmes, fit le voyage de Paris et eut deux entrevues avec le prince ; mais Conti désespéra de rien obtenir, et les négociations de Rabaut n'eurent pas de suites.

Un peu plus tard, quelques réformés engagèrent Rousseau à plaider devant la nation la cause des protestants. La réponse de Rousseau n'est pas à son honneur : « Vous ignorez sans doute,
« Monsieur, que l'homme à qui vous demandez de beaux placets
« et de belles lettres, tourmenté de la maladie la plus doulou-
« reuse qui soit connue des hommes, est dans un état de dépé-
« rissement qui lui permet à peine, à chaque jour, d'en espérer
« un autre... Plaignez-moi, priez pour moi, Monsieur, je vous en
« supplie, mais n'exigez pas d'un homme accablé de ses maux
« des soins qu'il n'est pas en état de remplir. »

Son correspondant, Ribatte-Charon, revint à la charge et pensa le gagner en lui racontant les souffrances des réformés. Rousseau n'en fut pas plus ému : — « J'ai quelque peine à croire,
« répondit-il, que ces furieux dont vous me parlez se portassent
« à ce point de cruauté si la conduite de nos frères n'y donnait
« quelque prétexte. Je sens combien il est dur de se voir sans
« cesse à la merci d'un peuple cruel, sans avoir même la conso-
« lation d'entendre en paix la parole de Dieu ; mais cependant,
« Monsieur, cette même parole est formelle sur le devoir d'obéir
« aux lois des princes. La défense de s'assembler est incontes-
« tablement dans leurs droits et, après tout, ces assemblées
« n'étant pas de l'essence du christianisme, on peut s'en abstenir
« sans renoncer à sa foi... Je ne ferais par un zèle indiscret que
« gâter la cause à laquelle je voudrais m'intéresser. Les amis de
« la vérité ne sont pas bien venus dans les cours. Chacun a sa
« vocation sur la terre. La mienne est de dire au public des
« vérités dures, mais utiles, sans m'embarrasser du mal que les
« méchants me font quand ils le peuvent. J'ai prêché l'humanité,

« la douceur, la tolérance ; ce n'est pas ma faute, si l'on ne m'a
« pas écouté. Vous avez pris un meilleur expédient en écrivant à
« M. de Voltaire, mais je doute qu'il mette un grand zèle à sa
« recommandation. Mon cher Monsieur, la volonté lui manque, à
« moi le pouvoir. Et cependant le juste pâtit ! Je vois par votre
« lettre que vous avez appris ainsi que moi à souffrir à l'école de
« la pauvreté. Hélas ! elle nous fait compatir au malheur des
« autres, mais elle nous met hors d'état de les soulager. Bonjour,
« Monsieur, je vous salue de tout mon cœur (1). »

A partir de 1760, le contraste devint si violent entre les mœurs et les lois que l'autorité n'osa plus appliquer les ordonnances.

Une dernière fois encore, le 19 février 1762, un ministre fut exécuté à Toulouse avec trois gentilshommes du pays de Foix qui avaient pris les armes pour défendre leur coreligionnaire ; mais le greffier du Parlement versait des larmes, et le condamné, Rochette, fut obligé de réconforter un soldat : « Mon ami, lui dit-il,
« n'êtes-vous pas prêt à mourir pour le roi ? pourquoi donc
« me plaignez-vous de mourir pour Dieu ? » Le bourreau était ému de pitié, et Toulouse, la ville la plus fanatique du Midi, semblait être devenue une ville protestante.

Dix-huit jours plus tard, dans cette même ville, le supplice d'un vieillard de soixante-huit ans donnait le signal d'une campagne victorieuse et décisive en faveur des réformés.

Jean Calas, négociant à Toulouse et protestant, avait quatre fils et deux filles. L'aîné des fils, Marc-Antoine, se voyait avec chagrin exclu des carrières libérales par sa religion. Dans un accès de désespoir, il se pendit entre deux portes dans la maison même de son père. Les lois d'alors étaient terribles pour les suicidés. On faisait le procès au cadavre, on le traînait sur la claie par les rues, la face contre terre, au milieu des huées de la populace. Pour éviter une pareille honte à leur famille, les Calas dirent que leur fils était mort d'une congestion ; mais la foule, qui s'était amassée dans la rue, penchait à croire que ces huguenots avaient tué leur fils pour l'empêcher de se faire catholique ; le capitoul David de Beaudrigue, qui vint dresser le procès-verbal, se persuada aussitôt que la foule avait raison et fit arrêter les Calas. Ils déclarèrent alors la vérité. On refusa de les croire. On fit de leur fils mort un martyr de la foi. On célébra ses funérailles en grande pompe à l'église des Pénitents blancs. Le Parlement, saisi de

(1) Cité par E. Bersier, *Quelques pages de l'histoire des huguenots*, 1891, in-12.

l'affaire, condamna Calas à être rompu vif, et la sentence fut exécutée le 10 mars 1762. Le condamné protesta de son innocence avec une telle force, et montra sur l'échafaud un si admirable courage, que les juges acquittèrent Mme Calas, sa servante et un jeune protestant de Bordeaux, Lavaysse, qui avait dîné chez Calas le soir de la mort de Marc-Antoine. Ils commençaient eux-mêmes à douter de la culpabilité du malheureux.

Voltaire, informé de ce qui s'était passé par un négociant marseillais, de passage à Toulouse, fut long à se décider. Le cardinal de Bernis, archevêque d'Alby, le maréchal de Richelieu, gouverneur de Guienne, lui conseillaient de laisser le Parlement de Toulouse en repos. Il n'avait pas grande sympathie naturelle pour les huguenots : « Nous ne valons pas grand'chose, disait-il, mais « les huguenots sont pires que nous ; et, de plus, ils déclament « contre la comédie. » Il croyait Calas fort capable d'avoir tué « son fils pour l'acquit de sa conscience ». — « Ce saint réformé « aura cru faire une bonne action ! »

Il était dans ces dispositions, quand le plus jeune des fils Calas vint à passer par Genève. Voltaire le vit, se fit raconter les choses et commença à croire qu'il pouvait bien y avoir au fond de cette histoire une épouvantable erreur judiciaire. Il écrivit à Mme Calas et lui demanda si elle signerait, au nom de Dieu, que son mari était innocent. Elle répondit affirmativement sans hésiter, et Voltaire commença la glorieuse campagne qui devait aboutir à la réhabilitation de Calas et qui est la plus belle action de sa vie.

Ce n'est point chose facile, en tous temps, d'attaquer l'autorité de la chose jugée. Au dix-huitième siècle, avec l'effroyable esprit de corps qui animait la magistrature, c'était une entreprise presque sans issue. Les Parlements ne voulaient pas entendre parler de l'infaillibilité du pape, mais croyaient en la leur avec opiniâtreté. Il fallut à Voltaire sa science des affaires, ses immenses relations, son crédit et son génie pour triompher de la robe.

Il entreprit une longue enquête où il déploya les talents d'un magistrat instructeur de premier ordre ; il mit tout en œuvre pour retrouver la vérité, pour s'instruire de la conduite des Calas et de leurs mœurs ; il les interrogea lui-même très souvent et ne commença à plaider leur cause auprès de l'autorité qu'après s'être convaincu tout le premier de leur innocence.

Pour obtenir la cassation de l'arrêt de Toulouse, Voltaire fit jouer toutes ses influences. « Il agit auprès du chancelier de « Lamoignon, par le président de Nicolaï, par son gendre d'Au-

« riac, président au Grand Conseil. Il en appela à la vieille ami-
« tié de Mme de Pompadour et aux bontés de Choiseul. Il fit le
« siège de Saint-Florentin par les ducs de Richelieu et de Villars,
« par son médecin de Chaban, par le premier commis Ménard,
« surtout par la duchesse d'Enville, et, le terrain une fois préparé,
« il détermina Mme Calas à se rendre à Paris. La pauvre femme
« hésitait ; mais ses filles étaient renfermées dans des couvents ;
« Voltaire l'assura que le seul moyen de les revoir était de faire
« casser la condamnation de leur père (1). »

Mme Calas, à Paris, devint bientôt à la mode. On ne parlait que
de son affaire dans les salons, les dames plaidaient pour elle ;
on faisait des souscriptions pour lui venir en aide ; les banquiers
Dufour-Mallet et Leroyer s'offraient pour être ses trésoriers.
D'Alembert et l'avocat Mariette s'improvisaient ses conseils. Les
plus célèbres orateurs du barreau, Elie de Beaumont, Loyseau
de Mauléon, défendaient sa cause, et Voltaire lançait sans se lasser
d'enflammés libelles : l'*Histoire d'Elisabeth Canning et des Calas*,
la *Lettre de Donat Calas à sa mère*, son *Mémoire pour son père, sa
mère et son frère*, la *Déclaration de Pierre Calas*, le *Traité de la
Tolérance*, pamphlet virulent, passionné, injurieux même, mais
qui remua toute l'Europe et mit la tolérance à l'ordre du jour, au
moment où la Faculté de théologie de Paris tenait encore l'intolérance pour un « principe essentiel du catholicisme » (1767).

Voltaire ne fut pas le seul à prendre les armes. Court de Gébelin,
fils du pasteur Antoine Court, écrivit ses *Lettres toulousaines*, et
un anonyme publia le *Sermon prêché à Toulouse devant MM. du
Parlement et du Capitoulat*.

Un curieux incident donna aux Calas une alliée tout à fait inat-
tendue. Anne Calas, fille du supplicié, avait été mise aux Visitandines de Toulouse, et l'on cherchait à la convertir, mais tout
en résistant de tout son cœur aux efforts des religieuses, la
jeune fille montra tant d'excellentes qualités que les nonnes
finirent par lui pardonner son obstination et se mirent de son
parti contre le Parlement. Tout en voyant dans Voltaire un
« ennemi de la religion », la sœur Anne-Julie ne cessait de
l'appuyer, et Voltaire, ravi d'avoir une Visitandine dans son jeu,
écrivait : « Il me semble que la simplicité et la vertueuse indul-
« gence de cette nonne condamne terriblement le fanatisme

---

(1) E. Lavisse, *Histoire de France* (H. Carré, *Louis XV*). — C'est à l'ouvrage
de M. Carré que nous empruntons le récit de l'affaire Calas.

« des assassins en robe de Toulouse. » Il ne trouvait pas de mots assez durs à l'adresse des gens du Parlement. Il les traitait de Wisigoths, de Hurons et de Topinamboux, et l'opinion publique, engagée à fond, lui donnait raison.

Les ministres, extrêmement ennuyés de cette affaire, malmenaient à leur tour les gens de Toulouse ; l'un d'eux ayant un jour hasardé : « Monseigneur, il n'est si bon cheval qui ne bronche !... », le chancelier lui répliqua : « Un cheval ! passe « encore ; mais toute une écurie !... »

Tant d'efforts n'eurent pas lieu en pure perte. Le Conseil du roi fut saisi de l'affaire, exigea, au nom du roi, communication de toute la procédure de Toulouse, informa à nouveau, entendit les témoins à décharge et cassa la sentence des capitouls et les arrêts du Parlement.

La cause fut renvoyée aux maîtres des Requêtes de l'Hôtel, et, le 9 mars 1765, ce tribunal, à l'unanimité des juges, prononça la réhabilitation de tous les accusés et de la mémoire de Calas ; il ordonna que les noms de ces malheureux fussent effacés sur les registres du Parlement de Toulouse et des écrous, et que le nouveau jugement fût inscrit en marge et affiché dans les rues de Toulouse. Sur la demande « à partie » et à dommages-intérêts, les Calas furent renvoyés à se pourvoir « ainsi qu'ils aviseraient », ce qui était une sorte de déni de justice ; mais Mme Calas et ses enfants vinrent à la Cour, furent gracieusement reçus par la reine, et le roi leur fit remettre 36.000 livres tirées de son épargne.

Le Parlement de Toulouse eut encore l'audace de refuser la radiation des noms sur ses registres et l'affichage du jugement, et la puissance de la robe était si grande que le Chancelier lui-même conseilla aux Calas de ne pas insister.

Cette grande affaire n'était pas encore terminée qu'une autre, toute semblable, se présentait à Saint-Alby. Un réformé, nommé Sirven, avait vu sa fille aînée mise au couvent par ordre de l'évêque de Castres, M. de Barral. Comme la jeune fille donnait des signes de folie, elle fut rendue à sa famille, mais les religieuses prétendirent qu'Elisabeth Sirven voulait se faire catholique, et était pour ce motif persécutée par ses parents. Sirven obtint de l'intendant de Languedoc la permission de s'établir à Saint-Alby et, un jour, sa fille, devenue tout à fait démente, se jeta dans un puits. Sirven et sa femme furent aussitôt accusés d'avoir tué leur enfant, mais, plus heureux que Calas, ils purent s'enfuir à temps et gagner Genève, où Voltaire s'employa pour eux, comme il l'avait fait pour Calas.

L'arrêt du Parlement de Toulouse, qui condamnait Sirven à la roue, sa femme au gibet et ses filles au bannissement, finit par être cassé par le Parlement lui-même; mais Sirven n'obtint aucune indemnité pour les longues années d'angoisse par lesquelles il avait passé.

Voltaire triomphait ; le supplice du chevalier de La Barre vint lui montrer que le Parlement, vaincu par lui, gardait toute sa puissance. La Barre condamné par la magistrature, et malgré l'évêque d'Amiens, pour avoir lu des livres impies, eut la langue coupée et la tête tranchée à Abbeville le 1er juillet 1766. Voltaire, qui avait essayé de le sauver aussi, éclata en cris indignés contre « les Busiris en robe qui faisaient périr dans les plus horribles supplices des enfants de seize ans » ; mais ses amis lui rappelèrent que La Barre avait été surtout condamné pour avoir lu le *Dictionnaire philosophique et portatif*, que le livre avait été brûlé par le bourreau, et que l'auteur pourrait bien avoir quelque jour le sort du livre ; ils l'engagèrent à se tenir sur ses gardes : « La bête féroce a trempé sa langue dans le sang humain, écrivait Diderot, elle ne peut plus s'en passer... et, n'ayant plus de jésuites à manger, elle va se jeter sur les philosophes. »

La bête féroce contint, Dieu merci, ses appétits. Le supplice de La Barre fut comme sa dernière convulsion.

A partir des retentissants procès de Calas et de Sirven, les protestants respirèrent et commencèrent à espérer en la résurrection du droit.

L'honneur d'avoir soutenu pendant ces longues épreuves le courage des réformés revient à leurs héroïques pasteurs, dont l'histoire mérite d'être comparée aux plus belles pages des annales de la primitive Église.

Dans les dernières années de Louis XIV, le protestantisme avait perdu, en France, 200.000 personnes par l'effet des persécutions et des guerres, et peut-être 300.000 par l'émigration ; les survivants avaient été obligés d'avouer des lèvres la religion catholique et vivaient sous l'œil haineux du clergé, sans secours spirituels, à l'abandon et dans le désespoir.

Un jeune homme de dix-sept ans, Antoine Court, entreprit de réorganiser l'Église protestante, de rétablir les assemblées religieuses, d'arrêter les désordres causés par les illuminés, de reconstituer la discipline et le corps des pasteurs.

Le 21 août 1715, onze jours avant la mort de Louis XIV, le premier synode du désert se réunit dans un coin des Cévennes et posa les bases de la restauration de l'Eglise. Des six premiers signataires de ces règlements, quatre périrent sur l'échafaud.

Antoine Court, n'ayant pas reçu la consécration pastorale, envoya en Suisse un de ses compagnons, Pierre Corteis, qui, à son retour, imposa les mains à Antoine Court en présence d'un synode et renoua ainsi la chaîne des temps.

Le synode de 1718 compta déjà quarante-cinq membres, ministres et anciens, fixa les premières règles pour l'admission à la charge pastorale et engagea les églises à rétablir leurs consistoires et à fréquenter les assemblées où l'on chantait les prières liturgiques et les psaumes, où l'on prêchait et où l'on célébrait la Cène aux jours de grande fête.

Le péril, visible sur toutes les têtes, donnait à ces assemblées une solennité et une beauté morale extraordinaires.

En dépit des persécutions et des exécutions, l'Eglise protestante se reformait lentement. En 1728, Antoine Court entreprit une tournée de près de cent lieues, convoqua trente-deux assemblées en moins de deux mois et compta jusqu'à trois mille auditeurs autour de sa chaire de gazon.

Tout en résistant au roi dans ce que ses ordonnances avaient de tyrannique, les huguenots n'oubliaient pas le grand précepte évangélique : « Rendez à César ce qui est à César », et dans toutes leurs assemblées priaient pour le roi et recommandaient à leurs frères la plus stricte obéissance aux lois du royaume, en tout ce qu'elles avaient de compatible avec les droits supérieurs de la conscience.

Le synode de 1730 marqua très bien ce double principe dans la décision suivante : « Les membres de nos Eglises, qui, pour se
« dispenser de payer les droits dus au Roi, feront ou autorise-
« ront la contrebande seront d'abord censurés, et, s'ils y retom-
« bent, exposés à l'excommunication majeure. L'assemblée ne
« comprend point dans cet article la contrebande des livres de
« religion, qui ne porte aucun préjudice au roi ni à l'Etat. »

Le réveil religieux du Languedoc et du Dauphiné excita l'émulation des autres provinces. Le Rouergue, la Guyenne, le Quercy, la Saintonge, l'Aunis et le Poitou reprirent leurs assemblées et demandèrent des pasteurs.

On n'en avait qu'un petit nombre, et de peu instruits ; Antoine Court réussit à fonder à Lausanne un séminaire théologique français, dont il prit la direction en 1730 comme député général des églises et d'où sont sortis tous les pasteurs de France jusqu'au règne de Napoléon.

Nous avons déjà parlé du synode de 1744, dont le succès merveilleux amena contre les réformés une nouvelle recrudescence des fureurs administratives.

La constance des protestants dans cette dernière bataille ne se démentit pas un instant et finit par faire honte à leurs bourreaux, déjà moins férus de leur droit et plus sensibles à la voix de la raison et de l'humanité. Les assemblées ne cessèrent nulle part, et les ministres forcèrent l'admiration de leurs pires ennemis par leur stoïque courage devant la mort.

Un seul faiblit devant le supplice ; il se réfugia ensuite en Hollande et y vécut trente ans, rongé par le remords, ravagé par la honte, objet de pitié pour ses frères, qui ne purent réussir à le consoler.

Un homme domine tous les autres à cette époque dans l'Eglise protestante : c'est Paul Rabaut, qui fut pasteur de Nîmes de 1740 à 1795. Il devint là lumière de son parti et, pour ainsi dire, le chef de son Eglise.

Il écrivait, en 1746, à l'intendant de Languedoc : « En me destinant à exercer le ministère dans ce royaume, je n'ai pas ignoré à quoi je m'exposais ; aussi je me suis regardé comme une victime dévouée à la mort. J'ai cru faire le plus grand bien dont je suis capable en me dévouant à l'état de pasteur. Les protestants étant privés du libre exercice de leur religion, ne croyant pas pouvoir assister aux exercices de la religion romaine, ne pouvant avoir les livres dont ils auraient besoin pour s'instruire, jugez, Monseigneur, quel pourrait être leur état s'ils étaient absolument privés de pasteurs. Ils ignoreraient leurs devoirs les plus essentiels ; ils tomberaient ou dans le fanatisme, source féconde d'extravagances et de désordres, ou dans l'indifférence et le mépris de toute religion. »

Cet homme, que les lois du royaume condamnaient à mort et dont la tête était mise à prix, contribua plus que personne à maintenir la paix dans le Midi, et les autorités royales eurent plus d'une fois recours à son influence pour ramener le calme dans l'esprit des populations troublées.

Lorsque le marquis de Paulmy, ministre de la guerre, traversa le Languedoc en 1752, Rabaut eut le courage de l'aborder à un relais de poste, se nomma et lui remit un mémoire en le priant de le faire passer sous les yeux du roi. D'après les lois d'alors, Paulmy aurait eu le droit de faire arrêter Rabaut séance tenante, et de le faire même exécuter par décision sommaire. Frappé de l'air de noblesse et de gravité du pasteur, le marquis le salua courtoisement, prit sa requête et lui promit de la faire tenir au roi.

L'intendant de Languedoc n'osait pas se saisir de Rabaut, mais il désirait ardemment le faire sortir de la province ; il alla pour l'y décider jusqu'à persécuter sa femme, Madeleine Gaidan ; mais Madeleine, aussi héroïque que son mari, aima mieux mener une vie errante avec sa vieille mère et ses enfants que de conseiller à son mari d'abandonner son poste. Après deux ans de poursuites, le duc de Mirepoix permit à cette admirable femme de rentrer à Nîmes.

Paul Rabaut n'en restait pas moins sous le coup des ordonnances : « Pendant près de trente ans, dit un de ses biographes, « il n'a habité que des grottes, des huttes et des cabanes, où on « allait le relancer comme une bête féroce. Il habita longtemps « une cachette sûre, qu'un de ses guides lui avait ménagée sous « un tas de ronces et de pierres. Elle fut découverte par un berger, « et telle était la misère de sa condition qu'il regrettait encore « cet asile plus propre à des bêtes fauves qu'à des hommes. »

Il prenait toutes sortes de déguisements et de noms ; c'était M. Paul, M. Denis, M. Pastourel, M. Théophile. Il était tantôt marchand, tantôt garçon boulanger, et restait toujours doux et humble de cœur. « Quand je fixe mon attention, disait-il, sur le « feu divin dont brûlaient pour le salut de nos âmes, je ne dirai « pas Jésus-Christ et les apôtres, mais les réformateurs et leurs « successeurs immédiats, il me semble qu'en comparaison d'eux, « nous ne sommes que glace. Leurs immenses travaux m'étonnent et en même temps me couvrent de confusion. Que j'aimerais à leur ressembler en tout ce qu'ils eurent de louable ! »

Son éloquence peu cultivée, mais pleine de sincérité, de vigueur et de feu, allait jusqu'au cœur de ses auditeurs, rassemblés parfois au nombre de dix à douze mille autour de lui. Sa voix était si éclatante et si distincte qu'elle parvenait aux plus éloignés et que tous remportaient chez eux quelque chose de ses salutaires leçons.

Après les procès de Sirven et de Calas, Rabaut put plaider la cause de ses frères auprès du gouverneur de Languedoc, prince de Beauvau, qui accorda aux protestants tout ce qu'il lui était possible de leur accorder.

En juin 1763, un synode national, tenu en Languedoc, envoya une nouvelle et plus ferme requête à Louis XV.

En 1767, une assemblée fut encore surprise; mais, cette fois, on ne tua personne. Huit protestants notables se laissèrent prendre et acceptèrent la responsabilité commune. L'officier qui les avait pris, très embarrassé de ses prisonniers, leur offrit de les laisser s'évader. Ils refusèrent, et, au bout de deux mois, on les relâcha.

En 1769, les derniers forçats pour cause de religion quittèrent le bagne de Toulon, et la tour Constance lâcha ses dernières victimes. Quelques-unes de ces femmes étaient parvenues à une extrême vieillesse et y avaient passé plus de la moitié de leur vie.

On continua plus longtemps à pressurer les protestants. Les taxes arbitraires pleuvaient sur eux et ne tombaient pas toutes dans les caisses du roi.

L'anarchie juridique où ils vivaient finit par attirer l'attention, non des philosophes, presque tous indifférents à leur sort, mais des légistes, dont l'esprit d'ordre s'effrayait de voir si mal réglé un point si important.

Joly de Fleury en 1752, Rippert de Monclar en 1755, Gilbert de Voisins en 1766 demandèrent qu'un état civil particulier fût accordé aux protestants; mais Louis XV ne fit rien pour légaliser la situation des réformés.

Au sacre de Louis XVI, le roi prêta le serment ordinaire et jura d'exterminer les hérétiques; mais, comme sa conscience ne lui permettait pas de prêter un serment qu'il était décidé à ne pas tenir, il prononça cette partie de la formule en parlant très vite et en bredouillant, de façon à la rendre inintelligible. Il n'en avait pas moins juré, et l'archevêque de Toulouse, Brienne, put lui dire : « Sire, vous réprouverez les conseils d'une fausse paix, les « systèmes d'une tolérance coupable. Nous vous en conjurons, « Sire, ne différez pas d'ôter à l'erreur l'espoir d'avoir parmi « nous des temples et des autels. Il vous est réservé de porter le « dernier coup au calvinisme dans vos Etats. Ordonnez qu'on « dissipe les assemblées schismatiques des protestants, excluez « les sectaires, sans distinction, de toutes les charges de l'admi- « nistration publique, et vous assurerez parmi vos sujets l'unité « du véritable culte chrétien. »

L'assemblée du clergé, en 1780, demanda encore le bannissement des ministres, la dispersion des assemblées et l'exclusion des protestants de toutes les charges publiques, mais protesta enfin contre toute idée de retour à la violence : « Loin de nous la « seule pensée du glaive et de l'épée ! »

Les temps approchaient où les juristes allaient enfin obtenir gain de cause.

Le baron de Breteuil fit rédiger par Rulhières des *Eclaircissements historiques sur les causes de la révocation de l'Edit de Nantes*, et présenta à Louis XVI, en 1786, un mémoire sur les moyens de rendre l'état civil aux protestants.

Louis XVI hésitait, Rulhières et Breteuil durent lui persuader, pour le décider, que la tolérance était le meilleur moyen de ramener les hérétiques.

Malesherbes aida à leurs efforts par un traité sur le mariage des protestants.

Les Notables, convoqués en 1787, n'avaient pas à s'occuper de la question; mais La Fayette la proposa, et, après avoir présenté quelques observations, le comte d'Artois offrit à l'assemblée d'en parler au roi. Une adresse fut aussitôt rédigée pour appeler la bienveillance du roi sur « cette portion nombreuse de ses sujets « qui gémit sous un régime de proscription également contraire « à l'intérêt général de la religion, aux bonnes mœurs, à la po- « pulation, à l'industrie nationale et à tous les principes de la « morale et de la politique ».

L'édit de tolérance fut, enfin, rendu au mois de novembre 1787, cent deux ans après l'acte de révocation.

La religion catholique restait religion d'Etat; mais les protestants acquéraient enfin le droit de vivre en France et d'y exercer une profession et un métier, sans être inquiétés pour cause de religion; ils pouvaient se marier légalement devant les officiers de justice, faire constater les naissances devant le juge du lieu et faire ensevelir honorablement leurs morts.

On était enfin sorti de la persécution; les assemblées retentissaient d'actions de grâces à Dieu, de bénédictions pour le roi et ses ministres (1).

Deux ans avant la Révolution, par la seule force de la vérité et du progrès social, le protestantisme se relevait et la vieille monarchie, qui l'avait proscrit, lui rouvrait elle-même, avant de disparaître, les portes de la cité.

Les grands événements qui ont suivi ont fait oublier l'édit de tolérance de Louis XVI. Si la Révolution n'était point venue, cet édit marquerait la date la plus mémorable du siècle dans l'histoire intérieure de la France.

---

(1) Cf. G. de Félice, *Histoire des protestants de France*, 1880.

Si la Révolution n'était point venue, cet édit marquerait la date la plus mémorable du siècle dans l'histoire intérieure de la France.

* * *

Nous voici parvenus à la fin de l'ancien Régime. En quelle attitude l'Eglise va-t-elle se présenter à la nation?

Nous avons vu la France s'essayer sous Henri IV à la liberté religieuse, sans parvenir à s'y ployer. Louis XIII et Richelieu enlèvent aux protestants les garanties abusives que Henri IV avait dû leur accorder ; les deux cultes subsistent côte à côte et rivalisent de science et de zèle pour le bien public. Mais les catholiques demeurent exclusifs, et, malgré leurs querelles intestines entre molinistes et jansénistes, s'accordent pour déraciner le protestantisme et ruiner l'œuvre de Henri IV. L'étroite dévotion de Louis XIV leur permet de commettre cette faute irréparable, et trente ans de luttes sanglantes semblent assurer le triomphe absolu du catholicisme. Il paraît alors comme épuisé par sa propre victoire, stérilisé par l'abaissement de son ennemi. Il se déchire de ses propres mains : quiétistes et traditionnalistes, jansénistes et jésuites se condamnent et s'excommunient, tandis que commence à grandir une force nouvelle, presque étrangère cette fois à l'esprit chrétien, et qui règne bientôt sur le siècle. La philosophie et le jansénisme s'allient contre les jésuites et les ruinent ; mais les deux alliés se séparent presque aussitôt pour recommencer leurs querelles. Les protestants en profitent pour reconquérir leur droit à l'existence, et la Révolution commence, entre le jansénisme politique, déjà usé et sans crédit, et la philosophie décidée à tout renouveler autour d'elle.

Toutes ces luttes ont été, par certains côtés, nobles et grandes ; elles ont donné à notre histoire une allure dramatique d'un puissant intérêt ; elles ont causé des maux incalculables et gaspillé sans profit des énergies précieuses, dont on eût pu faire un bien meilleur emploi. Elles ont prouvé la puissance et la vitalité de l'idée religieuse et les dangers du fanatisme, et il me semble que la leçon dernière qui s'en dégage est une pensée de liberté.

Supposons, un instant, que la France soit restée fidèle aux traditions de Henri IV, qu'elle n'ait proscrit ni calvinistes, ni jansénistes, ni quiétistes, ni jésuites, ni philosophes, et que chacune de ces écoles ait pu se développer librement dans notre pays, n'est-il pas certain que la vie religieuse et morale, plus variée et plus active, y fût aussi restée plus sérieuse et plus profonde ? N'est-il pas infiniment probable que l'habitude de vivre en paix avec des hommes d'opinion différente aurait développé chez nous le respect des droits d'autrui et le sens de la liberté ? N'est-il pas presque certain que le catholicisme, plus tolérant, n'aurait pas trouvé dans la philosophie une ennemie aussi intraitable et serait arrivé plus respectable et plus respecté au seuil des temps modernes ?

LES CAHIERS DU CLERGÉ EN 1789

Le clergé était encore, en 1789, le premier ordre de l'Etat. Il comprenait environ 130.000 individus, dont 60.000 religieux ou religieuses et 60.000 curés ou vicaires. Ses domaines valaient, au bas mot, 3 milliards, et donnaient un revenu net de 80 à 90 millions. La dîme en produisait à peu près autant. Avec le casuel et les dons de toutes sortes, on peut estimer à 200 millions de livres les revenus du clergé. Il disposait ainsi d'une rente annuelle égale aux deux cinquièmes du budget de l'Etat. Ne devant au roi que ses prières, il contribuait seulement aux charges publiques par un *don gratuit*, renouvelé tous les cinq ans, et représentant une moyenne annuelle de 3 millions. Des subsides extraordinaires, accordés par lui à la royauté dans ses urgentes affaires, l'avaient grevé d'une dette de 130 à 140 millions. Il était exempt des servitudes personnelles comme des charges financières, et formait dans l'Etat une véritable république autonome, une cité fédérée, alliée sans doute de l'Etat, mais distincte de lui.

Cette situation extrêmement privilégiée, l'Eglise l'avait méritée autrefois, alors qu'elle seule représentait la civilisation en face de la barbarie. Elle la méritait beaucoup moins à la fin du xviiie siècle, car elle n'avait pas beaucoup ajouté à sa science traditionnelle, elle s'acquittait de ses fonctions religieuses et sociales avec moins de zèle qu'aux siècles passés, et la nation avait cessé d'être une nation barbare pour devenir une des plus intelligentes, des plus actives et des plus policées de l'Europe.

Très absorbée dans la contemplation de ses propres perfections, très portée à voir des droits indiscutables dans ses prérogatives les plus contestées, très ennemie des nouveautés et de toute activité extérieure à la sienne, l'Eglise connaissait mal la société au milieu de laquelle elle vivait, et ne soupçonnait pas qu'un seul homme raisonnable et honnête pût lui marquer la moindre défiance, mettre la moindre restriction à ses respects et à ses soumissions infinies.

La grande consultation nationale qui a précédé la réunion des Etats généraux et qui nous a donné les *Cahiers de 1789* nous permet de nous faire une idée de la mentalité spéciale du clergé.

Les cahiers du clergé ont été rédigés dans des assemblées générales de l'ordre tenues dans chaque bailliage, sous la présidence de l'évêque ou de son délégué.

L'ordre n'était pas exempt de divisions, et il est aisé d'en apercevoir la trace dans les cahiers, en dépit de la phraséologie officielle. Il n'y a pas toujours entente cordiale entre le haut et le bas clergé, entre séculiers et réguliers.

Certains évêques très autoritaires, comme Talleyrand, ont pris le parti de rédiger eux-mêmes le cahier de leur bailliage, et de le faire sanctionner par l'assemblée de leur clergé.

Presque partout, l'assemblée a tenu à délibérer elle-même et à fixer chaque point particulier de ses doléances.

Dans quelques bailliages, le cahier, approuvé par la majorité de l'assemblée, n'a pas rallié la minorité, qui a protesté d'avance contre certaines clauses et exposé ses vœux particuliers, à côté des vœux acceptés par le plus grand nombre.

On voit même, en Bigorre, un simple curé congruiste opposer son cahier à lui au cahier de l'ordre tout entier, et le mémoire de ce dissident, tant soit peu révolutionnaire, n'est pas le moins intéressant (1).

Les cahiers de l'ordre du clergé sont, en général, écrits dans la langue élégante et imprécise qui était la langue de la bonne société. Toujours modérés dans l'expression, alors même qu'ils se montrent le plus passionnés ; toujours dignes et solennels, quel que soit le sujet du discours, ils versent parfois dans la grandiloquence ou dans la sensiblerie. Ils révèlent, en somme, chez leurs auteurs une culture littéraire sérieuse, d'excellentes habitudes de méthode et de réflexion, un jugement très sain pour tout ce qui ne touche pas directement aux droits et privilèges de l'ordre, et des idées libérales qui sembleraient bien étranges aux ultramontains d'aujourd'hui.

L'ordre du clergé, à la presque unanimité, renonce à ses privilèges pécuniaires, et se dit heureux de contribuer comme les autres ordres à toutes les charges publiques.

Les Etats généraux lui apparaissent comme un rouage essen-

---

(1) Cf. Mavidal et Laurent, *Archives parlementaires* (1re série, tomes II à VI).

tiel et trop longtemps oublié du gouvernement monarchique. Il demande leur périodicité et leur prochain retour.

Il déclare qu'aucun impôt ne saurait être légitimement perçu, s'il n'a été au préalable consenti par les représentants de la nation.

Il veut que la noblesse ne conserve plus que ses privilèges d'honneur et que tous les citoyens soient également admissibles aux emplois publics.

Il demande avec instances la réforme de la justice criminelle, la refonte des lois civiles, la suppression des tribunaux d'exception, la simplification de la procédure.

Il proteste contre l'abus des monitoires et demande qu'ils soient réservés pour les grands crimes. Il fait observer avec raison « que « les tribunaux sont constamment occupés à renfermer les pou- « voirs de l'Eglise dans l'ordre de la spiritualité, tandis que les « lois permettent au plus petit juge banneret d'user à volonté de « ce pouvoir dans les choses temporelles » (*Armagnac*, II, 4).

Il réclame l'abolition des impôts vexatoires, comme la gabelle, les aides, les droits de *trop bu* et de *gros manquant* (1) (*Beauvais*). Le cahier du Bourbonnais demande l'abolition du droit odieux qui donnait à certains évêques le lit de chaque curé décédé.

Beaucoup de cahiers proposent l'abolition de la corvée et même celle de la milice (*Toul*).

D'autres condamnent énergiquement les lettres de cachet et demandent l'élargissement des citoyens détenus arbitrairement en vertu de ces « odieuses lettres » (*Belfort, Besançon*).

Certains cahiers condamnent la traite des noirs (*Avesnes*). L'abbé Doléac, curé de Beaudon en Bigorre, veut noter d'infamie tout Français qui aura fait le commerce des esclaves.

D'autres demandent la revision des lois sur la chasse et la limitation des droits de chasse et de colombier.

Beaucoup attirent l'attention du gouvernement sur le mauvais état des routes, sur l'extension inquiétante de la mendicité et les moyens de la faire disparaître, sur « les hospices à créer dans « toutes les provinces du royaume pour les femmes enceintes, les « enfants trouvés, les insensés et les incurables » (*Artois*).

L'antagonisme des évêques et des curés apparaît très nettement dans certains cahiers qui semblent respirer l'esprit de rébellion.

Le cahier du Boulonnais énumère fièrement les prérogatives

---

(1) Droits sur les boissons particuliers au Beauvoisis.

épiscopales : « Les évêques sont les seuls juges de la foi, les admi-
« nistrateurs-nés dans leurs diocèses, les principaux juges de
« leurs besoins, de ce qui peut leur être utile, des abus qui y
« règnent, des moyens d'y remédier. Eux seuls embrassent l'en-
« semble, et rien de ce qui peut concerner l'état de leurs diocèses,
« les titres, les biens, la discipline, ne leur est étranger. En eux
« réside la juridiction ecclésiastique et rien ne peut se faire sans
« leur influence. Si le corps des évêques n'est pas suffisamment
« représenté aux Etats généraux, les évêques pourront se refuser
« à toutes les opérations qui demanderont le concours de leur
« autorité et dont le plan aura été arrêté sans eux. » (*Cf. Paris,
Cahier du Chapitre.*)

En face de l'évêque, qui prétend à l'omnipotence, le curé n'a
aucun droit et n'est pas même sûr de sa liberté individuelle.
Une déclaration royale du 15 décembre 1698 permet aux évêques
de faire détenir pendant trois mois dans leurs séminaires tout
curé, vicaire ou autre, contre lequel il y aurait des plaintes. Les
curés s'élèvent, bien entendu, contre cette « injuste et odieuse
faculté » (*curé de Beaudon*) et s'ingénient à trouver les moyens
d'échapper à l'arbitraire épiscopal.

Le Concile de Trente avait décidé que les cures seraient mises
au concours et données aux plus dignes ; les évêques se montraient très peu jaloux de se conformer sur ce point aux prescrip-
tions du Concile ; les curés, au contraire, en réclament l'application dans tout le royaume (*Artois*).

Beaucoup de cahiers demandent que les curés constituent dans
chaque diocèse un corps spécial, avec droit d'élire un syndic pour
la défense de ses droits (*Armagnac, Bazas*). L'évêque de Lectoure
répond que cette proposition est « contraire aux lois du royaume
« et aux décisions particulières du gouvernement » ; mais cette fin
de non-recevoir, basée sur des textes qu'il se garde bien de montrer, ne convainc personne, et les curés tendent presque partout
à secouer le joug, bien moins dur cependant à cette époque qu'il
ne l'est devenu aujourd'hui.

Les curés de 1789 sentent cruellement la distance sociale qui
les sépare, eux fils de paysans, du grand seigneur mitré qui les
commande ; ils expriment parfois leurs rancunes avec une amertume singulière : « Nous sommes, dit l'un d'eux, chargés commu-
« nément des plus fortes paroisses, telle que la mienne, qui a
« jusqu'à deux lieues dans les bois des hameaux qui en feraient
« une autre ; nous dont le sort fait crier jusqu'aux pierres et aux

« chevrons de nos misérables presbytères, nous subissons des
« prélats qui feraient encore quelquefois faire par leurs gardes
« un procès à un pauvre curé qui couperait dans leurs bois un
« bâton, son seul soutien dans ses longues courses par tous
« chemins. A leur passage, le pauvre homme est obligé de se
« jeter à tâtons le long d'un talus pour se garantir des pieds et
« des éclaboussures de leurs chevaux, comme aussi des rênes et
« peut-être aussi du fouet d'un cocher insolent, puis tout crotté,
« son chétif bâton d'une main, et son chapeau, tel quel, de
« l'autre, de saluer, humblement et rapidement, à travers la
« portière du char clos et doré, le hiérarque postiche ronflant sur
« la laine du troupeau, que le pauvre curé va paissant et dont il
« ne lui laisse que la crotte et le suint (1). »

Les curés espèrent voir bientôt la fin de leurs maux, ils saluent avec joie l'époque nouvelle qui s'annonce et, républicains sans le savoir, ils proposent pour le gouvernement de l'Église un régime tout semblable à celui que le Tiers-État va proposer pour la nation. Ils veulent que chaque diocèse ait son assemblée synodale tous les ans, qu'un concile provincial se réunisse tous les cinq ans, que l'Eglise de France s'assemble en concile national tous les vingt ou vingt-cinq ans. Le clergé séculier et le clergé régulier éliront librement leurs députés à ces grands conseils ecclésiastiques, où la voix des petits pourra enfin se faire entendre (*Angoumois, Annonay, Armagnac, Auch, Auxois, bailliage d'Aval,* etc.). Les distinctions fondées sur la naissance seront abolies et, suivant les lois de la primitive Église, tous les ecclésiastiques seront admissibles à tous les emplois et à toutes les dignités. (*Anjou*, III, 4.) Des bourses dans les séminaires faciliteront aux écoliers pauvres l'entrée dans les ordres. Dans les cathédrales, un certain nombre de canonicats seront réservés aux prêtres de carrière, qui auront exercé le ministère au moins pendant six ans. Des maisons de retraite assureront la subsistance des prêtres vieux et infirmes (*Angoumois, Troyes*).

Même sous le régime aristocratique, qui était le sien en 1789, l'Eglise de France n'était pas ultramontaine. La plupart des cahiers du clergé semblent ignorer le Pape et le Saint-Siège. On dirait, à les lire, que l'Eglise de France constitue, à elle seule, toute la catholicité et vit en pleine et souveraine indépendance. Le clergé sent qu'il approche d'une crise. Les uns la redoutent,

(1) Chassin, *Les Cahiers des curés.*

les autres la désirent, tous la voient imminente; on ne sait ce que deviendront dans l'orage qui monte les ordres religieux, les biens ecclésiastiques, l'organisation intérieure de l'Eglise, et pas un cahier ne songe à invoquer d'avance l'autorité pontificale. Les évêques disent bien que rien ne peut se faire sans eux, pas un ne s'avise de dire que rien ne peut se faire sans le pape.

Bien plus, si quelques cahiers s'occupent de Rome, c'est dans un sens ultra-gallican.

Le Puy voudrait que la réforme de l'Eglise gallicane fût l'œuvre d'un concile national. « Il trouve qu'il n'est rien de plus juste
« que de soumettre les bulles ou brefs émanant de la Cour
« romaine à une sorte d'examen, pour que l'autorité séculière
« s'unisse à l'autorité administrative, afin d'arrêter toute entre-
« prise qui tendrait à détruire ou à compromettre les libertés de
« l'Eglise de France ».

Montargis se demande si, « sans blesser le respect dû au Souve-
« rain Pontife, auquel le clergé de France sera toujours sincère-
« ment et fidèlement attaché », le concile national ne pourrait pas fixer les degrés de parenté emportant nécessité d'une dispense pour les mariages, diminuer ou supprimer les frais de ces dispenses, restreindre le nombre des fêtes, supprimer les communautés religieuses inutiles et statuer sur l'emploi de leurs biens. Montargis demande, en somme, la pleine autonomie de l'Eglise française.

Loudun « regarde comme nuisible à la nation le passage sans
« retour de notre numéraire chez l'étranger et surtout à Rome,
« d'où nous ne recevons en échange que des bulles, des brefs et
« des dispenses. Sans rompre le lien sacré qui nous unit au chef
« de l'Eglise universelle, ne pourrait-on trouver le moyen de lui
« rendre l'hommage de notre respect filial d'une manière moins
« préjudiciable à nos finances ? »

Poitiers, Sens, Soissons demandent l'abolition des préventions en Cour de Rome.

Dôle, la suppression des annates.

Toul, Bouzonville, Saumur, Pamiers, Villers-Cotterets demandent le retour pur et simple à la Pragmatique sanction de Charles VII.

Qui peut dire ce que serait devenue l'Eglise de France, réorganisée sur les bases démocratiques qu'elle indiquait elle-même ? N'y avait-il pas chez elle tous les éléments d'une Église vraiment nationale, sachant concilier le respect dû à l'autorité dogmatique du Saint-Siège avec le souci de sa légitime indépendance? Était-il impossible d'en favoriser la formation?

L'Assemblée Constituante l'essaya et n'y put réussir ; mais elle y procéda avec trop peu de ménagement et ne prit pas le temps de s'attacher solidement la masse démocratique du clergé paroissial. Elle l'effraya par ses témérités, et le haut clergé, peu curieux de réformes et de progrès social, l'entraîna avec lui à la défense de ses privilèges.

Les principes de 1789 n'étaient cependant que des principes chrétiens, comme le pape devait, quelques années plus tard, le reconnaître lui-même. Le christianisme d'un grand nombre de nos prêtres était tout prêt à s'en accommoder. Mais ces principes étaient subversifs de l'ordre régnant, touchaient aux intérêts de caste, aux opulents revenus de la haute Église, à sa domination séculaire sur le bas clergé. La religion conduisait d'elle-même les curés à la Révolution. La hiérarchie les enchaînait à l'ancien régime. Dans ce duel funeste, ce fut la hiérarchie qui finit par l'emporter, pour le malheur de la France.

C'est à l'esprit hiérarchique, à l'esprit de corps, tout à fait distinct et éloigné de l'esprit religieux, que les cahiers du clergé doivent toutes leurs dispositions réactionnaires, tout ce qui nous permet de dire que le clergé de 1789 n'était déjà plus de son pays ni de son temps.

Pour un grand nombre de cahiers, « il est de l'essence de la
« monarchie d'être composée de trois ordres invariablement dis-
« tincts et séparés. Si la plénitude des pouvoirs résidait également
« dans le monarque et dans la nation, sans autre distinction
« d'ordres, il s'établirait nécessairement une lutte d'autorité qui
« ne pourrait se terminer que par l'affaiblissement d'une des deux
« parties constituantes de la monarchie, et le résultat nécessaire
« serait la démocratie ou le despotisme, deux formes de gouver-
« nement également funestes au bonheur du peuple. » (*Beaujolais*, et dans le même sens *Angoumois*, *Arles*, *Artois*, *Auxerre*, *Bar-sur-Seine*, *Châlons-sur-Marne*, *Clermont en Beauvoisis*, *Quercy*, *Riom*, *Senlis*, etc.)

Pour Condom, les privilèges du clergé « constituent une vraie
« propriété, qui doit être sacrée et inviolable aux yeux des rois et
« des nations, et il est interdit au clergé, qui n'en est que déposi-
« taire, de les sacrifier et même de consentir à leur affaiblisse-
« ment. »

L'ordre du clergé doit donc rester à jamais tel qu'il est, éternellement distinct des deux autres, et regardé par eux comme le premier ordre de l'Etat.

Bien peu nombreux sont les cahiers qui acceptent le principe du vote par tête (*Belfort, Forez, Gien*). Un seul, celui de Lyon, demande la délibération des trois ordres en commun.

De même qu'il entend maintenir tous ses privilèges, le clergé affirme ne rien vouloir abandonner de ses biens.

Il consent à prendre sa part des charges communes à toute la nation ; mais il demande, à la presque unanimité, que sa dette soit ajoutée à celle de l'Etat. Beauvais déclare « qu'on blesserait « la justice, si on voulait l'obliger de payer en même temps les « impositions et les rentes dues pour ses dettes, ou l'obliger à « une aliénation pour les acquitter ».

Il considère sa propriété comme si particulièrement respectable, qu'il demande à être privé du droit d'en aliéner la moindre partie (*Châlons-sur-Marne*).

Il proteste avec énergie contre toutes les entraves administratives qui le gênent dans la gérance de ses biens. Il demande à l'unanimité la suppression des économats, la restriction des pouvoirs des chambres ecclésiastiques, la suppression des formalités requises pour les échanges de biens-fonds.

Il voudrait mettre à la charge de la nation les frais de reconstruction des presbytères et des églises.

Il parle de la dîme comme d'un impôt placé au-dessus de toute discussion : « L'établissement de ce droit, dit le cahier de Meaux, « remonte jusqu'aux Capitulaires de nos rois. Ces lois, qui portent « la double sanction du souverain et de la nation, au milieu de « laquelle elles ont été proclamées, auraient dû préserver de toute « entreprise une propriété aussi ancienne et appuyée sur une « possession aussi recommandable. »

Bar-sur-Seine voit dans la dîme « le tribut de la reconnaissance « publique et de la piété des fidèles ».

Arles y voit « une véritable propriété et non un impôt ».

Beauvais, « le plus précieux des biens temporels de l'Eglise ».

Il ne vient pas à la pensée d'un seul clerc que cet impôt — car c'en était un — puisse être supprimé, ni même modifié ou modéré. Beaucoup de cahiers dénoncent, au contraire, avec indignation, les atténuations que le temps avait apportées au principe de la dîme.

Certaines cultures nouvelles, telles que le tabac et la pomme de terre, prétendaient à l'immunité ; un arrêt du Parlement les avait soumises aux dîmes, et le clergé demandait que cette mesure fût généralisée et tenue, pour un principe de droit public : *Mutata superficie soli, non mutatur jus decimandi* (Melun).

Beaucoup de cahiers protestent contre l'abus qui donnait les dîmes à des pasteurs sans charge d'âmes, appelés curés primitifs des paroisses, ou même à des laïques. Mais d'autres cahiers s'apitoyaient sur le sort de ces gros décimateurs, « dont les uns avaient
« acquis les dîmes à prix d'argent, ou les avaient trouvées dans
« les héritages de leurs pères, ou les possédaient comme la dota-
« tion de leurs bénéfices spiritualisés et à la charge d'un service
« divin. Toucher à ces objets serait attaquer la propriété et
« anéantir de pieuses institutions qui réclamaient la protection
« de la religion et de l'Etat » (*Bigorre*).

La misère des curés congruistes était trop manifeste pour que les cahiers n'en aient point parlé. En dépit de l'égoïsme des prélats, les plaintes des malheureux pasteurs de campagne s'élèvent de toutes parts, et force est bien aux opulents seigneurs de laisser les humbles chanter leur lai et leur plainte.

Le curé de Beaudon exhale la sienne avec une sainte colère, qui va presque à l'invective : « L'Eglise de France, dit-il, est
« suffisamment dotée pour arracher les curés à leur pénible et
« honteuse indigence et à l'humiliante dépendance d'un vil
« casuel. Qu'elle le fasse, et ces bons et utiles pasteurs auront
« bientôt repris tout l'ascendant qu'ils doivent avoir pour réta-
« blir, sous l'autorité des évêques, la religion et les vertus dans
« toutes leurs prérogatives... La raison veut que le luxe et la
« décoration paraissent dans le dernier rang dans l'église d'un
« Dieu qui s'est anéanti ; l'utilité est dans le sanctuaire la
« considération première et toutes les dignités stériles le dernier
« de tous les titres. »

Moins acrimonieux, le clergé de Bailleul est tout aussi affirmatif : « Le patrimoine de l'Eglise est suffisant pour l'entretien de
« tous ses ministres, mais il est inégalement réparti, d'où il résulte
« que les curés et vicaires, qui en sont la classe la plus utile, n'ont
« point une dotation suffisante. Ils prêchent contre les richesses ;
« ils ne doivent point les désirer, mais ils ont besoin d'une subsis-
« tance honnête : leur dotation doit même aller au delà de leurs
« besoins personnels. En prêchant la charité, ils donnent le droit
« qu'on la leur demande, et tous les pauvres honteux de leur
« paroisse sont principalement à leur charge. »

Tout le monde est d'accord pour trouver insuffisante la portion congrue portée tout récemment par le roi à 700 livres. On propose de la porter à 1.200, 1.500 et même à 1.800 livres (*Bordeaux*). Beauvais voudrait qu'elle fût même susceptible d'augmentation tous les vingt ans.

On est unanime à déclarer que le casuel constitue un véritable abus, une charge odieuse aux populations et qui risque de déconsidérer le clergé.

Mais on ne s'entend plus, quand il s'agit de savoir à l'aide de quelles ressources seront payées ces congrues de 1.500 livres et comment sera comblé dans le budget du prêtre le trou laissé béant par la suppression du casuel.

Le cahier d'Auxois propose d'appliquer à ce double objet les biens des congrégations inutiles, que l'on pourra supprimer ; mais cette opinion malsonnante ne trouve presque aucun écho dans l'ordre entier.

Annonay voudrait réunir aux cures les bénéfices sans charge d'âmes les plus voisins ; mais ce n'est là qu'une faible ressource, qui n'est pas applicable partout, qui toucherait à des droits acquis, et qui paraît bien révolutionnaire à la plupart des hommes d'Église.

Angoulême propose de payer les portions congrues aux dépens des gros décimateurs ; mais le cahier de Bigorre fait remarquer qu'il y a des paroisses où la dîme atteint à peine les 700 livres de la congrue actuelle, et qu'une augmentation nouvelle entraînerait la ruine des décimateurs. On sait déjà que l'Église n'ose pas toucher à leur situation.

Le clergé voit donc la profonde misère des prêtres de campagne, fait des vœux pour leur soulagement et ne sait pas trouver, avec un budget de 200 millions, le moyen d'assurer aux curés une dotation annuelle de 1.500 livres, soit 90 millions pour 60.000 prêtres et desservants.

Comme les privilèges et les biens du corps, tous les ordres religieux doivent être conservés (*Chartres, Nemours, Nîmes, Anjou, Arles, Auxerre*). Ce sont de précieux établissements, que le roi est supplié de conserver et de protéger, et qui offrent aux familles une ressource honnête pour l'établissement de leurs enfants.

Cependant le clergé n'est pas assez aveugle pour ne pas savoir que l'institution monastique est en décadence ; il sait qu'un grand nombre de monastères sont vides, que beaucoup d'établissements religieux ne répondent plus au but pour lequel ils ont été créés, et se trouvent même hors d'état d'observer la règle, faute de ressources et faute de personnel ; mais il attribue la décadence des ordres à l'esprit d'impiété qui souffle sur le siècle et aux édits de 1768, 1773 et 1779, qui ont reculé à 21 ans l'âge légal pour prononcer les vœux. A cet âge, les jeunes gens ont déjà entrevu le monde et ne viennent plus au cloître ; c'est à seize ans, dix-huit ans, au plus tard, qu'il faut ramener l'âge des vœux ; ce simple changement de législation rendra aux couvents toute leur ancienne prospérité.

Quelques cahiers semblent formuler une critique indirecte en parlant de rendre les ordres religieux utiles à l'Etat (*Nemours*). Quelques autres semblent admettre la suppression des couvents qui ne réuniraient pas au moins douze religieux.

Aucun cahier ne propose, comme le curé de Beaudon, la réunion générale des ordres religieux au clergé séculier : « Celui-« ci ne devra faire aucune difficulté de les recevoir dans son « sein, le dépôt de la religion lui ayant été spécialement confié, « et étant, par conséquent, l'ordre religieux par excellence. Et, « de leur côté, les corps appelés réguliers ne se trouveront que « mieux établis dans la religion par cette loi, puisque la « cléricature a été toujours pour eux la récompense de la « perfection monastique. »

Le clergé ne donne pas dans ces hardiesses et, sauf la suppression de la mendicité monacale, il ne voit presque rien à changer au régime des Ordres.

Il nous apparaît, en tout cela, comme une puissance éminemment conservatrice, très jalouse de ses droits et n'imaginant pas qu'aucun sacrifice puisse lui être légitimement demandé. Mais, si impolitique qu'elle soit par certains côtés, cette attitude peut s'expliquer, dans une certaine mesure, par l'intérêt général du corps, par le droit acquis, par le sentiment de la propriété.

Nous touchons, maintenant, à un point plus important et plus délicat, où va nous apparaître nettement un des plus graves défauts de l'esprit sacerdotal.

Non content de maintenir ses prérogatives et de défendre ses intérêts pécuniaires, le clergé ne veut tolérer aucune société religieuse autour de lui. Tous ses cahiers demandent impérieusement que la religion catholique soit reconnue comme religion d'Etat et qu'il n'en soit pas souffert d'autre dans le royaume (*Angoumois, Anjou, Arles, Auxois*). Le cahier du bailliage d'Aval, en Franche-Comté, rappelle même que la capitulation de la province, du 14 février 1668, interdit dans le pays toute liberté de conscience.

Ce n'est pas précisément au nom de la foi et de la vérité théologique que le clergé réclame ce tyrannique monopole ; il s'appuie de préférence sur des considérations politiques, sur l'utilité sociale du catholicisme. Il rabaisse ainsi lui-même le caractère de sa doctrine, il lui enlève ce qu'elle a de plus élevé, il la ravale au rôle d'une institution de garantie, organisée en faveur des puissances de la terre.

« La religion, dit le cahier du Nivernais, est montée avec nos
« premiers souverains sur le trône... le pouvoir monarchique
« tire une grande force de l'unité de la religion... la stabilité des
« empires est liée à celle de la religion. »

« Ministres d'une religion sainte, dit le cahier de Caen, que
« nous devons soutenir dans tous nos rapports avec la société, le
« moment est venu où il est nécessaire de demander au roi qu'il
« la protège efficacement dans ses Etats contre les ennemis qui
« l'attaquent. Bienfaisante envers les Empires par sa morale
« sublime, admirée des païens, redoutable aux opinions du siècle,
« la religion réunit ce double avantage d'élever l'esprit et de
« nourrir le cœur. Elle est le principe de la tranquillité publique,
« le bonheur des cités et des campagnes. »

« Sans la religion, dit le cahier de Bailleul, point de mœurs,
« point de félicité publique. Les plus beaux plans d'administra-
« tion, s'ils ne sont point fondés sur cette base, seront défec-
« tueux. Bientôt on oubliera que le roi est l'image de Dieu sur la
« terre et on se livrera à un esprit de système et de philosophie
« qui plongera l'Etat dans le désordre. Plus les peuples sont reli-
« gieux et plus ils sont fidèles aux lois. »

Le cahier de Mende ajoute « que le clergé a été de tous les
« temps le plus bel ornement et le plus ferme appui du
« royaume ».

Et tous demandent que l'Eglise catholique soit reconnue comme religion d'Etat, à l'exclusion de toute autre ; qu'elle seule ait des temples, des ministres, un culte public, un enseignement public.

Une ordonnance royale du mois de novembre 1787 avait reconnu légalement l'existence du protestantisme, en accordant aux protestants un état civil judiciaire, en place de l'état civil religieux que leurs convictions les empêchaient d'accepter.

Les cahiers du clergé s'élèvent en grand nombre contre l'édit du roi et demandent qu'en aucun cas, il ne puisse être interprété comme une autorisation donnée aux protestants de pratiquer publiquement leur culte.

On est heureux de constater que l'esprit haineux des anciens jours s'est grandement atténué.

« Le clergé du diocèse de Saintes, animé d'une charité vrai-
« ment sacerdotale, regarde et regardera toujours les protestants
« comme des frères qu'il faut chérir, comme des brebis égarées
« après lesquelles il faut courir avec une tendre sollicitude ; il
« ne cessera de demander l'abolition des lois pénales portées
« contre des hommes que le malheur de leur naissance a plongés
« dans les ténèbres de l'hérésie. »

Les clercs d'Evreux « ne pensent pas qu'on doive refuser à nos
« frères errants le rang qu'ils réclament dans la société au nom
« de la nature ; beaucoup d'entre eux le méritent par leurs vertus
« morales et civiles, et cet acte d'humanité et de justice ne peut
« servir qu'à les ramener avec le temps dans le sein de l'Eglise ».

Le clergé de Beauvais « est loin de méconnaître les droits im-
« prescriptibles de la nature dans la personne de nos frères
« errants. Il ne lui vient pas en pensée d'élever la voix contre
« les formes nécessaires dans toute institution sociale pour assu-
« rer l'état des familles ».

Mais tous trouvent scandaleux que les protestants tiennent des assemblées et aient des ministres qui enseignent leur religion à leurs enfants. Le cahier du clergé de Caux dénonce aux Etats « un prétendu ministre qui s'est permis tout récemment de ma-
« rier un protestant avec une fille catholique, et les protestants
« qui se sont arrogé l'exercice le plus entier de leur religion, tel
« que l'administration d'un baptême souvent défectueux et l'érec-
« tion de temples où ils se rassemblent au son des cloches qui
« appellent les catholiques à l'église ».

La paroisse de Champs redoute « l'hérésie si insinuante et qui
« se présente toujours avec un charme si séduisant ». Elle déplore
« le mélange des hérétiques avec les catholiques, leurs rapports
« d'intérêt et d'affection, trop propres, surtout dans le siècle de
« la fausse philosophie, à altérer peu à peu les principes de la
« foi et de la vraie religion ». Elle croit « à la sagesse des lois
« anciennes concernant les non-catholiques ». Elle pense « qu'une
« innovation à ces principes sacrés serait toujours un grand
« écueil et un vrai malheur pour toute la nation. »

Et, en vertu de ces principes sacrés, Béziers interdit les mariages mixtes : défense à une catholique d'aimer un huguenot. Un grand nombre de cahiers refusent au seigneur protestant l'honneur et les avantages attachés au titre de patron de paroisse. Chartres veut que les protestants soient exclus de l'enseignement. Le clergé de Saint-Paul de Paris admet qu'on leur donne le droit de vote, mais refuse de leur reconnaître l'éligibilité.

Les juifs, bien moins nombreux et bien plus séparés du reste de la nation, ne paraissent pas avoir beaucoup attiré sur eux l'attention du clergé. Il est cependant une province, l'Alsace, où l'Église s'est préoccupée de leurs progrès. Le clergé de Colmar nous apprend « que les juifs, par leurs vexations, leurs rapines, la « duplicité cupide dont ils offrent journellement de si pernicieux « exemples, sont la principale et première cause de la misère du « peuple ». Leur étonnante pullulation les a fait passer, en un siècle, de 3.000 à 20.000 dans la province, et, pour l'arrêter dans son principe, le clergé demande « qu'il ne puisse plus être permis « de contracter mariage qu'au fils aîné de chaque famille juive ».

Il est un autre ennemi contre lequel le clergé montre beaucoup plus d'antipathie : ce sont les philosophes, les rois du jour, qui lui ont mené si rude guerre depuis quatre-vingts ans.

Encore modéré lorsqu'il s'agit des huguenots, le langage des cahiers devient furieux dès qu'il s'agit des philosophes.

Le cahier de Dax fulmine contre « la secte impie et audacieuse « qui décore sa fausse sagesse du nom de philosophie. En voulant « renverser les autels, elle a tenté d'ébranler le trône. La corrup- « tion de ses principes entraîne la corruption des mœurs et pré- « cipitera la nation dans l'anarchie et l'indépendance, si le « gouvernement ne s'empresse d'opposer au torrent dévastateur « les digues les plus fortes ».

Le cahier d'Angoumois « représente à S. M. les funestes effets de « l'incrédulité, la France inondée, en moins d'un siècle, de livres « obscènes, impies et scandaleux, et qui deviennent au préjudice « de la religion le seul code d'instruction d'une jeunesse insensée ».

Le cahier d'Armagnac demande des mesures efficaces pour combattre « cette multitude scandaleuse d'ouvrages où règne l'esprit « de libertinage, d'incrédulité et d'indépendance, où l'on attaque « avec tant de témérité et d'impunité la foi, la pudeur, le trône et « l'autel ».

Tous les cahiers s'accordent à signaler les dangers de la liberté de la presse et à réclamer une répression énergique de ses écarts. La loi interdira toute publication anonyme, tout écrit contraire à la foi, aux bonnes mœurs et au gouvernement (*Angoumois*). Les auteurs, les imprimeurs et tous ceux qui répandront de pareils écrits seront poursuivis « comme fléaux de la tranquillité publique » (*Anjou*) et feront l'objet d'un châtiment exemplaire (*Caux*). Ils ne pourront jamais, pour expresses et publiques qu'aient été leurs rétractations, prétendre à faire partie d'aucune Académie, ni à obtenir aucun poste dans les collèges et les Universités (*Dax*). Enfin, les évêques seront seuls juges en matière de foi et de morale (*Auch*).

Comme les écrits scandaleux, seront interdites les œuvres d'art licencieuses, les tableaux, les gravures, les statues susceptibles de blesser la décence et la pudeur (*Caux*).

Protégée ainsi contre ses ennemis protestants, juifs, philosophes et libertins, l'Eglise demande que l'Etat remette en vigueur les anciennes lois relatives à la sanctification du dimanche, à l'observation des fêtes chômées, au respect des jeûnes et abstinences prescrits par la loi ecclésiastique.

Le clergé du pays de Caux demande la suppression des foires et marchés fixés au dimanche, la fermeture des cabarets et des jeux publics, sources de scandales et de désordres.

Châtillon-sur-Seine voudrait qu'on ne pût jamais travailler le dimanche ou un jour de fête sans la permission écrite du curé.

Presque tous les cahiers réclament au moins la fermeture des cabarets pendant les offices.

La vicomté de Paris tonne aussi contre la licence des théâtres. « L'abus des théâtres, dit-elle, est monté à son comble, soit qu'on
« considère la nature des pièces qu'on y représente, dans les-
« quelles la religion, les mœurs, le gouvernement et tous les
« ordres de l'Etat sont également outragés, soit qu'on fasse atten-
« tion à la multitude qu'on en a laissé établir, notamment dans
« la capitale, d'où des troupes d'acteurs et autres histrions se
« répandent dans les campagnes et y portent la corruption, et à
« l'excès auquel on s'est porté en apprenant à des enfants, dès
« l'âge le plus tendre, à exercer une profession que les lois
« civiles elles-mêmes flétrissent. »

Le luxe effréné des femmes n'est pas moins dommageable à la morale que les excès du théâtre ou de la presse. La vanité a fait peut-être plus de mal que les mauvais livres, et certains cahiers semblent pousser à la remise en vigueur des lois somptuaires : « Tant de femmes mondaines, dit le cahier du Boulonnais,
« oubliant que la pudeur et la modestie sont le plus bel orne-
« ment de leur sexe, mettent leur gloire dans le vain étalage

« de leur parure, dont l'affectation superbe montre la peti-
« tesse de leur esprit, qui se repait follement d'un état
« étranger à leur âme et à leur corps et tiré en grande
« partie de la dépouille de vils animaux. »

C'est fort bien fait de prêcher la morale et de combattre la dissipation, le théâtre, le jeu, le luxe, tout ce qui peut prêter au vice plus d'attrait et plus de puissance ; mais il importe surtout de songer aux jeunes générations qu'il faut préserver de l'erreur et reconquérir à la foi et aux bonnes mœurs.

Le clergé aborde résolument le grand problème de l'éducation, reconnaît qu'elle est partout en décadence, rend en passant un légitime hommage « à une société célèbre qui a laissé des « regrets et un vide qui n'a pu encore être rempli » (*Bar-sur-Seine, Castelnaudary, Lyon, Péronne*), et pose les principes dont le législateur devra s'inspirer dans la réforme de l'enseignement national.

Les grades universitaires ne seront plus donnés par complaisance, mais seront conférés à la suite d'épreuves sérieuses et sévères (*Bigorre*).

Les chaires des Universités et des collèges seront réservées « à « des hommes uniquement consacrés à cette fonction, aussi « recommandables par leurs bonnes mœurs et leur piété que « distingués par la science » (*Caux*).

Et, pour trouver ces hommes, la plupart des cahiers proposent de s'adresser aux ordres religieux, tout prêts, disent-ils, à assumer cette tâche, persuadés qu'ils trouveront dans son accomplissement un renouveau de vie et de popularité (*Angoumois, Artois, Auxois, Nivernais*).

Les évêques seront les inspecteurs-nés des collèges dirigés par les réguliers ou les séculiers (*Angoumois, Caux*). Les maisons d'éducation qui se sont fondées en dehors du contrôle épiscopal disparaîtront.

L'enseignement primaire sera développé. Chaque paroisse sera invitée à entretenir une école ; mais c'est au curé qu'appartiendront la nomination du maître, la surveillance de son enseignement et le droit de le révoquer, lorsque le bien des paroissiens paraîtra l'exiger (*Bar-sur-Seine*).

« Le maître d'école, dit énergiquement le cahier de Mantes, sera toujours le clerc du curé. »

Tel est, dans ses grandes lignes, le plan de réformes proposé par le clergé de France en 1789. Assez éclairé pour comprendre

qu'une réforme politique s'imposait, assez libéral pour la vouloir
sérieuse et efficace, le clergé se laisse aveugler par l'amour-propre
et l'esprit de corps, toutes les fois qu'il s'agit de sa propre cause.
Il prétend former un pouvoir politique dans l'Etat et en être le
premier ordre. Il entend conserver sa hiérarchie, ses prérogatives
honorifiques et utiles, ses biens-fonds, ses dîmes et le droit d'administration le plus étendu sur son personnel et sur son patrimoine. Il se prononce pour la conservation des ordres religieux.
Il réclame pour le catholicisme le monopole du culte public et
désigne aux rigueurs du gouvernement ses adversaires protestants, juifs et philosophes. Il se croit en droit d'imposer à tous le
respect de ses rites et de ses règles. Il sollicite l'assistance du bras
séculier contre les licences de la presse, du théâtre et des mœurs.
Il prétend se réserver le monopole de l'enseignement, comme celui
du culte. Dans le domaine religieux, intellectuel et moral, rien
n'échappera à sa surveillance, rien ne pourra germer ni grandir
sans sa permission. Le régime qu'il rêve pour la France est donc
une véritable théocratie, et vouloir imposer un pareil système à
la France de 1789, c'était indubitablement ne la pas connaître.

L'EXPROPRIATION DU CLERGE

Si la monarchie française se décida, en 1789, à convoquer les Etats-Généraux, ce ne fut point par libéralisme, mais par nécessité. Elle succombait sous le poids d'une dette de 4.467.478.000 livres, dont le chiffre paraît insignifiant aujourd'hui ; mais les intérêts de cette dette absorbaient chaque année 236.150.000 livres ; les revenus de l'État ne dépassaient pas 475 millions, et les dépenses montant à 531 millions, le déficit annuel était de 56 millions de livres. Le Tiers-État se déclarait incapable de supporter de plus lourdes contributions ; le clergé et la noblesse s'étaient entêtés, jusque-là, à ne pas vouloir accepter leur part des charges publiques. Force avait été d'en appeler à la nation.

Le jour même où elle prit le pouvoir (17 juin 1789), l'Assemblée Constituante mit la dette publique sous la sauvegarde de l'honneur national. Elle répondait ainsi aux projets de banqueroute que l'on prêtait à la cour et s'attirait les sympathies du monde des affaires.

Mais reconnaître la dette publique n'était pas la payer, et cette dernière opération était tenue pour presque impossible par les hommes compétents.

La France du XVIIIe siècle n'avait pas manqué d'habiles financiers ; elle en avait encore en la personne de ses intendants et de ses fermiers généraux ; mais, justement, ces spécialistes ne faisaient pas partie de l'Assemblée nationale, et ne jouissaient auprès d'elle d'aucune autorité. Ils représentaient à ses yeux ce que la monarchie avait eu de plus tyrannique. Elle était bien décidée à briser les obstacles que ces gens d'ancien régime, au génie étroit et terre à terre, pourraient mettre en travers de sa route.

Chose assez curieuse, les cahiers du Tiers-État, qui consacrent des pages entières à l'assiette et à la répartition de l'impôt, et qui protestent avec une extrême véhémence contre la gabelle, les aides et la corvée, ne parlent que fort peu de la dette nationale et des moyens de la payer. Il semble que la France soit habituée à traîner ce boulet, et n'y pense plus.

Les rares indications que fournissent les cahiers, à cet égard, témoignent chez les gens du Tiers d'une grande inexpérience des affaires et d'une grande indécision.

Vienne, Draguignan, Etampes, Evreux, Gien, le Maine, le Gévaudan, etc., indiquent l'aliénation des domaines de la couronne comme le moyen le plus simple de subvenir au paiement de la dette nationale. C'est logique, en effet. Le déficit et la dette ne sont-ils pas nés des dépenses effrénées de la cour, qui montèrent sous Louis XV jusqu'à 50 millions de livres, qui étaient encore de 40 millions en 1783, et que Necker estimait à 33 millions dans l'état des recettes et des dépenses de 1789 ? Dès lors, n'est-ce pas au roi et aux princes de payer leurs folies ? Ne peut-on vendre tous ces palais inutiles et ruineux, ces parcs immenses, ces forêts giboyeuses, qui absorbent une partie des revenus publics, entretiennent autour du roi une armée de parasites, et le détournent lui-même du soin des affaires ? L'idée était logique, mais inapplicable. Si le roi avait vendu Versailles ou Fontainebleau, qui l'eût acheté, qui l'eût payé, qu'en eût-on retiré ? Il eût fallu détruire les palais et vendre les parcs comme terrains à bâtir ou à ensemencer. Bien faible ressource, comme l'avenir devait le prouver.

Le cahier de Dax veut que la dette nationale soit répartie entre les provinces en raison de leurs contributions, ainsi que l'état des remboursements des rentes perpétuelles, et qu'il soit créé à cet effet des billets provinciaux au porteur. C'est bien vague : cela veut dire, sans doute, que le capital de la dette sera réparti entre les provinces, en proportion de leur population et de leur richesse, et que chaque province sera garante de la portion de la dette publique qui lui aura été attribuée. C'est encore là une idée logique et qui semble même, au premier abord, plus pratique que la précédente ; mais, à y bien réfléchir, elle n'avance pas beaucoup la question. Si 30 personnes se déclarent impuissantes à porter un poids donné, diviser le poids en trente parties ne diminuera pas la charge et n'augmentera en rien la force de chacun des porteurs. Si le royaume, qui n'était qu'une réunion de provinces, s'avouait incapable de payer ses dettes, comment ces mêmes dettes, réparties entre ces mêmes provinces, seraient-elles devenues plus aisées à payer ?

Les cahiers du Forez et de La Rochelle demandent la formation d'une caisse d'amortissement. Cette idée était de nature à faire sourire un financier, car il est constant que les caisses d'amortissement n'ont jamais réalisé les espérances de leurs fondateurs. Les États sont de terribles mangeurs d'argent, et dans leurs urgentes affaires — et toutes leurs affaires sont urgentes, comme chacun sait — ils ne se sont jamais privés de vider dans leur caisse de recettes les fonds des caisses d'amortissement.

Melun et Metz demandaient la consolidation de la dette. On ne pouvait pas payer? Eh bien, on ne paierait pas, et l'on servirait à perpétuité aux créanciers de l'État l'intérêt de leurs créances. C'est à cette solution que l'État finit par s'arrêter, mais sous le Directoire, après huit ans d'une lutte désespérée contre le déficit.

Le cahier du clergé d'Autun, rédigé par Talleyrand, trouve tout simple de remplir le déficit à l'aide de l'accroissement de recettes provenant de l'abolition des privilèges pécuniaires ; on vendra les domaines royaux inutiles ; une banque nationale, bien organisée et bien dirigée, sera créée, ainsi qu'une caisse d'amortissement ; de nouveaux emprunts pourront être contractés à un taux très bas, grâce au crédit immense de la nation. C'est un raisonnement de grand seigneur que ses dettes personnelles n'ont jamais empêché de vivre à son gré. — L'État a des dettes?... Il les paiera! — Mais quand, mais comment? — Plus tard, nous verrons...! Vous êtes bien curieux.

Quelques cahiers, enfin, font allusion aux biens ecclésiastiques et proposent de les employer au paiement de la dette nationale.

Brest déclare audacieusement « que tous les biens-fonds
« ecclésiastiques et monastiques, en général, seront aliénés et
« que le produit de leur vente sera, premièrement, appliqué au
« remboursement des dettes auxquelles ces fonds auront été
« hypothéqués et affectés par leurs possesseurs, et, secondement,
« à l'acquit de la dette nationale. Comme il faut fournir aux
« ministres de la religion les moyens d'une subsistance conve-
« nable, il leur sera fixé des appointements annuels, selon les
« degrés de leur hiérarchie présente ou future. Cet arrangement
« paraît le seul propre à détruire efficacement les vices de la
« pluralité des bénéfices et de la disproportion du traitement qui
« en résulte au préjudice des individus mieux méritants. »

Forcalquier demande également la mise en vente des biens

d'Église, mais surtout pour arriver à une meilleure répartition des revenus ecclésiastiques. Le produit de la vente servira à éteindre la dette du clergé, — à payer les honoraires des prêtres, dépouillés désormais de leurs anciens revenus, — à augmenter le chiffre des portions congrues des curés pauvres, — à assurer des retraites aux prêtres âgés et infirmes, — enfin, à acquitter la dette nationale. Il est probable qu'après avoir satisfait aux obligations des quatre premiers chapitres, il ne serait à peu près rien resté pour le cinquième.

C'est dans les cahiers des paroisses qu'il faut chercher les idées les plus avancées et les solutions les plus révolutionnaires. Le cahier de Champs (*Cantal*) (1) porte que « si les moyens proposés « sont insuffisants pour couvrir le déficit, il y a dans les mains « du haut clergé des biens et des revenus immenses, qui seraient, « sans doute, une ressource assurée pour les besoins de l'Etat. « L'on voit dans les mains d'un seul bénéficier des 20, des 30, « des 60, des 100, 200 et jusqu'à 300 mille livres de rentes, et le « pauvre peuple manque de pain. Quelle injustice ! »

Les habitants de Parent (*Puy-de-Dôme*) parlent des privilèges pécuniaires révoltants du clergé et de la noblesse, et trouvent que les dignités et l'opulence de ces deux ordres ont été, jusqu'à présent, autant de fatalités pour le Tiers-Etat.

Vic-le-Comte nous montre combien le haut clergé était impopulaire dans nos campagnes : « Le clergé, dit-il, distingue deux « classes dans son ordre : le haut et le bas clergé, le riche et le « pauvre, le noble et le roturier ; on pourrait ajouter l'inutile et « le nécessaire, le féniant (*sic*) et le laborieux ; arrêtons ici nos « distinctions : elles iraient trop loin. »

Saint-Pardoux-la-Tour demande « que le tiers du revenu des « évêques soit versé dans les coffres du roi pour le temps qu'il « plaira à Sa Majesté (2) ; — que les abbés, les prieurs et autres « gros bénéficiaires y versent aussi la moitié des leurs ; — que, au « cas que les ordres monastiques rentés n'éprouvent pas la « suppression générale, la moitié au moins de leurs biens (ce qui « ne fait pas leur superflu) soit réunie au domaine de la couronne. »

Ces idées, nées dans les rudes cerveaux de nos paysans,

---

(1) Fr. Mège : *Les Cahiers des paroisses d'Auvergne en 1789*, Clermont-Ferrand, 1899, in-4°.

(2) C'était la loi d'Espagne. Le roi pouvait grever les évêques espagnols de pensions à son choix, jusqu'à concurrence du tiers de leurs revenus.

devaient paraître alors bien scandaleuses, puisque la plupart des cahiers de bailliages n'en soufflent mot.

L'Assemblée nationale elle-même, dans les trois premiers mois de son existence (5 mai-4 août 1789), ne paraît pas avoir songé à attaquer la propriété ecclésiastique. Mais il faut remarquer que, jusqu'à la mi-juin, les États-Généraux furent arrêtés par la question préalable du vote par tête ou par ordre; que le Tiers-État dut s'attacher à faire la conquête du clergé, et qu'il eût été bien impolitique de lui montrer, dès lors, qu'on songeait à le déposséder.

Le premier mot de ce grand procès fut prononcé à la tribune, le 6 août 1789, par un jeune avocat normand de vingt-neuf ans, par Buzot. Il déclara que « les biens ecclésiastiques appartenaient « à la nation ».

L'idée était tellement dans l'air, que l'Assemblée songea immédiatement à la réaliser.

Dans l'enthousiaste accès de générosité qui avait saisi tous les ordres, dans la célèbre nuit du 4 août, les dîmes avaient été déclarées rachetables, comme les autres servitudes foncières. On se demanda bientôt s'il ne fallait pas établir une distinction entre les dîmes laïques et inféodées, qui constituaient une portion importante de la fortune d'un certain nombre de particuliers, et les dîmes ecclésiastiques, dont le produit appartenait au corps du clergé. On proposa de maintenir le principe du rachat pour les premières et de supprimer purement et simplement les secondes, en les remplaçant par une contribution générale sur tous les citoyens. Puis, bientôt, on parla de les supprimer toutes.

Le 11 août, après un discours entraînant de Mirabeau et un discours très profond de Siéyès, les dîmes étaient abolies. Un article additionnel, déclarant qu'elles continueraient à être perçues jusqu'à nouvel ordre, ne put même pas être exécuté. Le peuple montra par son attitude que, si la loi ne l'eût pas libéré, il se serait libéré lui-même. Le clergé dut comprendre qu'il ne pouvait plus lutter; car, après avoir tout d'abord défendu ses dîmes comme un droit sacré et intangible, il finit par les abandonner. Le cardinal de La Rochefoucauld, archevêque de Rouen, vint en faire le sacrifice devant l'Assemblée, au nom de l'ordre tout entier.

Le dîme était devenue l'un des impôts les plus impopulaires de l'ancien régime, non qu'elle fût très dure, mais parce qu'elle ne répondait plus à son institution, parce qu'elle était mal répartie, parce qu'elle soumettait le paysan à une surveillance perpétuelle, et parce qu'elle touchait directement et visiblement aux produits de la terre.

La dîme ne répondait plus à son institution : car la moindre part de son rendement réel allait au clergé paroissial, et le plus clair et le meilleur de son revenu servait à entretenir le luxe du clergé du premier ordre et des décimateurs laïques.

La dîme était mal répartie : car elle emportait ici le 20e, là le 15e, ailleurs le 10e et même le 9e de la récolte.

Il y avait lutte sourde et incessante entre le paysan et le décimateur, le premier cherchant par tous les moyens à se soustraire à l'odieux impôt et le second à l'y soumettre : « Vous devriez, « disait un curé normand à un laboureur, épierrer ce champ, le « fumer, y faire double labour et l'ensemencer en blé. » — « Vous « avez raison, monsieur le curé ; faites vous-même tout ce que « vous avez dit là, et je vous paierai la dîme. » Au lieu de cultiver son champ en blé, sur lequel il eût payé la dîme, le paysan préférait y semer quelques mauvais légumes, sur lesquels la dîme ne pesait pas.

La dîme était un vrai crève-cœur pour le paysan. Cette dixième gerbe, qu'il fallait détacher du tas pour la donner au décimateur, lui paraissait toujours la plus blonde, la plus mûre, la meilleure ; ce n'étaient pas les neuf gerbes qui lui restaient qu'il regardait, c'était celle qui s'en allait... avec tant d'autres... dans l'immense grenier de l'abbaye ou du seigneur, dans la grange plus modeste du curé.

Le souvenir de la dîme est resté si terriblement amer à l'âme du paysan, que son nom seul allume dans les yeux du laboureur un éclair de colère, et que la seule pensée de son rétablissement fait gronder partout la révolte.

Nous dirons cependant, avec Siéyès et Louis Blanc, que, si l'Assemblée Constituante ne fut pas réellement forcée d'abolir les dîmes, elle eut tort de les supprimer.

La dîme était une charge de la propriété, connue et exactement calculée depuis des siècles, que tous les propriétaires étaient habitués à déduire de leurs revenus et du prix de vente de leurs terres. En la supprimant d'un trait de plume, l'Assemblée faisait aux propriétaires fonciers un cadeau inespéré et magnifique de 120 millions de revenu. Il eût donc beaucoup mieux valu ne pas supprimer une branche aussi importante des revenus publics, quitte à en unifier le taux, à en modérer les exigences, à ôter tout caractère vexatoire à sa perception.

Thiers justifie la suppression des dîmes et leur remplacement par une contribution générale en faisant observer que les dépenses du culte sont des dépenses d'intérêt général, et qu'elles ne devaient pas être mises à la charge des seuls propriétaires fonciers. L'objection ne porte pas : car il eût été toujours facile d'atteindre le capital sous toutes ses autres formes, et l'on n'eût point creusé, par la suppression soudaine d'un impôt traditionnel, un gouffre que l'on ne sut plus ensuite comment combler.

Louis Blanc voit beaucoup plus juste, quand il considère la suppression des dîmes comme une grave atteinte portée au principe de la propriété, et comme une inconséquence de la part de l'Assemblée, qui voulait maintenir ce principe : « Ce fut, dit-il, « assigner une valeur purement relative à ce qui avait eu, jus- « qu'alors, une valeur absolue ; ce fut abandonner aux hasards de « la controverse ce droit de propriété dont on voulait le maintien « et creuser la mine sous les fondements de l'édifice qu'on avait « résolu de laisser debout. » (*Hist. de la Révolution française*, t. III, p. 15.)

Le 26 août, l'Assemblée vota la *Déclaration des droits de l'homme et du citoyen*, admirable résumé des principes qui devaient la guider dans son œuvre de reconstitution politique et sociale.

On ne pensera jamais assez de bien de la *Déclaration des droits* ; on ne répétera jamais assez qu'elle fut courageuse, qu'elle est restée noble et grande, qu'elle devrait être la sauvegarde absolue de nos libertés, la garantie suprême et sacrée contre laquelle rien ne devrait prévaloir.

La *Déclaration des droits* met la propriété au nombre des droits imprescriptibles de l'homme ; elle déclare que « la propriété « étant un droit inviolable et sacré, nul ne peut en être privé, si « ce n'est lorsque la nécessité publique, légalement constatée, « l'exige évidemment, et sous la condition d'une juste et préa- « lable indemnité ».

Voilà le langage ferme et tranchant que doit parler la loi. Voilà l'affirmation solennelle du droit nouveau, qui ne veut connaître aucune des distinctions, des subtilités, des arguties de l'ancien droit, qui s'interdit d'avance à lui-même toutes les entreprises contre la propriété que se permettait l'ancien régime. Légale sous la monarchie absolue, la confiscation devenait impossible en présence d'un pareil texte.

Mais comme si le Destin eût choisi pour se moquer des hommes le moment même où ils pensaient avoir rendu au droit l'hommage le plus solennel qu'il eût jamais reçu, ce fut, précisément, à l'instant où paraissait la *Déclaration des droits* que l'on commença de parler de l'expropriation générale du clergé.

La facilité avec laquelle on lui avait arraché ses dîmes avait fait concevoir immédiatement l'espoir de lui enlever aussi ses biens-fonds.

L'Assemblée se montrait en apparence fort respectueuse du clergé ; elle choyait tout particulièrement les curés ; elle aimait parler du « Dieu de paix » ; elle votait des *Te Deum* après chaque victoire de la liberté ; elle n'en était pas moins profondément imbue de l'esprit philosophique du dix-huitième siècle ; elle ne voyait dans la religion qu'une institution sociale et dans le catholicisme qu'une forme surannée de la pensée religieuse, qu'il fallait respecter provisoirement, mais dont il était permis de souhaiter et même de hâter l'évolution vers une forme supérieure.

Les sentiments de l'Assemblée pour l'Église étaient donc ceux d'une condescendance politique bien plutôt que d'une estime réelle et profonde.

Les hommes d'alors considéraient le sacerdoce comme un service public, au même titre que l'armée et la magistrature, et devant, comme tel, vivre sous la tutelle de la puissance publique. Un clergé propriétaire et indépendant les inquiétait ; ils lui préféraient un clergé salarié, et partant surveillé et conduit.

L'expropriation du clergé était, cependant, une si grosse affaire que l'Assemblée laissa passer encore deux mois avant de rien entreprendre et ne commença d'en parler qu'après son transfert à Paris.

Un des hommes les plus habiles, mais des plus décriés de l'épiscopat, Talleyrand, évêque d'Autun, accepta de présenter à l'Assemblée le terrible projet.

Le 10 octobre 1789, il vint lire à la tribune la proposition suivante :

« La nation deviendra propriétaire de la totalité des fonds du
« clergé et des dîmes dont cet ordre a fait le sacrifice. Elle assu-
« rera au clergé les deux tiers des revenus de ces biens. Le
« produit des fonds monte à 70 millions, celui des dîmes à
« 80 millions, ce qui fait 150 millions, et pour les deux tiers
« 100 millions, qui, par les bonifications nécessaires, par les
« vacances, peuvent se réduire dans la suite à 80 ou 85 millions.
« Ces 100 millions seront assurés au clergé par privilège spécial.
« Chaque titulaire sera payé par quartier et d'avance, au lieu de

« son domicile, et la nation se chargera de toutes les dettes de
« l'ordre. Il existe, en France, 80.000 ecclésiastiques dont il faut
« assurer l'existence, et, parmi eux, on compte 40.000 pasteurs
« qui ont trop mérité des hommes, qui sont trop utiles à la société,
« pour que la nation ne s'empresse pas d'assurer et d'améliorer
« leur sort. Ils doivent avoir, en général, au moins 1.200 livres
« chacun, sans y comprendre le logement. »

La démarche de Talleyrand était si extraordinaire et le personnage si suspect, que le premier effet produit sur l'Assemblée par cette motion fut un effet de surprise et presque de scandale.

Mirabeau reprit cependant la proposition et lui donna, en quelques mots, une forme beaucoup plus acceptable : « Les biens
« ecclésiastiques devenaient la propriété de la nation, à charge
« par elle de pourvoir au service des autels et à l'entretien des
« ministres. La dotation des curés ne pourrait être moindre de
« 1.200 livres par an, non compris le logement. »

Le 13 octobre, eut lieu la première discussion. M. de Montlosier soutint une thèse originale. Le clergé n'était pas propriétaire de ses biens, mais la nation ne l'était pas davantage ; les biens du clergé appartenaient aux institutions et aux établissements auxquels ils avaient été primitivement attribués.

L'abbé Maury essaya d'attirer l'attention sur le danger que pouvait présenter un pareil projet, et jeta en vain ce cri d'alarme :
« Vous nous conduisez à la loi agraire ! »

Malouet se fit, en termes éloquents, l'avocat des pauvres :
« Tant qu'il y aura en France, disait-il, des hommes qui ont
« soif et faim, les biens de l'Église leur sont substitués par l'inten-
« tion des testateurs avant d'être reversibles au domaine natio-
« nal. » Et il proposait de déclarer les biens du clergé propriété nationale et d'en régler ainsi l'emploi : service des autels, entretien des ministres, soulagement des pauvres ; le reste à la disposition de l'Etat pour soulager les contribuables nécessiteux. Une commission ecclésiastique aurait présidé à la liquidation et à l'emploi des deniers.

Après cette première bataille, les deux partis respirèrent un instant et cherchèrent, chacun de leur côté, à gagner l'opinion publique.

Les pamphlets anticléricaux parurent de tous côtés. Le Théâtre-Français représenta le *Charles IX* de Marie-Joseph Chénier. On ne parla plus que de la simplicité de l'Église primitive, des abus de la prélature et des excès du fanatisme.

Les ennemis du catholicisme poussaient de toutes leurs forces à l'expropriation ; les créanciers de l'Etat se réjouissaient de voir augmenter, tout d'un coup, la sûreté de leurs créances. Le petit clergé n'était pas insensible aux avantages qu'on lui promettait. Le malheureux congruiste à 700 livres, qui ne touchait pas toujours le tiers de sa congrue, se prenait à songer à l'aisance que lui donnerait, tout d'un coup, ce traitement inespéré de 1200 livres ; sans désirer la richesse, il est bien permis au pauvre de désirer la médiocrité.

Siéyès, qui avait combattu l'abolition de la dîme, condamna de même l'expropriation de l'Eglise. Dans une brochure intitulée *Observations sommaires sur les biens ecclésiastiques*, il défendit avec la plus grande énergie le principe de la propriété de l'Eglise.

« Vous avez, disait-il, beau faire déclarer à la nation que les « biens *dits* ecclésiastiques appartiennent à la nation, je ne sais « ce que c'est que de déclarer un fait qui n'est pas vrai. Lors « même que, saisissant le moment favorable, vous feriez déclarer « que les biens du Languedoc appartiennent à la Guyenne, je ne « conçois pas comment une simple déclaration pourrait changer « la nature des droits. Seulement je conviens que, si les Gascons « étaient armés, et s'ils voulaient, ou pouvaient, par une grande « supériorité de forces, exécuter la présente sentence, je con- « viens, dis-je, qu'ils envahiraient la propriété d'autrui. Le fait « suivrait la déclaration, mais le droit ne suivrait ni l'un ni « l'autre. »

Le 23 octobre, l'Assemblée reprit la délibération. Le clergé ne trouva pas, pour soutenir ses droits, l'orateur qu'il eût fallu. M. de Boisgelin, archevêque d'Aix, défendit la propriété ecclésiastique comme appuyée sur une possession dix à douze fois centenaire, pauvre argument, en somme, alors qu'il en était tant d'autres d'un meilleur aloi.

Enfin, le 2 novembre, jour des morts, l'Assemblée, réunie à l'archevêché et présidée par le prêtre Camus, vota la loi d'expropriation de l'Eglise qu'avait présentée l'évêque d'Autun.

Au moment du vote, les représentants n'osèrent pas décréter immédiatement que les biens de l'Eglise appartenaient à la nation : ils déclarèrent, par 568 voix contre 346, que les biens ecclésiastiques étaient *mis à la disposition de la nation*, qui se chargerait désormais de subvenir aux frais du culte et à la subsistance des ministres.

L'Eglise perdit ainsi, en moins de deux mois, ses dîmes et ses biens-fonds, et se trouva faible et nue sous la main d'un Etat déjà assez mal disposé à son égard et tout prêt à se déclarer son ennemi.

L'Assemblée nationale avait-elle réellement le droit d'agir comme elle l'a fait ? La réponse à cette très grave question différera suivant l'idée que l'on se fait du droit lui-même.

Les hommes du fait diront que rien ne peut demeurer sûr et stable au monde. L'humanité marche et laisse derrière elle, à chaque étape, ses idées et ses principes de la veille : vérité d'aujourd'hui, erreur de demain. Les nations disposent d'elles-mêmes en souveraines absolues. Leur volonté légalement constatée crée le droit. Il ne faut point le chercher en dehors de la loi, changeante à son tour comme la pensée populaire, changeante comme la vie. Le droit réside donc, pour chaque époque, dans l'idée qu'elle s'en fait. Le droit, c'est le fait légal.

Les hommes de l'idée, plaçant l'idée de droit plus haut que l'humanité, refuseront toujours aux majorités le droit de prévaloir contre les principes. Pour eux, le fait ne crée pas le droit.

Examinons, maintenant, chacun des arguments proposés par les politiques pour justifier la loi du 2 novembre 1789.

Quelques-uns ont attaqué la propriété ecclésiastique comme souillée dans son principe même par la captation : « Le prêtre, « dit Louis Blanc, n'attendait pas la générosité des cœurs pieux ; « il la provoquait en la trompant. Il conduisit avec une hardiesse « trop heureuse le négoce des pardons. Il ouvrit des bureaux « de conscience. La naissance et la mort, le crime et la vertu, « l'espérance et la peur, le paradis et l'enfer, tout lui fut une « proie. Il fit argent de son Dieu, né dans une étable, et le ciel « mis en vente lui servit à acheter la terre. »

Il est incontestable que le clergé s'est, maintes fois, montré avide, et qu'il y avait parmi ses biens beaucoup de biens fort mal acquis. Il est certain aussi que les gouvernements ne surent pas le surveiller d'assez près et favorisèrent trop complaisamment ses intrigues, ses négoces et ses simonies. Mais il n'est pas moins indubitable que les propriétés privées ont aussi leurs tares, et que, si l'on attaque la propriété ecclésiastique comme mal acquise, plus d'une propriété particulière tremblera sur sa base.

On a dit que la propriété ecclésiastique manquait très souvent des conditions essentielles à la constitution de la propriété. Un grand nombre de donations ont été faites, au Moyen-Age, à la Vierge, aux apôtres, à des saints plus ou moins connus et authentiques ; ces libéralités faites à des morts ou à des personnes incertaines tombent d'elles-mêmes et ne sauraient constituer de droits.

Mais la validité juridique des actes dépend de la loi en vigueur au moment où ils ont été faits, et le Moyen-Age tout entier a admis la validité des donations et des legs faits à la Vierge et aux saints. En fait, il n'y avait là qu'une formule pieuse, derrière laquelle se trouvait toujours une église, matérielle et vivante, pour recueillir la libéralité.

Mirabeau a dénié le caractère de propriétaire au clergé, parce que la propriété emporte trois droits : droit d'user, droit de jouir, droit d'aliéner. Le clergé, n'ayant pas le droit d'aliéner ses biens, n'était pas propriétaire. C'est de la pure scolastique. A ce compte, les biens qui composaient les majorats, les biens grevés de substitution, si nombreux dans l'ancienne France et tous indisponibles dans les mains de leurs possesseurs, n'auraient point été non plus des propriétés ? Et cependant on ne voit pas que l'Etat se les soit attribués pour ce seul motif. Ce qu'il y avait de vrai dans l'argument de Mirabeau, c'est qu'il eût fallu abolir l'inaliénabilité des domaines ecclésiastiques. Sitôt qu'on eût remis les biens d'Eglise dans le commerce, la plupart des inconvénients de la mainmorte eussent disparu.

On a prétendu que l'Eglise avait fait mauvais usage de ses biens et méritait par là que la nation les lui reprît. Mais est-il rien de plus dangereux que d'autoriser la société à se poser en juge souverain de l'usage que tel ou tel corps peut faire de ses biens ? — Quelle propriété sera sûre, si l'on admet une minute la légitimité d'une pareille ingérence ? — N'est-ce pas en vertu de semblables sophismes que les collectivistes menacent aujourd'hui les propriétaires ? N'est-ce pas avec de pareilles conceptions que les Allemands prétendent légitimer leurs conquêtes passées, leurs violences présentes et leurs empiétements futurs sur des races moins énergiques et moins laborieuses, qui ne savent point tirer parti des ressources de leur pays ?

On a accusé l'Eglise d'avoir mal géré un patrimoine qui n'était, en réalité, que le bien des pauvres. Michelet a écrit là-dessus une page éloquente, dont nous citerons quelques fragments :

« Il ne faut pas que le peuple meure. Il a une ressource,
« après tout, un patrimoine en réserve, auquel il ne touche pas.
« C'est pour lui, pour le nourrir, que nos charitables aïeux
« s'épuisèrent en fondations pieuses, dotèrent du meilleur de
« leurs biens les dispensateurs de la charité, les ecclésiastiques.

« Ceux-ci ont si bien gardé, augmenté, le bien des pauvres qu'il
« a fini par comprendre le cinquième des terres du royaume.
« Le peuple, ce pauvre si riche, vient aujourd'hui frapper à la
« porte de l'Eglise, sa propre maison, demander part dans un
« bien qui lui appartient tout entier... *Panem ! propter Deum !...*
« Il serait dur de laisser ce propriétaire, ce fils de la maison, cet
« héritier légitime, mourir de faim sur le seuil. Si vous êtes chré-
« tiens, donnez : les pauvres sont les membres du Christ. Si vous
« êtes citoyens, donnez : le peuple, c'est la patrie vivante. Si vous
« êtes honnêtes gens, rendez : car ce bien n'est qu'un dépôt ! »

Cette page est admirable, mais que vient-elle faire dans le débat ? Est-ce aux pauvres que l'on a distribué les trois milliards de biens-fonds de l'Eglise ? Est-ce à la bienfaisance que sont allées ces immenses ressources ? Ne sont-elles point allées s'engloutir dans le gouffre du déficit ? — Ne nous parlez pas des pauvres ; ils n'ont pas été conviés au banquet.

On a dit, enfin, qu'il fallait distinguer entre la propriété des individus et la propriété des collectivités. La première, fruit et but du travail, est sacrée, la seconde, attribuée aux collectivités par la bienveillance de la loi, peut recevoir de la loi une autre destination. Les collectivités, les corps, les personnes morales, n'existent jamais qu'à titre provisoire, tant que l'Etat leur permet l'existence ; le jour où il les supprime, elles s'évanouissent comme de vains fantômes, et de même que leur suppression n'est pas un homicide, leur spoliation ne saurait être considérée comme un vol.

Mais ne peut-on pas objecter qu'il y a certains corps tellement anciens qu'ils ont fini par devenir de véritables organes de la vie sociale ?

La propriété collective ne peut être distinguée sans danger de la propriété particulière, car l'une et l'autre s'acquièrent aux mêmes conditions, et par les mêmes modes. Que Pierre achète une maison, passe l'acte de vente chez son notaire, le fasse transcrire sur les registres publics et paie le prix convenu, je dirai que Pierre est devenu propriétaire de sa maison, et que nul ne peut l'en dépouiller contre sa volonté. Que telle ou telle communauté achète un domaine, passe l'acte de vente chez un notaire, veille à sa transcription sur les registres publics et paie le prix convenu, ne dirai-je pas que la communauté en question est devenue propriétaire du domaine, et que nul ne peut l'en dépouiller contre sa volonté ? Existe-t-il une raison légitime de reconnaître le caractère de propriétaire à Pierre et de le refuser à la communauté ? Pas un civiliste ne voudra l'admettre un seul instant.

Poussons, cependant, les choses plus loin encore. Concédons, pour un moment, à la majorité le droit d'exproprier une collectivité. A qui doit revenir le prix des immeubles aliénés ? A la collectivité expropriée, évidemment, puisqu'en cas d'expropriation pour cause d'utilité publique, « la juste et préalable indemnité » stipulée par la loi est versée au propriétaire évincé et non à d'autres.

Mais l'indemnité peut consister dans le paiement d'une rente tout aussi bien que d'un capital, si l'intéressé y consent. Dès lors, l'accord conclu, le 2 novembre 1789, entre la nation et l'Eglise devient valable suivant la lettre du droit. L'Eglise se laisse exproprier pour cause d'utilité publique légalement reconnue, et la juste et *préalable* indemnité qui lui est due lui est fournie sous forme d'une rente perpétuelle, payable par quartiers et *d'avance*, au domicile de chacun de ses membres.

L'Eglise a, sans doute, fait un marché imprudent : elle a laissé estimer ses biens aux trois quarts de leur valeur ; l'Eglise a été imprévoyante, c'est possible ; mais il n'y a, dans l'acte du 2 novembre 1789, ni violence, ni spoliation, au sens légal du mot.

Mais remarquons que cet acte est un contrat synallagmatique, qui lie également les deux parties. L'Eglise cède ses biens ; l'Etat s'engage à subvenir aux dépenses du culte. Si l'Eglise prétendait garder ses biens, l'Etat se trouverait par là même dégagé de ses obligations envers elle ; le jour où l'Etat cesserait de subvenir aux dépenses du culte, l'Eglise serait en droit de lui réclamer ses biens. — Or ce jour arriva, et beaucoup plus vite qu'on ne l'avait supposé. Le 18 septembre 1794, moins de cinq ans après l'expropriation du clergé, la nation déclarait ne plus vouloir salarier aucun culte.

Si l'expropriation générale du clergé pouvait, à la rigueur, être regardée comme conforme à la lettre de la loi, elle n'en constituait pas moins un véritable excès.

Les sociétés civilisées reposent sur le principe de la propriété, et ont trouvé en lui le secret de leur force et de leur progrès. C'est pour acquérir la propriété que l'homme travaille ; diminuer la sécurité du propriétaire, c'est diminuer l'énergie du travailleur, c'est lui enlever le motif le plus puissant qu'il ait pour agir, peiner et produire ; c'est décourager son effort et réduire par là même la somme du travail et le total de la richesse dans la nation.

Attaquer la propriété collective, n'était-ce pas attaquer la légitimité des contrats et de tous les instruments de droit, n'était-ce pas menacer directement la propriété individuelle ?

Faire disparaître, en un jour, un droit consacré par toutes les lois antérieures de la nation et reconnu par tous depuis une longue suite de siècles, prétendre que cette expropriation était légitime parce qu'elle avait réuni une majorité de 200 voix, dans une assemblée de 1.200 personnes, représentant 25 millions d'habitants, c'était dire qu'il n'y avait aucune distinction possible entre ce que cette majorité pouvait faire, et ce qu'elle avait, en équité et justice, le droit réel de décider ; c'était définir la propriété, comme le fit plus tard Robespierre : « le droit de jouir des biens dont la loi vous laisse la disposition ».

En fait, et comme toutes les choses humaines, la loi du 2 novembre 1789 a eu ses bons et ses mauvais côtés. Elle rendit au commerce et à la liberté d'immenses étendues qui n'avaient jamais changé de mains depuis des siècles ; elle facilita l'accès de la propriété à une foule de citoyens qui n'auraient pu l'acquérir sans elle, et la richesse nationale se trouva, en fin de compte, avoir gagné à cette nouvelle répartition du sol.

Mais ce serait une grave erreur de croire que ce soit le peuple qui ait le plus gagné au nouveau régime de la propriété. L'Assemblée confia la vente des biens ecclésiastiques aux administrations de districts, et les districts les vendirent aux enchères à ceux-là seuls qui pouvaient les acheter, c'est-à-dire aux capitalistes.

On voit bien figurer dans les procès-verbaux des ventes officielles des gens du peuple de très humble condition ; mais ils ne sont là que comme prête-noms, et cachent derrière eux le bourgeois — ou même le noble, trop prudent pour acheter à visage découvert du bien d'Eglise. Un grand nombre de fortunes contemporaines ont pour origine des achats de biens nationaux, c'est un fait certain et cent fois prouvé.

La vente des biens ecclésiastiques n'eut pas seulement pour conséquence de surexciter les convoitises, elle eut aussi pour résultat la destruction systématique d'un grand nombre de monastères et d'églises, parmi lesquels on pourrait citer de véritables chefs-d'œuvre.

La cathédrale de Cambrai, bâtie par Villart de Honnecourt, fut vendue en 1796 et démolie. On songea, tout d'abord, à conserver l'élégante flèche qui couronnait le portail principal ; mais la tour, qui n'était plus soutenue par la nef, s'écroula en 1809.

La cathédrale d'Arras, terminée au xvᵉ siècle, était une grande église gothique de 113 mètres de longueur sur 70 de large ; deux tours ornaient le portail principal ; un porche curieux s'élevait en avant d'un portail latéral. Tout cela a disparu aujourd'hui.

Les magnifiques abbayes de Saint-Bertin, de Saint-Omer, de Saint-Wandrille, ont été détruites à la même époque.

Paris a perdu un grand nombre d'églises pendant la Révolution : Saint-Jacques la Boucherie, Saint-Magloire, les Jacobins du faubourg Saint-Honoré, les Cordeliers, les Grands-Augustins.

A Tours, la basilique de Saint-Martin a disparu presque tout entière. C'était une immense église, moitié romane, moitié gothique, avec une crypte très ancienne et quatre grands clochers.

Tout près de la même ville, l'abbatiale de Marmoutier fut également détruite avec les bâtiments claustraux et un bel escalier tout neuf qui n'avait pas coûté moins de 80,000 écus.

Limoges perdit sa vieille abbatiale de Saint-Sauveur, l'un des monuments les plus intéressants du style roman, prototype des églises de Conques et de Saint-Sernin de Toulouse.

Clermont faillit perdre sa cathédrale, sauvée par Verdier-Latour, et vit démolir l'église Saint-Genès, dont le clocher passait pour le plus beau de la ville.

L'église ronde de Saint-Bénigne, à Dijon, fut démolie, malgré les protestations de l'ingénieur Antoine, parce que la place qu'elle occupait avait été jugée indispensable « pour l'exercice du canon « et de la jeunesse au maniement des armes ».

La rage de la destruction fut poussée à un degré inimaginable.

Reims possédait une charmante église, bijou du xiiiᵉ siècle, modèle de la merveilleuse cathédrale. Un ennemi juré des arts s'en empara pour la détruire. Elle était si belle que la municipalité intervint et obtint sa grâce. Le démolisseur interrompit les travaux ; mais ce fut pour les reprendre, sitôt que la vigilance des autorités se relâcha. Napoléon lui interdit de continuer sa besogne ; il reprit le pic sitôt que l'empereur l'eut oublié, et de la délicieuse église il ne reste plus aujourd'hui qu'un petit modèle, conservé à Saint-Remy.

Comme nos vieilles églises françaises sont des œuvres de science autant que d'art, comme toutes leurs parties se prêtent un mutuel appui, leur démolition présente des dangers spéciaux, qu'un certain Petit-Radel prit à tâche de faire disparaître. Il trouva un moyen court et facile de démolir une cathédrale, sans risquer de se faire écraser sous ses ruines. Il conseilla de remplacer deux ou trois assises d'un pilier par des cubes de bois bien sec ; on y met le feu, le bois se réduit en cendres, le pilier s'écroule, et avec lui une partie de la nef et des voûtes. On n'est pas plus ingénieux.

Beaucoup de monuments religieux ne trouvèrent point acheteurs et restèrent pour compte à l'Etat. Leur sort ne fut pas beaucoup plus enviable. Il y eut des églises transformées en magasins à fourrages, comme Saint-Nicolas de Caen, Saint-Martin de Vendôme et l'église des Jacobins de Toulouse. Il y en eut d'abandonnées à la destruction lente, comme l'abbaye de Jumièges. Il y en eut de métamorphosées en prisons, comme Fontevrault et le Mont Saint-Michel.

Le Mont Saint-Michel, ce château de rêve, bâti « au péril de la mer », sur les confins de la Bretagne et de la Normandie, devint une maison de détention ; la salle des chevaliers fut divisée en deux étages de cellules. La nef romane de l'église fut encombrée de poutres, de solives, de cloisons, de guichets, de cellules et d'ateliers. Un beau jour, tout cela flamba, et, aujourd'hui encore, l'église brûlée et rongée par le feu n'est plus qu'un cadavre aux teintes sanglantes, une ruine douloureuse.

Et qui dira les pertes d'objets d'art de toutes sortes : pièces d'orfèvrerie, boiseries sculptées, devants d'autels, grilles précieuses, statues, tableaux, broderies ? La France était encore, à la fin du xviiie siècle, le pays le plus monumental de l'Europe, le plus riche en objets précieux. Il nous en est resté assez pour nous faire une idée de ce qu'elle put être au temps de sa splendeur ; mais il y eut alors des pertes irréparables, et, si notre xixe siècle n'a connu que de si pauvres architectures, si tout y paraît si sec, si mesquin, si vide d'inspiration, si dépourvu de fantaisie, n'est-ce pas comme un châtiment de l'oubli coupable où nous avons si longtemps laissé notre art national, l'un de nos meilleurs titres de gloire pourtant, le plus bel art qui ait été depuis la Grèce ?

LA SUPPRESSION DES ORDRES MONASTIQUES

La vie ecclésiastique se manifeste sous deux formes distinctes : le clergé séculier s'occupe du gouvernement spirituel des paroisses ; le clergé régulier peuple les abbayes et les couvents.

L'idée de se retirer du monde, de se mettre en marge de la vie courante, pour travailler plus aisément à son salut, est une idée extrêmement ancienne dans le christianisme et qui prit, dans tous les pays chrétiens, un immense développement.

La vie en commun, et toute comprise en vue de fins spirituelles, parut tout d'abord plus conforme aux préceptes évangéliques. On se crut plus pur, parce qu'on renonçait aux affections les plus légitimes ; on se crut plus désintéressé, parce qu'on faisait vœu de pauvreté personnelle ; on se crut aussi plus intelligent, parce qu'aux joies passagères de ce monde on préférait les délices de la spiritualité.

Peut-être y avait-il un peu d'égoïsme au fond de ce calcul ; mais les temps étaient si durs, la barbarie se faisait si atroce, que l'on comprend l'effroi des âmes délicates en face de l'horrible société qu'avaient faite les guerres civiles romaines et les invasions germaniques.

Au Moyen-Age, les abbayes furent l'asile précieux et tutélaire des pacifiques, le reliquaire de l'antiquité, le dernier, l'unique foyer de la vie intellectuelle.

Pendant le long règne de l'Eglise, l'activité monastique se manifesta dans tous les champs de la vie et présenta par toute l'Europe un si noble et magnifique spectacle, que les dons affluèrent, et que les maisons communes des pauvres Frères de Saint-Benoît ou de Saint-Bernard prirent des airs de forteresses et de palais, et que les chapelles des abbayes rivalisèrent de splendeur avec les cathédrales.

L'antinomie entre la règle austère des ordres religieux et la magnificence de leurs maisons ne tarda pas à frapper les foules. Devant ces entreprises colossales, qui allaient croissant et s'enrichissant chaque jour, les jalousies et les convoitises s'allumèrent. Incapable de comprendre la beauté mystique de la vie contemplative, écrasé par la concurrence intelligente des ordres laborieux, le peuple recueillait avidement les calomnies qui couraient sur les moines, tremblait sous leurs férules, vivait de leurs charités, et les haïssait le plus souvent parce qu'ils étaient savants tandis qu'il était ignare, intelligents tandis qu'il était sot et riches tandis qu'il était pauvre.

Au seizième siècle, une première crise bouleversera la vie monastique en Allemagne, en Scandinavie, aux Pays-Bas, en Angleterre et en Ecosse. — Les abbayes devinrent des châteaux, et en place des abbés, presque toujours humains et charitables, s'installèrent des barons, dont le joug pesa plus durement sur les campagnes.

Les pays latins gardèrent leurs couvents ; de nouveaux ordres se fondèrent ; le dix-septième siècle vit partout une recrudescence de ferveur religieuse ; l'Autriche, la France, l'Italie et l'Espagne semblèrent prendre à cœur de compenser par un redoublement de zèle les pertes que l'hérésie avait fait éprouver à la fortune des ordres.

Mais ce ne fut qu'un feu de paille, et le dix-huitième siècle vit languir presque toutes les institutions fondées au siècle précédent.

Les conditions de la vie générale avaient changé. La paix publique était partout assez assurée pour que les pacifiques n'eussent plus besoin de chercher un refuge derrière les murs des couvents.

La culture moderne avait rendu à la société laïque l'intelligence et le respect des choses de l'esprit.

Les sciences et les arts s'étaient développés en dehors de l'Eglise, et paraissaient fleurir plus abondamment à l'air libre que dans la pénombre des cloîtres.

En dépit des abus, des violences, des misères de tout genre dont souffrait le monde européen, la vie du siècle devenait chaque jour plus active, plus brillante, plus attrayante. Tout s'élargissait, tout s'éclairait ; un souffle de liberté passait sur les cités ; les couvents, muets au milieu des rues bruyantes, produisaient l'effet de ces bastilles inutiles et menaçantes que Richelieu avait fait détruire sur les collines de France.

Longtemps protecteurs des couvents, les rois avaient fini par les voir, eux aussi, d'un œil moins bienveillant, et par penser que leurs richesses pourraient être plus utilement employées.

Malgré ses scrupules et ses appréhensions, Louis XV avait laissé ses Parlements dissoudre et exproprier la Compagnie de Jésus, le plus robuste et le plus vivant de tous les ordres religieux du royaume. Celui-là disparu, il semblait qu'il n'y eût pas de raison pour conserver les autres. Beaucoup se mouraient de langueur et semblaient n'attendre que le coup de grâce.

Un consciencieux travail, dû à l'un de nos étudiants, M. Brunet (1), va nous permettre de dresser la liste complète des communautés religieuses de Clermont et de Montferrand, à la date de 1789.

Les deux villes comptaient, à cette époque, 16 couvents d'hommes et 10 couvents de femmes, pour une population totale d'environ 25.000 habitants.

L'*Abbaye royale de Saint-Alyre* remontait au moins au xie siècle et possédait droit de haute et basse justice sur tout le quartier de Saint-Alyre. Elle était en commende depuis près d'un siècle et taxée à 10.000 livres (2). Les moines n'avaient cessé de réclamer contre cette imposition et s'étaient engagés dans d'interminables procès, qui aboutirent en 1787 à la mise sous séquestre des biens de l'abbaye. Saint-Alyre, qui avait encore en 1720 vingt-deux pères de chœur et trois frères servants, ne renfermait plus en 1789 que onze religieux, dont six ne résidaient pas ordinairement à l'abbaye. Quand les portes du couvent s'ouvrirent devant eux, un seul, le P. Savignat, âgé de 82 ans et infirme, demanda à rester dans la maison ; les autres moines se déclarèrent heureux d'une solution qu'ils n'osaient entrevoir par respect pour leur dignité, mais qui leur apportait un véritable soulagement, « car la solitude « et la mort leur paraissaient, chaque jour, plus pénibles à envisa- « ger dans cet immense couvent ». Les revenus de l'abbaye étaient estimés, en 1790, à 61.140 livres. Il lui était dû 6.828 livres sur ses loyers et fermages, et la vente des denrées qui emplissaient ses magasins, donna une somme de 40.000 livres.

L'*Abbaye royale des chanoines réguliers de Saint-André*, bâtie sur l'emplacement actuel de l'école normale d'instituteurs, avait été fondée en 1120 par Guillaume V, premier dauphin d'Auvergne. Son église possédait le cœur du roi Louis VIII et les tombeaux de plusieurs dauphins d'Auvergne. Patronne de nombreux bénéfices dans la province, l'abbaye les faisait servir par ses chanoines,

---

(1) Paul Brunet, *Les Congrégations religieuses à Clermont-Ferrand avant la Révolution*, mémoire pour le diplôme d'études supérieures d'histoire.

(2) *Almanach royal*, 1788.

et ne renfermait plus, en 1789, que six ecclésiastiques résidants, qui se déclarèrent tous disposés à se retirer dans leur pays, moyennant une pension. Maîtres d'un domaine de près de 100 kilomètres carrés, les chanoines n'en tiraient plus, en 1789, qu'un méchant revenu de 17.500 livres, par suite de leur mauvaise administration et des abus de la commende. Ils percevaient encore une curieuse redevance féodale de 13 deniers sur chaque mariage célébré dans les églises de Clermont et de Chamalières.

Les *Carmes anciens*, dont la jolie chapelle est devenue l'église paroissiale de Saint-Genest, avaient perdu depuis longtemps leur caractère primitif d'ordre mendiant. C'était une communauté de prêtres vivant des revenus de leur couvent. Ils étaient encore au nombre de huit en 1789, plus trois frères convers, tous d'un âge assez avancé. Leurs revenus, très dispersés et provenant d'une foule de menues redevances, montaient à 15.334 livres ; il leur était dû 7.659 livres, par différentes personnes, et leurs caves renfermaient 450 pots de vin d'Auvergne, estimés à 3 fr. le pot.

Les *Carmes déchaux de Saint-Pierre de Chantoingt* avaient depuis longtemps cessé d'observer la règle ; ils vivaient d'assez maigres revenus, évalués à 4.340 livres, et qui leur laissaient, charges déduites, 3.220 livres pour les besoins de la communauté. Le couvent contenait, en 1790, douze pères et quatre frères convers, qui demandèrent tous à sortir du cloître et furent les premiers réguliers de Clermont à prêter le serment constitutionnel.

Les *Augustins réformés*, établis sur l'emplacement actuel de la place Saint-Hérem, étaient en 1789 réduits à une véritable misère, n'ayant plus que 140 livres à se partager entre quatre religieux. Leur chirurgien, aux gages de 13 livres par an, leur réclamait 5 années d'appointements.

Les *Minimes*, installés en 1620 à Clermont, y bâtirent l'église paroissiale de Saint-Pierre et rendirent pendant longtemps de grands services aux populations pauvres du quartier de Jaude. En 1789, leur couvent n'abritait plus que cinq frères, dont le plus jeune avait passé la cinquantaine. Ne sachant que faire des vastes locaux dont ils disposaient, ils en avaient loué une partie à un imprimeur. Ils possédaient plusieurs maisons à Clermont, des redevances utiles, la seigneurie de Comaneaux, la haute et la basse justice de Bromont et de Gelles. Ils tiraient de tout cela 8.822 livres de rentes.

Les *Récollets* n'étaient plus, en 1789, qu'au nombre de trois, tous très âgés. Ils ne possédaient rien et vivaient d'aumônes.

La *Congrégation de l'Oratoire* comptait à Clermont, en 1789, dix profès et trois novices. Ses revenus ne dépassaient pas 4.300 livres.

Les *Cordeliers*, dont le couvent, aux trois quarts rebâti, est occupé aujourd'hui par la préfecture du Puy-de-Dôme, avaient formé, pendant longtemps, une des congrégations les plus prospères de Clermont. Le monastère renfermait encore en 1725 quatre-vingt-dix-neuf prêtres, trois frères clercs et trois domestiques. Ses revenus en argent montaient à 11.000 livres. Ses redevances en nature suffisaient à la subsistance des Pères et alimentaient, en outre, les marchés de la ville. Ils possédaient douze œuvres de vignes à Chanturgue et à Montjuzet. En 1790, la population du couvent était tombée à huit personnes. Le plus jeune de ces religieux avait 41 ans, et il n'y avait pas un seul novice. Les revenus étaient réduits à 3.000 livres, le couvent menaçait ruine, et les moines, menacés de périr avec lui, quittèrent sans regret une maison qui était devenue si inhospitalière.

Les *Dominicains* ou *Jacobins*, appelés ainsi de leur maison de la rue Saint-Jacques, à Paris, étaient établis à Clermont depuis 1221, et avaient eu dans cette ville une assez glorieuse histoire. Un de leurs maîtres, Durand de Saint-Pourçain, avait été considéré comme un des plus savants théologiens de son temps. Ils avaient donné plusieurs évêques à l'église de Clermont et aux églises voisines. Mais cette prospérité avait, depuis longtemps, disparu. Au moment où va commencer la Révolution, il n'y a plus au couvent des Jacobins de Clermont que huit prêtres, qui depuis longtemps ne suivent plus la règle de leur ordre et ne vivent plus en commun. Les revenus de la maison montaient encore, à cette époque, à 10.000 livres en argent, avec force redevances en nature, dont une de 1500 pots de vin sur les domaines de la Croix-Chapon, de Loradoux, de Brézé, de Chanteranne et du Haut-Chanturgue. Ils possédaient une rente de 330 livres, répartie sur 120 titres différents.

Les *Charitains* ou *religieux de l'ordre de Saint-Jean-de-Dieu*, établis à Clermont à la fin du xviie siècle, avaient bâti en dehors des murs de la ville un grand couvent, dont les derniers débris viennent de disparaître sous la pioche des démolisseurs, pour faire une entrée nouvelle au jardin Lecoq. Congrégation vouée au soin des malades, les Charitains restèrent populaires jusqu'à la Révolution et ne disparurent qu'en 1793. Ils étaient encore au nombre d'une vingtaine, et leur institut était doté d'une dizaine de mille livres de revenu.

Les *Capucins réformés* avaient été appelés à Clermont, en 1609, par Jacqueline de La Fayette, veuve de Guy de Daillon, comte de Pontgibaud, et s'étaient rendus populaires par leur dévouement aux malades pendant la peste de 1631. Le couvent, qui avait encore quarante-cinq moines en 1725, n'en avait plus que douze en 1790. Tous étaient d'un âge avancé et demandèrent d'eux-mêmes à quitter le couvent, excepté un paralytique octogénaire, qui obtint d'y achever ses jours. Depuis trente ans, aucun novice n'était entré au couvent.

Montferrand possédait trois monastères, dont le principal était celui des *Antonins de la Commanderie de Malte*, institué en 1199. En 1790, les Antonins n'étaient plus qu'au nombre de cinq chanoines et un novice, et leurs revenus ne dépassaient guère 3.000 livres. Ils possédaient cependant cinq maisons à Montferrand, 86 journaux de pré, 32 journaux de terre de labour, 91 œuvres de vignes à Chanturgue et à Montjuzet ; mais tout cela, affermé à bail emphytéotique, ne donnait presque rien.

Les *Cordeliers* de Montferrand n'étaient plus que quatre. La communauté avait 1.200 livres de rente et 26.550 livres de dettes.

Les *Récollets* de Montferrand avaient fait beaucoup parler d'eux pendant tout le xviii° siècle, et paraissent avoir été très peu estimés de leurs concitoyens. Leur prieur avait été accusé de faire la fraude du tabac et du poivre. On les accusait de mœurs très relâchées et de violences envers diverses personnes. Ils n'étaient plus que trois, en 1790, et prétendaient n'avoir pas plus de 600 livres d'argent et quelques redevances en blé.

On voit que la situation de tous ces monastères est lamentable, et que ces institutions ne répondent vraiment plus à aucun besoin social.

Il en allait un peu différemment des couvents de femmes, restés plus vivants, parce qu'ils avaient su rester plus utiles.

Le grand monastère de filles de Clermont était l'*Abbaye royale de l'Eclache*, de l'ordre de Saint-Bernard. Fondée d'abord au village de l'Eclache, près du Puy-de-Dôme, elle avait été transférée à Clermont en 1636, et établie en 1647, entre la rue actuelle de l'Eclache et le cours Sablon. L'abbaye, qui s'occupait de l'éducation des jeunes filles de la noblesse, fut un moment très prospère.

Elle eut, en 1666, jusqu'à cinquante-six religieuses de chœur, huit sœurs converses, deux tourières, huit filles de service, onze valets et cent vingt pensionnaires ; mais les religieuses se ruinèrent en bâtiments. Il y eut, un instant, de graves désordres au couvent. La maison perdit 1900 livres de rente dans la banqueroute de Law, et, en 1783, le roi fit mettre l'abbaye sous séquestre. En 1790, elle avait encore dix religieuses, toutes d'un âge avancé, et 41.111 livres de rente, dont 33.423 livres étaient absorbées par le service des dettes.

Les *Ursulines*, reçues à Clermont par acte délibératoire du corps de ville en date du 30 mars 1615, s'établirent rue Neyron, dans les bâtiments actuels du Bon Pasteur, et se consacrèrent à l'éducation des jeunes filles de la bourgeoisie. En 1723, elles avaient cent quatre-vingts pensionnaires, trois novices, douze converses et cinquante-trois professes de chœur. Elles avouaient 9.933 livres de rente, sans compter les redevances en nature et les pensions des enfants, et l'intendant déclarait leur situation excellente. En 1790, malgré la décadence générale des maisons religieuses, la communauté comprenait encore trente-cinq membres et ses revenus étaient montés à 11.600 livres. Plus fidèles que bien d'autres à leur institut, les religieuses Ursulines demandèrent toutes à continuer leur vie monastique.

Les *Hospitalières de Lorches*, de l'ordre de Saint-Augustin, avaient été introduites à Clermont en 1642, et s'étaient d'abord consacrées au service de l'Hôtel-Dieu. Puis elles avaient émigré vers le quartier des Jacobins et avaient bâti un couvent particulier, où elles avaient établi une salle pour malades payants réservée aux « gens de bonne famille ». La communauté perdit 40.000 livres dans la banqueroute de Law ; mais quelques dots avantageuses réparèrent le dommage, et le couvent avait encore, en 1789, vingt-huit religieuses et 9000 livres de revenu. Comme les Ursulines, elles demandèrent à continuer la vie commune.

L'*Abbaye royale de Sainte-Claire*, de la règle de Saint-François, fondée en 1280, avait eu, au Moyen-Age, une grande prospérité ; mais une peste et deux incendies, au xvie siècle, et un nouvel incendie en 1702 l'avaient complètement ruinée. A la Révolution, il ne s'y trouvait plus que onze religieuses, qui demandèrent à rentrer dans la vie civile. Les revenus de l'abbaye montaient à 3.065 livres, sans compter les redevances en nature des domaines de Clermont, de Plauzat et de Châtel-Guyon.

Les *Bénédictines* de Clermont, venues de Billom en 1650 et reconnues par le corps de ville et par le roi en 1666, occupaient un couvent voisin de l'abbaye de l'Eclache. Vouées presque toutes à l'enseignement primaire, elles étaient encore au nombre de dix-neuf au moment de la Révolution, avec un revenu net de 5.550 livres, sans compter les pensions des élèves.

La *Maison du Refuge*, bâtie sur l'emplacement actuel de la poste, avait servi d'abord d'hôpital pour certaines classes d'incurables ; on y avait ajouté, plus tard, un asile de Madelonnettes. On y trouva, en 1790, une supérieure, trois religieuses et trois gouvernantes. Les revenus ne s'élevaient qu'à 2.306 livres ; les dépenses atteignaient 3.233 livres ; le déficit était couvert par des aumônes.

La communauté enseignante du *Bon Pasteur* s'était établie à Clermont dès le xviie siècle, mais n'avait point pris alors le développement qu'elle a atteint de nos jours. Ses revenus s'élevaient à 5.000 livres, en 1790.

La *Visitation* de Clermont, colonie de la Visitation de Montferrand, fut fondée en 1649 et se maintint assez prospère jusqu'à la fin du xviiie siècle.

Les *Sœurs de Nevers*, établies rue Saint-Laurent, tenaient une école populaire, une maison de retraite et un bureau de bienfaisance.

Clermont avait encore des *Filles de la Charité* et des *Sœurs de Saint-Vincent-de-Paul*, qui desservaient l'hôpital Saint-Genest et les bureaux de bienfaisance des paroisses.

Montferrand possédait, comme Clermont, un couvent d'*Ursulines* et un couvent de la *Visitation*.

Les *Ursulines* de Montferrand, établies dans cette ville en 1639, avaient encore en 1790 un effectif considérable : 64 religieuses et 140 pensionnaires. Leurs revenus en argent dépassaient 17.000 livres, sans compter les faisances et les pensions. Elles tinrent tête, pendant deux ans, à l'orage et ne furent licenciées qu'en 1792.

Les sœurs de *Sainte-Marie de la Visitation*, admises à Montferrand en 1630, étaient en pleine prospérité en 1789. Leur couvent comptait 61 religieuses et de nombreuses élèves. Les revenus s'élevaient à 17.840 livres. L'éducation qu'y recevaient les jeunes filles de la bourgeoisie était très vantée, et cela explique la prospérité de cette maison.

L'épuration des ordres religieux s'opérait ainsi d'elle-même, sans qu'aucun droit fût lésé. Vingt-cinq ou trente ans encore, et les congrégations agonisantes seraient mortes de leur mort naturelle, faute de congréganistes; les congrégations bien vivantes, savantes ou hospitalières, se seraient développées à mesure que l'éducation et la bienfaisance auraient davantage attiré l'attention publique.

L'Etat avait eu raison de reporter à vingt et un ans l'âge des vœux; il aurait pu le reporter à vingt-cinq ans. Il avait raison de prendre l'administration des communautés en déconfiture. La loi lui donnait le droit de dissoudre les couvents où le petit nombre des moines rendait l'observance de la règle impossible; il aurait pu profiter de cette faculté et prononcer la réunion des couvents moribonds à ceux qui présentaient encore quelque vie. Les cours de justice auraient pu se montrer plus vigilantes et contrôler d'un peu plus près la comptabilité monastique. Les intendants et les évêques auraient dû pousser le clergé régulier à sortir de sa torpeur et à faire œuvre utile à la société. Richelieu avait bien imposé la réforme aux Bénédictins, et n'avait pas craint de leur envoyer les archers quand ils avaient fait appel à la violence.

Mais la Révolution voulut tout faire en un jour, et il faut bien reconnaître qu'elle fut amenée à la suppression des ordres monastiques par le spectacle même qu'ils présentaient alors, par les instances d'un grand nombre de cahiers et par l'impolitique intransigeance du haut clergé.

Les cahiers des trois ordres reflètent au sujet du clergé régulier des sentiments bien divers.

Ceux du clergé réclament la conservation de l'état monastique comme indispensable au fonctionnement de la vie de l'Eglise. Ils demandent avec instance que le recrutement des couvents soit facilité; ils veulent qu'il ne soit plus prononcé de suppression, ni de réunion d'une maison à une autre sans l'avis des autorités ecclésiastiques. Cependant, si optimistes qu'ils veuillent paraître, on sent parfois percer chez eux quelque inquiétude. C'est par des arguments trop pratiques qu'ils s'ingénient à défendre l'institution monastique. Ils font observer, par exemple, que les familles honnêtes trouvent dans les ordres religieux un moyen d'établir leurs enfants. Ils vantent les services rendus par le clergé régulier à l'enseignement. Ils indiquent leur désir de voir l'instruction nationale confiée aux religieux. Il leur échappe de dire que ce sera un moyen de les « rendre plus utiles ». On voit qu'ils plaident une cause, qu'ils ne sont plus très sûrs de la gagner, qu'ils mettent en avant tous les arguments possibles, les médiocres, et même les mauvais, avec les bons.

La noblesse, ordre conservateur par excellence, a partie liée avec le clergé, et se garde bien de jeter de trop grosses pierres dans son jardin. Cependant quelques cahiers témoignent d'une hardiesse extraordinaire. La noblesse de Montargis vote « pour la « suppression totale et absolue des ordres mendiants et monas- « tiques », propose d'admettre à la sécularisation tous ceux qui annonceront ce vœu et de réunir les autres dans les maisons de leur ordre jusqu'à leur extinction.

La noblesse de Montreuil-sur-mer condamne les commendes et semble se prononcer contre les vœux monastiques « préma- « turés, souvent involontaires et toujours barbares... dès qu'ils « outragent la nature... et contrastent avec cette précieuse liberté, « qu'aucune loi divine n'a pu enchaîner ».

La noblesse de Pamiers vote « la suppression de quelques « abbayes pour augmenter le nombre des établissements propres « à l'éducation de la jeune noblesse sans fortune ».

Les cahiers du Tiers-Etat sont franchement hostiles aux communautés religieuses.

Nantes prévoit la suppression de nombreux monastères et propose qu'il n'y ait désormais, dans chaque ville, qu'un couvent de chaque ordre. Les ordres mendiants seront abolis.

Nérac veut que les communautés ecclésiastiques, séculières ou régulières, qui sont inutiles, soient abolies, et que leurs revenus soient employés à prévenir la mendicité et à améliorer le sort des ecclésiastiques *utiles*.

Pamiers applique aux besoins de l'Etat les revenus des commendes, aussitôt après la mort des titulaires actuels.

Chartres-en-Brie supprime les abbés commendataires et demande l'abolition des ordres monastiques « qui seront jugés « les plus inutiles ».

Montaigut veut « séculariser certains ordres qui, s'étant éloi- « gnés de leur première institution, sont devenus inutiles à la « société, et qui pourront la servir utilement en redevenant ci- « toyens ». Le cahier ajoute tranquillement : « On devrait pen- « sionner tous les religieux et le surplus de leurs immenses « revenus servirait à amortir une partie des dettes de l'Etat ».

Saint-Pierre-le-Moutier vote la suppression de tous les bénéfices sans charge d'âmes, « qui ne sont d'aucune utilité dans « l'ordre hiérarchique ».

Saint-Quentin supprime également les commendes, met les évêchés et les abbayes au régime de la pension et verse le surplus des revenus ecclésiastiques dans les caisses du roi.

Le cahier de la paroisse de Chevreuse se fait remarquer entre tous par son radicalisme. Les députés proposent, tout d'abord, de « distinguer l'intérêt du clergé et celui de la religion ». Ils déclarent que les archevêques, évêques, curés et vicaires sont les seuls ecclésiastiques indispensables. Ils demandent la suppression des confréries inutiles. « Ils proposeront et examineront la
« question de savoir si, dans le clergé comme dans les autres
« classes de la nation, il est utile d'avoir des corps stagnants,
« s'ils ne pèsent pas sur les corps actifs et n'en ralentissent pas
« les mouvements, en absorbant une partie des biens ecclésias-
« tiques destinés au service des paroisses ; s'il dépend de la volonté
« de quelques citoyens fondateurs de créer et de multiplier des
« corps et des établissements contemplatifs en nombre dispro-
« portionné aux besoins et à l'intérêt de la religion et de l'Etat.
« Ils examineront si ces corps remplissent l'objet de leur fonda-
« tion ; si, nonobstant l'institution légale et utile à l'époque de
« leur établissement, le changement des rapports et des intérêts
« de la nation n'exige pas aussi quelques changements ou
« réformes dans ces corps. Ils combineront l'existence des ordres
« rentés et spéculatifs avec celle des ordres actifs et mendiants,
« et examineront si les ordres mendiants doivent continuer
« d'exister ; si les ordres stagnants doivent fournir à la subsis-
« tance des corps actifs qui acquittent le service... En cas de
« suppression ou de réforme, ils s'occuperont du soin de pourvoir
« au sort des individus, de manière qu'aucun ne soit lésé. Ils
« demanderont que les ordres ou corps conservés se rendent tous
« utiles au public pour les différents objets compatibles avec
« leur état ; que les prix des biens des ordres ou maisons suppri-
« més sera appliqué aux besoins de l'Eglise et des hôpitaux
« pauvres, et subsidiairement aux besoins de l'Etat. »

Le cahier de Chevreuse est certainement un des plus remarquables parmi les mémoires rédigés par le Tiers-Etat. Il peut être considéré comme traduisant avec une grande hardiesse les opinions courantes au sujet des ordres religieux, et il trace tout un programme d'action, si bien combiné et si logique, que l'Assemblée constituante semble l'avoir pris pour règle de sa politique.

Dès le 28 octobre, l'Assemblée décréta la suspension des vœux monastiques.

Le 9 novembre, elle décida qu'il serait sursis à la nomination aux bénéfices, excepté toutefois pour les curés.

Le 13 du même mois, le jurisconsulte Treilhard fit décider que tous les possesseurs de bénéfices devraient, dans un délai de deux mois, faire par-devant les juges royaux et municipaux une déclaration détaillée des meubles et immeubles dont ils avaient l'administration. Toute déclaration frauduleuse devait entraîner pour le fraudeur perte de tous droits aux bénéfices et à toutes pensions ecclésiastiques.

Le 18 novembre, le marquis de Montesquiou proposa de mettre en vente pour 400 millions de biens ecclésiastiques.

Le 17 décembre, le comité des finances présenta à ce sujet un rapport décisif, portant création d'une caisse extraordinaire alimentée par la mise en vente immédiate de 400 millions de biens nationaux. Le même jour, Treilhard demanda, au nom du comité ecclésiastique, la fermeture des couvents inutiles. Les religieux devaient être libres de sortir de leurs monastères ou de continuer à y vivre ; ceux qui quitteraient la vie monastique recevraient une pension annuelle variant de 700 à 1.000 livres et pourraient être employés comme vicaires ou comme curés. Les autres seraient réunis, au nombre d'une quinzaine au minimum, dans les maisons conservées, qui recevraient une rente annuelle de 800 francs par chaque religieux. Treilhard ne réclamait point la fermeture des couvents de femmes et laissait subsister toutes les maisons consacrées à l'éducation de la jeunesse et au soin des malades. Il allait jusqu'à permettre à ces ordres de recevoir des novices ; les autres devaient s'éteindre par le décès de leurs membres actuels. Les biens des couvents supprimés — qui représentaient pour Paris seulement une valeur de 150 millions — seraient aliénés les premiers, et l'on ne toucherait qu'ultérieurement aux autres biens ecclésiastiques.

Le clergé aurait dû s'empresser d'accepter cette solution, réellement modérée, et peut-être la plus favorable qu'il pût espérer. Mais il s'entêta dans la défense des ordres monastiques et ne fit que redoubler contre lui la mauvaise humeur de tous les partisans de la Révolution.

La mise en train de la nouvelle organisation administrative de la France retarda la discussion de la loi jusqu'au 11 février 1790. Les débats furent extrêmement violents. L'évêque de Clermont, M. de Bonal, regretta que l'Etat renonçât à la « glo-« rieuse prérogative d'être le garant des engagements formés

« envers le ciel ». M. de la Fare, évêque de Nancy, crut faire merveille en demandant que la religion catholique, apostolique et romaine, fût reconnue comme religion nationale. S'il eût obtenu ce vote, il n'eût plus été possible au législateur de toucher aux ordres religieux ; mais la législation française tout entière eût été dominée par un principe théocratique, que l'Assemblée ne voulait pas admettre, et qu'aucun esprit moderne ne lui reprochera d'avoir repoussé. La prétention de l'évêque de Nancy fut combattue en termes modérés par Dupont de Nemours. Charles de Lameth osa parler des « vils intérêts d'argent » que dissimulait mal le saint zèle de l'évêque de Nancy. L'effet de la proposition fut déplorable. En face de l'intransigeance épiscopale, les exigences du Tiers se firent plus absolues et plus impératives. Le 13 février, sur la proposition de Barnave et de Thouret, l'Assemblée décréta, comme article constitutionnel, que la loi française ne reconnaissait pas les vœux monastiques et que « les ordres et congrégations « religieuses étaient et demeureraient supprimés en France, sans « qu'il pût en être établi d'autres à l'avenir » (1).

Provisoirement, et pour ménager les transitions, l'Assemblée déclara qu'elle laisserait les religieuses dans leurs monastères, et qu'un certain nombre de maisons seraient laissées à la disposition des moines qui ne voudraient pas rompre leurs vœux. Les propositions de Treilhard relatives aux pensions furent acceptées avec quelques modifications ; les établissements d'instruction et les hôpitaux restèrent ouverts « jusqu'à ce qu'il fût pris un parti « sur cet objet » (19 et 20 février et 19 mars 1790). On peut imaginer quel retentissement eurent, dans toute la France, et même dans toute l'Europe, des décrets aussi extraordinaires. Regardés par les uns comme une manifestation effrayante de l'impiété du siècle, ils étaient salués par les autres comme l'aurore de la régénération nationale.

Michelet a écrit sur ce sujet une de ses plus belles pages :

« Ce qui témoigne en 89 contre l'Eglise, c'est l'état d'abandon « complet où elle a laissé le peuple. Elle seule, depuis deux mille « ans, a eu charge de l'instruire... Les pieuses fondations du Moyen « Age, quel but avaient-elles, quels devoirs imposaient-elles « au clergé ? Le salut des âmes, leur amélioration religieuse, l'a-« doucissement des mœurs, l'humanisation du peuple... Il était

---

(1) Nous résumons ces faits d'après l'ouvrage de M. Debidour : *Histoire des rapports de l'Eglise et de l'Etat en France de 1789 à 1870*, Paris, 1898, in-8°.

« votre disciple, abandonné à vous seuls, maîtres, qu'avez-vous
« enseigné? Depuis le douzième siècle, vous lui parlez une langue
« qui n'est plus la sienne; le culte a cessé d'être un enseignement
« pour lui. La prédication suppléait; peu à peu, elle se tait : on
« parle pour les seuls riches. Vous avez négligé les pauvres, dé-
« daigné la tourbe grossière... Grossière ? Elle l'est par vous. Par
« vous, deux peuples existent ; celui d'en haut, à l'excès civilisé,
« raffiné ; celui d'en bas, rude et sauvage; bien plus isolé de l'autre
« qu'il ne le fut dans l'origine... Que sont, en 89, vos fameux
« monastères, vos écoles antiques ? Pleines d'oisiveté et de si-
« lence. L'herbe y pousse et l'araignée y file... Et vos chaires ?
« Muettes. Et vos livres ? Vides. Le dix-huitième siècle passe, un
« siècle d'attaques, où, de moment en moment, vos adversaires
« vous somment en vain de parler, d'agir, si vous êtes vivants
« encore... Vous ne disiez plus rien au peuple, n'ayant rien à dire ;
« vous aviez vécu vos âges... tout passe et se transforme ; les
« cieux mêmes passeront... Sortez du temple. Vous y étiez pour
« le peuple, pour lui donner la lumière ; sortez, votre lampe est
« éteinte. Ceux qui bâtirent ces églises et vous les prêtèrent
« vous les redemandent. Qui furent-ils ? La France d'alors ? Ren-
« dez-les à la France d'aujourd'hui. »

C'est là d'admirable éloquence; mais le droit est encore
plus beau. Que les ordres religieux fussent languissants, qu'ils
dussent se transformer sous peine de périr, c'est chose évi-
dente par elle-même, mais l'Assemblée ne les laissa ni mourir de leur mort naturelle ni travailler à leur réformation.
Pouvant choisir entre deux partis légitimes, elle préféra en
adopter un troisième, assurément plus expéditif. Elle ne fit
aucune distinction entre les ordres religieux ; elle n'eut égard
ni à l'ancienneté des origines, ni aux gloires historiques, ni
aux services rendus à la science ou à l'humanité ; elle tailla, elle
coupa, elle faucha et confondit tout dans la même proscription.

Pour pouvoir accomplir son œuvre, elle ne craignit pas de
faire appel aux passions populaires. Des pamphlets innombrables
représentèrent les moines sous les traits les plus abjects ou
les plus atroces; le théâtre sembla les vouer à la haine ou
au ridicule. C'est alors que le mot de « calotin » commença
à être en vogue. Les jours où l'Assemblée devait discuter quelque
motion intéressant le clergé, les tribunes se remplissaient d'une
foule à l'aspect étrange, et, plus d'une fois, des députés furent
hués et menacés, à la sortie de l'Assemblée, par des bandes

d'énergumènes qui faisaient dire à un Anglais : « Ce sont des ivrognes, qui veulent avoir la clef de la cave. »

Tout en déclarant n'avoir en vue que le bien de la nation, la plupart des députés philosophes rêvaient, en fait, la ruine de l'Eglise et l'anéantissement du catholicisme ; ils accusaient leurs adversaires de fanatisme et se montraient fanatiques, à leur tour, dans la guerre qu'ils poursuivaient contre le clergé ; l'un d'eux alla jusqu'à dire : « Nous pourrions, si nous le voulions, « changer la religion. »

La loi qui fut votée par ces hommes mit dans la rue, au milieu d'un peuple hostile, 23.000 religieux de tout âge et de toute condition, expulsés de 2.489 monastères, et menaça du même sort 37.000 religieuses habitant 1.500 maisons.

Parmi les moines, un certain nombre rentrèrent dans la vie civile ; d'autres trouvèrent à s'employer dans le service des paroisses ; d'autres se retirèrent dans leur lieu natal, l'esprit rempli de trouble, et se demandant quelle tempête sévissait sur la France.

Il y en eut que la colère jeta dans la lutte politique, et qui y portèrent d'âpres désirs de représailles, de barbares espoirs de vengeance.

Il y en eut qui moururent de douleur.

Il y en eut même qui se tuèrent de désespoir.

Ceux qui avaient opté pour la vie religieuse se virent bientôt en butte à diverses tracasseries. On les réunissait au nombre de quinze ou vingt dans une même maison, mêlant tous les ordres, les contemplatifs et les enseignants, les charitables et les prédicants. On leur ôtait ainsi toute possibilité d'observer leur règle. On les obligeait à élire, tous les deux ans, un supérieur commun, qui devait être approuvé par la municipalité. C'était l'autorité municipale qui approuvait le règlement de la maison, et qui veillait à son exécution ponctuelle. La politique pénétrait dans le couvent, en bannissait toute soumission et toute paix.

Les couvents de femmes étaient soumis aux mêmes lois et souffraient des mêmes embarras.

L'Assemblée ayant supprimé les costumes monastiques et décidé que chaque religieux s'habillerait comme il l'entendrait, certaines administrations interdirent aux religieux le droit d'user leurs habits et les contraignirent à prendre le costume civil.

Enfin la vie matérielle des moines et des religieuses, que la loi avait promis d'assurer, se trouva bientôt menacée elle-même.

Les pensions devaient être, en moyenne, de 800 livres ; il y en avait de 1000 livres ; il y en avait de 350. Le chiffre de 800 livres représentait, à peu près, l'ancienne congrue des curés de campagne. Nous savons déjà que tout le monde la jugeait insuffisante, et le curé vivait à la campagne et était logé. Que pouvait faire, avec d'aussi maigres ressources, un religieux obligé de pourvoir à tous ses besoins, sans aucune expérience de la vie pratique, sans aucune idée du prix des logements et des denrées ?

Et cette pension même, quand et combien de temps fut-elle payée ?

Les pensions devaient, d'après la loi, courir du 1er avril 1790 ; mais, comme les caisses étaient vides, on en retarda le paiement au 1er janvier 1791. Les religieux étrangers furent renvoyés dans leur pays sans indemnité ni moyens de retour.

Les nationaux ne tardèrent pas à se trouver dans une véritable détresse.

Dès 1791, commencent à se faire entendre leurs doléances. Les hôpitaux du Nord, qui avaient 480.000 livres de revenu, en ont gardé 10.000, et les communes ne leur donnent aucune ressource. Les Ursulines d'Ornans vivent d'aumônes. Les Bernardines de Pontarlier ne subsistent que des charités du district. L'argent manque dans toutes les caisses pour payer les pensions ecclésiastiques, et déjà certaines administrations rognent le chiffre de la pension légale. Le département du Doubs réduit la pension des Visitandines à 101 livres pour les religieuses de chœur et à 50 pour les sœurs converses (Taine, la *Révolution*, t. Ier). Pendant toute la période révolutionnaire, il en sera ainsi ; ce sera bien souvent la famine qui jettera l'ex-religieux ou le prêtre insermenté dans la révolte et la guerre civile.

Pendant que les moines se voient ainsi réduits aux plus dures extrémités, les monastères tombent sous la pioche des démolisseurs ou sont transformés en hôpitaux, en casernes, en prisons, en magasins, en halles, en écuries.

Toutes les œuvres savantes dont s'occupaient les ordres laborieux sont interrompues. Le tome XIII du *Recueil des Historiens des Gaules et de La France*, qui venait d'être achevé, est presque entièrement détruit avant d'avoir été mis en vente. La *Gallia christiana* est arrêtée au XIIIe volume. L'*Histoire littéraire de la France* reste à son XIIe volume. Les *Acta Sanctorum* s'arrêtent au tome LIV.

Les archives des monastères sont confisquées, comme tout le reste. Un décret du 24 août 1790 ordonne leur transfert à la municipalité, de la municipalité au district, du district au chef-lieu du département. Les déménagements et les transports, confiés à des ignorants, se font dans de déplorables conditions et entraînent la perte d'un nombre incalculable de documents. Pendant dix ans au moins, les pièces d'archives restent à l'abandon, surtout en province, où personne ne s'intéresse à leur conservation. Les lois du 12 septembre 1790 et du 7 messidor an II portent bien que les archives nationales seront ouvertes aux travailleurs; mais les liasses et les volumes encombrent à tel point l'hôtel Soubise, qu'on n'entrebâillera sa porte qu'en 1812 et qu'on ne l'ouvrira toute grande qu'en 1830.

Les bibliothèques n'auront guère un sort meilleur. Bien classées et bien ordonnées, tenues à peu près au courant du mouvement historique et littéraire, les bibliothèques monastiques vont former, presque partout, le premier noyau des bibliothèques municipales; mais il se passera presque toujours de longs mois entre le moment où les livres sortiront du couvent supprimé et le jour où ils se trouveront réinstallés dans les armoires de la bibliothèque de la ville. Pendant ce temps, que de pertes et que de dégâts!

La suppression des monastères désorganise, à peu près partout, les établissements d'instruction publique. Les collèges municipaux, laissés sans ressources, ferment peu à peu leurs portes. Il n'y aura pas de reprise avant la création des Écoles centrales, et, quand Napoléon rétablira l'Université, la France aura perdu depuis dix ans l'habitude de la vie intellectuelle.

Les auteurs de la loi du 13 février 1790 ne pouvaient, il est vrai, prévoir toutes les catastrophes qui allaient atteindre la France; il n'en reste pas moins certain que la loi qui fut votée contre le clergé respire l'esprit de parti, qu'elle apporta un trouble profond dans les consciences, qu'elle fut pour un grand nombre de particuliers la source de malheurs et de souffrances imméritées, qu'elle arrêta des travaux scientifiques considérés comme les plus beaux du siècle et qu'elle désorganisa pour dix ans l'enseignement public. A toutes ces raisons, un politique nous répondit un jour : « Si l'on pensait à tout cela, « on ne ferait jamais rien ! » Nous préférons le mot de Siéyès : « Quand on veut être libre, il faut savoir être juste. »

LA CONSTITUTION CIVILE DU CLERGÉ

Le clergé avait été supprimé comme ordre distinct dans l'Etat, avait perdu sa dotation foncière, avait été amputé de tous ses ordres monastiques : il était, désormais, impuissant et désarmé dans la main de l'Etat.

C'était bien là ce que les Constituants avaient voulu ; c'était bien le but qu'ils avaient, dès longtemps, assigné à leurs efforts.

Les Constituants ne sont pas seulement les disciples de Voltaire et de Rousseau, ce sont aussi des Français façonnés par de longs siècles d'absolutisme royal et par deux cents ans d'éducation classique.

Voltaire leur a ôté le respect et jusqu'au sens de la religion. Ils sont devenus sourds à ses enseignements. Ils se moquent des mystères, et, s'ils croient encore en Dieu, c'est par un reste d'habitude et pour ne s'en occuper jamais. Leur humeur n'est pas de s'intéresser à ce qui ne peut se prouver par les procédés ordinaires du raisonnement, Dieu ne se voit pas, ne se mesure pas, ne se pèse pas... Qu'est-ce que cela? N'est-ce point cette chose incompréhensible et folle qu'on appelle la métaphysique? S'en occupe qui voudra ! Pour eux, ils ont à hâter le règne de la philosophie.

Ils sont, d'autre part, trop pratiques pour méconnaître que la religion peut mettre un frein à certains appétits de la foule ; ils n'ont pas besoin de ce frein, eux, les philosophes ; mais le vulgaire serait dangereux, s'il avait perdu toute crainte et toute espérance. Ils sont donc tout prêts à maintenir pour les autres cette divinité à laquelle ils ne croient plus. Ils redisent volontiers le vers fameux :

Si Dieu n'existait pas, il faudrait l'inventer.

Et, comme Dieu n'existe pas pour eux, ils l'inventent ; ils font un dieu à leur image : simpliste, logicien, philanthrope et autoritaire, qui est une abstraction, un symbole philosophique.

L'éducation classique a fait de ces hommes des citoyens de Sparte, d'Athènes ou de Rome. Ils ne connaissent les civilisations antiques qu'à travers la rhétorique des historiens et des beaux esprits. Ces rudes sociétés, fondées sur l'esclavage et sur la guerre, ils les prennent naïvement pour des Etats libres, d'une structure bien plus rationnelle que les Etats modernes.

Les héros grecs et romains leur apparaissent comme des archétypes de sagesse et de vertu. Il ne leur vient pas un instant à la pensée que l'âme humaine se soit agrandie et purifiée depuis Alexandre et César et que le christianisme ait marqué dans l'histoire un immense progrès moral. Ils opposent sans cesse les vices du monde où ils vivent aux perfections du monde antique, et comme ce monde ne connaissait ni religion positive ni clergé, comme le culte n'était dans ces cités qu'une des formes de la puissance publique, comme le magistrat y était prêtre, ils rêvent aussi de donner à la France un culte officiel de l'Etat divinisé, dont ils seront, eux et leurs successeurs, les ministres et les pontifes. En attendant, obligés de pactiser avec la superstition régnante, ils veulent au moins la tenir en mains, la tenir de très court, pour réprimer ses moindres écarts.

De l'histoire de France, ils ne savent bien qu'une chose : c'est que « *si veut le roi, si veut la loi* », et maintenant que la nation est souveraine, il leur paraît tout naturel qu'elle commande avec le même absolutisme que Louis XIV. Ils condamnent la politique du roi, parce qu'elle a servi les intérêts de l'Eglise et de l'aristocratie, et qu'ils détestent l'une et l'autre ; mais ils sont prêts à user de la même autorité et de la même tyrannie pour faire triompher leur propre idéal.

Rousseau croyait au pouvoir dogmatique de l'Etat et portait des peines terribles contre quiconque se refuserait à l'admettre : « Il y a, disait-il, une profession de foi purement civile, dont il « appartient au souverain de fixer les articles ; sans pouvoir « obliger personne à les croire, il peut bannir de l'Etat quiconque « ne les croit pas ; il peut le bannir, non comme impie, mais « comme insociable, comme incapable d'aimer sincèrement les « lois et la justice et d'immoler sa vie à ses devoirs. Que si quel-« qu'un, après avoir reconnu publiquement ces dogmes, se « conduit comme ne les croyant pas, qu'il soit puni de mort : il a « commis le plus grand des crimes ; il a menti aux lois ! » — Ce passage porte en lui l'explication de la cruauté de Robespierre qui n'a fait qu'appliquer à la lettre les idées du théoricien.

Pour Garat, l'Etat est si bien le maître de la religion, qu'il aurait le droit d'abolir le christianisme et ses ministres.

Pour Barnave, le clergé existant pour la nation, celle-ci peut le détruire ou le conserver à son gré.

Pour Camus, « l'Eglise est dans l'Etat » ; l'Assemblée aurait certainement le pouvoir de changer la religion, à plus forte raison a-t-elle le pouvoir de la réglementer.

Mirabeau la réglemente et expose dans toute sa simplicité la théorie du prêtre fonctionnaire. Pour lui, les prêtres sont « des officiers de morale », comme les lieutenants et les capitaines sont des officiers de guerre, comme les magistrats sont des officiers de justice. Et de même que l'Etat fait agir suivant ses fins particulières ses officiers de guerre et de justice, il a le droit d'imposer sa direction à ses officiers de morale. L'Assemblée doit « trouver dans sa sagesse un moyen de faire agir le ressort de la « religion suivant une détermination concentrique au mouve- « ment du patriotisme et de la liberté ».

Pour atteindre ce résultat, l'Assemblée a confié à un comité spécial l'étude du nouveau statut ecclésiastique, car il convient que le clergé se fasse à son nouveau rôle de serviteur salarié de l'Etat.

Le comité ecclésiastique, élu le 20 août 1789, se composait de quinze membres : sept de la droite : Grandin, de La Lande, prince de Robecq, Sallé de Choux, Vaneau, de Bonal, évêque de Clermont, de Mercy, évêque de Luçon, et huit de la gauche : Laujuinais, d'Ormesson, Martineau, Treilhard, Legrand, Durand de Maillane, Despatis de Courteilles, de Bouthillier.

Ce comité parut un peu tiède ; on lui adjoignit, le 7 février 1790, quinze nouveaux membres : dom Gerle, Dionis du Séjour, abbé de Montesquiou, Guillaume de la Coste, Dupont de Nemours, Massieu, Expilly, Thibaut, Gassendi, Chasset, Boislandry, Fermon, dom Breton, La Poule. La majorité était désormais assurée aux réformateurs.

Ce fut le 29 mai 1790 que la commission présenta son œuvre à l'Assemblée. Les ultramontains essayèrent aussitôt de poser la question préalable. Ils demandèrent le renvoi de la constitution civile devant un concile national, ou l'ouverture de négociations avec la cour de Rome.

Ces deux solutions étaient également soutenables ; la première était plus gallicane, la seconde plus orthodoxe. L'Assemblée les écarta l'une et l'autre et passa, dès le 1er juin, à la discussion des articles. Le 12 juillet, avant-veille de la Fédération, la constitution civile du clergé fut votée et placée au rang des lois constitutionnelles du royaume.

La constitution civile du clergé simplifie l'organisation ecclésiastique et établit entre elle et l'organisation administrative une parfaite concordance. Elle édicte des lois nouvelles pour la nomination aux bénéfices. Elle fixe les traitements des ministres du culte. Elle les oblige à la résidence et détermine leurs droits politiques. C'est une grande loi d'administration publique, dont on ne peut s'empêcher de reconnaître dès l'abord la clarté et la savante ordonnance.

Le titre Ier traite des *Offices ecclésiastiques*. Il n'est plus question des ordres monastiques. La loi ne reconnaît plus que trois degrés dans la hiérarchie : vicaires, curés, évêques. Toutes les autres dignités séculières ou régulières sont abolies. Les particuliers gardent toutefois la faculté d'avoir auprès d'eux un chapelain. Les sociétés de prêtres existant auprès de certaines églises sont conservées ; mais leurs membres perdent toutes les prérogatives dont ils pouvaient jouir sous l'ancien régime, et il est défendu à ces sociétés de remplacer ceux de leurs membres qui viendront à décéder.

Les anciennes circonscriptions diocésaines sont abolies, et remplacées par des diocèses départementaux rigoureusement calqués sur les circonscriptions administratives. Dix églises épiscopales ont le titre de métropolitaines : Rouen, Reims, Besançon, Rennes, Paris, Bourges, Bordeaux, Toulouse, Aix et Lyon.

Comme certains pays français se trouvaient soumis à l'autorité de prélats étrangers, tels que l'évêque de Bâle et l'évêque de Spire, l'article 4 « défend à toute église ou paroisse de France et à
« tout citoyen français de reconnaître, en aucun cas et sous
« quelque prétexte que ce soit, l'autorité d'un évêque ordinaire
« ou métropolitain dont le siège serait établi sous la domination
« d'une puissance quelconque, ni celle de ses délégués résidant
« en France ou ailleurs : le tout sans préjudice de l'unité de foi et
« de communion, qui sera entretenue entre le chef visible de
« l'Église universelle, ainsi qu'il sera dit ci-après ».

Le territoire des paroisses devait être remanié, comme celui des diocèses, sur l'avis de l'évêque et des administrateurs de district. Tout bourg et toute ville au-dessous de 6.000 habitants ne devait former qu'une seule paroisse ; mais les villes au-dessus de

6.000 âmes ne devaient pas forcément en comprendre plusieurs. Il n'en devait pas être créé d'inutiles. Les biens des fabriques des églises supprimées devaient être réunis aux fabriques des églises conservées les plus voisines. Il était permis de garder des chapelles pour le service des hameaux écartés. Les nouvelles circonscriptions des paroisses devaient être soumises à l'Assemblée nationale et approuvées par elle.

Chaque cathédrale devenait paroisse et avait son évêque pour curé.

En place des chapitres abolis, les évêques devaient être assistés de vicaires cathédraux, au nombre de 12 dans les villes au-dessous de 10.000 âmes, et de 16 dans les villes plus peuplées.

Auprès de chaque siège épiscopal, et le plus près possible de la demeure de l'évêque, devait être établi un séminaire diocésain, présidé par un vicaire supérieur et trois vicaires subordonnés. Ces vicaires et les jeunes ecclésiastiques du séminaire étaient agrégés au clergé de la cathédrale.

Les vicaires cathédraux et les vicaires du séminaire formaient le conseil habituel et permanent de l'évêque, qui ne pouvait faire aucun acte de juridiction sans en avoir conféré avec son synode. Les mesures d'ordre qu'il pouvait être appelé à prendre dans ses tournées épiscopales, n'avaient qu'une valeur provisoire avant d'avoir été confirmées par le synode. Les décisions du synode diocésain lui-même étaient susceptibles d'appel auprès du synode métropolitain.

La hiérarchie se trouvait ainsi extraordinairement simplifiée ; plus de prêtres libres ou habitués, plus de bénéficiers sans charge d'âmes, plus de chapitres collégiaux ni cathédraux, plus de chanoines, de prébendés, de semi-prébendés, de rationnaires. Un évêque et ses vicaires à la tête du diocèse. Des curés et leurs vicaires à la tête des paroisses.

L'évêque voyait son autorité s'étendre sur toutes les paroisses de son diocèse, et n'avait plus à compter, comme autrefois, avec l'opposition des chapitres, avec la puissance des abbayes, avec les chicanes des patrons laïques des églises. Mais il ne pouvait plus détenir arbitrairement dans son séminaire tout curé coupable de lui avoir déplu ; il ne pouvait faire acte de juge que dans son synode, et voyait ses décisions synodales soumises à l'appel au synode métropolitain. Sa puissance se trouvait ainsi étendue et diminuée tout à la fois.

Le titre II traitait de la *Nomination aux bénéfices* et organisait un mode de collation tout nouveau.

Dorénavant, les évêques et les curés devaient être nommés à l'élection populaire par les assemblées de département et de district.

En cas de vacance d'un évêché, le procureur général syndic du département donnait avis de la vacance aux procureurs syndics des districts. Les électeurs étaient convoqués au chef-lieu pour le troisième dimanche, au plus tard, après la lettre d'avis.

L'élection épiscopale avait lieu à l'issue de la messe paroissiale, à laquelle tous les électeurs étaient tenus d'assister.

Pour être éligible, le candidat évêque devait appartenir au clergé du diocèse et y compter quinze ans de ministère. Les évêques dont les sièges étaient supprimés pouvaient être élus même dans d'autres diocèses que les leurs.

La proclamation de l'élu était faite par le président de l'assemblée électorale, dans l'église même où l'élection avait été faite, en présence du peuple et du clergé, et avant de commencer la messe solennelle d'actions de grâces.

Le procès-verbal de l'élection était envoyé au roi.

Dans le mois qui suivait l'élection, le nouvel élu se présentait au métropolitain, ou, s'il s'agissait d'un élu au siège métropolitain, au plus ancien évêque du ressort, et le suppliait de lui accorder la confirmation canonique.

Le métropolitain ou le doyen des évêques pouvait examiner l'élu, devant son synode, sur sa doctrine et sur ses mœurs, et lui refuser la confirmation canonique par déclaration écrite et motivée, signée de lui et des membres de son conseil. Un décret du 15 novembre donna au nouvel élu le droit de se pourvoir contre ce refus devant les tribunaux de district.

Dans le cas où le métropolitain confirmait l'élection, le nouvel évêque faisait entre ses mains profession solennelle de la religion catholique, apostolique et romaine. Il était sacré dans sa propre cathédrale par le métropolitain, assisté des évêques des deux diocèses voisins. Il prêtait serment de fidélité à la nation, à la loi, au roi, et jurait de maintenir de tout son pouvoir la constitution décrétée par l'Assemblée nationale et acceptée par le roi. Il lui était interdit de s'adresser au pape pour obtenir de lui aucune confirmation ; mais il était autorisé « à lui écrire comme au chef « visible de l'Église universelle, en témoignage de l'unité de foi « et de communion qu'il devait entretenir avec lui ».

L'évêque choisissait lui-même ses vicaires parmi les ecclésiastiques de son diocèse ayant au moins dix ans de ministère. Il ne pouvait les destituer qu'après délibération et sur décision conforme de son synode.

Les curés étaient, comme les évêques, nommés à l'élection. Ils étaient élus dans chaque district par l'assemblée électorale de district, qui procédait chaque année à la provision de toutes les cures vacantes.

Pour être éligible à une cure, il fallait avoir rempli les fonctions de vicaire de paroisse ou d'hôpital dans le diocèse pendant au moins cinq ans.

Le curé élu requérait de son évêque l'institution canonique. L'évêque pouvait la lui refuser, sur l'avis de son conseil, et le curé évincé pouvait en appeler comme d'abus.

Le curé prêtait entre les mains de l'évêque serment de fidélité à la religion, et, à son entrée dans son église, il jurait devant la municipalité et le peuple fidélité à la nation, à la loi, au roi et à la constitution.

Il avait le droit de choisir ses vicaires parmi les prêtres ordonnés par l'évêque ou admis par lui dans son diocèse. Le vicaire, une fois choisi, ne pouvait plus être révoqué que pour causes légitimes, jugées telles par l'évêque et son conseil.

Les auteurs de la constitution civile avaient ainsi calqué l'organisation des magistratures ecclésiastiques sur celle des magisrtatures civiles, leur avaient donné aux unes et aux autres même origine et avaient cru par là assurer leur parfaite entente. Ils avaient, en même temps, cherché à soustraire les subordonnés à l'arbitraire des supérieurs, tout en maintenant entre eux le lien d'une sérieuse discipline.

Le titre IV, *de la Résidence*, astreignait les vicaires et curés à habiter leur paroisse et les évêques leur diocèse. L'évêque qui voulait s'absenter plus de quinze jours devait avoir la permission du directoire de département, le curé l'autorisation de l'évêque et du directoire de district.

Les évêques, curés et vicaires pouvaient être élus membres du conseil général de la commune, du district ou du département, mais ne pouvaient être ni maires, ni officiers municipaux, ni membres du directoire de département.

On avait voulu, par ces lois, réagir contre l'absentéisme systématique des prélats d'ancien régime, maintenir la séparation des administrations laïques et ecclésiastiques, et donner en même temps aux prêtres un moyen de prendre part à la vie publique et de s'intéresser aux choses de leur temps.

Le titre III déterminait les *Traitements du clergé*. Les vicaires touchaient, suivant les paroisses, de 700 à 2.400 livres, les curés de 1.200 à 6.000 livres, les évêques de 12.000 à 20.000 livres ; l'évêque de Paris était renté à 50.000 livres. Une loi du 24 juillet 1790 accorda en outre des pensions aux évêques démissionnaires, aux évêques dépossédés, aux curés dont les paroisses étaient supprimées, aux chanoines, aux prieurs, aux abbés. Certaines de ces pensions pouvaient atteindre jusqu'à 20.000 livres.

Si l'on admet qu'il faudrait augmenter ces chiffres des trois cinquièmes pour avoir leur valeur en monnaie actuelle, on pensera sans doute que les constituants avaient pu se croire généreux. Nos curés à 900 francs auraient envié les curés constitutionnels à 3.000 francs ; nos évêques à 12.000 francs, les évêques départementaux à 20.000 et à 50.000 francs.

Mais qu'étaient ces pauvres gages de 12.000 et de 20.000 livres pour des prélats qui avaient cumulé jusqu'à 400 et 600.000 livres de revenu ? Qu'était une misérable aumône de 6.000 livres pour un abbé qui en avait pu toucher jusqu'à 100.000 ?

Puis l'argent n'est pas tout ; ce dont l'Eglise se plaignait surtout, c'était justement d'être devenue une administration, d'avoir perdu avec ses biens toute indépendance.

La constitution civile du clergé réorganisait l'Eglise de France sur un plan si nouveau, qu'un corps d'essence aussi conservatrice qu'était le clergé ne pouvait que s'en montrer surpris et scandalisé.

Le janséniste Jabineau, prié de donner son avis sur la constitution, « avait peine à se persuader qu'une Assemblée qui réu« nissait beaucoup d'hommes instruits des vrais principes eût « pu former un projet qui les heurtait tous ». Il faisait observer que la maxime alors à la mode : l'Eglise est dans l'Etat, était équivoque, « en sorte que, vraie en elle-même, elle pouvait « donner lieu à une application fausse et à des conséquences « dangereuses, si l'on n'y ajoutait pas que, sous un autre rapport, « un Etat chrétien était lui-même une portion de l'Eglise univer« selle répandue partout, et qu'en y entrant cet Etat avait con« tracté l'engagement d'obéir à ses lois constitutives, qui exis« taient indépendamment de son admission. »

Cela revenait à dire que l'Eglise chrétienne pouvait bien être liée à un Etat, mais seulement à un Etat chrétien, et l'Etat, tel que l'imaginaient les Constituants, n'était déjà plus l'Etat chrétien.

Ils déclaraient n'avoir excédé en rien leurs droits, parce qu'ils n'avaient atteint directement aucun dogme, et qu'ils laissaient subsister toutes les cérémonies ecclésiastiques, mais ils avaient touché à des matières si délicates qu'il y avait grande apparence qu'ils n'avaient pu s'en occuper sans empiéter sur les droits de la puissance spirituelle.

Ils avaient, d'un trait de plume, supprimé 63 diocèses; ils en avaient créé 8. Ils avaient refondu tous les autres sans s'inquiéter du pape, auquel on avait toujours, jusque-là, reconnu le droit d'ériger, de modifier et de supprimer les diocèses.

Ils avaient détruit un grand nombre d'institutions ecclésiastiques, canoniquement établies et reconnues depuis des siècles.

Ils avaient modifié le droit canon, en créant pour les évêques un nouveau mode de nomination et d'administration, et en relâchant le lien spirituel qui rattache les églises particulières à l'Eglise de Rome.

Sous prétexte de rétablir les anciennes élections épiscopales, ils avaient abandonné le choix des évêques à un corps électoral où pouvaient figurer des hérétiques et des impies.

Ils avaient enfin méconnu les règles du droit ecclésiastique et étaient manifestement tombés dans l'hérésie, en donnant aux tribunaux civils le pouvoir d'examiner la doctrine des candidats aux fonctions épiscopales et les décisions dogmatiques des évêques.

Les écrivains les plus favorables à la Révolution conviennent aujourd'hui que la constitution civile du clergé fut « l'erreur « capitale de la Révolution et ne pouvait être acceptée ni par le « haut clergé ni à plus forte raison par le Saint-Siège » (Debidour, *Histoire des rapports de l'Eglise et de l'Etat de 1789 à 1870*, pp. 68 et 71).

Nous croyons, cependant, que le Saint-Siège eût capitulé, si on ne lui eût fait entrevoir la possibilité de retourner aisément contre la Révolution l'arme que la Révolution avait forgée contre lui.

Si étrange et si hardie qu'elle fût, la constitution civile du clergé avait des précédents dans l'histoire, et l'empereur Joseph II, frère de Marie-Antoinette, en avait pris encore plus à son aise avec le Saint-Siège que ne faisait l'Assemblée.

Joseph II avait donné aux évêques le droit d'absoudre même des cas réservés au pape, et le droit d'accorder toutes dispenses matrimoniales. Il avait autorisé l'emploi de la langue allemande dans la liturgie. Il avait supprimé les séminaires diocésains, et fondé, sous le nom de séminaires généraux, cinq grandes écoles ecclésiastiques, placées sous la tutelle des Universités de Vienne, Pesth, Fribourg, Louvain et Pavie. Il y avait placé des professeurs dévoués à ses idées et très contraires à la suprématie romaine. Il avait remanié les diocèses pour les mettre en harmonie avec les circonscriptions civiles. Il avait enfin supprimé tous les ordres contemplatifs et tous les ordres de femmes, fermé 600 couvents, confisqué leurs biens et mis des écoles à leur place. Les monastères conservés avaient reçu défense d'accepter des novices avant l'expiration d'un délai de douze ans, et de s'affilier à des couvents du même ordre situés à l'étranger.

Le pape Pie VI, très alarmé de toutes ces nouveautés, avait fait le voyage de Vienne pour essayer de traiter directement avec l'empereur. Les peuples lui avaient fait un accueil triomphal; l'empereur l'avait reçu très froidement, avait interdit à ses sujets de parler au pape sans sa permission, avait fait murer toutes les portes du palais où le pape était descendu, sauf la porte d'entrée, gardée militairement. Quand le pape avait voulu lui parler affaires, il l'avait renvoyé à son conseil, et le ministre Kaunitz s'était montré grossier avec le pontife. Pie VI était parti de Vienne sans avoir obtenu aucune concession; l'empereur lui avait fait seulement de vagues promesses, qu'il ne sut même pas tenir.

D'Autriche, le mouvement hostile à la papauté avait gagné une partie de l'Allemagne catholique. Le congrès d'Ems (1786), dirigé par les électeurs ecclésiastiques de Cologne, de Mayence et de Trêves et par l'archevêque de Salzbourg, avait entrepris de replacer l'Église allemande sous le régime des décrets du concile de Bâle, et de rendre à l'épiscopat des droits très étendus sur la discipline et l'administration des diocèses. Le mouvement avait échoué, il est vrai, mais seulement parce que les évêques allemands n'avaient pas suivi les électeurs.

Nous ne croyons pas émettre une opinion trop hasardée en disant que le Saint-Siège eût fini par accepter la constitution civile du clergé, si le roi, les évêques et les clercs de France l'eussent eux-mêmes acceptée sincèrement et eussent marqué leur ferme volonté de la faire vivre.

C'était l'espoir des Constituants; et, si nous considérons l'esprit général du clergé en 1789, nous ne trouverons vraiment pas cet espoir mal fondé. Il semblait bien, à cette date, qu'il y eût quelque chose comme une Eglise de France, premier corps de l'Etat français, en possession immémoriale d'immunités particulières, les libertés de l'Eglise gallicane, et très peu disposée à renforcer les liens qui la rattachaient à l'Eglise de Rome.

Mais, au mois de juillet 1790, la situation avait déjà bien changé. La politique suivie par l'Assemblée constituante depuis le mois d'août 1789 n'avait été qu'une guerre sans trêve contre l'Eglise, et il fallait toute la candeur des Constituants pour croire que l'Eglise, combattue à outrance depuis dix mois, eût conservé à l'égard de la Révolution toute sa sympathie des premiers jours.

En réalité, le haut clergé était exaspéré et n'attendait qu'une occasion favorable pour témoigner sa colère. Toute la question était de savoir s'il réussirait à entraîner avec lui le gros de l'armée sacerdotale, les 60.000 curés pour lesquels le nouveau régime était, après tout, un régime de délivrance et un enrichissement inespéré.

Les Constituants espéraient fermement que les curés patriotes rendraient vaine la colère des prélats aristocrates. Il se trouva qu'ils n'avaient pas deviné juste, parce que leur loi, regardée d'un peu près, mettait en jeu une question de conscience, devant laquelle la majorité du clergé refusa de capituler.

Que cette question de conscience fût absolument insoluble, que la constitution civile fût réellement schismatique et hérétique, comme on l'a dit, qu'il n'y eût pas moyen d'en espérer l'amendement par l'usage, nous ne le croyons vraiment pas ; nous pensons qu'aux mains d'un épiscopat chrétien et patriote cette institution aurait pu donner encore de glorieux jours à l'Eglise de France. Mais il faut avouer que c'est là une interprétation très bienveillante du texte. Des hommes qui n'avaient aucune raison de regarder l'œuvre des Constituants avec bienveillance, mais qui se croyaient, au contraire, cent bonnes raisons de la détester, pouvaient très bien, sans manquer à la bonne foi et sans donner d'entorse au texte, soutenir que cette loi séparait l'Eglise de France de la communion catholique, l'engageait dans la voie du schisme et de l'hérésie, et ne pouvait, par conséquent, être acceptée par aucun prêtre soucieux de son honneur sacerdotal.

C'est cette théorie que l'épiscopat finit par faire admettre de la majorité du clergé. La foi et la discipline furent plus fortes dans le cœur des prêtres que la voix de l'intérêt. Il y eut parmi les évêques qui les engagèrent à la résistance beaucoup plus de passion réactionnaire que d'enthousiasme religieux. Il y eut chez les pasteurs du second ordre une foi solide et touchante, un désintéressement véritable qui donne une haute idée de leur valeur morale.

Ce fut du roi que vint la première difficulté. Louis XVI, très effrayé de la marche rapide de la Révolution, très pieux et très timoré, n'osa pas prendre sur lui de sanctionner la constitution civile du clergé sans avoir pris l'avis du pape, et soumit au souverain pontife un acte où tout semblait réuni pour lui être odieux, et que l'Assemblée tenait presque pour une trahison de lui présenter.

Pie VI (1775-1799) a été l'un des pontifes les plus estimables du dix-huitième siècle. Pieux et affable, très instruit, ami des arts, il avait soutenu avec une grande dignité les droits du Saint-Siège dans ses conflits avec Joseph II et avec les évêques allemands, et l'on pouvait déjà être sûr qu'il essaierait de les défendre contre les entreprises de l'Assemblée constituante. Dans une déclaration du 29 mars 1790, il avait affirmé que son long silence sur les affaires de France ne devait pas être interprété comme une approbation et qu'il n'attendait qu'une occasion pour parler utilement.

Le 10 juillet, deux jours avant le vote définitif de la constitution, il avait mis Louis XVI en garde contre les dangers qu'il entrevoyait : « Nous qui représentons Jésus-Christ sur la terre, « nous à qui il a confié le dépôt de la foi, nous sommes spécia- « lement chargé du devoir... de vous déclarer et de vous « dénoncer de la manière la plus expresse que, si vous approuvez « les décrets relatifs au clergé, vous entraînez par là même votre « nation entière dans l'erreur, le royaume dans le schisme, et « peut-être serez-vous la cause d'une cruelle guerre de religion. »

Louis XVI essaya cependant d'obtenir l'assentiment du pape. Il envoya à son ambassadeur à Rome, le cardinal de Bernis, un long mémoire, où il cherchait, avant tout, à apitoyer Pie VI sur sa misérable position. Il était menacé par les factions, et le seul moyen de le sauver était d'accepter la constitution. Le pape rendrait hommage à la bonne foi du roi, dénoncerait les erreurs doctrinales renfermées dans la constitution, et cependant ne la condamnerait pas encore, parce que le concours du roi et les sentiments bien connus du clergé de France lui permettaient d'espérer un meilleur avenir. Pour le bien de la paix et pour éviter le scandale, il approuverait provisoirement la nouvelle répartition des diocèses et l'institution des vicaires épiscopaux. Sans se prononcer au sujet des élections, il approuverait par simple bref les nouveaux évêques, il leur accorderait toutes dispenses nécessaires et exhorterait enfin les fidèles à se bien mettre en garde contre les erreurs doctrinales, et à resserrer les relations de l'Eglise de France avec le Saint-Siège.

Ce singulier projet, qui trahit surtout les transes du pauvre Louis XVI, aurait eu peut-être quelque chance d'être accepté, si le pape eût connu très exactement la situation du royaume, et eût compris qu'il n'avait rien à attendre de l'Assemblée et de la nation ; mais Pie VI, qui voyait le roi hésitant, qui se trouvait harcelé par les instances des évêques aristocrates, et qui espérait un changement prochain dans la tournure des affaires, crut prudent de gagner du temps et donna le mémoire de Bernis à une commission de cardinaux.

Le roi, dépité, se crut abandonné par le pape à la fureur de ses ennemis, et sanctionna la constitution (24 août).

Cet acte excita la colère du haut clergé, qui y répondit, à la fin d'octobre, par un manifeste virulent : l'*Exposition des principes sur la constitution civile du clergé*. Cet ouvrage, écrit par l'archevêque d'Aix, M. de Boisgelin, contenait une réfutation très serrée des erreurs doctrinales de la constitution, et engageait résolument les prêtres et les fidèles à repousser la loi nouvelle, au nom de l'orthodoxie et des droits de la conscience. Tout l'épiscopat applaudit au hardi langage de l'archevêque, et quatre-vingt-dix-sept ecclésiastiques, membres de l'Assemblée nationale, se solidarisèrent avec lui.

L'Assemblée répondit à cette protestation par une mesure brutale et draconienne.

Le 25 novembre, le représentant Voidel proposa d'astreindre tous les membres du clergé à jurer fidélité à la constitution civile. Ceux qui refuseraient le serment devaient être privés de tout traitement, déclarés déchus des droits de citoyens actifs et incapables d'exercer aucune fonction publique. Les mêmes peines étaient applicables aux ecclésiastiques qui viendraient à se rétracter après avoir prêté le serment légal, et à toutes personnes, ecclésiastiques ou laïques, qui se coaliseraient pour combiner un refus d'obéir aux décrets de l'Assemblée nationale.

Dans la discussion, Voidel se montra agressif et passionné. Il gourmanda les Constituants de leur pusillanimité : « Tous, dit-il, « accusent la lenteur de votre justice ; ils vous conjurent de

« rendre enfin la loi redoutable à ceux à qui vous n'avez pu encore
« la faire respecter. Quel serait l'effet d'un silence coupable sur
« les protestations de ces évêques ! Bientôt nous nous verrions
« ramenés à cet absurde système qui érige deux autorités, deux
« souverains dans un Etat ; bientôt l'un usurperait sur l'autre
« une prééminence qu'il réclamerait au nom du ciel. »

S'adressant aux ecclésiastiques, il leur reprocha leur pharisaïsme et leur cupidité : « Ministres de la religion, cessez de vous
« envelopper de prétextes, avouez votre faiblesse. Vous regrettez
« votre antique opulence ; vous regrettez ces prérogatives, ces
« marques de distinction et de prétendue prééminence. Songez
« que la Révolution a fait de nous des hommes !... Il en est temps
« encore ; désarmez par une prompte soumission le peuple irrité
« de votre résistance. Le décret que je vais présenter est moins
« une loi sévère qu'une mesure d'indulgence ! »

En vain, l'évêque de Clermont, M. de Bonal, expliqua-t-il à l'Assemblée, dans le langage le plus ferme et le plus modéré, le cas de conscience que la constitution civile proposait au clergé : « Ce
« n'est pas, dit-il, pour me plaindre du traitement qu'on prépare
« aux ecclésiastiques qui ne reconnaîtront pas vos maximes que
« je suis monté à cette tribune. Votre justice doit assurer notre
« subsistance, puisque vous avez cru devoir vous approprier nos
« biens... Dans cette constitution que vous avez organisée pour
« le clergé... nous n'avons pu méconnaître une autorité qui se
« trouve en opposition avec l'autorité spirituelle, telle qu'elle nous
« a été conservée par la tradition la plus générale et la plus cons-
« tante : Nous devons vous le dire, parce que la vérité ne doit pas
« rester captive sur nos lèvres : Jésus-Christ nous a confié une
« autorité indépendante des hommes. Vous le savez comme nous,
« l'Eglise n'est soumise qu'à ses propres lois. »

Dans la bouche d'un prélat convaincu comme de Bonal, ces paroles auraient dû faire impression sur l'Assemblée ; elles furent considérées par la majorité comme un langage factieux et intolérable ; la loi fut votée le 27 novembre, et portée aussitôt à la signature du roi.

Louis XVI essaya encore de gagner du temps ; mais l'Assemblée s'inquiéta, Paris sembla s'émouvoir, et, le 26 décembre, le roi, la mort dans l'âme, sanctionna le décret.

Pour entraîner les hésitants, l'Assemblée décida que les députés ecclésiastiques prêteraient serment dans son sein. Une centaine seulement sur trois cents consentirent à jurer. Quatre évêques sur cent trente-cinq jurèrent, et c'étaient les membres les plus décriés de l'épiscopat : Loménie de Brienne, archevêque de Sens, Talleyrand, évêque d'Autun, de Jarente, évêque d'Orléans, et Lafont de Savines, évêque de Viviers.

Le 21 janvier 1791, l'Assemblée vota une adresse à la nation, où elle cherchait à expliquer et à justifier sa politique. Ce fut comme un nouveau brandon jeté dans une fournaise.

La guerre était déjà moralement déclarée, et l'affaire du serment déchaînait partout des discordes et des violences, qu'une loi plus libérale eût toutes évitées.

« Les évêques et les révolutionnaires, dit Ferrières, un con-
« temporain, s'agitèrent et intriguèrent, les uns pour faire prêter
« le serment, les autres pour empêcher qu'on le prêtât. Les
« évêques se rapprochèrent de leurs curés, les dévots et les
« dévotes se mirent en mouvement. Les hommes les plus libres
« dans leurs opinions religieuses, les femmes les plus décriées
« par leurs mœurs, devinrent tout à coup de sévères théologiens,
« d'ardents missionnaires de la pureté et de l'intégrité de la foi
« romaine... Les dévotes colportèrent des écrits de maison en
« maison... On montrait aux uns le clergé triomphant, l'Assemblée
« dissoute, les ecclésiastiques prévaricateurs dépouillés de leurs
« bénéfices, enfermés dans leurs maisons de correction, les ecclé-
« siastiques fidèles couverts de gloire, comblés de richesses. Le
« pape allait lancer ses foudres sur une Assemblée sacrilège et
« sur des prêtres apostats. Les peuples dépourvus de sacrements
« se soulèveraient, les puissances étrangères entreraient en
« France, et cet édifice d'iniquité et de scélératesse s'écroulerait
« sur ses propres fondements. »

La prestation du serment ne fut rien moins que libre ; nous n'en citerons qu'un exemple, qui nous a paru le plus caractéristique de tous.

Les révolutionnaires de Paris tenaient beaucoup au serment de M. de Pansemont, curé de Saint-Sulpice. Le jour désigné pour la prestation, l'église se remplit de gens de mine suspecte, qui interrompirent la messe pour crier : « Le serment ou la lanterne ! » Au prône, le curé monta en chaire et expliqua les motifs qui l'empêchaient de prêter le serment. Les manifestants se jetèrent sur lui, et ses amis eurent toutes les peines du monde à l'arracher de leurs mains ; il était évanoui, et resta trois quarts d'heure dans la sacristie avant d'avoir repris ses sens. Bailly, qui était son ami particulier, vint le voir, s'informa avec intérêt de son état, mais le blâma d'avoir refusé le serment, et, comme M. de Pansemont objectait que sa conscience lui défendait d'y consentir, Bailly lui répondit sèchement : « Monsieur, quand la loi parle, « la conscience doit se taire ». Le curé de Saint-Roch ayant cherché à lui faire comprendre en quoi la constitution était contraire à la doctrine canonique, Bailly finit par l'entendre, mais ajouta : « Eh bien ! puisqu'il en est ainsi, la religion catholique « n'existerait plus demain, si cela dépendait de moi. »

Un historien protestant contemporain, M. de Pressensé, a jugé les choses autrement : « Faire prêter le serment, dit-il, « sur la constitution civile du clergé, c'est-à-dire sur une mesure « qui blessait profondément la conscience d'un grand nombre « de prêtres honorables, c'était transformer la résistance en un « devoir sacré, et entrer dans une voie au bout de laquelle « étaient la dictature et la proscription. » (*L'Eglise et la Révolution*, 3ᵉ éd., p. 154.)

Devant ces orages, le pape n'hésita plus à parler. A la fin de février 1791, il écrivit à Loménie de Brienne une lettre de blâme pour avoir prêté le serment.

Le 10 mars, il adressa à l'épiscopat français un bref de protestation contre les innovations introduites par l'Assemblée nationale dans l'organisation de l'Eglise et dans sa discipline.

Le 13 avril, il lança contre la constitution civile une condamnation définitive. Il la déclarait schismatique et hérétique, frappait de nullité toutes les élections faites ou à faire, et donnait aux prêtres jureurs un délai de quarante jours pour se rétracter, faute de quoi ils seraient suspendus de toutes leurs fonctions ecclésiastiques.

La constitution civile avait ainsi, quelques mois après son établissement, mis la France dans la situation la plus pénible et la plus dangereuse.

Le roi, bourrelé de remords, n'osait plus communier, songeait à s'enfuir de Paris, et entrait en relations avec le roi de Prusse. Les évêques avaient dressé en face de la Révolution une opposition formidable, à laquelle se ralliaient d'instinct tous les partisans de l'ancien régime : les croyants pour venger la religion, les autres « pour se conduire en vrais gentilshommes » (mot de M. de Dillon, archevêque de Narbonne). Une bonne partie du clergé séculier s'était laissé entraîner par scrupule de conscience à la suite des évêques.

Et la nation, divisée entre les deux camps, semblait prête à se déchirer.

LES CULTES RÉVOLUTIONNAIRES

L'Assemblée nationale n'avait pas reculé devant la crainte d'une guerre civile pour établir en France le culte constitutionnel. Cette œuvre lui avait paru tellement nécessaire, qu'elle lui avait sacrifié jusqu'à ses principes les plus chers, jusqu'aux droits inviolables et sacrés inscrits par elle dans sa *Déclaration des droits de l'homme et du citoyen*. Elle n'avait pas craint de faire de la constitution civile du clergé la pierre de touche, qui devait lui permettre de reconnaître le bon patriote du mauvais citoyen. Elle avait identifié la cause de la Révolution et celle de l'Eglise constitutionnelle. Quiconque haïssait ou méprisait l'une était par là même suspect de mépriser et de haïr l'autre. Et ce sentiment était alors si profond que nous le verrons persister jusqu'à la veille du Concordat. Il ne cédera qu'à la volonté toute-puissante de Bonaparte.

Il était donc à croire que l'Eglise constitutionnelle, représentant la forme catholique de la Révolution et ayant derrière elle toutes les forces de l'Etat, finirait tôt ou tard par s'imposer à la nation tout entière et par triompher complètement du catholicisme romain.

Il est bien probable que tel eût été, en effet, le résultat de cette grande lutte, si les créateurs de l'Eglise constitutionnelle et leurs continuateurs avaient cru, eux-mêmes, à sa durée et avaient sincèrement désiré son triomphe.

Mais, s'il y avait à la Constituante une minorité de rêveurs pour croire au succès de l'Eglise nouvelle et pour le désirer, la majorité révolutionnaire ne voyait certainement dans cette création qu'un expédient, qu'une mesure provisoire, et escomptait déjà la ruine, à bref délai, de l'institution créée à si grand fracas et à si grand'peine.

C'est parce que l'épiscopat et le clergé de France ont rejeté la constitution civile que le Pape l'a condamnée. C'est parce que la Révolution a abandonné l'Eglise constitutionnelle que celle-ci n'a pu s'imposer à la France.

Le secret de la grande politique est de vouloir ce que l'on veut, de mettre d'accord ses paroles et ses actes, de montrer à la nation un but clair et précis, vers lequel on l'invite à marcher avec la force que donnent une conviction profonde et une volonté réfléchie.

La Révolution a organisé le catholicisme constitutionnel, tout en souhaitant sa disparition ; elle en a fait l'Église officielle, tout en refusant d'en faire la religion de l'État. Il y a eu antinomie entre ce qu'elle voulait réellement et ce qu'elle semblait vouloir.

La nation n'a pas pris l'Église révolutionnaire au sérieux, puisque la Révolution semblait la renier elle-même, et de ces contradictions est née l'anarchie morale qui emporta, presque dans le même moment, l'Église révolutionnaire et la République.

Installée en janvier 1791, l'Église constitutionnelle cessa d'exister en droit le 21 février 1795 ; mais son existence fut, en réalité, beaucoup plus courte : elle disparut à peu près complètement dès le mois de novembre 1793 ; elle ne dura pas trois ans.

Les chefs du mouvement révolutionnaire crurent, pendant quelque temps, qu'il fallait dissimuler leurs sentiments véritables et que la France n'était pas mûre pour la vie philosophique. Mais leurs agents, plus impatients et moins politiques, osèrent les premiers faire connaître à la foule les idées que les chefs se permettaient seulement de discuter entre eux.

Fourcroy, membre du Comité de l'Instruction publique de la Convention, disait à Grégoire, son collègue : « Il faudra casser cette infâme religion. » Mais il ne le disait qu'à huis clos ; l'exoratorien Fouché le cria sur les toits.

Envoyé en mission à Nevers, au mois de septembre 1793, il se déclara *faussement* chargé par la Convention « de substituer « aux cultes superstitieux et hypocrites auxquels le peuple « tient encore, malheureusement, celui de la République et de « sa morale naturelle » (26 sept. 1793).

André Dumont, représentant en mission à Abbeville, reprochait au peuple d'être dupe de ses prêtres, « arlequins ou pierrots « vêtus de noir, qui montraient les marionnettes pour escroquer « de l'argent ». Il espérait que bientôt les confessionnaux serviraient, comme les titres de noblesse, à faire des autodafés (Aulard, *Le Culte de la Raison*, p. 25).

Le 5 novembre, Marie-Joseph Chénier offrait à la Convention le plan d'une religion laïque de la patrie :

« Vous saurez, lui disait-il, fonder sur les débris des super-
« stitions détrônées la seule religion universelle, qui n'a ni sectes,
« ni mystères, dont le seul dogme est l'égalité, dont nos lois sont
« les orateurs, *dont les magistrats sont les pontifes*, et qui ne fait
« brûler l'encens de la grande famille que devant l'autel de la
« patrie, mère et divinité commune. »

La Convention applaudissait à ces harangues qui correspondaient si bien à son sens intime ; la Commune se crut autorisée à donner le signal de l'assaut final à la Bastille de la superstition.

Le 14 octobre, elle interdit à Paris l'exercice extérieur du culte.

Le 16 brumaire an II (6 novembre), Léonard Bourdon proposa aux Jacobins de ne plus payer le clergé :

« Puisque la Convention voulait assurer la liberté des cultes,
« il fallait lui pardonner cette faiblesse, mais n'en salarier
« aucun ; les catholiques de chaque section se réuniraient et
« loueraient un emplacement où, pour leurs deux sous, ils
« pourraient se procurer toutes les cérémonies qui leur seraient
« agréables ; mais l'Etat cesserait de payer des hommes inutiles
« et dangereux. »

L'idée mise sur un terrain aussi pratique devait faire du chemin. Dans la détresse financière du moment, ne plus payer le clergé sembla à beaucoup de gens simples une merveilleuse invention.

Dans la nuit même qui suivit cette séance, les jacobins Clootz et Pereyra se rendirent chez l'évêque de Paris, Gobel, et lui demandèrent sa démission. Gobel était un ambitieux, mais n'était pas un héros ; il répondit que « le peuple l'avait envoyé
« et que le peuple le renvoyait : c'était le sort du domestique
« aux ordres de son maître ». Il consulta ses vicaires cathédraux, qui, par 14 voix contre 3, optèrent pour la démission ; et le 17 brumaire, à la tribune de la Convention, Gobel vint « renoncer à exercer ses fonctions de ministre du culte catholique ». Il déposa sur le bureau de l'Assemblée sa croix, son anneau et ses lettres de prêtrise, et se laissa coiffer du bonnet rouge.

La mode fut alors de se *déprêtriser*. De bruyantes apostasies eurent lieu ; la France sembla prise de vertige ; des milliers de communes fermèrent leurs églises.

Pour célébrer l'avènement définitif de la philosophie, la Convention décida qu'une fête de la Raison aurait lieu le 20 brumaire à Notre-Dame.

Chaumette et Hébert y furent les héros du jour ; la Convention n'y parut point ; mais, les nouveaux pontifes allèrent la relancer jusqu'aux Tuileries, lui présentèrent Mlle Maillard, danseuse de l'Opéra, « chef-d'œuvre de la nature qu'ils avaient choisie pour « représenter la Raison, et qui avait enflammé tous les cœurs ». Enflammée à son tour, sans doute, la Convention reconduisit la déesse jusqu'à Notre-Dame, où la cérémonie recommença pour la plus grande joie des spectateurs.

La province suivit le branle : chaque chef-lieu de département voulut avoir sa fête de la Raison, avec défilé, discours, hymne philosophique sur l'air à la mode et déesse en robe blanche et bonnet rouge.

Les écrivains les plus favorables à la Révolution ne s'attardent plus guère à justifier ces excentricités ; ils se bornent à invoquer pour elles les circonstances atténuantes : c'était parfois fort joli !
— C'est possible, mais on pouvait célébrer la fête au théâtre ou à la mairie ; il n'était pas indispensable qu'elle eût lieu dans les cathédrales, peu favorables aux déshabillés galants.

On dit encore qu'il ne faut voir dans ces cérémonies qu'un *expédient* employé par la Révolution pour vaincre l'Eglise insurgée contre l'Etat (Aulard). C'est là, à notre avis, une interprétation trop indulgente. L'expédient était détestable.

Le mieux est peut-être encore de voir dans la fête de la Raison une farce énorme, inventée par la Commune pour faire la nique au pape. Chaumette paraît bien avoir souligné cette intention en faisant décider, le 19 brumaire, que les arrêtés antichrétiens de la Commune seraient traduits en italien et envoyés à Pie VI *pour le guérir de ses erreurs.*

Il y avait, à la Convention, un homme qui regardait ces inepties avec une indignation aussi profonde que le pape lui-même. Dès le 27 brumaire, Robespierre prononça à la Convention un grand discours, où il porta les premiers coups à la Commune, et le 1er frimaire, aux Jacobins, il opposa à la politique persécutrice de Chaumette et d'Hébert sa politique personnelle de liberté religieuse :

« De quel droit, dit-il, des hommes inconnus jusqu'ici dans
« la carrière de la Révolution viendraient-ils chercher au milieu
« de ces événements les moyens d'usurper une popularité
« fausse, jetant la discorde parmi nous, troublant la liberté des
« cultes au nom de la liberté, attaquant le fanatisme par un
« fanatisme nouveau et faisant dégénérer les hommages rendus
« à la vérité pure en farces ridicules ?...

« On a supposé qu'en acceptant les offrandes civiques, la Convention avait proscrit le culte catholique. Non, la Convention n'a pas fait cette démarche téméraire ; elle ne la fera jamais. Son intention est de maintenir la liberté des cultes qu'elle a proclamée, et, en même temps, de réprimer quiconque en abuserait pour troubler l'ordre. »

La Commune ne sembla point d'abord vouloir reculer ; mais Danton s'allia à Robespierre, et Chaumette et Hébert tentèrent de se rétracter.

Chaumette avait dit, le 3 frimaire :

« Les prêtres sont capables de tous les crimes : ils se servent du poison pour assouvir leurs vengeances ; ils feront des miracles, si vous n'y prenez garde ; ils empoisonneront les plus chauds patriotes ; ils mettront le feu à la maison commune ; ils renouvelleront les mines (?), et, quand ils verront brûler leurs victimes, ils diront que c'est la justice du ciel qui les punit ».

A la suite de ce discours, la Commune avait décidé la fermeture de toutes les églises et de tous les temples de Paris.

Le 8 frimaire, Chaumette était revenu à des sentiments plus doux : « Ne nous informons pas, disait-il, si un homme va à la messe ou à la synagogue ou au prêche. Informons-nous seulement s'il est bon républicain. »

La Commune permit l'exercice du culte dans l'intérieur des maisons.

Hébert protesta contre l'accusation d'athéisme que lui lançait Robespierre, et dit qu'il prêchait, au contraire, aux habitants des campagnes la lecture de l'Evangile, excellent livre de morale, dont il fallait suivre les maximes pour être un parfait jacobin. Le Christ lui semblait être le vrai fondateur des sociétés populaires.

Le culte de la Raison ne fut qu'une crise de quelques semaines ; il disparut sans retour avec ses fondateurs (24 mars 1794).

La doctrine de la neutralité de l'Etat en matière religieuse disparut avec Danton (16 germinal an II, 5 avril 1794).

Robespierre, maître incontesté de la Convention, dévoila alors son plan personnel.

Le 6 avril 1794, Couthon, le plus convaincu de ses disciples, proposait à l'Assemblée l'institution « d'une fête décadaire dédiée à l'Eternel, dont les hébertistes n'avaient pas ôté au peuple l'idée consolante ».

Le 18 floréal, Robespierre exposa à la Convention les principes sur lesquels il entendait fonder les institutions républicaines.

« L'idée de l'Etre suprême, dit-il, et de l'immortalité de l'âme
« est un rappel continuel à la justice : elle est donc sociale et
« républicaine. Qu'est-ce que les conjurés (les hébertistes)
« avaient mis à la place de ce qu'ils détruisaient? Rien, si ce n'est
« le chaos, le vide et la violence. Ils méprisaient trop le peuple
« pour prendre la peine de le persuader ; au lieu de l'éclairer,
« ils ne voulaient que l'arrêter, l'effaroucher ou le dépraver. »

Déiste convaincu, il plaida cependant surtout l'utilité sociale de l'idée religieuse :

« Aux yeux du législateur, tout ce qui est utile et bon dans
« la pratique est la vérité. Le chef-d'œuvre de la société
« serait de composer dans l'homme pour les choses morales
« un instinct rapide, qui, sans le secours tardif du raisonne-
« ment, le portât à faire le bien et à éviter le mal. Or, ce qui
« produit ou remplace cet instinct précieux, ce qui supplée à
« l'insuffisance de l'autorité humaine, c'est le sentiment religieux,
« qui imprime dans les âmes l'idée d'une sanction donnée
« aux préceptes de la morale par une autorité supérieure à
« l'homme. »

Ce n'était point là certes un langage d'une extraordinaire élévation ; mais, après les folies de novembre 1793, on devait respirer avec joie cet air plus pur et plus fortifiant. Le malheur voulait que ces idées furent exprimées par un homme déjà couvert de sang, et qui avait prouvé par trop de mauvaises actions l'incapacité de sa conscience à discerner le bien du mal.

Philosophique et sociale avant tout, la religion de Robespierre ne voulait rien avoir de commun avec le christianisme, dont elle repoussait avec un égal dédain les dogmes et la hiérarchie. Les prêtres étaient, pour le nouveau prophète, des charlatans et des malfaiteurs ; leur ministère n'était pas seulement inutile, il était outrageant pour la divinité :

« Le véritable prêtre de l'Etre suprême, c'est la nature ;
« son temple, l'univers ; son culte, la vertu ; ses fêtes, la joie
« d'un grand peuple rassemblé sous ses yeux pour resserrer
« les doux nœuds de la fraternité et lui présenter l'hommage
« de cœurs sensibles et purs. »

Robespierre maintenait le principe de la liberté des cultes, mais vouait au mépris les cultes dissidents, appelés à disparaître devant le progrès de l'esprit humain. Quant à ceux qui seraient assez hardis pour combattre « le sublime enthousiasme » qu'il voulait éveiller dans les âmes, Robespierre demandait à la Convention de les anéantir, comme ennemis de la nature et du genre humain.

L'utilitarisme, dont s'était réclamé Robespierre, fut réellement l'idée dominante de ses contemporains.

La Commune déclara, le 24 floréal, que, « si l'idée de Dieu est « précieuse à l'homme de bien, elle est odieuse au méchant et par « là même utile à la société ».

Le Club des jacobins ne voyait dans les nouveaux principes que « des sentiments de sociabilité, sans lesquels il est impossible « d'être bon citoyen. Rallions-nous tous, disait-il, autour de ces « principes sacrés. On ne peut obliger personne à les croire; « mais que celui qui ose dire qu'il ne les croit pas se lève contre « le peuple français, le genre humain et la nature ! »

Le maire de Paris, Lescot-Fleuriot, alla plus loin encore, et promit carrément aux paysans de bonnes récoltes au nom de l'Etre suprême.

La fête du 20 prairial commença comme une apothéose et se termina dans un cri de haine et de mépris.

Le spectacle fut, un moment, merveilleux.

Arrivés au pied de la montagne symbolique érigée sur le Champ-de-Mars, les pères bénirent leurs enfants. Un instant courbés, les fils se relevèrent en brandissant leurs armes, les filles en jetant des fleurs, et vers le ciel monta une immense acclamation, l'hommage de la France républicaine, apaisée et réconciliée, à l'intelligence créatrice et protectrice de l'univers.

Mais, en élevant leurs regards vers le ciel, les assistants aperçurent Robespierre triomphant au milieu de la Convention. Et il semble qu'il se soit passé alors quelque chose de vraiment extraordinaire. L'antithèse était si frappante et si terrible entre l'acte solennel qui venait de s'accomplir et l'homme qui y présidait, la cérémonie était si auguste et l'homme si odieux, que tous les yeux furent dessillés et qu'un flot de mépris monta dans tous les cœurs. Dieu parut repousser l'hommage qui lui était offert par le sectaire forcené. Robespierre, qui avait gravi la montagne au bruit des applaudissements, la redescendit au milieu des injures et des menaces. Son retour aux Tuileries eut l'allure d'une fuite éperdue.

A Paris, au moins, le culte de l'Etre suprême était mort, tué par l'indignité de son prophète.

Les ordres étaient lancés dans les provinces. Partout on répéta le geste parisien, avec cette docilité qui enchante les politiques et désespère les philosophes.

Plus graves et plus religieuses que les fêtes de la Raison, les fêtes de l'Être suprême parurent aussi plus ennuyeuses. Les esprits restés religieux n'y voyaient qu'une parodie des cérémonies chrétiennes ; les indifférents les trouvaient longues et banales ; les hommes hostiles à toute religion blâmaient plus ou moins ouvertement cette maladroite tentative de restauration religieuse.

Soulaville, rédacteur aux *Annales patriotiques*, ne dissimulait pas son peu de sympathie pour le déisme de Robespierre et trouvait, pour le combattre, plus d'une raison originale et sérieuse :
« Quand on est persuadé de l'existence d'un maître invisible,
« qu'on croit exorable par des prières, des supplications, des
« hommages, des soins, des attentions, en un mot par toutes les
« considérations qui touchent et séduisent les hommes, on
« s'étudie à le capter, à le tromper même... La dévotion n'est
« qu'un commerce gratuit de tricherie et d'égoïsme, un véritable
« cours de fausseté. ».

En réalité, le déisme est une noble religion ; mais il ne peut être un culte. Religion sans dogmes, sans prêtres et sans temples, il vit de la seule vie de l'âme ; il est toute méditation, toute contemplation ; il met face à face l'homme et la divinité sans intermédiaires, sans témoins indiscrets. C'est une chose ailée et insaisissable, qu'on ne peut rendre sensible sans la dénaturer, qu'on ne peut fixer un instant sans la glacer ; quand on croit la tenir, elle est déjà morte.

Il n'est rien de plus grand ni de plus beau qu'un élan sincère de l'âme vers Dieu. Essayer d'écrire une invocation, de formuler un acte de foi, est déjà une entreprise scabreuse et délicate où ont échoué souvent les meilleurs esprits. Inventer un culte de toutes pièces, comme les philologues de nos jours inventent une langue, c'est courir de gaieté de cœur au ridicule.

Le programme des fêtes populaires est fatalement banal et borné ; processions, cavalcades, chars symboliques, discours, cantates, illuminations, feux d'artifice : tout cela paraît mesquin, quand la tradition ne l'a pas consacré, quand l'antiquité ne l'a pas rendu vénérable, quand le consentement général ne vient point lui prêter un sens et le vivifier.

Là où le culte de l'Être suprême parut vivre, un instant, c'est que l'enthousiasme révolutionnaire en fit la fête de la Patrie et de la Liberté.

Dans quelques villes, où elle eut quelque poésie et quelque douceur, on en fit presque une cérémonie chrétienne.

Trop souvent, il ne fut qu'une pompe officielle, où des acteurs jouèrent un rôle.

Le culte de l'Etre suprême serait probablement mort de langueur, si Robespierre eût vécu ; il périt avec lui de mort violente, le 10 Thermidor. Le pontife une fois disparu, la religion parut décapitée ; personne ne songea plus à s'y intéresser.

Nous verrons bientôt comment le catholicisme sut profiter du mouvement thermidorien pour se reconstituer et revivre, en pleine période révolutionnaire, d'une vie agitée, mais qui finit par le conduire à la victoire.

Même après la chute de Robespierre, le catholicisme resta pour tous les politiques jacobins l'ennemi naturel qu'il ne fallait pas se lasser de combattre, et beaucoup d'entre eux conservèrent encore l'espoir de donner à la république une religion nouvelle, nettement révolutionnaire et anticléricale.

Le culte de l'Etre suprême avait pris, suivant les lieux, deux formes distinctes. Ici, il avait tendu à se rapprocher du christianisme ; là, il n'avait été qu'une glorification de la Révolution et de la République. A cette double tendance religieuse et patriotique correspondent les deux derniers cultes révolutionnaires, dont il nous reste à parler : la *théophilanthropie* et le *culte décadaire* (1).

*
* *

La théophilanthropie fut le résultat d'une série d'études assez intéressantes, entreprises vers l'an IV par des jacobins qui essayèrent de se reconstituer en corps délibérants sous forme d'associations religieuses. Ils inventèrent successivement le *Culte des égaux* et le *Culte social,* qui demeurèrent à l'état de projets.

Daubermesnil, « un caractère romantique et enthousiaste »,

---

(1) Nous suivrons, pour la fin de ce chapitre, l'excellent livre de M. Albert Mathiez : *La Théophilanthropie et le Culte décadaire,* Paris, Alcan, 1903, in-8°.

imagina le *Culte des adorateurs*, religion scientifique et symbolique, où l'astronomie devait jouer un grand rôle :

« Le temple, dit Daubermesnil, sera ovale, orienté du Nord
« au Sud, deux fois plus long que large, couvert d'une voûte
« épaisse, éclairé par quatre fenêtres rondes, situées aux quatre
« points cardinaux, dominé par un observatoire d'où les savants
« étudieront le cours des astres... Les signes du zodiaque seront
« peints sur les murs intérieurs de l'édifice, et, au-dessous de
« chacun d'eux, on figurera trente papillons, symboles des
« moments fugitifs que Dieu nous donne. »

Presque au même moment, un autre rêveur, Benoit Lamothe, publiait dans le numéro 10 et dernier de l'*Observateur de l'Yonne* un projet de *Culte social*, inspiré de très près du catholicisme. Le ministre bénissait l'assemblée des fidèles et « prononçait en « français l'oraison du sage de la Galilée. ».

Un autre encore, Bressy, proposait un *Culte naturel*, fondé sur les vérités scientifiques, et accompagné « d'expériences capables « d'impressionner fortement les ignorants ».

Il y eut encore les *théistes*, adorateurs d'un Dieu et amis des hommes ; il y eut, à Toulon, les *adorateurs de la liberté et de l'égalité*.

Au milieu de toutes ces tentatives, on s'étonnera sans doute de ne pas voir figurer la franc-maçonnerie. Assez peu en faveur auprès du Directoire comme de la Convention, elle ne comptait plus, en 1796, que dix-huit loges en activité. La grande loge était en sommeil depuis 1792 (Mathiez, p. 83).

En septembre 1796, un libraire de Paris, nommé Chemin, publia un *Manuel des théoanthropophiles*, où il exposait ses idées sur l'organisation d'un culte déiste. A la base de sa religion, il plaçait une croyance de sentiment en l'existence de Dieu et en l'immortalité de l'âme. Sa morale se fondait sur l'utilité sociale. Son culte, très simple, pouvait être improvisé à peu près partout : quelques inscriptions morales, un autel très simple, sur lequel on déposerait, en signe de reconnaissance pour les bienfaits du Créateur, quelques fleurs ou quelques fruits, suivant les saisons, une tribune pour les lectures ou les discours : voilà tout l'ornement du temple.

Chemin ne tarda pas à trouver des adeptes, parmi lesquels le frère du physicien Hauÿ, Valentin. Comme le nom de *théoanthropophiles* ne paraissait pas assez harmonieux, on le changea en *théophilanthropes*, et, pendant quelques mois, le culte « célébré dans le silence des foyers domestiques' fit le bonheur de quelques sages ».

Le premier exercice public du culte théophilanthropique eut lieu le 26 nivôse an V (15 janvier 1797) dans la petite église Sainte-Catherine. Le service avait lieu tous les dimanches à 11 heures. De nombreuses adhésions se produisirent et rendirent bientôt l'église trop petite.

Les élections de l'an V ayant donné la majorité aux *clichiens*, catholiques et réactionnaires, le directeur La Revellière se rejeta vers la théophilanthropie, en haine du catholicisme, qui lui apparaissait comme un instrument d'oppression et de corruption. Il prit le nouveau culte sous sa protection et se donna beaucoup de mal pour convertir ses collègues. Le juriste Rewbel ne vit dans le nouveau culte qu'une concurrence à organiser contre le catholicisme. Barras se moqua franchement du mysticisme de La Revellière : « Il n'y a pas, lui dit-il, de bonne religion sans « martyrs ; pour faire prospérer la tienne et lui donner du relief, « tu devrais commencer par te faire pendre. »

Malgré les sarcasmes de Barras, La Revellière présenta la théophilanthropie à l'Institut dans un grand discours-programme instructif à plus d'un titre. Le nouvel apôtre s'y montra aussi peu religieux que possible, en exposant à la docte assemblée « qu'un homme qui a reçu une éducation soignée peut, sans « croyances et sans culte, exercer toutes les vertus sociales, « mais que cela n'est pas vrai d'un peuple ». Ce raisonnement devait être bien à la mode à la fin du xviiie siècle, puisqu'il eut dans la bouche de La Revellière le même succès que dans celle de Robespierre et dans celle de Chaumette.

Le nouveau culte, officiellement encouragé, se développa rapidement ; le coup d'État de Fructidor fut pour lui une vraie victoire. Il s'installa à Saint-Thomas d'Aquin, à Saint-Étienne du Mont, à Notre-Dame.

On eut le spectacle, nouveau en France, d'églises servant en même temps au culte catholique et au culte théophilanthropique. A Notre-Dame, les théophilanthropes occupaient le chœur de l'église ; les catholiques avaient adossé leur autel au portail du transept nord ; les administrateurs des deux cultes s'entendaient pour les heures et se partageaient les frais de l'entretien de l'édifice.

Les rapports entre les théophilanthropes et leurs *frères catholiques* n'étaient pas toujours très faciles. Les catholiques se montraient défiants et ombrageux ; leur foi intransigeante s'accommodait mal d'un partage avec un culte hérétique et à peine chrétien. Il ne faut pas s'en étonner ; il faut bien plutôt admirer que des hommes si différents aient pu, au lendemain de la Terreur, se supporter. Le fait prouve que la tolérance se serait très vite établie, si les calculs d'un ambitieux n'étaient venus bientôt tout remettre en question. Déjà, à Saint-Germain l'Auxerrois, théophilanthropes et catholiques vivaient en paix et bon accord.

Pendant quelques mois, le nouveau culte parut se développer avec vigueur. Il attirait à lui beaucoup de catholiques par la simplicité de ses rites et la douceur de son dogme, qui rejetait résolument la doctrine de l'Enfer.

Les élections de germinal an VI troublèrent cette prospérité naissante. Furieux de voir les jacobins revenir en grand nombre dans les Conseils, le Directoire accusa les théophilanthropes de faire de la propagande jacobine et leur retira ses bonnes grâces. Lors de l'inauguration du culte à Notre-Dame, le 10 floréal an VI (30 avril 1798), aucun personnage officiel n'y assistait.

La théophilanthropie avait cependant jeté d'assez profondes racines pour survivre à la crise. Elle avait des représentants dans un grand nombre de départements ; elle débordait même sur l'étranger et jusqu'en Amérique. Elle survécut deux ans au 18 Brumaire ; mais Bonaparte ne lui montra aucune tendresse et la supprima sitôt qu'il le put, comme un foyer d'idées révolutionnaires. A la prière du nonce du pape, Spina, il chassa les théophilanthropes de tous les édifices nationaux, le 12 vendémiaire an X (4 octobre 1801), et quand ils voulurent se réunir ailleurs, la police refusa de recevoir leur déclaration.

La théophilanthropie, qui, paraît-il, a encore des adeptes, est une tentative beaucoup plus intéressante que les cultes de la Raison et de l'Être suprême. On pourrait la définir un essai d'organisation du déisme chrétien.

Elle se rattache au christianisme par l'idée qu'elle se fait de Dieu ; elle répudie toute relation avec le judaïsme ; elle renonce au dieu « jaloux et vengeur » de la Bible, pour s'en tenir uniquement au Dieu paternel et bienveillant de l'Évangile.

Tout son dogme tient dans cette croyance.

Toute sa morale, dans le principe de l'amour des hommes.

Le culte est une sorte de compromis entre l'austérité du culte calviniste et la pompe du culte catholique.

Comme les protestants, les théophilanthropes bannissent de leurs temples les images de la Divinité.

Ils les remplacent par des inscriptions morales :

« Le bien est tout ce qui tend à conserver l'homme ou à le per-« fectionner, le mal est tout ce qui tend à le détruire ou à le « détériorer.

« Adorez Dieu ; chérissez vos semblables ; rendez-vous utiles « à la patrie.

« Femmes, voyez dans vos maris les chefs de vos maisons ; « maris, aimez vos femmes, et rendez-vous respectivement « heureux. »

L'autel n'existe que pour mémoire ; c'est un cippe, sur lequel on place une simple corbeille de fleurs, le plus souvent fausses. Dans les grandes fêtes, l'autel est fait de verdure, paré de fleurs véritables, et le pavé du temple est couvert de plaques de gazon.

L'officiant, marié ou veuf, a un costume : tantôt c'est une longue robe blanche, tantôt c'est une toge rattachée par une ceinture de soie bleue brodée de fleurs au naturel.

La secte a publié des rituels, des missels, des recueils d'odes et de prières (1) ; elle tend visiblement à organiser un culte régulier, très semblable à celui de l'Eglise anglicane.

L'office solennel du dimanche commence par le chant d'introduction *Adorateurs de l'Eternel*, dont tous les assistants répètent en chœur le refrain. Le célébrant récite ensuite une invocation en prose à l'Etre suprême, « ce Dieu de bonté à qui le théophilan-« thrope n'adresse point d'indiscrètes prières », car il sait que tout ce qui arrive devait arriver, et il s'y conforme de bon cœur.

L'invocation est suivie du chant d'un hymne. Puis le lecteur reprend la parole pour l'examen de conscience. Il demande à ses frères s'ils ont rempli leurs devoirs envers eux-mêmes, envers leur famille, envers la société.

Une nouvelle invocation et un nouvel hymne terminent la première partie de la cérémonie.

La seconde partie comprend une homélie et des lectures morales entremêlées de chants.

La troisième partie comporte une invocation à la patrie

---

(1) *Recueil de cantiques, hymnes et odes pour les fêtes religieuses et morales des théophilanthropes, ou adorateurs de Dieu et amis des hommes, précédés des invocations et formules qu'ils récitent dans lesdites fêtes.* Paris, an VI, in-8°.

et une exhortation finale. Le lecteur demande à Dieu « de « protéger le sol natal contre l'invasion ennemie, de faire régner « les vertus publiques, d'éloigner les guerres civiles, d'inspirer « aux magistrats l'esprit de justice et de désintéressement ».

Malgré les efforts des ritualistes pour amener la secte à l'unité, l'office théophilanthropique comporta de grandes variétés, et finit, dans l'Yonne, par ressembler à une véritable messe avec *Introït, Gloria, Credo, Préface, Adoration, Pater, Agnus Dei* et *Alleluia.*

Le *Credo* que l'on chantait sur l'air du *Chant du départ*, était rempli de souvenirs chrétiens :

> Je crois en un seul Dieu, du ciel et de la terre
> Créateur sage et tout-puissant,
> Qui dans l'immensité répandit la lumière,
> Mit un frein au vaste Océan.
>
> . . . .
>
> Nous croyons que Jésus fut envoyé sur terre
> Pour nous instruire et nous guider,
> Pour réformer la loi, cette loi salutaire,
> Mais non, dit-il, pour la changer.
> Je jure de rester fidèle
> A son Evangile sacré.
> Où trouver doctrine plus belle ?
> De Dieu même il fut inspiré.
> Le méchant, paré d'un faux zèle,
> Profane un titre glorieux.
> Le vrai chrétien, le vrai fidèle,
> C'est l'homme juste et vertueux.

La théophilanthropie avait encore des offices pour les baptêmes, les mariages et les enterrements.

Le baptême était une initiation à la vie et non une purification. La théophilanthropie rejetait l'idée du péché originel :

> Abaisse un regard paternel,
> Sublime auteur de la nature,
> Sur l'innocente créature
> Que l'on présente à ton autel.
> Dieu bon ! d'un crime imaginaire
> Pourrais-tu punir un enfant ?
> Aux vœux d'un peuple suppliant
> Protège l'enfant et sa mère !

Le mariage était assez mal vu, à la fin du dix-huitième siècle ; les hommes de cette époque, très sceptiques et très sensuels, n'y voyaient qu'une chaîne maussade, et le divorce, voté le 20 septembre 1792, avait eu à Paris un succès effrayant.

Les théophilanthropes essayèrent de remettre le mariage en honneur. Les époux étaient enlacés de rubans et de guirlandes de fleurs dont les extrémités étaient tenues par de jeunes enfants ; l'époux passait l'anneau nuptial au doigt de l'épouse, et le célébrant leur disait : « Jeunes époux, soyez toujours unis « aussi étroitement que le sont entre elles les deux parties de « cette alliance. » Il prononçait un discours de circonstance, et la cérémonie s'achevait par le chant d'un hymne :

> Pour enchaîner nouveaux époux
> Formons des guirlandes légères,
> Symbole des nœuds les plus doux.
> Tendres amants, jeunes époux,
> Goûtez des jours longs et prospères
> Et chantez, chantez avec nous :
> Vivre pour ce qu'on aime,
> Rendre heureux qui nous aime,
> C'est le premier devoir, c'est le bonheur suprême.

Et, pour faire honte aux célibataires, une strophe vengeresse ajoutait :

> Vous qui fuyez le nœud charmant
> Que l'hymen offre à la jeunesse,
> Ah ! quel est votre égarement !
> Dans le plus triste isolement,
> Un jour, l'ennui de la vieillesse
> Deviendra votre châtiment.

Les funérailles comportaient un sage éloge du mort, s'il avait bien vécu ; un silence charitable, s'il n'avait pas été vertueux.

L'assemblée se séparait sur un hymne funèbre de facture parfois assez médiocre :

> Mourir est une loi commune
> Imposée à tous les états :
> Jeunesse, grandeur et fortune,
> Rien ne peut soustraire au trépas.
> Mais que peut craindre en l'autre vie
> L'homme juste et bon citoyen,
> Celui qui chérit son prochain
> Et qui servit bien sa patrie ?
> Oui, l'âme est immortelle, ô consolant espoir !
> Amis, au sein de Dieu, nous pourrons nous revoir.

Henri Heine a dit du catholicisme « qu'il était une bonne « religion d'été ». La *théophilanthropie* n'est qu'une pastorale et qu'un décor : trop compliquée pour une philosophie, trop nue pour une religion, elle ne peut convenir qu'aux âmes médiocres et tièdes, sans curiosité, sans enthousiasme et sans élan.

Les hommes politiques s'arrêtaient fort peu à ces berquinades ; mais, engagés dans une lutte à fond contre le clergé catholique, ils songèrent à créer, en France, une religion laïque et républicaine. Comme les empereurs romains avaient fondé le culte de Rome et d'Auguste, ils entreprirent de créer le culte de la Patrie... et du Directoire ; ces réalités sensibles leur semblaient bien autrement intéressantes que les mystères de l'ancienne foi ou les pâles moralités de la théophilanthropie. Il leur parut souverainement politique d'inculquer à tous le culte de l'Etat, source de leur propre puissance.

Un arrêté du 14 germinal an VI (3 avril 1798) rappela les populations à l'observance des fêtes décadaires, consacrées par le calendrier républicain.

Les lois des 17 thermidor (4 août) et 23 fructidor (9 septembre) aggravèrent encore le décret, défendirent tout travail le décadi et punirent les contrevenants de l'amende et même de la prison.

François de Neufchâteau, ministre de l'intérieur, rédigea le manuel du nouveau culte, qu'on voulut uniforme dans toute la France, sans les variétés locales qu'on avait maintes fois signalées déjà, et qui parurent déplacées dans une œuvre strictement officielle.

Le nouveau culte offrit aux patriotes un certain nombre de grandes fêtes, consacrées aux divinités de l'Olympe politique.

Le 9 thermidor, on célébra la fête de la Liberté par un cortège triomphal, où figurèrent les œuvres d'art conquises par l'armée d'Italie et destinées à orner désormais le berceau de la Liberté. Les élèves du Conservatoire exécutèrent le *Carmen sæculare* d'Horace, mis en musique par Philidor, et une ode de Lebrun, musique de Lesueur.

La fête du 10 août fut marquée par des courses de chars et par un feu d'artifice, où l'on brûla les attributs de la royauté.

L'anniversaire du 18 fructidor rappelait la victoire du parti régnant, et, quoique les guerres civiles ne comportent pas de triomphes, le Directoire voulut célébrer « ce jour de justice et « de clémence ».

Sur un piédestal, une Justice tenait le glaive levé; mais la Clémence arrêtait son bras et montrait du doigt l'Occident, spirituelle allusion à la Guyane, où 53 représentants avaient été déportés.

La fête de la République (1er vendémiaire) coïncida avec la distribution des récompenses de la première exposition industrielle.

Le 21 janvier (2 pluviôse), le Directoire et les autorités se rendaient au temple de la Victoire (Saint-Sulpice) pour y prêter le serment de haine à la royauté.

La fête de la Souveraineté du peuple avait lieu le 30 ventôse, veille de la réunion des assemblées électorales. Elle avait pour but principal « d'enflammer l'âme et les esprits des citoyens, de les « remplir du sentiment de leur propre dignité, de les disposer « par ce moyen à ne faire que des choix qui les honorent eux-« mêmes, à fonder ainsi pour jamais la gloire et le bonheur de la « République ».

Il y eut encore des fêtes de la Jeunesse, des Epoux, de l'Agriculture, de la Reconnaissance, de la Vieillesse.

Le peuple de Paris, toujours si amoureux de bruit et de mouvement, courait aux danses, aux concerts et aux feux d'artifice. Une liberté singulière régnait, ces jours-là, dans la ville. On vit une fois plus de cinq cents coureurs se disputer le prix de la course au Champ-de-Mars; ils appartenaient à toutes les classes de la société. Parmi eux figuraient un trésorier des guerres et le citoyen Lenoir, directeur des Monuments français.

On s'amusait ainsi beaucoup, mais parfois aux dépens des autorités, et l'on ne voit pas très bien le profit moral que le gouvernement retira de toutes ces cavalcades et de toutes ces exhibitions.

*
* *

Le culte décadaire proprement dit était encore plus froid.

Les églises, transformées en temples décadaires, devaient être garnies de tribunes réservées aux vétérans des armées nationales, aux instituteurs de la jeunesse et à leurs élèves. Le public remplissait les nefs.

A onze heures du matin, les autorités constituées, en costume officiel, entraient dans le temple au son des orgues, et s'installaient sur une estrade placée au chevet de l'édifice. Vingt-cinq gardes nationaux, portant des branches d'olivier, escortaient les magistrats et assuraient le service d'ordre.

La cérémonie commençait par la lecture des lois. Puis le président interrogeait les élèves des écoles sur les articles de la constitution et sur les lois nouvelles. Un hymne ou une symphonie suivaient l'interrogatoire.

On lisait ensuite le *Bulletin décadaire*. On proclamait au son des trompettes les noms des citoyens morts pour la patrie.

Les citoyens qui s'étaient signalés par des actes de courage recevaient une couronne civique au bruit des fanfares. On procédait enfin au mariage de tous les fiancés du canton, que le président « exhortait à vivre dans la concorde et l'union ».

La séance était levée « aux sons d'une symphonie d'un mou-
« vement vif et rapide et propre à inspirer aux citoyens des
« sentiments généreux et fraternels ».

On a peine à comprendre que des cérémonies aussi parfaitement ennuyeuses aient pu avoir en France la moindre vogue. On les vit cependant assez fréquentées, et elles se maintinrent jusqu'au 7 thermidor an VIII (27 juillet 1800); mais on ne saura jamais au prix de quelles tracasseries le gouvernement était parvenu à les faire durer aussi longtemps.

Cette institution avait été considérée par le Directoire comme une loi de salut national ; elle représente, en effet, parfaitement la conception politique du culte révolutionnaire.

La Révolution est devenue la véritable Divinité ; elle s'est d'abord adressée à l'ancienne Église et lui a demandé de l'installer sur ses autels ; sur son refus, elle s'est présentée elle-même à l'adoration du peuple au nom de la Raison et de l'Être suprême ; elle a fini par comprendre qu'elle avait dans les magistrats un clergé à ses ordres, dans tous ceux qui vivent de l'Etat ou qui le craignent des fidèles tout désignés, et elle les a contraints à venir, chaque décadi, lui prêter foi et hommage. Mais un parti, si grand qu'il soit, n'est pas un dieu.

LE CATHOLICISME PENDANT LA RÉVOLUTION

La période de dix ans qui s'étend de 1791 à 1801 fut, pour l'Eglise française, un temps de persécution, dont le point initial doit être cherché dans la constitution civile du clergé.

Au mois de janvier 1791, quand le serment commença d'être requis, la constitution civile n'était pas encore condamnée par le pape ; mais on savait que le roi lui était contraire, que quatre évêques sur cent trente-cinq lui avaient donné leur adhésion, et que ceux qui avaient refusé le serment avaient déclaré la constitution entachée de schisme et d'hérésie.

Tout ce qui, en France, tenait encore pour l'ancien régime fit bloc contre le serment ; tout ce qui tenait pour la Révolution poussa, de toutes ses forces, à l'acceptation de la nouvelle charte ecclésiastique.

Trente archevêques ou évêques l'avaient, dès le 30 octobre 1790, attaquée dans un livre qui fit grand bruit : *Exposition des principes sur la constitution civile*.

Dix-huit évêques constitutionnels répondirent par l'*Accord des vrais principes de l'Eglise, de la morale et de la raison sur la constitution civile du clergé de France*. Ils offrirent leur ouvrage au pape et terminèrent leur lettre par une citation de Bossuet très habilement choisie : « Vous ne croirez, Très Saint-Père, que les « conseillers amis qui vous diront, avec Bossuet, qu'il faut con-« server inviolablement les droits primitifs donnés par Jésus-« Christ à son Église, maintenir de votre mieux ceux qui lui ont « été accordés dans la suite, et vous relâcher à propos de ces « droits acquis, et non primitifs, lorsque le bien et la paix de « l'Église le demanderont. »

Dans le Puy-de-Dôme, le curé de Vernines, Dufraisse, se fit l'avocat convaincu de la constitution civile (1).

Dans l'Indre, le curé de Mouhers, André Doreau (2), publia une

---

(1) *Réflexions sur la constitution civile du clergé*, 1791.
(2) *Réponse de M. André Doreau à une lettre que lui écrivait un curé pour le consulter sur les affaires présentes*, 1791.

des plus habiles et vigoureuses apologies que l'on connaisse de la constitution civile et du serment ecclésiastique.

La constitution eut une fortune bien différente suivant les régions. Elle échoua à peu près complètement en Flandre, en Artois, en Normandie, dans le Maine, l'Anjou et la Bretagne; elle suscita des troubles en Poitou, à Bordeaux et en Lozère; elle fut repoussée à Toulouse et à Toulon; elle amena de graves désordres en Corse, en Provence, en Dauphiné, à Strasbourg (Sciout, *Hist. de la constit. civile*). Elle recueillit de nombreuses adhésions dans les grandes villes et dans le centre du royaume.

Dans l'Indre, sur 339 curés ou vicaires, 291 prêtèrent le serment constitutionnel.

Le Cher ne donna la majorité aux opposants que dans le district de Bourges; dans les six autres districts, les constitutionnels l'emportèrent (1).

Le Puy-de-Dôme se partagea à peu près par moitié : 481 jureurs contre 434 opposants (2).

Quelques prêtres manifestèrent en signant une adhésion sincère et enthousiaste à l'Église constitutionnelle. Beaucoup prêtèrent le serment « sans phrases ». D'autres, en assez grand nombre, mirent des restrictions à leur acceptation, déclarant qu'ils n'entendaient pas, par ce serment, se séparer de l'Église ni rien faire de contraire à la foi. Bien des rétractations eurent lieu, lorsque le pape se fut prononcé.

On ne peut pas savoir exactement quel fut le chiffre total des adhésions. Il y eut probablement un peu plus du tiers du clergé, et un peu moins de la moitié, à accepter les faits accomplis (Debidour, *Rapports de l'Église et de l'État*); mais le malheur voulut qu'il y eût aussitôt, entre ces deux fractions du clergé, scission profonde et irrémédiable, contradiction exaspérée jusqu'à la haine et au mépris.

Il n'en faut pas faire un grief à l'Eglise : il ne pouvait pas en être autrement ; les passions politiques et religieuses, alors chauffées à blanc, devaient des deux côtés embraser les cœurs, les remplir de colère et d'indignation.

Mettons-nous, un instant, à la place d'un jureur consciencieux

---

(1) Marcel Bruneau. *Les Débuts de la Révolution dans les départements du Cher et de l'Indre*, Paris, 1906, in-8.

(2) Archives du Puy-de-Dôme. *Listes de fonctionnaires publics qui ont obéi à la loi du 26 décembre, qui ont refusé le serment ou qui l'ont prêté avec restriction.*

et patriote. La Révolution a proclamé les grands principes chrétiens de liberté, égalité et fraternité, qui ont toujours fait la base du droit ecclésiastique ; elle a déposé les puissants et exalté les humbles ; elle a tiré les pasteurs des villes et des campagnes de dessous le joug épiscopal ; elle leur a donné l'aisance et la dignité de la vie ; elle les invite à collaborer avec tous les magistrats du royaume au triomphe de la justice et au bonheur de la nation. La constitution a pour elle l'immense majorité des représentants, elle a été sanctionnée par le roi ; et le serment que la loi vient demander à ce simple prêtre, il ne se reconnaîtrait pas le droit de le refuser, car c'est le serment de fidélité aux lois de la patrie, et un prêtre ne peut être ni un fauteur de séditions, ni un révolté.

Entrons, maintenant, dans les raisons d'un réfractaire également droit et honnête. A cet homme, hier encore attaché à sa maigre cure, comme le serf d'autrefois à la glèbe, la loi vient offrir une situation pécuniaire des plus enviables et les perspectives les plus brillantes ; mais, pour toucher ce traitement de 2 ou 3.000 livres, pour jouir de ces prérogatives, il faut sanctionner par son serment l'expropriation de l'Eglise, la destruction des ordres religieux, l'invasion des monastères et des églises, la mainmise de politiques ambitieux sur les droits les plus précieux de l'Eglise ; il faut se séparer de l'épiscopat français presque tout entier, s'exposer peut-être à l'excommunication comme schismatique, comme hérétique, comme scandaleux. Et le prêtre, détournant ses regards des présents qu'on lui offre, accepte la misère, la calomnie et la persécution pour rester fidèle à son devoir et à sa foi.

Est-il possible que deux hommes aussi différents se tolèrent, en un moment si solennel et si tragique ? N'est-il pas évident que, pour le jureur, le réfractaire n'est qu'un aristocrate et un mauvais citoyen, et que, pour le réfractaire, le jureur n'est qu'un renégat et un simoniaque ? — Traître ! s'écrie le premier — Judas ! répond l'autre — et ces deux hommes, qui eussent vécu en paix sous une loi plus libérale, vont se combattre par tous les moyens, comme des frères ennemis.

La foi exalte ceux qu'elle touche, comme fait l'amour de la patrie, comme fait la famille, comme font l'art, la science, la politique, comme fait tout ce qui passionne les hommes, tout ce qui les prend au cœur. Toutes les grandes idées ont leurs fanatismes, et, dans chaque homme de cœur, sommeille un fanatique, qu'un législateur prudent ne cherche pas à réveiller.

Ces tristes luttes ont laissé dans les esprits des traces encore vivantes. Les écrivains révolutionnaires se montrent généralement favorables au clergé constitutionnel ; les écrivains catholiques lui dénieraient volontiers toute vertu.

« Le gros de l'armée assermentée, dit Mortimer-Ternaux, se
« composait de curés timides et naïfs, qui ne voulaient pas, sur
« une question qu'ils regardaient comme assez indifférente, se
« séparer des ouailles qu'ils étaient habitués à conduire ; d'ecclé-
« siastiques qui convoitaient les places les plus élevées de la
« hiérarchie sacerdotale, que le suffrage populaire, si étrange-
« ment appliqué en pareille matière, allait attribuer désormais ;
« d'anciens moines défroqués qui ne sortirent de leur cloître
« que pour se jeter sur les biens terrestres avec d'autant plus
« d'avidité qu'ils avaient jadis fait profession de les mépriser, et,
« enfin, de prêtres interdits qui vinrent de toutes les parties de
« l'Europe s'abattre sur la France. » (*Hist. de la Terreur*, I, p. 16.)

Qu'il y ait eu dans le clergé constitutionnel des timides, des cupides, des ambitieux, c'est chose certaine. Il y eut même des misérables, comme Lindet, évêque de l'Eure, qui osa faire dans un mandement l'apologie des massacres de septembre. Il y eut aussi parmi eux des patriotes hardis, qui ne désespérèrent jamais du salut de la France ni de la liberté, comme l'évêque de Coutances, Bécherel, qui s'accommodait d'une statue de la Liberté dans la nef de sa cathédrale : « Cette statue, mes frères, n'est point une
« déesse ni une idole : c'est uniquement l'emblème de la liberté
« française, qui présente la constitution de l'an III à laquelle
« nous avons juré attachement et fidélité ; c'est le signe de l'allé-
« gresse publique à l'occasion des triomphes de la République
« et de la paix qui les couronne. » Il y eut des braves, comme Grégoire, qui siégea en costume épiscopal sur les bancs de la Convention jusqu'à la fin de l'Assemblée.

Il y avait encore, en 1801, deux ou trois mille prêtres constitutionnels fidèles à leur serment civique et à leur foi.

Le clergé réfractaire montra dans la persécution une indomptable énergie, qui lui mérita l'estime de Carnot lui-même ; mais il y eut dans ses rangs, à côté de prêtres vraiment saints et apostoliques, des aristocrates effrénés, des conspirateurs sans vergogne, des aventuriers sans scrupules et sans merci.

Il y eut, dans chaque champ, du bon grain et de l'ivraie. Une sage culture eût tendu à les séparer ; on fit tout, au contraire, pour étouffer les plantes utiles sous les végétations malsaines et dévastatrices.

La tactique uniforme dans les deux partis fut la même : pousser sans relâche à la violence, aux excès, aux paroxysmes. L'histoire religieuse de cette période n'est qu'une furieuse bataille de dix ans, qui n'eut pas un jour de trêve.

L'Assemblée Constituante n'avait d'abord exigé le serment civique que du clergé paroissial. Le 5 février 1791, elle l'imposa aux simples prédicateurs. Le 4 avril, elle donna l'ordre aux municipalités de poursuivre tous les réfractaires qui se seraient avisés de continuer leurs anciennes fonctions. Le 15 avril, elle soumit au serment les aumôniers des prisons et des hospices.

Cependant, à côté du culte officiel qui s'exerçait dans les églises paroissiales, les réfractaires tentèrent d'organiser le culte orthodoxe dans des chapelles et des locaux loués par eux à des particuliers.

Des violences odieuses furent exercées par la populace contre les femmes qui voulaient suivre ces offices.

A Paris, le 9 avril 1791, des dames furent fouettées en pleine rue, sous les yeux narquois de la garde nationale. Des scènes du même genre se renouvelèrent, le 9 et le 17 avril. A Nantes, les dames du parti révolutionnaire envahirent avec une troupe de fouetteuses un couvent de religieuses qui se refusaient à recevoir l'évêque de la Loire-Inférieure. A Lyon, une pauvre jeune femme, fouettée à la porte de l'église et roulée dans la boue, mourut le lendemain des suites des mauvais traitements qu'elle avait reçus. A Bordeaux, deux sœurs de charité furent, à plusieurs reprises, plongées dans la Garonne et retirées du fleuve à demi noyées. Dans d'autres endroits, on faisait monter sur des ânes les fidèles qui persistaient à aller à la messe orthodoxe, et on les menait par les rues, la queue de la bête dans la main, au milieu des lazzi et des huées.

Ces abominables excès tirèrent les autorités de leur torpeur.

Comme le roi avait été insulté à la chapelle des Tuileries par un grenadier de service, qui lui reprochait d'entendre la messe d'un réfractaire, le directoire du département de la Seine déclara licite le culte réfractaire dans des locaux loués par les fidèles, et l'Assemblée approuva cette décision, le 7 mai 1791, tout en interdisant aux évêques réfractaires tout exercice de leur ministère et aux prêtres toute polémique.

La liberté des cultes n'en était pas moins officiellement reconnue, et un *modus vivendi* tolérable enfin trouvé.

Si l'Assemblée avait persisté dans cette voie, la France se serait peu à peu habituée aux mœurs de la liberté ; les deux Eglises eussent fini par se tolérer, et, avec le temps, le schisme se fût éteint de lui-même, ou l'Eglise nationale eût fini par triompher.

Le voyage de Louis XVI à Varennes et les colères qu'il suscita ravivèrent toutes les persécutions contre les prêtres réfractaires. L'Assemblée n'osa pas les attaquer directement, mais les laissa à la merci des autorités départementales qui commirent mille excès.

L'Assemblée législative se montra beaucoup plus anticléricale que la Constituante. Impatiente d'en finir avec l'opposition, elle ferma, dès le 27 novembre 1791, toutes les églises et chapelles aux prêtres réfractaires. Louis XVI refusa de sanctionner ce décret ; les directoires de département l'appliquèrent cependant, comme s'il avait été sanctionné.

Le 6 avril 1792, les congrégations enseignantes, tolérées jusque-là, disparurent, et l'Assemblée prohiba le port du costume ecclésiastique en dehors des temples.

Le 13 mai, aux Jacobins, Legendre conseilla la noyade des réfractaires, comme le meilleur moyen d'en finir avec cette éternelle question.

Le 27 mai, l'Assemblée vota la première loi de persécution véritable. Les directoires de département étaient autorisés à déporter les réfractaires sur la seule demande de vingt citoyens actifs d'un canton. Le roi opposa son *veto* ; mais cette loi n'en fut pas moins appliquée, dans beaucoup de départements, grâce à l'anarchie générale qui laissait toute liberté aux révolutionnaires.

L'Eglise constitutionnelle reçut elle-même le contre-coup de la mauvaise humeur de l'Assemblée. La procession de la Fête-Dieu sortit dans Paris comme d'habitude ; mais la garde nationale ne fit point la haie sur son passage, et les autorités n'y assistèrent pas en corps. L'Eglise constitutionnelle, dix-huit mois après sa création, n'était déjà plus considérée comme une institution officielle.

Le 19 juillet, les évêchés furent mis en vente, et les évêques reçurent une indemnité de logement égale au dixième de leur traitement.

Dans ce même mois, eurent lieu à Limoges et à Bordeaux les premiers assassinats de prêtres.

Le 4 août, les derniers couvents furent licenciés, contrairement aux engagements pris par la Constituante à l'égard des religieux et religieuses qui avaient voulu continuer la vie commune.

L'internement du roi au Temple, après le 10 août, amena l'incarcération d'un grand nombre de prêtres dans les prisons de Paris et de la province.

Désespérant de les arrêter tous, l'Assemblée décréta, le 26 août, que tous les réfractaires devraient quitter le royaume dans le délai de quinze jours, sous peine d'être transportés à la Guyane. Tous les ecclésiastiques non assujettis au serment devaient être jugés d'après cette même loi, quand ils auraient occasionné des troubles, ou quand leur déportation serait réclamée par six citoyens domiciliés dans leur département.

Du 2 au 6 septembre, les massacreurs « nettoient » les prisons de Paris en égorgeant un millier de prisonniers, parmi lesquels beaucoup de prêtres et de religieux. « Ni Danton ni aucun des « gouvernants d'alors n'essayèrent de punir les meurtriers ; « on ne voulut pas risquer une guerre civile pour venger des « aristocrates. » Lavisse (et Rambaud, *Hist. générale*, t. VIII, p. 156, *l'Ass. législative* par M. Aulard.)

Les 10 et 12 septembre, l'Assemblée ordonna la conversion en monnaie de tous les objets conservés dans les églises, à l'exception des vases sacrés et des ostensoirs.

Cependant la France restait, en majorité, catholique. La plupart des assemblées électorales qui nommèrent les députés à la Convention s'ouvrirent par une messe et se terminèrent par un *Te Deum*.

La Convention parut même, tout d'abord, moins hostile au clergé que l'Assemblée législative.

Le 30 novembre 1792 et le 11 janvier 1793, elle déclara qu'elle n'avait jamais eu l'intention de priver le peuple des ministres du culte catholique, que la constitution civile du clergé lui avait donnés.

Le 30 mai 1793, la veille de la grande émeute qui balaya la Gironde, les processions de la Fête-Dieu sortirent librement dans Paris.

L'article 122 de la constitution du 24 juin 1793 garantit à chaque Français le libre exercice de son culte.

Le 27 juin, la Convention reconnut solennellement que le traitement des ecclésiastiques faisait partie de la dette publique.

Mais, si l'Assemblée acceptait le culte constitutionnel, elle menait toujours rude guerre contre les réfractaires.

Le 14 février 1793, elle octroyait une prime de 100 livres à quiconque arrêterait un prêtre déportable.

Le 18 mars, elle rappelait la loi en vertu de laquelle le prêtre exilé qui rentrait en France devait être exécuté dans les vingt-quatre heures.

Le 21 avril, elle déclarait déportable à la Guyane tout ecclésiastique séculier ou régulier qui aurait refusé de prêter le serment de fidélité à la liberté et à l'égalité républicaines. Ceux mêmes qui avaient prêté ce serment restaient passibles de la même peine pour *incivisme*.

Les vieillards et les infirmes devaient être reclus. Ceux qui ne se soumettraient pas à la loi seraient mis à mort dans les vingt-quatre heures.

L'Église constitutionnelle était à peine moins rudement traitée.

La Convention poussait au mariage des prêtres, conservait leur place et leur traitement aux prêtres mariés (19 juillet-12 août), ordonnait la fonte des cloches pour en faire des canons (22 juillet), faisait briser la Sainte-Ampoule de Reims (7 octobre), retirait à tout ecclésiastique et à toute religieuse le droit de tenir école (28 octobre), étendait enfin aux prêtres constitutionnels eux-mêmes la terrible loi d'avril en cas d'incivisme (23 octobre). Il est aisé d'imaginer à quel arbitraire pouvait prêter une accusation aussi vague et aussi élastique.

Les représentants en mission profitèrent aussitôt de cette loi pour déclarer suspect tout prêtre qui ne consentait pas à se marier ou à se déprêtriser.

L'ex-bénédictin Laplanche, représentant en mission dans le Cher et le Loiret, se vante d'avoir mis partout la terreur à l'ordre du jour : « Je n'avais pas d'instructions, dit-il : mon seul guide « a été le génie révolutionnaire... Il faut couper des têtes... La « Révolution ne peut s'affermir qu'autant que son pied baignera « dans le sang. »

Ce que Laplanche fait dans le Cher, l'ex-théatin Lanneau le fait dans le diocèse d'Autun ; l'ex-oratorien Fouché, dans la Nièvre.

Il semble que l'Église n'ait pas de plus cruels ennemis que ces anciens fils, dont l'amour désabusé s'est tourné en haine furieuse.

Quand la commune de Paris se décide brusquement à jeter le masque, les esprits ont été partout préparés et la déchristianisation de la France s'opère en apparence avec une rapidité stupéfiante. Le vieil édifice, sapé par la base depuis de longs mois, s'écroule, en quelques jours, au milieu de la joie sauvage des foules. Des mascarades indécentes promènent par les rues des ânes affublés de chasubles et coiffés de mitres. La commune décrète la démolition des clochers « qui, par leur domination sur « les autres édifices, semblent contrarier les principes de l'égalité ». Des évêques se déprêtrisent ; 2.000 prêtres se marient. Ceux qui s'obstinent à rester fidèles à leur foi sont suspects à l'autorité et deviennent bien vite les souffre-douleurs des tyranneaux de village.

L'abbé Glaize, curé constitutionnel de Glux, dans la Nièvre, est arrêté, dans la nuit du 8 au 9 brumaire, et conduit à Château-Chinon, où on le mène à l'auberge au milieu d'une soixantaine d'ivrognes. Il est à peine aperçu qu'on le traite de fanatique, de charlatan, de scélérat, sans le connaître, sans savoir de quoi il est accusé, sans aucun motif particulier d'animosité contre lui, uniquement par haine du prêtre et pour le plaisir de l'insulter. A Corbigny, mêmes invectives et mêmes menaces. Si, par hasard, il prononce le nom de Dieu, on lui dit « que le bon Dieu était trop « vieux et qu'on veut en faire un tout neuf ». Sur le chemin de Nevers, les passants complimentent les gendarmes qui le mènent : « Oh ! les bons chasseurs que vous êtes... le gibier est « donc bien commun dans votre pays ?... » Emprisonné à Nevers, il obtient des autorités de Glux un certificat de civisme ; deux de ses paroissiens viennent le réclamer à Fouché · « Vous demandez votre curé ?... S'il aime bien les femmes, nous « vous le rendrons, dit le représentant ; si c'est un cagot, nous le « guillotinerons ! » Il est, enfin, rendu à la liberté et renvoyé dans sa cure, avec défense de faire le moindre acte cultuel. Au printemps de 1794, il regagne l'Auverge, sa terre natale, déguisé en paysan. Il apprend en chemin que l'évêque constitutionnel Goutte vient d'être arrêté et sera guillotiné. On lui dit qu'un de ses amis, le curé de la Grande-Verrière, a été arrêté la nuit dans son lit, traîné à demi nu jusqu'à Autun, et est devenu fou de peur. Un commissaire de la Société populaire d'Autun se prend d'amitié pour lui dans une auberge et lui raconte, pour le divertir, qu'il vient de condamner huit prêtres à la déportation. Il ajoute, en riant : « Je crois qu'ils n'iront « pas loin ; les poissons en vont bientôt faire un *gueuleton*. » (*Mémorial de l'abbé Antoine Glaize*, publié par l'abbé Edouard Peyron, Le Puy, 1901.)

Cependant Robespierre s'était décidé à attaquer l'athéisme de la Commune. On l'entendit, le 1er frimaire an II, aux Jacobins, prendre la défense de la tolérance : « La Convention n'a point, « disait-il, proscrit le culte catholique... elle ne le fera jamais. « Son intention est de maintenir la liberté des cultes... On a « dénoncé des prêtres pour avoir dit la messe ; ils la diront plus « longtemps, si on les empêche de la dire. Celui qui veut les « empêcher est plus fanatique que celui qui dit la messe. »

Le lendemain, la Convention accorde des pensions de 800 à 1200 livres aux évêques, curés et vicaires déprêtrisés.

Le 16 frimaire, la Convention défend toutes violences contraires à la liberté. Le culte catholique se célèbre à huis clos dans des maisons particulières.

Cette tolérance n'implique, du reste, aucun respect des croyances chrétiennes. Le citoyen Etienne Barry, de la section Guillaume Tell, se félicite de l'avènement de la Raison : « Nous ne nous bat- « trons plus pour la religion de Jésus, fils de Dieu, Dieu lui-même « et homme tout ensemble, né dans une étable d'une vierge mor- « telle,... mort sur une croix devant tout le monde et ressuscité « trois jours après devant personne ; mais nous n'empêcherons « pas que ceux à qui ces opinions paraissent claires, satisfaisantes, « raisonnables, ne les conservent pour leurs menus plaisirs. »

— Voilà l'opinion d'un jacobin libéral et tolérant.

Les conventionnels considèrent la religion catholique comme « une plaie du corps social, un danger permanent pour la « république et le genre humain » (Mathiez, p. 24).

Les lois continuent donc à se montrer inexorables.

Le recéleur de prêtres est puni de mort comme le prêtre lui-même (22 germinal-11 avril 1794). Le prêtre reclus qui s'évade est puni de mort (2 floréal-11 mai).

La chute de Robespierre enraye la Terreur ; mais les thermidoriens continuent, en l'aggravant, la politique anticléricale de la Convention.

La loi du 2e jour complémentaire de l'an II (18 sept. 1794) abolit les derniers vestiges de l'Eglise constitutionnelle. La république sert encore des pensions aux prêtres apostats et aux constitutionnels patriotes ; mais elle ne salarie plus aucun culte et maintient néanmoins toutes les lois précédentes contre les prêtres. Ces lois sont rappelées à l'attention des autorités républicaines par les décrets du 22 nivôse an III (11 janvier 1795) et du 12 floréal (1er mai).

Les réfractaires restent proscrits pour avoir refusé d'adhérer à un culte qui n'existe plus.

Les constitutionnels restent déportables pour incivisme.

Dans ces jours terribles, le culte ne fut jamais totalement aboli. Quelques paroisses isolées en Bretagne gardèrent leurs pasteurs. Dans le diocèse de Bourges, le culte se perpétua çà et là. Dans les Landes, les églises étaient fermées dans les villes ; les habitants se réunissaient dans les bois, au nombre de deux ou trois mille, pour assister à la messe d'un réfractaire.

A Paris même, pendant tout l'hiver de 1795, l'office catholique fut célébré à l'église de Chaillot et dans trois chapelles situées rue d'Enfer, rue de Lourcine et rue Saint-Honoré. L'assistance remplissait souvent toute l'église et refluait jusque sur la chaussée. Des gens des environs de Paris faisaient six lieues à pied pour entendre la messe.

On trouvait des prêtres avides de martyre, prêts à rentrer en France pour y ranimer le zèle des fidèles.

Voici des instructions données, à la fin de 1794, à six prêtres déportables qui voulaient revenir en Savoie : « Vous n'aurez ni « bréviaire, ni papier, ni rien qui puisse déceler un ecclésias- « tique. Vous ne direz pas votre nom sans nécessité ; vous ne « ferez connaître ni le lieu d'où vous venez, ni celui où vous « allez. Vous pourrez, si vous le jugez prudent, vous présenter « comme un petit marchand forain ou comme un ouvrier qui « demande du travail. Vous ne cheminerez que la nuit et par des « sentiers détournés. Vous logerez de préférence chez des per- « sonnes pauvres, et, si les cas l'exigent, vous coucherez dans « les granges, même à l'insu des propriétaires, pour ne pas les « compromettre. Vous ne demeurerez auprès des malades que « le temps nécessaire pour leur administrer les sacrements. Pour « célébrer la sainte messe, il faudra nécessairement avoir un « petit autel portatif, un calice, une patène et du pain azyme ; « mais vous pourrez, au besoin, vous passer de servant, en « répondant vous-même, ou en permettant à une femme de « répondre de sa place. »

Vint-il parfois à la pensée d'un de ces prêtres proscrits que son Eglise avait jadis été bien dure pour les ministres protestants, qui allaient, eux aussi, il n'y avait pas encore trente ans, sur les routes de France, déguisés en colporteurs et en paysans, et tenaient, eux aussi, leurs assemblées dans les clairières des bois ?

La loi du 3 ventôse an III (21 février 1795) amena une légère détente. La République ne salariait aucun culte, ne reconnaissait à aucun ministre le caractère public, ne fournissait aucun local pour la célébration d'un culte quelconque, défendait tout signe cultuel en dehors des temples, mais permettait le culte privé.

Aussitôt l'Eglise constitutionnelle se réorganisa à la voix de quelques évêques dévoués, comme Grégoire, Saurine, Gratien, Royer et Dubois, qui fondèrent la *Société de philosophie chrétienne* et lui donnèrent un organe : les *Annales de la Religion*. Les réfractaires rentrèrent aussi de toutes parts, aigris par l'exil et la misère, et ne prêchèrent pas, on le comprend, l'amour de la République. Les populations, longtemps terrorisées, virent bien qu'il y avait quelque chose de changé et que le joug se desserrait. En maint endroit, les municipalités modérées remirent le clergé en possession des églises paroissiales. Impuissante à les faire fermer de nouveau, la Convention essaya du moins de régulariser la situation nouvelle.

Après la condamnation des derniers montagnards (1er prairial — 20 mai 1795), la Convention rendit au culte les églises non aliénées, mais déclara qu'aucun prêtre ne serait reçu à y célébrer l'office sans avoir promis de se soumettre aux lois de la République. Une amende de 100 livres devait punir toute contravention à la loi (11 prairial an III — 30 mai 1795).

Une circulaire du Comité de législation, en date du 29 prairial (16 juin), interpréta cet acte de soumission à la loi dans l'esprit le plus large : « Observez bien, disait-elle, que cette soumission du
« déclarant ne se reporte nullement au passé ; ainsi, il ne doit
« être question d'aucune recherche ou examen sur la conduite
« ou les opinions politiques du déclarant. La loi n'exige de lui, à
« cet égard, qu'une seule chose : c'est qu'il demande acte de sa
« soumission aux lois de la République. Cette formalité étant
« remplie, l'administration qui reçoit sa déclaration n'a rien à
« demander au delà. »

On croirait, à lire cette pièce, que la persécution est définitivement terminée et que la Convention est, enfin, revenue aux vrais principes. Mais il ne faut pas perdre de vue que la loi de prairial, pas plus que les précédentes, n'abroge les lois terribles portées contre les réfractaires. Un membre de la Convention, Rewbell, a pris soin de le dire : « Il faut poursuivre les prêtres réfractaires,
« non pas comme prêtres, mais comme séditieux, comme roya-
« listes, qui prêchent la révolte. Ce sont des bêtes fauves qu'il faut
« exterminer. »

Il n'y avait donc à pouvoir profiter de la loi que les anciens constitutionnels ou les prêtres nouvellement ordonnés. Les anciens réfractaires ne pouvaient légalement choisir qu'entre deux situations : l'exil ou la déportation.

Cependant l'esprit public avait bien changé depuis 1793, et la loi de prairial marqua, en fait, une résurrection presque merveilleuse du sentiment religieux. Les églises se rouvrirent en grand nombre. A Saint-Adjutory (Charente), la municipalité ayant refusé d'ouvrir l'église, les habitants l'enfermèrent dans l'édifice et ne consentirent à lui en ouvrir les portes que moyennant la permission officielle d'y célébrer le culte.

Dans le diocèse de Bourges, les municipalités rouvrirent partout les églises et demandèrent des prêtres.

L'arrondissement de Gaillac compta bientôt 110 églises ou chapelles.

Le Lyonnais et le Dauphiné se remplirent de prêtres.

Les réfractaires rentrèrent de tous côtés, appelés et défendus par les populations. Les administrations locales en libérèrent un grand nombre. Les prêtres âgés, reclus pendant la Terreur, sortirent de prison. Beaucoup de jureurs se convertirent et, très vite, l'armée sacerdotale se reforma.

Ses chefs avaient peine à contenir l'ardeur réactionnaire qui l'animait. Dès le mois de mars 1795, M. de Mercy, évêque de Luçon, réfugié à Ravenne, trouvait que trop de prêtres rentraient en France et craignait de voir leurs imprudences raviver la persécution.

Il y eut, en effet, parmi eux beaucoup de conspirateurs. On trouve la main du clergé dans l'insurrection de Bretagne (juin 1795), qui aboutit au désastre de Quiberon et aux horribles exécutions d'Auray, bientôt vengées par les massacres du camp de Belleville.

La perte de la République se tramait ouvertement. Dans le Midi, les *Compagnies de Jéhu* ou du *Soleil* couvraient de brigandages des provinces entières. Des massacres royalistes eurent lieu à Tarascon, à Arles et à Lyon.

Tous ces événements firent repentir la Convention de sa clémence.

Le 20 fructidor (6 sept. 1795), elle rappela que peine de mort avait été portée contre tous les prêtres rentrés sur le territoire français. Elle exigea la promesse du 12 prairial de tous les prêtres exerçant le culte, même dans les maisons particulières.

Le 7 vendémiaire an IV (29 sept. 1795), elle imposa à tous les prêtres un serment plus strict que celui de prairial : « Je recon- « nais que l'universalité des citoyens est le souverain, et je pro- « mets soumission et obéissance aux lois de la République. » Elle défendit à nouveau toute cérémonie religieuse en dehors des temples.

Le 13 vendémiaire (5 octobre 1795), les royalistes de Paris marchèrent contre la Convention. L'Assemblée victorieuse rappela aussitôt (3 brumaire — 25 octobre) les anciennes lois de persécution et légua son anticléricalisme au Directoire.

La plupart des membres du gouvernement directorial furent résolument antichrétiens et passionnément désireux d'extirper du sol français toutes les anciennes religions, pour les remplacer par une « religion purement civile, philosophique et nationale, « sans mystères, sans traditions et sans prêtres » (Debidour, p. 158), dont le culte décadaire offrit le type achevé.

Ces hommes considéraient les prêtres constitutionnels comme des niais, et les réfractaires comme « d'infâmes saltimbanques » (André Dumont) et les pires ennemis de la République.

A peine entré en charge, le nouveau gouvernement écrivait aux commissaires nationaux dans les départements : « Déjouez leurs « perfides projets. Par une surveillance active, continuelle, in- « fatigable, rompez leurs mesures, entravez leurs mouvements, « désolez leur patience ; enveloppez-les de votre surveillance ; « qu'elle les inquiète le jour, qu'elle les trouble la nuit ; ne leur « donnez pas un moment de relâche ; que, sans vous voir, ils vous « sentent à chaque instant. » (22 brumaire an IV — 13 nov. 1795.)

Le 23 nivôse (13 janvier 1796), le Directoire rappelait les lois de persécution.

Le 8 ventôse (27 février), il ordonnait de payer la prime légale de 100 livres à quiconque arrêterait un prêtre déportable.

Le 22 germinal (11 avril), il interdisait la sonnerie des cloches.

Mais les Conseils ne le suivaient que mollement, et le catholicisme regagnait chaque jour du terrain.

En floréal an IV (avril 1796), trois cents prêtres constitutionnels ou « rétractés » exerçaient le culte catholique à Paris. Saint-Germain-l'Auxerrois avait 9 prêtres ; Saint-Eustache, 13 ; Notre-Dame, 19. Trente-trois églises ou chapelles étaient rouvertes.

Les élections de 1797 donnèrent la majorité aux réactionnaires dans les Conseils de la République.

La loi du 7 fructidor an V (24 août 1797) abolit des lois pénales portées contre les prêtres. La séparation de l'Église et de l'État fut alors un fait accompli, et la formule fameuse « l'Église libre dans l'Etat libre » fut une vérité.

Mais ce régime libéral dura tout juste douze jours.

Les directeurs s'inquiétèrent des dispositions réactionnaires témoignées par les Conseils, et tout porte à croire qu'ils ne s'inquiétèrent pas à tort. Sous couleur de modération, les royalistes s'apprêtaient à renverser la République et à rappeler Louis XVIII. Il n'est que juste de reconnaître que la plupart des réfractaires étaient royalistes et poussaient énergiquement à la contre-révolution. M. de Talleyrand-Périgord, archevêque de Reims, se préparait à rentrer en France et était le confident attitré du roi. (Sicard, *La Restauration du culte avant le Concordat, Correspondant*, 10 et 25 avril 1900.)

Le coup d'État du 18 fructidor chassa Carnot et Barthélemy du Directoire, cassa les élections de quarante-huit départements et rendit la toute-puissance au vieux parti thermidorien.

Dès le lendemain, 19 fructidor, le Directoire rétablit toutes les anciennes lois contre le clergé, obligea les prêtres à prêter le serment de « haine à la royauté et à l'anarchie » et ne permit de le prêter qu'aux prêtres nouvellement ordonnés et à ceux qui se trouvaient déjà en règle avec les anciennes lois. L'article 24, étendu à tous les prêtres sans distinction, les déclara tous *déportables* par simple mesure administrative, sans jugement ni enquête préalable ; 7.213 prêtres belges et 1,750 prêtres français furent déportés par application de cette loi.

La loi de fructidor est certainement la plus terrible de toutes les lois anticléricales de la Révolution. Elle mettait réellement les prêtres hors la loi. Elle les soumettait au despotisme absolu de l'autorité politique. Elle violait à leur préjudice les principes les plus élémentaires du droit. C'est la force pure qui parle dans ce texte.

En même temps, les autorités commencent la guerre au dimanche et tentent d'imposer à tous les citoyens l'observance du décadi.

Les prêtres constitutionnels sont invités à transférer les offices dominicaux au décadi, et à faire de la cérémonie religieuse l'accessoire de la fête civique. Ils s'y refusent, et il y en a de déportés pour ce seul motif.

Quelques-uns offrent alors de fêter à la fois le décadi et le dimanche ; leur offre est repoussée.

Les administrations prennent le parti de fermer les églises le dimanche et de ne les rouvrir que le décadi.

Le 14 germinal an VI (3 avril 1798), la vente du poisson n'est plus permise que les jours gras et est défendue les jours maigres.

Cette loi absurde paraît si bien trouvée qu'elle fait l'objet d'un rappel le 17 thermidor (4 août) et le 29 fructidor (9 septembre).

Le 13 fructidor an VI (20 août), les églises sont accaparées chaque décadi par le culte civique pendant la plus grande partie de la journée.

Le 19 germinal an VII (8 avril 1799), le Directoire proclame encore « son désir d'opposer dans chaque commune au culte « chrétien le culte décadaire, avec un ministre spécial, sur les « débris de la superstition qu'il écraserait par ses moyens et sur « son autel ».

Le coup d'État de brumaire ne met point fin, lui-même à la persécution. Les complices de Bonaparte appartiennent presque tous au parti thermidorien et entendent bien continuer la lutte contre le clergé : « Pour tous ces politiciens, ces préfets, ces « proconsuls, les gens d'Église sont des parias ; le clergé, un « gibier qu'on traque depuis dix ans et auquel on continuera à « faire la chasse. Les violences accumulées depuis si longtemps « ont amené une sorte de déviation du sens moral, éteint, avec « la notion et le goût de la liberté, tout respect de son semblable, « surtout quand ce semblable est un prêtre. » (Sicard, *Correspondant*, t. CXCIX, p. 257.)

Cependant, peu à peu, l'influence de Bonaparte amène un adoucissement de la persécution.

Le 8 frimaire an VIII (29 nov. 1799), les ecclésiastiques constitutionnels, détenus à Ré et à Oléron sont mis en liberté.

Le 7 nivôse (28 déc.), les consuls déclarent que la liberté des cultes est garantie par la constitution, qu'aucun magistrat n'y peut porter atteinte, qu'aucun homme ne peut dire à un autre homme : « Tu exerceras tel culte ; tu ne l'exerceras que tel jour ». La loi du 11 prairial, qui laisse aux citoyens l'usage des édifices sacrés, sera exécutée.

Mais les réfractaires restent toujours suspects au nouveau gouvernement comme à l'ancien. Fouché prend soin de le dire dans sa circulaire du 22 nivôse an VIII (13 janvier 1800) : « Faire « rentrer quelques prêtres déportés a été un acte d'humanité et « de morale. Le gouvernement a voulu consacrer la liberté des

« opinions religieuses, mais non la résurrection du fanatisme.
« Il a voulu ramener parmi le peuple les précepteurs d'une morale
« antique et révérée, mais non des réacteurs sanguinaires et des
« vengeurs superstitieux. »

Le 7 thermidor an VIII (29 juillet 1800), le décadi n'est plus obligatoire que pour les fonctionnaires ; mais les administrateurs continuent à taquiner les prêtres. On voit encore, le 17 janvier 1801, le curé de Villepassans condamné à un an de prison pour avoir fait sonner les cloches.

Ce ne sont donc pas les jacobins qui ont désarmé ; c'est la nation qui les a désarmés, l'opinion publique, qui, plus forte que leurs haines et leurs rancunes, a fini par prévaloir contre leur tyrannie.

Car, malgré la loi de fructidor, malgré les arrestations, les chasses au prêtre à travers les bois et les montagnes, malgré les déportations en masse, la renaissance du christianisme n'avait pu être arrêtée en France depuis 1795.

L'Eglise constitutionnelle, épurée par la persécution et réduite à 3.000 prêtres, se réorganisait sous la direction de ses meilleurs évêques. Elle tenait un concile national à Paris, au moment du 18 fructidor. Elle le continua après le coup d'État, prêta serment de haine à la royauté et à l'anarchie, et compléta, autant qu'elle le put, ses cadres disloqués par la Terreur et l'apostasie. Quinze départements ne purent être pourvus d'évêques, et, presque partout, les prêtres constitutionnels se trouvèrent en face de réfractaires, bien plus nombreux et bien plus puissants.

Ces hommes avaient pour eux l'auréole de la persécution. On voyait en eux les représentants de l'orthodoxie pure, les héros que rien n'avait pu faire céder. « L'empire qu'ils exercent sur le
« peuple est si fort, écrivaient les autorités du Doubs, qu'il n'est
« pas de sacrifices qu'il ne fasse, pas de ruses, pas de moyens
« qu'il n'emploie pour les conserver et éluder la rigueur des lois
« qui les concernent. »

« Le peuple, mandait-on de la Dordogne, est si attaché au
« culte catholique que les paysans font deux lieues entières pour
« accourir à la messe. »

« Dans l'Orne, des présidents, des membres d'administrations
« municipales, au lieu d'arrêter et de faire traduire devant les
« tribunaux les prêtres réfractaires, les admettent à leur table,
« les couchent et les rendent dépositaires des secrets de l'admi-
« nistration. » (Sicard.)

En Alsace, l'arrivée des gendarmes mettait les bourgs en émoi, et les populations descendaient en armes dans les rues pour laisser aux réfractaires le temps de se sauver.

En Haute-Loire, les constitutionnels étaient insultés et battus, et les réfractaires, soutenus par des nuées de déserteurs, étaient les maîtres du pays.

Beaucoup de diocèses continuaient à être gouvernés par leurs anciens évêques, réfugiés à l'étranger, et représentés par des vicaires généraux ou des délégués.

L'archevêque de Vienne, M. d'Aviau, avait regagné la France dès 1797, et parcourait toute la région du Rhône déguisé en marchand, toujours traqué, jamais pris.

Le pape Pie VI, détrôné le 25 février 1798 par le gouvernement de la République romaine, enlevé de Rome, traîné à Sienne, à Florence, à Parme, à Turin, transporté en litière à travers les glaces du mont Genèvre, interné deux mois à Besançon et conduit enfin jusqu'à Valence, trouvait auprès des populations françaises du Dauphiné l'accueil le plus respectueux. Les gens de Gap vinrent à sa rencontre et lui firent un accueil triomphal. A Vizille, il fut l'hôte d'un Génevois calviniste qui n'épargna rien pour lui témoigner sa vénération. A Grenoble, les habitants allèrent au-devant de lui jusqu'à une lieue de la ville, et obligèrent les autorités à permettre que le pape donnât au peuple sa bénédiction. Les dames se déguisaient en servantes, pour avoir l'honneur de servir les prélats qui l'accompagnaient. A Saint-Marcellin, les habitants lui offrirent des roses et lui souhaitèrent sa fête. L'affluence était si grande que les gendarmes effrayés, le dirent malade pour éloigner le peuple. A Romans, la municipalité se porta au-devant du pape et le reçut avec distinction. Un jacobin farouche, qui devait le recevoir dans sa maison, s'attendrit à son aspect et tomba à ses genoux. Il arriva à Valence le 14 juillet 1799, et y mourut le 29 août suivant; les habitants se portèrent en foule vers la chapelle où son cercueil avait été déposé, et en firent bientôt comme un lieu de pèlerinage. L'ordre d'inhumation ne fut donné que par Bonaparte, le 6 nivôse an VIII (27 déc. 1799).

La liberté et la sécurité relatives qui suivirent l'établissement du gouvernement consulaire ne purent que favoriser la renaissance du catholicisme. La France retourna d'elle-même à sa vieille foi nationale, redevenue compatible avec ses institutions.

Au moment où le Concordat fut signé, le culte catholique

était exercé publiquement par 2.000 prêtres constitutionnels et par 18.000 réfractaires réconciliés avec les lois. Les deux communions n'étaient plus séparées que par une question d'amour-propre, et l'unité religieuse se serait probablement rétablie très vite si le régime eût duré plus longtemps.

La France s'habituait à la liberté, n'éprouvait ni le besoin ni le désir de rattacher l'Eglise à l'Etat ; ce fut l'ambition de Bonaparte qui lui imposa le Concordat.

LE CONCORDAT

La première idée du Concordat vient de Bonaparte et remonte à l'année 1797. Au lendemain du traité de Tolentino, qui enlevait au pape ses trois plus riches provinces et les plus beaux chefs-d'œuvre de ses collections, Bonaparte offrit de s'employer à réconcilier le Saint-Siège avec le Directoire ; Pie VI nomma une commission de cardinaux pour étudier l'affaire. Bonaparte partit pour l'Egypte ; l'assassinat du général Duphot amena les Français jusqu'à Rome ; Pie VI mourut prisonnier du Directoire, et il ne tint pas à la France que le conclave de Venise ne donnât à la chrétienté le scandale de l'élection simultanée de plusieurs pontifes.

Le cardinal Barnabé Chiaramonti, élu pape en mars 1800 sous le nom de Pie VII, vint, dès le mois d'avril, se réinstaller à Rome, sous la protection maussade de l'Autriche : et, à peine était-il rentré au Quirinal, que la victoire de Bonaparte à Marengo et la retraite de Mélas jusque derrière le Mincio semblèrent remettre, encore une fois, en question l'existence des Etats de l'Eglise.

Au milieu des inquiétudes qui l'assiégeaient, Pie VII reçut du cardinal de Martiniana, évêque de Verceil, une lettre datée du 26 juin 1800, annonçant que Bonaparte s'était arrêté à Verceil, avait fait à l'évêque le plus grand éloge du Souverain Pontife et avait témoigné d'un très vif désir de rendre la paix religieuse à la France (1).

On peut imaginer quelle joie inonda l'âme douce et pacifique de Pie VII, lorsqu'il connut la résolution extraordinaire que venait de prendre le vainqueur de Marengo. En 1800, comme en 1797, c'était de lui que partait l'initiative de la manœuvre qui allait rapprocher l'Eglise et la République, depuis si longtemps ennemies.

(1) Nous suivrons, pour l'historique de ces négociations, le livre de Mgr Mathieu, *Le Concordat de 1801 ; ses origines, son histoire*. Paris, Perrin, 1904.

Le cardinal de Martiniana s'offrait à commencer immédiatement les négociations avec le gouvernement français; mais on avait à Rome peu de confiance dans ses lumières, et le pape fit choix d'un diplomate plus avisé, le cardinal Spina, archevêque titulaire de Corinthe, auquel il adjoignit un théologien distingué, le P. Caselli.

Au premier bruit de la négociation, Louis XVIII s'alarma, sachant bien que le rétablissement de la paix religieuse en France allait ôter à la monarchie ses plus belles chances de restauration. Il essaya d'agir sur le pape, il demanda à l'empereur de Russie d'empêcher une négociation aussi déplorable et aussi scandaleuse. Pie VII, ne consultant que les intérêts de l'Eglise, avisa les évêques français exilés qu'il négociait avec le gouvernement consulaire (13 septembre).

Il avait espéré, tout d'abord, que les négociations pourraient avoir lieu en Italie; une lettre de Talleyrand, ministre des affaires étrangères de France, l'avertit que le premier consul les fixait à Paris.

Le 5 novembre, le cardinal Spina et le P. Caselli arrivèrent à Paris, en habits laïques, et descendirent à l'hôtel de Rome, où ils ne tardèrent pas à voir arriver un des conseillers les plus écoutés de Bonaparte, l'abbé Bernier.

Ancien curé de Saint-Laud d'Angers, ancien insurgé vendéen, Bernier avait aidé lui-même à la pacification de la Bretagne, quand l'existence de la religion ne lui avait plus paru être en jeu. Très prêtre et très patriote, il s'était rallié à Bonaparte et s'était voué à l'œuvre du Concordat avec toute l'ardeur de son tempérament militant et passionné. Il n'était point, sans doute, dénué de toute ambition; il y eut parfois chez lui un art trop savant de se mettre en valeur aux yeux des gouvernants; à tout prendre, ce fut le plus convaincu de tous ceux qui s'employèrent à la conclusion du traité de messidor.

Les difficultés étaient immenses.

Le premier consul avait un vif désir d'aboutir; mais il apportait dans la discussion toute la brusquerie — pour ne pas dire la brutalité — de ses habitudes militaires; ses moindres notes prenaient des airs d'ordres de marche et d'ultimatums; il semblait, à chaque instant, prêt à tirer sa montre et à donner aux gens cinq minutes de réflexion avant de lancer le signal de l'assaut.

Auprès de cet homme terrible et pressé, le ministre des relations extérieures, le citoyen Talleyrand, ci-devant évêque d'Autun, jureur et parjure, émigré devenu jacobin, avant de devenir impérialiste, voyait d'un mauvais œil son petit général renouer les relations avec Rome et jetait dans ses jambes, avec une adresse diabolique, tous les bâtons qui lui tombaient sous la main.

Tandis que Talleyrand engageait Bonaparte à se méfier de la duplicité romaine, Grégoire, le chef de l'Église constitutionnelle, lui soufflait ses passions gallicanes et essayait de le gagner à la cause perdue de l'Église nationale.

En face de ces quatre personnages, si peu faits pour s'entendre : un croyant, un politique, un impie déclaré, un janséniste, le pauvre cardinal Spina se sentait très mal à l'aise. Perdu dans ce grand Paris, de physionomie encore très révolutionnaire, il regrettait ses petites chambres et ses bonnes habitudes de Rome, et cherchait surtout à se conformer scrupuleusement aux instructions du pape, à bien regarder, à bien voir, à bien écouter et à insinuer adroitement quelques bonnes idées (*Ascolti, vegga, esplori e destramente insinui*).

Bonaparte demanda, tout d'abord, la démission en bloc de tous les évêques de l'ancien régime (8 novembre), puis la ratification par l'Église de toutes les ventes de biens ecclésiastiques. Il savait que c'était là une des questions capitales de la négociation ; il savait à quel point les acquéreurs de biens nationaux poussaient le respect féroce de *leur* propriété, et insistait avec une véhémence toute particulière pour la reconnaissance solennelle de ces acquisitions. « La nécessité les commande ; le besoin les exige ; la loi « de l'Etat les approuve ; la constitution les garantit. Le bien de « la paix, le repos de l'Etat, le rétablissement de la religion au « milieu de nous, en un mot la réunion de la France avec « l'Église de Rome dépendent essentiellement de la conservation « de ces acquisitions. » (12 novembre.)

Bonaparte songea, un moment, à donner au clergé une dotation territoriale ; mais les jacobins de son entourage le firent bien vite revenir à l'idée d'une Église salariée, et ce point fut encore une des conditions épineuses du traité.

Bonaparte demanda encore la réduction à 60 des 153 diocèses de la France et des diocèses de Belgique et de la rive gauche du Rhin. Il voulut avoir le droit de nommer les évêques. Il voulut leur imposer le serment de fidélité aux lois de la République.

Spina répondit à toutes ces demandes, sans jamais vouloir s'engager à fond et en réservant toujours les droits du Souverain Pontife.

Il fit observer que la déposition collective des évêques légitimes de toute une nation était un fait sans exemple dans les annales ecclésiastiques, et que le pape pouvait, tout au plus, promettre d'engager les évêques à se démettre de leurs charges.

Il fit entrevoir des possibilités d'entente sur presque tous les autres points, et examina, avec une patience qui ne se démentit jamais, toutes les pièces et tous les plans que lui soumit le gouvernement.

Du 8 novembre 1800 au 26 février 1801, Bonaparte ne fit pas rédiger moins de neuf projets différents, dont quatre furent soumis au cardinal Spina. Ces projets témoignent d'une grande incertitude et d'une assez médiocre loyauté.

Le premier projet, présenté en entier le 26 novembre, reconnaissait le catholicisme comme religion d'Etat. Aucun des autres ne reproduisit plus cette mention, qui fut effacée par Talleyrand.

Le troisième projet, le plus large de tous, fut également retiré par l'évêque d'Autun.

L'attentat de la machine infernale (24 décembre 1800) augmenta beaucoup la popularité du premier consul, et aggrava du même coup ses exigences, l'influence de Fouché se faisant plus puissante auprès de lui.

Le quatrième projet fut présenté en janvier 1801, et Talleyrand en requit la signature immédiate par une lettre à Bernier d'une insolence polie, où l'on perçoit son vif désir de voir échouer la négociation : « Quand Mgr l'archevêque de Corinthe a été autorisé à
« venir en France, le gouvernement était loin de prévoir que son
« caractère se réduirait à celui d'un simple témoin, et que le
« résultat de son agence serait d'informer Sa Sainteté des sen-
« timents du gouvernement de la République. Si Mgr Spina
« persistait dans de telles dispositions, le gouvernement serait
« fondé à penser que le but du gouvernement pontifical n'a été
« que de lui tendre un piège, d'éloigner la guerre de ses Etats et
« d'endormir la France dans une fausse sécurité. Dans ce cas,
« le refus de l'agent de Sa Sainteté, dont vous me faites part,
« nous avertirait encore à temps du véritable motif de sa mission,
« et vous seriez aussitôt autorisé à l'informer que sa présence
« ici deviendrait désormais inutile. » (19 janvier 1801.)

Spina réclama, au nom du droit des gens, la permission de dépêcher un courrier à Rome pour demander de nouvelles instructions ; et Bonaparte, se séparant pour une fois de Talleyrand, autorisa le départ du courrier ; mais Livio Palmoni ne partit que le 26 février, et avec un cinquième projet, donné comme tout à fait définitif et écrit tout entier de la main du premier consul. Pour preuve de sa bonne volonté, Bonaparte renvoyait à Pie VII la statue de Notre-Dame de Lorette, qui figurait au Louvre, depuis 1797, à côté d'une image d'Isis.

Par une concession plus importante encore, Rome vit arriver, le 8 avril, un ambassadeur de la République auprès du Saint-Siège, le citoyen Cacault, homme de cœur et de caractère, qui, avec Bernier, doit être considéré comme le sauveteur du Concordat en péril.

Le pape Pie VII, né à Césène en 1742, avait alors cinquante-neuf ans. Ancien moine bénédictin, ancien évêque de Tivoli et d'Imola, cardinal depuis 1785, il avait trouvé la papauté à peu près ruinée et sentait combien il lui était important de se réconcilier avec une puissance aussi riche et aussi formidable que l'était la France consulaire. Vraiment pieux dans le meilleur sens du mot, il était résolu à tous les sacrifices d'intérêts pour arriver à ce grand résultat et décidé à pousser la condescendance jusqu'aux extrêmes limites permises par les lois et les traditions de l'Eglise.

Il nomma, pour examiner le projet que lui envoyait Spina, une commission de dix cardinaux : Albani, doyen du Sacré Collège, octogénaire actif et aimable, très au courant des habitudes vaticanes ; Braschi, cardinal neveu ; Carandini ; Doria Pamphili, un tout petit cardinal qu'on appelait le bref du pape ; Gerdil, un savoyard que sa connaissance du français rendit précieux aux négociateurs ; Roverella ; della Somaglia, préfet de la Congrégation des rites ; Antonelli, qui avait refusé de quitter le costume ecclésiastique pendant l'occupation française ; Caraffa et Borgia. La réunion était présidée par le secrétaire d'Etat, le cardinal-diacre Consalvi, énergique travailleur de quarante-quatre ans, déjà connu pour son habileté diplomatique et confident de Pie VII. Mgr di Pietro, théologien consommé, fut le consulteur de l'assemblée.

Les cardinaux mirent près de deux mois à examiner le projet français. Ils crurent avoir déployé, dans cette circonstance, une célérité extraordinaire et avoir donné au premier consul une preuve indéniable de leur extrême bonne volonté.

Ils se montrèrent, en réalité, conciliants et désireux d'aboutir. On peut relever dans leur travail quelques puérilités : le pape demanda que Talleyrand ne fût point admis à signer le traité et que la convention ne fût point datée suivant le calendrier républicain; mais, à côté de ces enfantillages, les cardinaux présentèrent plus d'une réflexion juste et sage, et firent observer avec raison que le gouvernement français se refusait à adhérer formellement au catholicisme et demandait néanmoins tous les privilèges d'un gouvernement catholique. Le projet pontifical reproduisit, en somme, les grandes lignes du projet français, mais en adoucit les angles, et le rendit moins choquant pour des yeux italiens.

Pour rendre le projet pontifical plus acceptable, Pie VII écrivit au premier consul et voulut rédiger de sa propre main toute la fin de la lettre : « Nous croyons nécessaire de vous protester, ô
« notre très cher Fils, en présence de Notre-Seigneur Jésus-Christ,
« dont nous sommes le Vicaire sur la terre, que, dans la con-
« vention remise à l'archevêque de Corinthe, nous avons poussé
« notre condescendance apostolique jusqu'où elle pouvait aller
« et que nous avons accordé tout ce que la conscience pouvait
« nous permettre. Nous devons vous dire avec la liberté aposto-
« lique que, quoi qu'il puisse nous en coûter, nous ne pouvons
« absolument pas accorder plus. A bien considérer nos conces-
« sions, vous remarquerez que ce qui nous a été demandé est
« accordé en substance. Mais, quant aux formes des concessions,
« aux manières de les exprimer et à quelques circonstances qui
« les accompagnent, nous n'avons pas pu nous dispenser de
« quelques modifications, auxquelles nous ne pouvions renoncer
« sans fouler aux pieds les lois les plus vénérables et les usages
« les plus constants de l'Eglise catholique... Nous vous prions,
« par les entrailles de la miséricorde du Seigneur, d'achever
« l'œuvre de bon augure que, pour votre louange immortelle,
« vous avez commencée, et de rendre libéralement à une
« nation si illustre et si grande la religion de ses pères,
« qu'en grande majorité elle vous demande à grands cris. »
(12 mai 1801.)

Livio Palmoni quitta Rome le 13 mai, sans se douter qu'il arriverait à Paris en pleine tempête.

Le premier consul, furieux de ne pas recevoir de réponse de Rome, manda Spina à la Malmaison, le jour même où Pie VII lui écrivait à lui-même la belle lettre dont nous venons de citer un passage. Il reçut assez poliment le cardinal, mais éclata en reproches contre la cour de Rome, et, le lendemain même, envoya à l'ambassadeur français auprès du Saint-Siège l'ordre de se

retirer immédiatement à Florence, si, dans un délai de cinq jours, le Saint-Siège n'avait pas adhéré purement et simplement au projet qui lui avait été soumis. Dans sa dépêche à Cacault, Talleyrand alla jusqu'à insinuer que l'élection du pape pourrait au besoin être contestée : « Cette nomination, faite sous l'in-
« fluence immédiate et directe d'une seule puissance, a besoin
« d'être reconnue par toutes les nations intéressées à sa légalité ;
« elle a été insolite quant au lieu, et son appareil et ses formes
« ne l'ont pas consacrée peut-être avec une suffisante authen-
« ticité. »

Ce fut le 29 mai que le courrier de France arriva à Rome. Consalvi, au désespoir, croyait avoir mal servi l'Eglise et voulait donner sa démission. Le pape refusait formellement toute concession nouvelle et faisait demander au roi d'Espagne de le recevoir dans ses Etats en cas d'invasion de Rome. Les révolutionnaires romains relevaient la tête ; Murat, beau-frère du premier consul, songeait à marcher sur la ville, et Caroline Bonaparte, sa femme, disait gaiement « qu'on ne voit jamais assez Rome et ses « merveilles ».

La situation paraissait sans issue, lorsque Cacault puisa dans son courage et la connaissance qu'il avait du caractère de Bonaparte une résolution originale et hardie qui sauva tout.

Il partit pour Florence, comme le lui ordonnait le premier consul ; mais son secrétaire Artaud resta à Rome pour continuer la conversation, et la même voiture qui emmenait Cacault à Florence emmena aussi Consalvi à Paris. Le pape ne s'était pas décidé sans une vive douleur à se séparer de son confident, mais il avait compris tout ce que le plan de Cacault avait d'ingénieux, et il lui en témoignait sa reconnaissance par les expressions les plus tendres et les plus touchantes : « Ami vrai, lui disait-il en « pleurant, nous vous aimons comme nous avons aimé notre « mère ! »

A Paris, la scène de la Malmaison avait été le signal d'une reprise de la persécution religieuse. Fouché s'était remis avec joie à faire arrêter des prêtres. Coupable d'avoir fait allusion dans un sermon à la mort de Louis XVI, l'abbé Fournier avait été arrêté et enfermé à Bicêtre pour *folie séditieuse*. Une députation du clergé de Paris vint implorer sa grâce, et Bonaparte lui répondit cyniquement : « C'est un acte révolutionnaire, mais il « faut bien agir ainsi en attendant qu'il y ait quelque chose de « réglé ; j'ai voulu prouver que, si je mettais mon bonnet de tra-

« vers, il faudrait bien que les prêtres obéissent à la puissance
« civile. »

Cependant, celui que Cacault appelait *le petit tigre* se radoucit un peu, quand il eut reçu les dépêches de Rome qui lui apportaient le travail des cardinaux. Il fut si charmé de la lettre du pape qu'il voulait contremander immédiatement le départ de Cacault. Talleyrand le calma et lui conseilla d'attendre les événements ; puis, quand il connut la prochaine arrivée de Consalvi, il rédigea à la hâte un sixième projet et fit tous ses efforts pour le faire signer à Spina avant l'arrivée du secrétaire d'Etat de Sa Sainteté.

Consalvi arriva à Paris le 20 juin, et fut aussitôt invité à se rendre chez le premier consul « dans le costume le plus cardi« nalice possible ». Le vaniteux général eût été content de voir un « *porporato* » s'incliner devant lui.

Consalvi vint en habit noir, bas rouges, calotte rouge et chapeau à glands, à la mode romaine.

Bonaparte joua encore le rôle d'offensé, et, comme au pape, donna au cardinal un délai de cinq jours pour en finir.

Le 26 juin, Bernier présenta un septième projet au cardinal, et, trois jours plus tard, les évêques constitutionnels ouvrirent à Notre-Dame un concile national, uniquement destiné, dans la pensée de Bonaparte, à rendre les cardinaux plus traitables.

Le 30 juin, le départ de Talleyrand pour les eaux de Bourbon éloigna, pour un moment, le plus terrible des adversaires de la paix.

Bernier revint à la charge, et ses raisons firent un puissant effet sur l'esprit de Consalvi. Il comprit que la corde était tendue à se rompre, et il écrivit au cardinal Doria « qu'il y avait des « choses vraiment impossibles en France et que les raisons qu'on « lui avait données étaient vraiment irréfutables ».

Le 2 juillet, il alla encore à la Malmaison et obtint un nouveau délai.

Le 3, Bernier, Consalvi, Spina et Caselli s'enfermèrent à l'hôtel de Rome et mirent sur pied un huitième projet, qui, revu, discuté et amendé, fut porté le 12 juillet à Bonaparte.

Le lendemain matin, le *Moniteur* portait la nomination de trois fonctionnaires français, les citoyens Joseph Bonaparte et Crétet, conseillers d'Etat, et le citoyen Bernier, délégués par le premier consul pour signer le Concordat avec les cardinaux Consalvi et Spina et le P. Caselli.

La séance de signature devait avoir lieu à 7 heures du soir, chez le citoyen Joseph Bonaparte, rue du Faubourg-Saint-Honoré.

Deux heures avant la conférence, Consalvi reçut un billet de Bernier et la minute du projet de Concordat approuvé par le gouvernement français. Or ce projet était tout différent de celui que Consalvi avait remis à Bernier deux jours plus tôt, et tout semblait perdu ; mais Bernier ajoutait : « Voici ce qu'on vous proposera « d'abord ; lisez-le bien, examinez tout, ne désespérez de rien, je « viens d'avoir une longue conférence avec Joseph et Crétet. « Vous avez affaire à des hommes justes et raisonnables. Tout « finira bien ce soir. »

Tout finit bien, en effet, mais non sans peine.

Les plénipotentiaires français, qui n'étaient pas au courant, croyaient que la séance de signature durerait un quart d'heure à peine. Elle s'ouvrit à huit heures du soir, le 13 juillet, et ne prit fin que le 14, à onze heures du matin. Consalvi avait regagné le terrain perdu ; mais les Français n'osaient plus signer sans avoir consulté de nouveau le premier consul.

Bonaparte eut un véritable accès de fureur, jeta au feu le projet qu'on lui soumettait (le neuvième) et déclara péremptoirement que les Italiens devaient signer ou partir.

Le soir de ce même jour, au banquet de 250 couverts qui eut lieu aux Tuileries, Bonaparte revit Consalvi, et séduit par la bonne grâce du cardinal, peut-être un peu honteux de ses emportements du matin, il accepta comme tiers arbitre le baron de Cobentzel, ambassadeur d'Autriche.

Il finit par permettre une dernière conférence et n'interdit pas absolument toute modification au texte officiel.

La conférence, commencée le 15 à midi, ne se termina qu'à minuit ; mais, cette fois, le Concordat était signé, et le premier consul daigna dire le lendemain aux plénipotentiaires français « qu'il était content ».

Restait à obtenir la ratification du pape.

Ce fut le 26 juillet que Livio Palmoni rentra à Rome. Il alla droit au Quirinal, et Mgr di Pietro jugea la nouvelle de si grande conséquence qu'il n'hésita pas à monter immédiatement chez le Saint-Père, bien qu'il fût on ne peut plus contraire à l'étiquette de se présenter en habit court devant le pape.

Pie VII manifesta une grande joie et nomma une nouvelle commission pour l'examen du traité. Un peu plus tard, il se décida à soumettre l'affaire à tout le Sacré Collège. Il fit imprimer le texte du Concordat et l'envoya à chaque cardinal. Six théologiens renommés furent adjoints au collège des cardinaux, et le pape attendit, presque aussi impatient que Bonaparte, le résultat de leurs travaux. « Il était, dit Cacault, dans l'agitation, l'inquiétude « et le désir d'une jeune épouse qui n'ose se réjouir du jour de son « mariage. »

Le 7 août, Consalvi rentra à Rome, très fatigué par une chute de voiture à Bologne. Le pape vint s'installer à son chevet et recueillit de sa bouche ses impressions de France. Il se confirma ainsi dans l'idée qu'il fallait signer le traité, ou que l'occasion manquée ne se retrouverait plus.

La grande discussion eut lieu, le 11 août, au Quirinal. Deux articles seulement, le 1er et le 13e, faisaient difficulté.

Le premier ne fut accepté qu'à la majorité de 18 voix contre 11. L'article 13 ne rencontra que 6 ou 7 dissidents.

Quand le Sacré Collège eut ratifié le Concordat, Pie VII eut encore à adresser aux évêques français une bulle pour leur demander leur démission, et à Spina un bref pour réclamer la démission des évêques constitutionnels.

Muni de toutes ces pièces, l'infatigable Palmoni quitta Rome le 18 août, pour arriver à Paris le 27.

Bonaparte semblait tout changé. Il avait reçu, cinq jours auparavant, une députation de la République cisalpine, chez laquelle dominait l'esprit jacobin, et avait lavé la tête aux députés comme eût pu le faire un roi très chrétien qui eût été très mal élevé : « On « attaque chez vous la religion et la propriété, qui sont les bases « sur lesquelles j'ai voulu fonder votre République. Prenez garde « à vous ; j'irai, s'il le faut, à Milan casser la tête à tous ces vau- « riens ! »

Le 10 septembre, le premier consul ratifia le Concordat ; mais le *Te Deum* d'actions de grâces, promis pour le lendemain, ne fut chanté que le 18 avril 1802.

Bonaparte n'était pas encore maître de rétablir officiellement l'Eglise catholique par simple décret. La constitution de l'an VIII lui imposait l'obligation de consulter le Corps législatif et le Tribunat. Talleyrand, qui se déclarait content de ce qu'il n'avait pu empêcher, travailla pendant ces quelques mois à enfermer l'Eglise de France dans une véritable « camisole de force » (cardinal Mathieu, p. 326).

Portalis, un des rédacteurs du code civil, un libéral à la mode du dix-huitième siècle, un gallican très convaincu, ajouta aux 17 articles du Concordat 77 *Articles organiques*, que le pape n'eût certainement pas acceptés, et que le Tribunat et le Corps législatif votèrent en bloc avec le Concordat, le 8 avril 1802.

On a discuté longtemps la question de savoir si le pape n'avait eu aucune connaissance des *Articles organiques*. Les documents publiés par le comte Boulay de la Meurthe attestent que le cardinal-légat Caprara en connaissait déjà quelques fragments, et en parlait à sa cour, le 27 mars 1801, et qu'ils lui furent lus, le 28 mars, à la Malmaison par le premier consul lui-même. « Il passa
« ensuite, écrit Caprara à Consalvi, à me lire le système organique
« relatif au culte et à ses ministres, rédigé par le conseiller Por-
« talis. Il m'est, pour ainsi dire, impossible de vous en donner
« autre chose qu'une légère idée. Tant à cause de la multiplicité
« des objets qu'il embrasse que de la discussion que je viens de
« vous raconter, je ne pouvais espérer me souvenir de tout. Tel
« quel, cet acte me paraît constitué sur deux bases : les principes
« gallicans et les maximes communes acceptées en pareille ma-
« tière par les souverains actuels. On accorde aux évêques une
« autorité convenable, peut-être plus grande que celle qu'ils
« avaient ici autrefois, et qu'ils ont ailleurs, mais au détriment du
« clergé du second ordre. La congrue des évêques n'est vraiment
« pas ce qu'elle devrait être, et il aurait bien fallu faire plus... Je
« l'ai relevé moi-même et il m'a répondu qu'ils recevront sous
« main des indemnités, mais qu'on ne pouvait les mettre officielle-
« ment à la charge de la nation, qui blâmerait le gouvernement
« d'épuiser le trésor national pour soutenir les ministres du culte.
« Mais, pour ce qui regarde la congrue des curés, des desservants,
« des vicaires généraux, des évêques, des chapitres des cathé-
« drales et métropolitaines, des séminaires, tout cela est fixé et
« établi à la charge du gouvernement, et c'est aussi lui qui paie
« les locaux d'habitation ; la chose m'a semblé arrangée avec
« assez de discrétion ; il n'était pas, comme il le dit lui-même,
« obligé à tout cela. » (4 avril 1802.)

Le pape fut donc averti ; mais le compte rendu de Caprara est si inexact qu'on est obligé d'admettre ou que le projet qui lui fut lu par Bonaparte, le 28 mars, n'est pas celui qui fut voté, onze jours plus tard, par le Tribunat et le Corps législatif, ou que Caprara, très troublé, comme il l'avoue lui-même, par une longue discussion avec le premier consul, n'a pas compris ce qu'on lui a lu.

L'adjonction des *Articles organiques* au Concordat conserve

donc le caractère d'une manœuvre subreptice. Passé entre particuliers, un contrat de cette nature serait considéré comme entaché de fraude et de dol, et le cardinal Mathieu nous paraît être dans la vérité juridique, lorsqu'il dit « qu'on ne trouverait
« pas, à l'heure actuelle, en France un évêque, un prêtre, un
« catholique instruit qui attribue la moindre valeur canonique
« aux articles organiques » (p. 328).

Le Concordat reconnaissait le catholicisme comme religion de la grande majorité des citoyens français ; les consuls déclaraient en faire profession.

La religion catholique était librement exercée en France ; son culte était public, en se conformant aux règles de police que le gouvernement jugerait nécessaires pour la tranquillité publique.

Les évêques titulaires des évêchés français devaient donner leur démission, et une nouvelle circonscription des diocèses était établie.

Les évêques étaient nommés par le premier consul et recevaient l'institution canonique du Saint-Siège.

Les évêques prêtaient entre les mains du premier consul un serment de fidélité conçu en ces termes : « Je jure et promets à
« Dieu, sur les saints Évangiles, de garder obéissance et fidélité
« au gouvernement établi par la constitution de la République
« française. Je promets aussi de n'avoir aucune intelligence, de
« n'assister à aucun conseil, de n'entretenir aucune ligue, soit au
« dedans, soit au dehors, qui soit contraire à la tranquillité
« publique, et si, dans mon diocèse ou ailleurs, j'apprends qu'il
« se trame quelque chose au préjudice de l'État, je le ferai savoir
« au gouvernement. »

Les ecclésiastiques du second ordre prêtaient le même serment entre les mains des autorités civiles.

A la fin de l'office divin, on récitait dans toutes les églises la prière : *Domine, salvam fac Rempublicam ; Domine, salvos fac consules.*

Les évêques nommaient aux cures, avec l'agrément du gouvernement.

Ils pouvaient instituer des chapitres et des séminaires, sans que le gouvernement s'obligeât à les doter.

Les églises métropolitaines, cathédrales et paroissiales nécessaires au culte et non aliénées étaient mises à la disposition des évêques.

Le gouvernement assurait un traitement *convenable* aux évêques et aux curés, et permettait aux catholiques français de faire des fondations en faveur des églises.

Le pape reconnaissait aux acquéreurs de biens ecclésiastiques la propriété incommutable de ces mêmes biens, et accordait au premier consul les mêmes droits et prérogatives dont jouissait auprès de lui l'ancien gouvernement.

Les *Articles organiques*, divisés en quatre titres et 77 articles, réorganisaient l'Eglise nouvelle sur un plan tout à fait gallican.

Tous les actes de la cour de Rome étaient soumis au visa du gouvernement.

Aucun concile ou synode ne pouvait être tenu en France sans l'autorisation du gouvernement.

L'appel comme d'abus au Conseil d'Etat était rétabli.

Tout privilège portant exemption de la juridiction épiscopale était aboli.

L'institution de séminaires et de chapitres cathédraux était permise ; mais tous autres établissements ecclésiastiques étaient supprimés. Le clergé régulier était donc interdit. Le règlement des grands séminaires devait être approuvé par le premier consul, et comporter l'enseignement de la déclaration du clergé de France de 1682. Chaque année, les évêques devaient envoyer au gouvernement le nom de tous leurs séminaristes. Ils ne devaient admettre aux ordres que les candidats qui justifieraient d'une propriété représentant au moins 300 francs de rentes.

Les évêques devaient résider dans leurs diocèses et ne pas s'absenter sans la permission du gouvernement.

Les curés étaient distingués des simples desservants. Ceux-ci étaient nommés par l'évêque, mais révocables à volonté.

Il n'y avait qu'une liturgie et qu'un catéchisme pour toute la France.

Aucune fête ne pouvait être établie sans la permission du gouvernement.

Les ecclésiastiques devaient être vêtus de noir, à la française ; les évêques avaient droit à la croix pastorale et aux bas violets. Ils pouvaient choisir entre le titre de *citoyen* et le titre de *monsieur*.

Il fallait une permission du gouvernement pour avoir une chapelle ou un oratoire dans sa maison.

Le territoire de la République, du Rhin aux Alpes et aux Pyrénées, était réparti en 10 provinces et 60 diocèses. Le traitement des archevêques était de 15.000 francs ; celui des évêques de

10.000 francs. Les curés étaient payés 1.500 et 1.000 francs. Les de-servants et vicaires devaient être choisis parmi les ecclésiastiques pensionnés par les lois de l'Assemblée Constituante.

Les fondations ne pourraient consister qu'en rentes sur l'Etat « Les édifices anciennement destinés au culte catholique, « actuellement dans les mains de la nation, à raison d'un édifice « par cure et par succursale, seraient mis à la disposition des « évêques par arrêtés des préfets de département. » (Art. 75.)

Telle qu'elle se présente ainsi dans son ensemble, la nouvelle constitution ecclésiastique apparaît, en bien des points, infiniment plus dure que la constitution civile du clergé.

L'acte de 1790 reconnaissait, dans le territoire de l'ancienne France, l'existence de 83 diocèses, tandis que le traité de messidor n'en admettait que 60 dans la France agrandie de la Belgique et des électorats ecclésiastiques de la rive gauche du Rhin.

L'acte de 1790 donnait 50.000 livres à l'évêque de Paris, 20.000 livres aux métropolitains, 15 et 12.000 livres aux simples évêques. Il payait les vicaires cathédraux remplaçant les chapitres et les vicaires mis à la tête des séminaires.

Il considérait tous les curés de paroisse comme égaux entre eux et leur donnait des pensions variant de 1.200 à 6.000 livres.

Il permettait l'ouverture de chapelles et d'oratoires privés.

Il soustrayait tous les ecclésiastiques à l'autorité arbitraire de l'évêque, en organisant un système très simple et très judicieux de tribunaux ecclésiastiques de première instance et d'appel.

Le serment qu'il imposait aux évêques et aux prêtres n'était pas beaucoup plus compromettant que celui que demandait le Concordat.

Les précautions si minutieuses prises par les *Articles organiques* contre l'ingérence de la cour de Rome dans les affaires ecclésiastiques de Francs n'étaient pas moins humiliantes pour la papauté que les omissions de la Constitution civile.

L'Eglise romaine avait donc lutté onze ans contre la France pour subir, en dernière analyse, une loi beaucoup moins libérale. Elle y avait gagné la suppression des élections pour la nomination des curés et des évêques et la reconnaissance de son droit d'institution canonique. Il faut être théologien pour savoir s'il y a vraiment équivalence entre ces résultats et les malheurs de toute nature que déchaîna sur la France la bulle de condamnation de la Constitution civile. Nous persistons à penser, comme historien, que si la France eût réellement voulu la Constitution civile en 1790, le pape la lui eût accordée, et que, si la France de 1801 eût témoigné le désir d'aller plus loin que le premier consul ne voulait aller, Pie VII n'eût pas signé le Concordat.

Nous avouons n'éprouver aucune admiration pour ce document administratif.

Nous voyons bien que le catholicisme, sans cesse menacé de persécution par les gouvernements d'opinion jacobine et par Bonaparte lui-même, a trouvé la paix dans son assujétissement à l'autorité politique ; mais nous croyons aussi que le catholicisme pouvait fort bien cesser d'être persécuté et fort bien vivre, sans être pour ainsi dire confisqué par l'Etat.

Rien n'empêchait les pouvoirs publics de favoriser le rétablissement de la paix religieuse dans la liberté, au lieu de la vouloir dans le despotisme. Elle se fût peut-être rétablie un peu moins vite ; mais elle eût été plus durable et eût porté de meilleurs fruits.

Le cardinal Mathieu compare le Concordat à un contrat de mariage qui aurait uni une personne très douce et très aimante, l'Eglise, à un homme très exigeant et très autoritaire, le gouvernement français. Il nous sera, sans doute, permis de reprendre à notre tour la comparaison, et de dire que l'idée de marier l'Etat et l'Eglise a été et sera toujours une déplorable idée. Sans rechercher ici de quel côté sont les douces vertus, et de quel côté le méchant caractère, on doit dire qu'il y a entre les deux conjoints incompatibilité d'humeur presque absolue et vie commune impossible.

L'Eglise et l'Etat ont besoin, l'un comme l'autre, de leur pleine et entière liberté ; ils ont droit, l'un et l'autre, à cette liberté.

L'Etat doit, avant tout, assurer l'existence et l'intégrité de la patrie et la paix entre les citoyens. Il ferait acte de profonde sagesse en ne s'occupant pas d'autre chose et en abandonnant tout le reste à l'initiative des particuliers. Mais ce n'est pas l'idée actuellement dominante ; l'Etat veut encore être le tuteur légal de tous les intérêts matériels et moraux de la nation, tâche assurément fort belle, peut-être écrasante, légitime à la condition que l'Etat ne veuille pas penser pour les citoyens et respecte leurs idées et leurs croyances, leur conscience et leur liberté.

L'Eglise doit être, avant tout, une source d'idéal, toujours prête à verser à l'âme la force et le courage, la patience et la charité. Son royaume n'est pas de ce monde ; elle n'a que faire de se mettre à la remorque des puissants, de mêler les manteaux et les simarres de ses prêtres aux robes des magistrats et aux uniformes militaires ; elle n'a que faire des pompes officielles et des *Te Deum* de commande. Elle ne s'adresse qu'aux âmes, ses succès doivent être tout spirituels, ses victoires toutes morales.

C'est par la parole et par l'exemple, par l'exemple surtout, qu'elle doit agir. Et voilà pourquoi il faut qu'elle soit souverainement libre de sa parole et de ses actions; pourquoi ces actions et cette parole doivent toujours être si graves, toujours tendre à la paix entre les hommes.

Bonaparte comprenait-il ainsi le rôle de cette Église, dont il faisait un des services publics de l'État? Était-ce un sentiment sincère qui le poussait vers le catholicisme, ou bien n'était-il conduit que par des raisons politiques et par des motifs d'ambition?

C'est à lui-même qu'il faut le demander, et l'examen de ses propres discours ne laissera aucun doute à ce sujet.

Les instructions données à l'ambassadeur Cacault, en avril 1801, reflètent très bien toutes ses idées sur le Concordat : « Le gouver-
« nement de la République a dû se convaincre, par la rapidité et
« l'étendue de l'insurrection de l'Ouest, que l'attachement de la
« grande masse de la population française aux idées reli-
« gieuses n'était pas une chimère. Il a sagement compris que de
« ce sentiment bien constaté naissaient des intérêts et des droits
« que les institutions politiques devaient respecter et avec les-
« quels la prudence et la justice voulaient qu'il se fît une trans-
« action, qui laissât aux uns la liberté dont ils ont besoin pour se
« garantir, et aux autres tous les moyens qui leur sont nécessaires
« pour maintenir leur indépendance. C'est de ce principe que sont
« nées toutes les mesures d'indulgence et de tolérance, qui ont
« tant contribué à affermir le pouvoir du gouvernement actuel de
« la République, à le faire chérir au dedans et considérer au
« dehors. Mais le bien qu'il a fait n'eût été que passager s'il
« n'avait en même temps conçu le projet de donner au système
« qu'il avait adopté un caractère de permanence et de publicité
« qui ne laissât aucun doute sur la pureté et la sincérité de ses
« vues. *Le gouvernement de la République a voulu mettre un terme*
« *aux discussions religieuses.* Il a voulu que les opinions théologi-

« ques ne fussent plus un sujet de discorde entre les ministres du
« même culte, ni un principe d'aliénation entre les citoyens et les
« autorités civiles, et il a compris que le seul moyen d'atteindre
« à ce but était de rétablir tout à la fois entre la République et le
« Saint-Siège *les liens religieux et politiques qui unissaient autre-*
« *fois la France et la cour de Rome.* »

Thibaudeau résume plus brutalement le plan de Bonaparte :
« On déclare que la religion catholique étant celle de la majorité
« des Français, on doit en organiser l'exercice. Le premier consul
« nomme 50 évêques. Le pape les institue. Ils nomment les curés.
« L'Etat les salarie. Ils prêtent serment. On déporte les prêtres qui
« ne se soumettent pas. On défère aux supérieurs pour les punir
« ceux qui prêchent contre le gouvernement. Le pape confirme
« la vente des biens du clergé. Il sacre la République ! . »

La religion de Bonaparte est toute politique. On a dit qu'il avait
gardé dans un coin de son âme une petite chapelle corse avec
une madone et un chapelet : c'est possible. En vrai méridional, il a
gardé un fonds de superstition, quelque croyance aux talismans,
aux étoiles et aux formules : ce n'est point là de la religion.

« On dira que je suis papiste, disait-il, je ne suis rien ; j'étais
« musulman en Egypte ; je suis catholique ici, pour le bien du
« peuple !

« Quant à moi, je ne vois point dans la religion le mystère de
« l'Incarnation, mais le mystère de l'ordre social. La religion
« rattache au ciel une idée d'égalité qui empêche le riche d'être
« massacré par le pauvre.

« Comment avoir de l'ordre dans l'Etat sans une religion ? La
« société ne peut exister sans l'inégalité des fortunes et l'inégalité
« des fortunes sans la religion. Quand un homme meurt de faim
« à côté d'un autre qui regorge, il lui est impossible d'accéder à
« cette différence s'il n'y a pas là une autorité qui lui dise : Dieu
« le veut ainsi. Il faut qu'il y ait des pauvres et des riches
« dans le monde ; mais ensuite, et pendant l'éternité, le partage
« se fera autrement.

« Ce qui fait aimer le gouvernement, c'est son respect pour le
« culte. Il faut rattacher les prêtres à la République.

« Le gouvernement, s'il n'est maître des prêtres, a tout à
« craindre d'eux. Les métaphysiciens pensent qu'il faut laisser
« les prêtres de côté, ne pas s'occuper d'eux quand ils sont tran-
« quilles et les arrêter quand ils sont perturbateurs : c'est une
« erreur ! »

« Fontanes ! faites-moi des hommes qui croient en Dieu ;
« car les hommes qui ne croient pas en Dieu, on ne les gouverne
« pas, on les mitraille !... »

« Pour avoir une religion dans un pays impie et une royauté
« dans un pays républicain, il faut la meilleure !... »

Voilà, cette fois, la pensée de derrière la tête. Pour que la France redevienne religieuse, il lui faut le Concordat ; pour que la République redevienne une monarchie, il lui faut un empereur.

C'est si bien là la vraie pensée de Bonaparte, qu'il bondit comme un tigre quand on la devine.

Discutant, un jour, la question du Concordat avec Volney, il conclut en disant : « La France le veut, la France me le demande. — Si la France vous demandait les Bourbons, dit « froidement Volney, les lui donneriez-vous ? » Bonaparte, saisi d'un accès de rage, l'étendit par terre d'un coup de pied dans le ventre, sonna un domestique et fit reconduire Volney à sa voiture.

Le prétendu restaurateur de l'autel ne visait qu'à restaurer le trône à son profit.

TABLE DES MATIÈRES

	Pages.
Introduction.	1
La question protestante de l'Edit de Nantes à la paix d'Alais.	16
La renaissance religieuse sous Louis XIII.	32
La charité au xviie siècle.	47
La compagnie du Très-Saint-Sacrement.	62
Le jansénisme.	78
Le quiétisme.	95
Le roi et l'Eglise.	113
Préliminaires de la révocation de l'Edit de Nantes.	129
La révocation de l'Edit de Nantes.	145
L'Eglise au xviiie siècle.	161
La fin du jansénisme.	177
L'Eglise et les philosophes.	193
L'expulsion des jésuites.	211
La question protestante et le rétablissement de l'Edit.	226
Les cahiers du clergé en 1789.	243
L'expropriation du clergé.	260
La suppression des ordres monastiques.	277
La constitution civile du clergé.	294
Les cultes révolutionnaires.	310
Le catholicisme pendant la Révolution.	328
Le concordat de 1801.	347

www.ingramcontent.com/pod-product-compliance
Lightning Source LLC
Chambersburg PA
CBHW050307170426
43202CB00011B/1811